高职高专素质教育系列教材

应用文写作新教程

（第4版）

高 虹　胡天琪　主　编

杨忠策　邱玉民　副主编

清华大学出版社

北京

内 容 简 介

本书按照高等职业院校教学标准与要求,遵循"知识、能力、素质"要求,重点对学生进行写作能力训练。全书共分七章:应用文写作基础知识、日常应用文、礼仪文书、经济文书、行政公文、事务文书、新闻报道。本书设计构思新颖,每章以任务导向作为教材的整体脉络,每节按照"案例导入""讨论思考""知识要点""拓展提高""情境模拟""素质养成"六个模块进行编排,精选贴近生活和工作实际的应用文文种,案例与时俱进,情境模拟训练有的放矢。学生通过本书的学习,应用文写作能力会有大幅度的提高,同时有利于培养开拓性思维,养成良好素质,树立终身学习的理念。

本书适合高等院校作为教材使用,也可供党政管理部门、企事业单位各级秘书从业者及其他相关人员阅读参考。

图书在版编目(CIP)数据

应用文写作新教程/高虹,胡天琪主编. —4 版. —北京:清华大学出版社,2024.7
高职高专素质教育系列教材
ISBN 978-7-302-65888-7

Ⅰ.①应…　Ⅱ.①高…②胡…　Ⅲ.①汉语－应用文－写作－高等职业教育－教材　Ⅳ.①H152.3

中国国家版本馆 CIP 数据核字(2024)第 064999 号

责任编辑:吴梦佳
封面设计:傅瑞学
责任校对:袁　芳
责任印制:沈　露

出版发行:清华大学出版社
　　　　　网　　　址:https://www.tup.com.cn,https://www.wqxuetang.com
　　　　　地　　　址:北京清华大学学研大厦 A 座　　　　　邮　　编:100084
　　　　　社 总 机:010-83470000　　　　　邮　　购:010-62786544
　　　　　投稿与读者服务:010-62776969,c-service@tup.tsinghua.edu.cn
　　　　　质量反馈:010-62772015,zhiliang@tup.tsinghua.edu.cn
　　　　　课件下载:https://www.tup.com.cn,010-83470410
印 装 者:三河市人民印务有限公司
经　　销:全国新华书店
开　　本:185mm×260mm　　　印　　张:17.5　　　字　　数:423 千字
版　　次:2009 年 7 月第 1 版　　2024 年 7 月第 4 版　　印　　次:2024 年 7 月第 1 次印刷
定　　价:49.90 元

产品编号:102497-01

前　言

　　《应用文写作新教程》自 2009 年 7 月出版以来,市场反响很好。2013 年 12 月,编者根据中共中央办公厅、国务院办公厅 2012 年印发的《党政机关公文处理工作条例》进行修订、改版,增加实用案例,编写《应用文写作新教程(第 2 版)》。2017 年 11 月,编者遵循"任务驱动为导向",按照"案例导入、讨论思考、知识要点、拓展提高、情境模拟、素质养成"的思路编写《应用文写作新教程(第 3 版)》。

　　《应用文写作新教程(第 4 版)》贯彻党的二十大精神进教材、进课堂、进头脑,发挥教材育人作用,突出课程思政"润物细无声"的作用,以习近平新时代中国特色社会主义思想为主线,构建一体化融入体系;坚持"大思政"理念,将理论与知识相结合;深化实践教学效果,推进"第一课堂"与"第二课堂"的一体化建设,把小课堂同社会大课堂有机结合起来,旨在将学生培养成"有理想、敢担当、能吃苦、肯奋斗"的新时代好青年;建立双融共育机制,弘扬爱国精神,传承中华优秀传统文化,创新教育评价体系,实现显性教育与隐性教育的统一。

　　《应用文写作新教程(第 4 版)》推动思政课程和课程思政同向同行,激励教师进行多样化的课堂教学探索,寻找其中的契合点,联系学生日常学习生活,用鲜活的事例引起共鸣,让学生能够学有所用,提升教材的针对性、实用性和吸引力。

　　《应用文写作新教程(第 4 版)》与企业紧密结合,书中许多案例都是编者在大量的企业调研中根据职场需要进行整理编撰的。本书具体分工如下:第一章,第四章第一～四节由高虹编写;第二章、第三章、第五章、第六章由胡天琪(中国外运海外发展有限公司)编写;第四章第五、六节由邱玉民编写;第七章由杨忠策编写;应用文综合练习题及答案由高明琦编写;屈凯负责全书校对。

　　《应用文写作新教程(第 4 版)》倾注了编者美好的愿望,借鉴了同行宝贵的经验,在此一并感谢。

编　者

2024 年 2 月

目 录 ▶

第一章

应用文写作基础知识

任务一：了解应用文写作的重要性。

任务二：了解应用文写作与文学创作的区别。

任务三：了解如何学好应用文写作。

任务四：掌握应用文主旨与材料的关系。

任务五：熟悉应用文语言特点。

第一节　应用文写作概述

 案例导入

【例文一】

习近平总书记在第二十届中央政治局常委同中外记者见面时的讲话

女士们，先生们，同志们，朋友们：

大家好！

很高兴在这里同各位记者朋友见面。

昨天，中国共产党第二十次全国代表大会已经胜利闭幕了。这是一次高举旗帜、凝聚力量、团结奋进的大会。

国际社会对中共二十大高度关注。许多国家的政党发来了贺电贺信，其中很多是国家元首、政府首脑、政党和重要组织机构领导人发来的。在此，我谨代表中共中央，致以诚挚谢意！

刚才，我们召开中共二十届一中全会，选举产生新一届中央领导机构，选举我继续担任中共中央总书记。现在，我向大家介绍其他6位常委同事：李强同志、赵乐际同志、王沪宁同志、蔡奇同志、丁薛祥同志、李希同志。

赵乐际同志、王沪宁同志是十九届中央政治局常委，其他同志都是十九届中央政治局委员，大家都比较了解。

在这里，我代表新一届中共中央领导成员，衷心感谢全党同志的信任。我们一定牢记党的性质和宗旨,牢记自己的使命和责任,恪尽职守、勤勉工作,决不辜负党和人民重托。

经过全党全国各族人民共同努力,我们如期全面建成小康社会、实现了第一个百年奋斗目标。现在,我们正意气风发迈上全面建设社会主义现代化国家新征程,向第二个百年奋斗目标进军,以中国式现代化全面推进中华民族伟大复兴。

——新征程上,我们要始终保持昂扬奋进的精神状态。全面建设社会主义现代化国家寄托着中华民族的夙愿和期盼,凝结着中国人民的奋斗和汗水。中国式现代化是中国共产党和中国人民长期实践探索的成果,是一项伟大而艰巨的事业。惟其艰巨,所以伟大;惟其艰巨,更显荣光。

为了这一事业,无数先辈筚路蓝缕、披荆斩棘,进行了艰苦卓绝的奋斗,我们心中永远铭记着他们的奉献和牺牲。我们要埋头苦干、担当作为,以更加强烈的历史主动精神推进马克思主义中国化时代化,不断谱写新时代中国特色社会主义新篇章,奋力实现中华民族伟大复兴的中国梦。

——新征程上,我们要始终坚持一切为了人民、一切依靠人民。一路走来,我们紧紧依靠人民交出了一份又一份载入史册的答卷。面向未来,我们仍然要依靠人民创造新的历史伟业。

道阻且长,行则将至。前进道路上,无论是风高浪急还是惊涛骇浪,人民永远是我们最坚实的依托、最强大的底气。我们要始终与人民风雨同舟、与人民心心相印,想人民之所想,行人民之所嘱,不断把人民对美好生活的向往变为现实。

——新征程上,我们要始终推进党的自我革命。一个饱经沧桑而初心不改的党,才能基业常青;一个铸就辉煌仍勇于自我革命的党,才能无坚不摧。百年栉风沐雨、淬火成钢,特别是新时代 10 年革命性锻造,中国共产党更加坚强有力、更加充满活力。

面对新征程上的新挑战新考验,我们必须高度警省,永远保持赶考的清醒和谨慎,驰而不息推进全面从严治党,使百年大党在自我革命中不断焕发蓬勃生机,始终成为中国人民最可靠、最坚强的主心骨。

——新征程上,我们要始终弘扬全人类共同价值。当今世界面临前所未有的挑战。我们历来主张,人类的前途命运应该由世界各国人民来把握和决定。只要共行天下大道,各国就能够和睦相处、合作共赢,携手创造世界的美好未来。

我们将同各国人民一道,弘扬和平、发展、公平、正义、民主、自由的全人类共同价值,维护世界和平、促进世界发展,持续推动构建人类命运共同体。

中国发展离不开世界,世界发展也需要中国。经过改革开放 40 多年不懈努力,我们创造了经济快速发展和社会长期稳定两大奇迹。现在,中国经济韧性强、潜力足、回旋余地广,长期向好的基本面不会改变。中国开放的大门只会越来越大。我们将坚定不移全面深化改革开放,坚定不移推动高质量发展,以自身发展为世界创造更多机遇。

女士们,先生们,同志们,朋友们!

新征程是充满光荣和梦想的远征。蓝图已经绘就,号角已经吹响。我们要踔厉奋发、勇毅前行,努力创造更加灿烂的明天。

几天来,记者朋友们对大会进行了充分报道,向全世界传递中国声音、传播中国共产党的主张,使世界的目光注视中国。感谢你们的辛勤工作,大家辛苦了!

欢迎大家多到中国各地走一走、看一看,客观真实地向世界讲好中国故事,讲好中国共产党故事,讲好我们正在经历的新时代故事。

谢谢大家!

(资料来源:求是,2022年11月15日.)

【例文二】

中共中央、国务院关于制止乱砍滥伐森林的紧急指示(节选)

(1982年10月20日　中发〔1982〕45号)

当前,许多地方再次出现乱砍滥伐森林的歪风,并且,这股歪风还在继续蔓延。产生这种情况的原因,主要是有关的党、政领导机关,对违法毁林事件的严重性认识不足,打击不力,有的甚至不抓不管,听之任之……为此,特紧急指示如下:

一、中共中央、国务院责成凡有森林地方的县委和县政府,负责监督护林法令的执行。望立即采取果断措施,限期制止乱砍滥伐森林事件……

二、对于破坏森林的任何单位和个人,要分清情况,该退赔的必须退赔,该罚款的必须罚款,该判刑的要依法判刑。不管什么人,也不论哪一级干部,违法犯罪不得姑息、包庇,或者借故掩护顶着不办……

三、抓紧搞好稳定山林、林权、划定自留地,确定林业生产责任制工作……

四、保护森林、发展林业是我国社会主义建设中的一个重大问题。对森林的保护和管理必须加强,在任何时候都不能放松。今后,对乱砍滥伐歪风应当随起随杀,决不能手软。各级党委和人民政府应坚决刹住当前乱砍滥伐森林的歪风……

(资料来源:国家林业和草原局政府网,1982年10月20日,有删节.)

【例文三】

伐木者,醒来

1979年春天,笔者曾有海南岛之行,一路上风光秀丽绿树成荫自不必说,在踏上五指山时却为迎面扑来的滚滚浓烟所挡,询问后才知道是农民在烧山,从每年春节到5月是这里群众烧山的季节,刀耕火种,历来如此。

……

去年5月,有朋友从海南岛归来说及那边刀耕火种的情况,他所亲眼见的一如当年我所看到的,更令人不安的是盗伐森林的现象也日趋严重。刀耕火种是当地人民——尤其是黎苗少数民族几千年的习惯,借以获得粮食而谋生的。盗伐者却不一样了,就是为了发大财,而全然不顾一些珍贵树木的观赏价值,窃为己有。我们谈到有待开发的海南岛,尽管闭塞、落后,自然资源却是十分富饶的,这一片片的绿色便是难得的宝库啊!新中国成立以来,海南岛上除了天然的森林外,又种植了大量的以木麻黄、相思树为主的防护林带,抗风防沙,作为岛上自然森林植被的第一道防线……但不可想象的是,海南岛上的绿色日渐稀少,它将意味着什么?……

在森林被砍伐之后,我们所面临的沙漠、暴风、干旱、饥渴的危机正逐渐威胁到了我们,有的已尝到苦果,有的已迫在眉睫。

保护海南的热带森林已属刻不容缓,盗伐之声放火烧荒应该休矣!

(资料来源:徐刚.伐木者,醒来[J].新观察,1998(2).)

 讨论思考

1. 例文一属于哪种文体？在语言表达上有什么特点？

例文一是习近平总书记在二十届中央政治局常委同中外记者见面时的讲话,用简洁明了的文字介绍在第二十届中央委员会第一次全体会议上当选的新一届中共中央政治局常委,并代表新一届中共中央领导成员,衷心感谢全党同志的信任,表明一定牢记党的性质和宗旨,牢记自己的使命和责任,恪尽职守、勤勉工作,决不辜负党和人民重托。文字庄重权威,恰到好处。这是应用文的主要特点。

2. 例文二和例文三主旨是否相同？表达方式有什么不同？

例文二和例文三主旨相同,均是制止乱砍滥伐行为,但文体不同。例文二属于公文,运用的是公文事务语体,主旨鲜明,中心突出,结构严谨,层层深入,语言严密,简约庄重,体现了公文的法定性和权威性。例文三是报告文学的节选,运用文艺语体,形象鲜明,采用叙述性语言。作者通过亲身经历生动形象地向人们诉说乱砍滥伐森林、破坏生态平衡引起的严重后果,呼吁保护森林"已属刻不容缓"。两个例文针对的是同一性质的事件,倡导的也都是保护森林,但使用文体、逻辑构思、语言风格和写作手法完全不同。

知识要点

（一）应用文的概念

应用文常见常用。消息、商业广告、求职信、竞职报告、演讲稿、计划、总结、函、会议纪要、条据、书信、实习报告、毕业论文等都是应用文。那么,应用文属于哪类文体?

文体是指独立成篇的文本体裁,是文本构成的规格和模式。它反映了文本从内容到形式的整体特点,属于形式范畴。文体一般情况下是由小到大划分的。为了更好地掌握应用文概念,我们把文体分为两类:一类是文艺文,包括小说、散文、戏曲、诗歌、寓言、童话、科幻作品等;另一类是实用文,包括议论文、说明文、记叙文、应用文。这类划分方法概括全面、简单易懂。

2020年,上海辞书出版社出版的《辞海》(第七版)的解释是:应用文是人们在日常生活、工作和学习中所应用的简易通俗文字,包括书信、公文、契约、启事、条据等。这一定义很简单,但没能概括应用文的本质特征,仅仅指出应用文的"简易通俗",这只是应用文的一个方面,而不是全部特征。

根据国务院办公厅颁布的《党政机关公文处理工作条例》中的定义,推广开来,应用文的定义:应用文是机关团体、企事业单位以及人民群众在日常工作、生产和生活中办理公务以及个人事务时,交流情况、沟通信息,具有直接实用价值和惯用格式的一种书面交际工具。这个定义规定了应用文的本质特征,使它明显区别于其他文体,又涵盖了应用文的基本特性。

这样,我们可以用更精练的语言给应用文下一个更为准确的定义:应用文是人们在处理公私事务、沟通信息时经常使用的具有惯用格式的一种实用性文体。

（二）应用文与其他文体的关系

在各类文体中,应用文的使用频率最高。党政机关、企事业单位用它上传下达、办理公务;普通人用它交流信息和思想。

应用文写作,顾名思义就是关于实际应用的写作。为用而写,写了能用的文章方可称作应用文。它是与文学写作相对的另一类文字工作。文学写作又叫文学创作,是用形象思维的方式,以塑造人物形象、创造独特的生活意境、抒发感情,打动人、感染人,从而达到鼓舞人、教育人或者娱乐的目的。它可以用虚构、想象、夸张等手法创造典型,不需要和现实生活中的具体人或事一一对应。而应用文则不同,它是用抽象逻辑思维的方式、质朴的语言表达作者的意图和主张,告诉人们做什么、怎么做,朴实直白,实话实说,不允许虚构,以便取得直接的行动效果。

（三）应用文的特点

应用文是万世文章之鼻祖,在千百年来的发展中,由于应用的特点,形成了其自身独特的表达方式和写作样式。应用文种类较多,各类应用文的特点也不尽相同,但从整体而言,应用文具有自身的规律与共同的特征。

1. 鲜明的实用性

实用性是应用文最根本的特征。一般文学作品的创作是"有感而发",诗歌、散文、小说等文学作品主要是表达人们的喜怒哀乐、抒发情感、反映对现实的认识及感悟。而应用文的写作主要是为了解决实际问题,是"有事而发,无事不发"。汉代学者王充在《论衡·自纪》中写道:"为世用者,百篇无害;不为用者,一章无补。"应用文区别于其他文体的功用所在就是它的实用性。例如,要借款,就得立字据;要向上级汇报工作、反映情况,就要写报告;推销产品,要写广告等,都是为解决实际问题,所以应用文往往被人称为实用文,是"为实用而作之文",其写作目的是解决问题或沟通关系,与人们的关系十分密切,几乎无时不用、无处不在。

2. 内容的真实性

文学作品来源于生活,又高于生活,人物、事件等都可以虚构加工,而应用文则不同,其内容必须真实,写作时必须坚持实事求是的原则,来不得半点虚构和杜撰。文中所写的数据、材料等要准确;所表达的意见、主张要真实;所发布、传达的上级指示精神要确切,不能经过任何艺术加工,否则作者将承担一定的行政和法律责任。

3. 格式的规范性

文学作品贵求新、奇、特,讲究构思巧妙,而应用文则不同。由于社会交往实际的需要,应用文的文体形式日益完善和充实,其格式要求有的是约定俗成,有的是由行政机构作出统一规定,为大家所共同遵守,这就是应用文的规范性。例如,会议纪要、演讲稿、倡议书、合同、条据等都有其规定和惯用的格式,不可随意更改和创新,大家必须严格遵守。应用文格式的规范性主要表现在两个方面:一方面是文种的规范,即涉及什么样的事务使用什么样的文种,是约定俗成或明文规定的,应遵照执行;另一方面是格式的规范,即每一文种在写法上有固定的格式规范,不能随意变更。

4. 语体的独特性

应用文的语言具有准确、简明、质朴和庄重的特点。其表达方式以叙述、说明为主,以议论为辅。而且,在人们长期实践中已形成了一系列的专用词汇和习惯用语。应用文要避免使用一些不切实际的形容词和不适宜的比拟、夸张等修辞方法。

5. 强烈的时效性

应用文服务于生活和工作的实际需要,是为了解决生活和工作中的实际问题,所以要在一定的时限内完成某一写作任务,才能收到实际效果。应用文的每次写作一定与某项工作紧密相连,这项工作完成了,与之相关的文件、文章也就失去了它的效用,转化为档案资料。如请示、通知、新闻、计划、合同等时过境迁则失去其效用。

6. 对象的明确性

文章是写给人看的,即要有一定的读者对象。一般文章或文学作品的读者对象范围比较笼统,没有严格的针对性,像一首诗、一篇小说、一部电影剧本,老少不分,雅俗共赏。而应用文不同,它有明确的读者对象,并有明显的约束力。例如,信写给谁,字据写给谁,报告提交给谁,都有对象,即使是一些广告、启事也是针对有关消费者、知情者的,只不过对象的范围大一些。至于国家规定的法令、条例,任何人不得违反,人人都要看。所有这些都不存在读者对象愿不愿意看的问题。所以写应用文一定要明确读者对象,只有这样,写出的文章才有的放矢。

7. 文体的生动性

事实上,在现代生活中,应用文不单纯是一种简单的语言载体,更重要的是一种思想载体和情感载体。一篇漂亮的应用文,同样不乏文采和智慧。恩格斯在马克思墓前的著名演说,毛泽东在开国大典上的庄严宣告,周恩来在记者招待会上的精彩答词,无一不体现伟人的气度与智慧,也无一不是思想与情感的和谐统一。在现代经济活动中,一份有特色的求职信、一份富有创意的广告策划、一篇别具慧眼的市场调查报告、一则颇有启迪的产品说明书,乃至一张设计精美的贺卡或名片或一张匠心独运的启事和信函,都体现一个人的才华和能力。

除以上七个特点外,应用文还具有使用的广泛性和政策的权威性等特点。

(四)应用文的种类

应用文种类繁多,应用广泛。为了便于学习与教学,我们以应用文的内容和使用范围作为划分的标准,把应用文分为以下九类。

1. 日常文书

日常文书是指机关、团体、企事业单位和个人在日常生活、工作和学习中所使用的,具有一定规范体式,能起交流思想、沟通感情、传递信息等作用的应用文书,如书信、条据、日记、启事、演讲稿、导游词等。

2. 事务文书

事务文书是机关、团体、企事业单位为反映事实情况、解决问题、处理日常事务而普遍使用的文书,它具有很强的实用性、事务性和某种惯用格式。从广义上说,事务文书是一种公务文书,目的是处理公务和传递信息,使用"事务文书"这一名称,是相对于正式公文而言的,如计划、总结、简报、述职报告等。

3. 公务文书

公务文书简称公文。人们通常说的公务文书有广义和狭义两种。广义的公文是指法定机关、社会团体、企事业单位在公务活动中形成的、具有规范格式的文书材料,包括行政公文、事务文书、各类专用文书等。狭义的公文专指行政机关公文。行政机关的公文是行政机关在行政管理过程中形成的具有法定效力和规范体式的文书,是依法行政和进行公务活动的重要工具,具体是指 2012 年 4 月 16 日中共中央办公厅、国务院办公厅以中办发〔2012〕14 号文件发布的关于印发《党政机关公文处理工作条例》的通知中列出的 15 种文书材料,是依法行政和进行公务活动的重要工具。该条例规定,行政公文有15种:决议、决定、命令(令)、公告、公报、通告、意见、通知、通报、报告、请示、批复、议案、函、纪要。

4. 礼仪文书

礼仪文书包括致辞、请柬、聘书、贺信、感谢信、表扬信、慰问信、讣告、悼词等。

5. 经济文书

经济文书包括商品说明书、广告、经济合同、招投标书、市场调查报告、调研报告、审计报告等。

6. 科技文书

科技文书包括实习报告、科研报告、毕业论文等。

7. 涉外文书

涉外文书包括对外业务函电、涉外意向书、中外合资企业项目建议书等。

8. 司法文书

司法文书包括判决书、裁定书、执行通知书、调解书等。

9. 新闻报道

新闻报道包括消息、新闻评论。

 **拓展提高**

1. 结合自己的切身实际思考并谈一谈你对应用文作用的认识。

(1)公关交际的作用。在当前的社会活动中,任何人、任何单位都免不了与外界接触、打交道。比如,开业,要向市场监督管理局申请执照;双方合作,需要签订协议合同;销售产品、策划广告、发函等,都需要用应用文联系,以此促进业务的开展,协调各方的关系。应用文表达清晰、准确,会给企业树立良好的形象,促进企业的发展。

(2)宣传教育的作用。党和政府通过应用文下达各种文件、法规、制度,向全国宣传党和国家的方针政策,各地区、各部门、各企业也通过应用文推广先进经验,表扬先进人物,批评揭露不良现象,制裁不法分子,以此来提高人们的思想政治觉悟,规范人们的行为,保障社会的安定,推动各项事业的健康发展。

(3)沟通联系的作用。应用文是加强上下级联系的纽带,也是与各有关方面联系的有效工具。例如,上下级之间的上情下达,下情上报;各单位之间的信息交流、经验交流,以此取人之长,补己之短,互相促进,共同提高,推动各项工作的发展等。

(4) 凭证资料的作用。在社会生活中,应用文是开展工作,解决、处理问题的依据和凭证。向下级下达的文件、党和政府颁布的法规、有关方面的规章制度,都可作为开展工作和检查工作的依据;而一些条据、合同文本、公证材料等,也是业务中的凭证,一旦出现问题、纠纷,依靠这些凭证,可通过法律追究对方责任,维护自身利益。另外,一些重要的应用文也是历史档案资料,要了解某一时期的政治、经济情况,或某一方面的生产经营情况,只要查阅当时存档的应用文就可以知道。有些冤假错案在事后也能凭借存档的应用文得以澄清事实,还其本来面目。

2. 应用文的重要性体现在哪几个方面?

应用写作在现实生活中占有重要的地位。一个人,尤其是一个社会中的人,可以写不好优美的散文,创作不出凄美委婉、伤感言情的长篇小说,但必须会写应用文。在工作中,一个人的应用文写作水平就是这个人文笔和能力的表现。通常来说,某某是单位的大笔杆子,说的就是这个人的应用文写作能力强、水平高。但是,由于历史的原因,过去许多人对应用文并不了解,有的人把它看得很神秘,有的人认为它是雕虫小技,只要能熟练地掌握语言文字技巧,便能无师自通。实践证明,这些看法都是片面的。

其实,写好应用文并不是一件容易的事。应用文写得好坏与否,与国家、单位及个人紧密相关,与单位社会影响和经济效益紧密相连。一项工作质量的好坏主要是由工作人员的工作态度、单位功效所决定的。工作人员在办理各种事务时,常常依靠应用文写作,如果一个工作人员对应用文写作不了解、不熟悉,势必会影响效率,给一个单位或部门的工作带来负面作用;反之,工作人员对应用文写作驾轻就熟,工作起来得心应手,办事效率提高自然会使单位社会效益与经济效益双丰收。

目前国际上把应用写作能力作为现代教育的一项重要内容。把不适应现代社会生活方式,不会使用计算机进行写作和信息交流的人视为新的"功能性文盲"。在我国,应用文写作作为现代教育的一项重要内容,已经为社会广泛重视。我国高职高专院校也十分重视写作技能培养,并将应用文写作纳入人才培养方案和课程体系。我们每个人对此要有足够的认识,才能学好它。

3. 如何学习写好应用文?

应用文写作融综合性和实用性为一体,是一门技能性较强的学科,要想学好必须做到以下几个方面。

(1) 端正学习态度,重视应用文的写作。应用文几乎涉及各个领域、各个部门、每个人。例如,科研单位的人员,需要用学术论文;政府机关指导工作,需要用公文;工商企业经营,需要用合同;打官司,需要用诉状;某位同学今天生病了,不能上课,也需要用到请假条……相对于其他文体来说,应用文的使用频率要高得多,许多人可以一辈子不写小说、剧本、诗歌、散文,但在工作、生活、学习中却免不了要写应用文,小到请假条,大到计划、总结、论文等。正如叶圣陶先生所说:"大学毕业生不一定能写小说诗歌,但是一定要能写工作和学习中实用的文章,而且非写得既通顺又扎实不可。"

（2）加强自身修养，积累多方面的知识。

① 提高政治理论修养。应用文有强烈的思想性和政策性，这就要求撰写者要有较高的理论及政策水平，只有不断地认真学习马克思列宁主义、毛泽东思想、邓小平理论和"三个代表"思想、科学发展观，习近平新时代中国特色社会主义思想，学习党和国家的方针、政策，了解形势，坚持科学发展观，才能站在正确的立场上，用辩证唯物主义的观点认识事物、分析问题、解决问题。我们必须不断加强政治理论的学习和修养，才能在撰写应用文时贯彻党和国家的方针政策，否则将无法胜任工作。

② 要提高自身的道德修养。人们常说"文如其人"，没有好的品德，就不会写出好文章。我们讲"作文先做人"。应用文写作从实际生活需要出发，是为了解决人们生活、学习、工作中出现的问题，这就要求我们要有较强的责任心，有辩证唯物主义世界观，有一分为二的实事求是的工作态度和良好的职业道德。应用文写作既是一个人观念、思想、道德、情感、见解的综合体现，又是一个人政策水平和综合能力的体现。古人云，"功夫在诗外"，应用到应用文写作中就是指学会写作，先要学会做人，只有做一个具有高尚道德情操的人，才可能在应用文写作中达到"世事洞明皆学问，人情练达即文章"的境界。要写出较高水平的文章，作者必须全面提高自己的修养。

③ 要有多方面的知识积累。应用文写作涉及社会生活的各个领域、各个层面，并与方方面面的知识密切相关，需要多方面的知识积累。除了上文提到的要有较高的政治理论修养外，还要积累社会科学、人文历史、社会文化等方面的知识。另外，还要学习有关业务知识。应用文写作广泛应用于社会各行、各业、各部门，在写作时，如果缺乏专业知识，不懂专业技能，很难写好一篇专业应用文。

（3）掌握应用文学习的有效途径。

① 在案例分析中学。我们要吸取前人宝贵的精神财富，前人的成功案例都是其冥思苦想、反复磨砺的结果，无不渗透着智慧的精华。俗话说："熟读唐诗三百首，不会作诗也会吟。"我们了解的案例越多，视野就越开阔，经验就越丰富，思路就越清晰，写作就越自如。古人云，"操千曲而后晓声，观千剑而后识器"，就是这个道理。

② 在实际应用中学。熟能生巧，只有经常练笔，才可能提高实际写作能力。古今中外的文学大师们对此有发自肺腑的感言。北宋作家欧阳修说："无他术，惟勤读书而多为之，自工。"鲁迅先生说："文章应该怎么做我说不出来，因为自己的作文，就是由于多看和练习，此外并无心得或方法的。"（鲁迅致赖少麒）贾平凹说："头一个条件是必须写得多，必须写、写、写……不屈不挠地、顽强地写！"契诃夫说："光读不写是不行的，我的办法是边读边写，多看多写。"由此可见，"勤能补拙是良训，一分辛苦一分才"。

③ 在社会实践中学。应用文是为社会实践而作之文，我们只有关心社会生活，积极参加社会实践活动，才能写出真正反映社会生活、指导社会实践的好作品，才能在写作时写出有的放矢，合乎时代要求的应用文。同时我们也应清楚地意识到，应用文写作属于高级思维活动，不是积极参加了社会实践活动就可以很快学好并提高的，写好应用文是要有一个长期积累、磨炼的过程的。

④ 不断加强自己的写作基本功。应用文写作的好坏是一个人汉语言文学水平的体现，只有一个人的写作基本功提高了，才会写出好的应用文。因此，一是要注意学习汉语基础知识，要具备一般语言文字知识，语法、修辞、逻辑等多方面的知识必不可少，要能规

范地运用语言,准确地传情达意、阐述问题,做到文通字顺,提高语言表达的准确度。二是要阅读一些文学作品,积累材料,并在生活中提高自己观察、分析和综合表达的能力。三是要掌握写作规律,提高写作技能。应用文在长期的实践中形成一定的格式,只有掌握后才能运用自如。

 情境模拟

1. 恰当使用机关应用文专用词语和文言词语,改写下列各段文字,使之更简练、庄重。

(1) 水稻收割季节眼看就到来了,我们县还缺少镰刀 5 000 把、箩筐 2 000 只,盼望着你们能快速地拨付给我们,好满足我们县的紧急需要,可以不可以,请你们快一点写封回信告诉我们。

(2) 我们局的这项工作,得到你们公司的大力支持,在这里,我们特向你们表示深深的感谢!

(3) 通过 8 月 8 日的来信,我们已经知道考察团将要到我们市访问的消息,你们要求的各项工作已经全部准备好了,殷切希望你们告诉我们考察团到达我们市的具体时间。

(4) 刚才接到你们公司 28 日打来的紧急电话,要求我们工厂把本月生产出的全部产品火速发运到广州去。对于这个要求,我们厂有一些困难,实在难以按照你们的要求办理。

(5) 我们以上所报告的事情和处理意见,如果没有什么不妥当的地方,就请领导批示后,转发给各个市、州、县人民政府,各地区行政公署以及同这件事有关的各个部门,按照报告中所提出的处理意见执行。

(6) 第二季度快到了,我们厂还缺 2 000 块 LED 显示屏,希望尽快调拨给我们,好用来满足紧急需要。可以不可以,等待着你们迅速来信答复。

(7) 在换发领取新牌照之前,车主应该到所在地区的非机动车登记站领取登记卡片,依照格式填写清楚,经过审查核实没有差错给予换发牌照,并将原来领取的行车执照交回发牌照机关。

2. 应用文语言要简明,试修改下列各段文字。

(1) 为使下面的语句简明、顺畅并保持原意,需要删掉一些词语。

记得在一次期末考试中,在考完了语文后,我感觉相当不错,兴奋了好长一段时间。

(2) 请删掉下列画线文字中意义重复的词语。

一个人之所以①会变坏的原因②,除了受到坏的影响外③,更重要④的是他们自己没有把握自己⑤,受了坏人的影响⑥,才逐渐变坏的⑦;如果这个人能把握自己⑧,能抵制多方面的⑨各种⑩坏的影响,那么,他还会变坏吗?

3. 应用文讲究用词准确,语言规范,试选择准确的词语填空。

(1) 应该肯定,尊师重教的风气已经形成,教师职业越来越受到(　　　)。

  A. 尊重   B. 青睐   C. 欣赏   D. 肯定

(2) 有许多事情,一般人(　　　)而记者却能从中发现新意。

  A. 置若罔闻 B. 置之度外 C. 司空见惯 D. 漠不关心

（3）文字不规范，使用混乱，不仅给文化教育造成危害，也给经济、技术、国际交流造成不可（　　）的损失。

    A. 挽回　　　　　　B. 挽救　　　　　　C. 减少　　　　　　D. 磨灭

（4）最近，有几十位公民提出（　　）博物馆的申请。

    A. 举办　　　　　　B. 举行　　　　　　C. 办理　　　　　　D. 开办

 素质养成

    下面一段话来自叶圣陶《认真学习语文》。请仔细阅读思考，并结合自身实际，联系所学应用文知识，写一段 300 字左右的议论文。

    凡是习惯都不是几天工夫能够养成的。比如学游泳。先看讲游泳的书，什么蛙式、自由式，都知道了。可是光看书不下水不行，得下水。初下水的时候很勉强，一次勉强，二次勉强，勉强浮起来了，一个不当心又沉下去了。要到勉强阶段过去了，不用再想手该怎么样，自然而然能浮在水面上，能往前游，这才叫养成习惯。学语文也是这样，也要养成习惯才行。

第二节　应用文的主旨

 **案例导入**

【例文一】

我爱美丽中国

尊敬的各位老师、亲爱的同学们：

    大家上午好！

    今天我演讲的题目是"我爱美丽中国"。

    "假如我是一只鸟，我也应该用嘶哑的喉咙歌唱：这被暴风雨所打击着的土地，这永远汹涌着我们的悲愤的河流，这无止息地吹刮着的激怒的风……""为什么我的眼里常含泪水？因为我对这土地爱得深沉……"当我们重读艾青的《我爱这土地》这首诗时，仿佛再现了我们的民族在日寇铁蹄下的深重灾难。在水深火热中，诗人抒发了他同仇敌忾、忧国忧民的感情，而今天更震撼我们心灵的，却是现实生活中的一幕幕。

    当人类为近百年来工业狂飙似的发展而自豪时，当我们在鳞次栉比的高楼中穿梭时，大自然却向我们敲响警钟：我们赖以生存的自然环境正遭到毁灭性破坏，一个满目疮痍的地球在向人们痛苦地呻吟。

    耕地面积急剧减少，难道人们只是想换来一片游乐场或一幢豪宅？大片森林被砍伐，难道只因为要满足"饮食卫生"的一次性筷子？为什么一定要吃娃娃鱼、穿山甲？是为了追求口感还是觉得刺激？为什么要藏羚羊的羊绒和海豹的毛皮？只是为了炫耀？为什么……太多的为什么！

我们深爱的土地也难逃厄运。我们不能让祖祖辈辈默默耕耘的土地一点点消失。土地是人类赖以生存的生命线，土地是人类繁衍、生生不息的家园。而现在土壤沙化问题日益严重，这在历史上有惨痛的教训。北非的撒哈拉大沙漠，著名的"丝绸之路"被掩埋在滚滚黄沙中。目前，每年约有6万平方千米的土壤被沙漠化，全世界大约三分之一的土地已沙化。而我国土壤沙化也相当严重，我国首都北京春秋两季经常会出现黄沙漫天的现象。如果不采取有效措施防止沙漠化，"北京将被黄沙掩埋"也绝非危言耸听。

黄河、长江是中华民族的摇篮和发祥地，五千年灿烂的文明依水而行。而今长江沿岸的树木被疯狂地砍伐，茂密的森林已荡然无存。今天，我们感受到的黄河已不是李白诗中描绘的"黄河之水天上来"，而只是面对悬河时的战战兢兢，计算断流次数时的忧心忡忡。

为了我们这片深爱的土地，为了久违的雨季里泥土和野花的芬芳，为了母亲河不再断流，为了人类的生存与发展，我们快行动起来，保护我们的家园。让我们跨过高山，越过海洋，携起手来，大声疾呼："爱我山川，爱我河流，爱我地球。"

我的演讲结束了，谢谢大家！

（资料来源：范文先生网．）

【例文二】

××厂关于加强安全保卫工作的通告

近来，我厂连续发生盗窃、斗殴和小型失火事故。有数位职工被歹徒打伤，财物损失数万元，为保证工厂的正常生产秩序，特通告如下。

一、凡是本厂职工进入厂门，均要佩戴厂徽标志，否则作违反厂纪处理，扣发奖金。

二、外来人员进入工厂时，必须持所属单位介绍信或证件登记，出厂时，应接受行李物品甚至搜身检查。

三、来客投宿，有关人员应报厂保卫科批准。在此期间，如厂内发生盗窃、失火事故，来客不准离开工厂，并要集中接受审查。

四、厂内职工离开车间或办公室，应关好门窗，以防小偷破门窗而入。

本通告自××××年2月8日生效。凡自觉执行本通告的给予表彰，拒不执行者予以经济处罚或行政处分。

××××（单位）

××××年2月1日

 讨论思考

1. 例文一这篇演讲稿的主旨是什么？

演讲稿以充满激情的语言呼吁全社会"爱护我们美丽的祖国、爱护我们赖以生存的家园"，主旨突出，鲜明地表达了作者的态度及思想感情。

2. 例文二这篇通告在主旨上有哪些问题?

这一篇通告的规定存在违反宪法和刑法之处,如果公之于众,必然会引发或激化社会矛盾,产生消极甚至是破坏性的作用。所以,确立主旨时,要认真自觉地考虑主旨是否符合党和国家的有关政策和法令的精神。

 知识要点

(一) 应用文主旨的含义

有的称应用文"主旨"为"主题",还有的称为"主脑",虽说法不一,但含义大体相同。

"主题"主要是指文学作品或其他艺术作品的中心思想或表达的思想情感和主观态度。"主脑"一词是明末清初李渔在《闲情偶记》中提出的:"古人作文一篇,定有一篇之主脑。主脑非他,即作者言之本意也。"应用文是人类社会有序生活、工作的一个部分,"旨"更能体现有序管理意义,所以把应用文的基本思想、观点称为"主旨"更合适。

主旨是指一篇应用文的全部内容表现出来的基本观点、看法、意见或主要问题,是作者的意图、主张或看法在文中的体现。应用文的主旨是统率全篇的宗旨和灵魂,贯穿于全篇始终,是决定一篇应用文价值的首要因素,也是衡量写作成功与否的主要依据。

(二) 应用文主旨的作用

1. 主旨是文章的灵魂和生命

应用文的主旨与其他要素相比处于统帅的地位,它是文章的灵魂和生命,决定应用文价值的大小、质量的高低、作用的强弱和影响的好坏。凡有生命力的文章,除了表现形式外,没有不因为它们积极向上的深刻内容或美好情操的表露而受到世人瞩目的。正像朱光潜所说的:"每篇文章必有一个主旨,你须把着重点完全摆在这主旨上,在这上面鞭辟入里,烘染尽致,使你所写的事理情态成一个世界,突出于其他一切世界之上,像浮雕突出于石面一样。"应用文如此,文学作品更是如此。

2. 主旨是文章的统帅,处于支配地位

清代文学家、思想家王夫之说:"无论诗歌与长行文字,俱以立意为主。""意犹帅也,无帅之兵,谓之乌合。"由此可见,立意的高下、主旨的正确鲜明与否直接决定文章的优劣,鲁迅先生告诫文学青年"选材要严,开掘要深",这里所说的"开掘要深"就是强调要注意立意的高远、主旨的鲜明。每一篇应用文的写作都要受到主旨的制约,并服从于主旨的需要。下笔前先确定主旨,那么这篇文章的材料取舍、结构安排、语言调遣就有了遵循和依据,它起统率作用,处于支配地位。

(三) 应用文主旨的要求

1. 正确

应用文主旨应符合国家的法律、法规,符合党和国家的路线、方针、政策,符合客观实际情况,能反映客观事物的本质规律,经得起实践和时间的检验。主旨正确与否直接影响能否科学高效地解决和处理各种工作问题。

2. 鲜明

文学作品的主旨是含蓄的、曲折的、隐晦的、令人回味的,讲究"余音绕梁,三日不绝于耳"的美感。而应用文的主旨不能像文学作品的主旨那样含蓄隐晦,要直截了当地表明态度,提出观点,拿出解决问题的措施和办法,一定要把思想态度表述得清楚、明白。赞成或反对、提倡或禁止、肯定或否定,都一目了然。

3. 客观

应用文主旨是应客观实际的需要,为解决实际问题而产生的具体方法,其主旨确立在全文写作之前,就是所说的"意在笔先"。而文学作品的主旨是从生活中、从已获取的材料中提炼出来的,是写作者对于生活的有感而发,往往反对主题先行。

4. 集中

一般来说,文学作品的主旨具有复杂性,对主旨的理解呈多元化。但应用文的主旨却单一、明确,常常是一文一事,一文一旨。应用文所有材料紧紧围绕主旨,从头到尾一条线,一个主旨贯穿全篇,读者很容易把握。

 拓展提高

思考一下应用文主旨应在文章哪部分显示。

1. 标题明旨

标题明旨就是在文章的标题中直接概括点明主旨,要求概括事由或概括主旨的文字要严密、准确。如《关于制止乱砍滥伐森林的紧急通知》就体现了应用文标题明旨的特点。

2. 开头明旨,即在文章的开头写明主旨,以统领全文

(1)使用撮要句,开宗明旨。在公文和其他应用文书中,明白、准确地表达主旨的句子叫"撮要句"或"主旨句",以介词结构"为了……"为特征。在正文开头用撮要句托出写作主旨,是一种开宗托旨、开门见山的方法。如《中华人民共和国教师法》第一条:"为了保障教师的合法权益,建设具有良好的思想品德修养和业务素质的教师队伍,促进社会主义教育事业的发展,制定本法。"

(2)虽无撮要句,以意托旨。有的应用文书开宗托旨,首句并不出现主旨句,而是直接阐述意义、主张或基本观点。

3. 文中标题显旨

小标题显旨的形式是将文章主旨分解成几个部分,每个部分用一个小标题显示。值得注意的是,每个小标题的排序必须注意体现合理的逻辑关系。

《靠名牌赢得市场——关于深圳市飞亚达(集团)股份有限公司的调查》一文在"启示:现代企业必须重视实施名牌战略"的小标题下分三段阐述,在每段开头用段首句点明主旨:第一段的段首句"实施名牌战略是提高产品质量、提升企业品位的内在要求";第二段的段首句"实施名牌战略是企业参与市场竞争尤其是国际市场竞争的客观需要";第三段的段首句"实施名牌战略是增强国家经济实力的重要手段"。在这三句主题句的提示下,每段的中心就十分明了了。

4. 篇末点旨

篇末点旨是指在文章的结尾之处点明文章主旨。例如,李政道的论文《基础、应用科学与生产三者关系》就是采用这一方法结尾。该文章的结尾指出:"我再重复一下,没有基础学科就没有应用学科,没有应用学科就没有生产学科,三者是紧密结合在一起的。"清晰地显示了主旨。

必须说明的是,应用文写作中,为使写作主旨更加突出、鲜明,常常综合使用以上显示主旨的方法。

 情境模拟

1. 单项选择题。

(1) 写一篇调查报告,主旨表现为(　　　)。

　　A. 调查的课题　　　B. 调查的问题　　　C. 调查的中心　　　D. 调查的结论

(2) 写一篇市场预测报告,主旨表现为(　　　)。

　　A. 预测的课题　　　B. 预测的对象　　　C. 预测的结论　　　D. 调查的目标

(3) 写一篇经验性总结,主旨表现为(　　　)。

　　A. 具体做法　　　　B. 显著收效　　　　C. 典型经验　　　　D. 主要成绩

(4) 写作财经应用文主旨必须正确,其内涵是(　　　)。

　　A. 观点明确不含糊　　　　　　　　B. 材料准确不失真

　　C. 如实反映客观实际　　　　　　　D. 准确表述作者观点

(5) 主旨如同文章的(　　　),没有主旨的文章如同行尸走肉,是没有什么价值的。

　　A. 血肉　　　　　　B. 灵魂　　　　　　C. 骨架　　　　　　D. 皮肤

(6) 我们常说写东西要做到言之有理,这指的是文章的(　　　)。

　　A. 主旨要正确　　　B. 材料要真实　　　C. 结构要合理　　　D. 语言要准确

(7) 提炼主旨的基础和前提条件是(　　　)。

　　A. 全面占有材料　　　　　　　　　B. 正确思想的指导

　　C. 运用科学分析方法　　　　　　　D. 深入挖掘事物本质

(8) 主旨需要解决的是(　　　)的问题。

　　A. 言之有理　　　B. 言之有物　　　C. 言之有序　　　D. 言之有文

2. 判断题。

(1) 我们常说写东西要做到言之有物,这指的是文章的主旨要正确、深刻、新颖。(　　　)

(2) 给上级机关写一篇请示,主旨表现为请示中陈述的主要理由。(　　　)

(3) 写一篇市场预测报告,主旨表现为预测的对象和目标。(　　　)

3. 根据提供的材料内容,概括其主旨。

(1) 发展专业化协作,走城乡结合的新路(调查报告)。

搞活城市工业企业,尤其是国有大中型企业,应该走一条什么样的发展道路?成都工程机械厂在探索中作出了自己的回答:跳出"自拉自唱"的框框,围绕"拳头"产品,大力发展专业化协作和各种横向联合,有组织、有步骤地将零部件生产向农村扩散,向小企业扩散,把

"触角"伸向四面八方。(下文略)

(2) 财政部通知:任何部门单位不得挤占挪用防汛救灾资金。

据财政部网站消息,财政部7月24日下发紧急通知,要求做好支持防汛抗旱救灾工作。通知要求,各级财政安排的防汛抗旱救灾资金,必须严格按照制度办法规定专款专用,任何部门和单位不得以任何理由挤占挪用。严防出现违规开支、库款搬家、以拨作支、不讲效益的"突击花钱"等违规违纪问题发生。

财政部提出,要加大防汛抗旱救灾资金投入力度。中央财政将根据各地灾情,及时安排拨付特大防汛抗旱资金。地方各级财政部门也要积极筹措资金,加大本级财政支持防汛抗旱救灾的资金投入。各级财政安排的防汛抗旱救灾资金,必须严格按照制度办法规定专款专用,任何部门和单位不得以任何理由挤占挪用。

财政部强调,要优先调度及时拨付防汛抗旱救灾资金,及时反馈防汛抗旱救灾资金使用管理情况。2012年中央财政安排拨付的特大防汛抗旱补助费、应急度汛资金、山洪灾害非工程措施补助资金,各省(区、市)财政厅(局)农业处要在2012年11月30日将使用管理情况报财政部农业司(水利处)。

(资料来源:金融界网站,2012年7月24日.)

4. 分析以下两份公文,指出它们在主题的确立方面是否存在问题,并说明原因。

(1) ××县财政局关于县××厂违反财经纪律滥发奖金的通报。

各企、事业单位:

我县××厂历年是个亏损单位。年初,我局、主管局组成财务检查小组,通过清理仓库与财务检查,发现该厂在生产过程中损失浪费严重,财务管理不严,造成企业亏损5万元,责令限期扭亏增盈。

今年10月,局检查人员再次进入该厂检查,发现该厂通过企业整顿,生产秩序有所好转,但经营管理仍然偏松,如发现1月至9月共发放奖金18 504元,为该厂标准工资的3.9倍。特别严重的是为了逃避监督,不经批准,擅自从银行骗取现金发了奖金。这种弄虚作假的行为严重违法了财经纪律。

该厂1月至9月,特别是5月至9月的生产稍有起色,在扭亏增盈上迈出了可喜的一步,但不应以滥发奖金作为刺激生产的手段。

鉴于该厂领导在认识错误的态度上表现较好,同意扣回超发的奖金。局意见,除扣回超发的奖金之外,责令该厂将检查材料于××月××日前报局备案。为了杜绝今后发生类似事件,特此通报。

××××年××月××日(印章)

(2) 中国人民银行××市分行关于转发总行《储蓄工作座谈会纪要》的通知。

各区办、县支行:

现将总行《储蓄工作座谈会纪要》转发给你们,请即组织研究,展开讨论,并要根据《纪要》精神,订出具体执行措施。当前,首先要抓好第一季度的工作,以便为全年工作打下基础。

××××年××月××日(印章)

素质养成

文学写作和应用文写作有许多共同之处,在文学史上,选取的题材相同,但因立意、主旨不同而使作品品位不同的例子可谓比比皆是,我们是否可以从中受到一些启发。

(1) 写水泊梁山农民起义题材的小说,在我国文学史上有两部作品:一部是施耐庵的《水浒传》;另一部是俞万春的《荡寇志》。《水浒传》是我国四大文学名著之一,是不朽的名篇巨著,而《荡寇志》却很少人知晓,为什么? 施耐庵忠于历史真实,反映时代的真实面貌,把宋江等梁山好汉塑造成"劫富济贫""替天行道"的英雄,作为反抗统治阶级压迫的英雄来歌颂,讴歌了轰轰烈烈的农民起义,揭示了"哪里有压迫,哪里就有反抗"的真理,体现了进步思想。《荡寇志》则恰恰相反,书中多处有污蔑、抹黑梁山人物的内容。所以,《水浒传》成为流传千古的名著。

(2) 写送别的诗歌自古及今不计其数,但唐代王勃的《送杜少府之任蜀州》堪称送别诗中最超凡脱俗的代表作,原因就在于这首诗突破了一般送别诗缠绵伤感的表现离愁为题旨的风格,豪迈洒脱,格调激昂,阐释了对离别的深刻豁达的认识,抒发了独特高昂的情感体验,尤其让人拍案称奇的是诗中点明旨意的那句"海内存知己,天涯若比邻"。诗人广阔的胸襟真可以囊括世界,高尚的志趣远远超出流俗的常情。《送杜少府之任蜀州》以其立意的高远使其他送别诗黯然失色,成为送别诗中脍炙人口的经典名篇。

第三节　应用文的材料

案例导入

【例文一】

我县教育事业蓬勃发展

新中国成立以来,我县教育事业发展很快,不但办起了中小学,还办起了中专、技校,甚至大学,在校学生人数已占全县人口的四分之一,专职教师已逾两千。此外,还聘请了不少有实践经验的兼职教师。全县乡级以上领导干部和科技人员中,百分之八十是新中国成立后学校培养出来的。

【例文二】

我县教育事业蓬勃发展

教育是民族复兴的基础,是实现中国梦的重要基石……

教育基础设施建设是教育事业发展的关键。2015 年,我县新建、扩建教育基础设施建设项目总建筑面积累计达到 5.5 万平方米,涉及 15 所学校,城乡、山川教育硬件设施更趋均衡,教育基础设施建设进一步加强。

在师资队伍建设方面,我县新公开招录免费师范生 4 名、事业编制教师 126 名、农村特岗教师 302 名,为近年来招录最多的一年,也是全区招录最多的县区,极大地缓解了教师不足的现状,为师资队伍注入了新的活力。

我县学前 3 年毛入园率达到 73%,同比提高了 8 个百分点,小学、初中适龄人口入学率分别达到 100% 和 99.5%,全县中考录取分数线连续 5 年快速提升,高考一次性二本上线率连续 5 年持续增长,上线人数连续 4 年突破千人大关,上线率达 43%,5 年提升了 23.8 个百分点。

我县还与宁夏大学联合办学,成立"宁夏大学枸杞职业技术继续教育学院",有力地推进了职业教育与特色产业的同步发展;建成"中国(宁夏)枸杞保鲜与加工职业技能公共实训中心",为延伸学校实训链条,实现学校与企业功能互补发挥了重要作用。

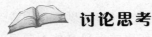 **讨论思考**

以上两段例文都是为了说明"我县教育事业蓬勃发展"这个观点,二者有什么不同?哪篇更能充分说明主旨?

例文一说明"我县教育事业蓬勃发展"的观点所使用的材料都不能很好地说明主旨,材料体现的意思模糊,在校学生数占总人口的比例写得较为突然,"四分之一"也没有准确表达概念。"聘请了不少有实践经验的兼职教师",不能有力地说明"我县教育事业蓬勃发展"。最后的举例不能说就是该县教育的成绩,这些干部和科技人员也可以是其他地方调入的,整个材料组织混乱,没有起到支撑主旨的作用。

例文二使用的材料明显起到了支撑主旨的作用。用数字对比材料说明观点,材料具体而准确,通过对比使观点更加鲜明,而且材料具体、有分量,给人的印象要清晰、深刻得多。

 知识要点

(一)应用文材料的含义

应用文材料是指作者为表现主旨而写进文章中的,从生活、学习、工作或调查研究中摄取、聚集的事实和理论依据。既然是事实和理论依据,材料就分为事实材料和理论材料,事实材料主要有事件与情况、实物与现象等;理论材料主要有方针、政策、各种法律法规及科学原理、定律、学说等。应用文材料是文章的血肉,支撑主旨的表现。

(二)主旨与材料的关系

材料是应用文写作的基础。如果说主旨是应用文的灵魂,材料就是应用文的血肉。没有材料,主旨就不能确定。概括地说,应用文是靠材料说话的,材料体现说明观点,离开材料,主旨则成无源之水。

（1）主旨决定材料。确立了主旨，才能决定材料的取舍。

（2）主旨离不开材料。主旨是文章的统帅和灵魂，决定文章思想的深度；而材料是为表现主旨服务的，是文章的基础和支柱，决定文章内容的充实度。

（3）材料说明主旨，服务于主旨。无材料，主旨就无从表现；材料离开主旨会成为毫无意义的芜杂废料，失去了意义。材料是构成文章内容的物质基础，是写作活动的前提。所以，大量地占有材料是古今写作经验中最基本、最重要、最需要掌握的一招。只有学会了这一招，再加上懂得写作方法和技巧，才能使写出的东西言之有物，合乎客观的要求。

在应用文写作中，对应用文主旨和材料把握上的匠心独运，往往会产生意想不到的效果。

 **拓展提高**

写一篇应用文时，怎样收集和选择材料？如何让材料为主旨服务？

应用文从收集材料到文章定稿，实质上是一个收集、分析、综合、选择、排列、组合材料的过程。对材料工作要抓好以下四个环节。

1. 收集材料

收集材料贵在"多"。收集材料要像海绵吸水，能吸多少就吸多少，多多益善。因为收集的材料越多，就越便于我们比较、鉴别和选择。在我们选择和使用时才可以做到得心应手，信手拈来。在实际的应用文写作中，根据特定的写作目的，收集材料要做到丰厚、典型。丰厚是指力所能及，全面占有材料。典型是指材料能够揭示事物的本质，代表事物的特征。丰厚是指材料的数量；典型是指材料的质量，没有一定的数量，也无所谓质量。二者是辩证统一的。

收集材料一般通过以下途径和方法。

（1）观察。观察是收集材料的最基础的工作，是占有第一手资料的有效途径之一。"观"即指通过视觉器官，对客观事物现象进行全面、仔细、系统的查看；"察"即指在查看的同时，加以认真地思考和审视。只有在观的基础上，才能收集到真正的第一手感性材料。这是写好应用文的基础和前提。因此，我们必须勤于观察、善于观察，站在一个公允的角度客观地看待事物本身。

（2）感受。所谓感受，就是通过自己的感官感受丰富多彩的生活，了解、鉴别事物的有关属性，通过对各个侧面的综合分析，形成对事物的总体印象，这是在观察基础上对事物本质有更进一步的了解。

（3）调查。调查是有目的地获取材料的方式，是对调查对象有目的、有计划、有步骤地做深入细致的全面了解，对了解的材料进行分析、研究、比较，总结出本质的带有规律性的东西，最后得出客观的实事求是的结论。因此，调查是收集、积累、分析、整理写作材料的过程，直接影响文章的主旨确立，为应用文写作打下扎实基础的前提。

（4）查阅。学术观点或科学结论等，往往都是在汲取前人研究成果的基础上，通过研究取得的更为科学的理论成果。这就要我们查阅掌握已有的成果，即获得大量的文献资料。间接资料的获取是我们收集材料的重要步骤。

2. 分析材料

分析材料贵在"精"。收集到大量的材料,明确了写作的主旨,接下来就是分析材料的真伪。材料的真实是应用文写作的生命,分析材料的真伪主要从两个方面入手:一是分析材料的客观真实性,材料的客观真实是指作者不能根据需要随意编造,不能移花接木和虚构、夸张;二是分析材料的本质真实性,材料的本质真实是指现实社会中,有些偶然的个别现象,从局部看,它确实是存在的客观实际,是真实的,但就整体而言,这些偶然的、个别的真实现象却不能反映事物的整体面目和内在本质。因此,在分析材料客观真实性的基础上,作者还必须分析材料本质的真实性,以便及时剔除那些不能反映事物本质的虚伪材料。分析材料的总原则是去粗取精,去伪存真,由此及彼,由表及里。

3. 选择材料

选择材料贵在"严"。选择材料是指在收集和分析材料的基础上对具备候选资格的材料进行筛选取舍。经过分析的材料并不能都写进应用文中,还须按照一定的原则对其进行筛选。选择材料是分析材料的深化。应用文选择材料主要是根据主旨需要选择那些切题、典型、真实、新颖的材料。

切题是指材料具体、有针对性,能准确说明观点。如在《新的消费热点:出门旅游过年》中,为了陈述出门旅游过年的现状,就采用了大量的事实(数据)材料:"根据国家旅游局对江苏、广东、云南、海南、北京、福建、广西、四川、黑龙江、湖南、山东、山西等 12 个省、自治区、直辖市的调查……今年春节期间,这些地区直接由旅行社接待的国内旅游人次比往年至少有15%的增长……以上 12 个省、自治区、直辖市的旅行社,春节期间共接待旅游者124 万人次,旅行社营业收入 14 亿元。"文中采用的材料都是紧密围绕主旨的,这是大多数应用文材料的特点。

典型材料是指能够集中、深刻地表明事物的本质及共性,又带有鲜明的个性色彩,"以一当十",起到支撑观点作用的材料。典型材料可以是一个具体的事例、一些有说服力的数据和一些带有普遍性的现象。如题为《"小解放"为何俏销湖北》的市场调查报告,在说明"优质服务获得良好口碑"这一经验时,采用了这样一则事实材料:"去年 10 月的一天傍晚,河南省郑州市某单位的一辆小解放牌车在去广州途经武汉时,在武汉黄鹤楼处出现问题,求助电话打到了该销售中心,中心经理立即亲自带队迅速赶到现场,发现该车故障是用户对后驱动桥端面螺丝没拧紧而发生齿轮油漏尽,导致差速器锥齿烧损。当维修人员在后半夜将修好的车交给用户时,用户激动地说,虽然我们不属于该省管辖,又没带保用手册,并且问题又是因我们使用不当所致,你们还这样及时周到地服务,太让我们感动了!'小解放'走到哪儿服务就到哪儿,此言不虚,以后再买车,还买'小解放'。"这是一则很能表现主旨的材料,是典型的材料。

真实性材料是指材料既是生活中客观存在的事实,又要能反映客观事物的本质和主流。

新颖材料是指材料具有新鲜的意义,有时代感,能表现事物的发展变化趋势,反映客观事物的最新面貌,是新人、新事、新思想、新成果和新问题。同时思想有一定的深度,又具有很强的感染力、吸引力。新颖材料有两种:一种是这个材料是以前没有人用过的;另一种是以前虽有人用过,但自己用时挖掘出新的含义。

4. 使用材料

使用材料贵在"活"。使用材料时,要分清主次。对材料的加工整理,无非是为了突出文章的主旨,加强应用文的表达效果,处理材料的详略要以此为据。突出事件特征的材料要详写,一般材料可略写;处于主体地位的材料要详写,处于从属地位、过渡的材料可略写;读者不熟悉的材料要详写,读者熟悉的可略写;材料之间角度相异的要详写,材料之间相同的可略写。

 情境模拟

1. 单项选择题。

(1) 你要写一篇调查报告,已经获取了丰富的调查材料,为了使调查报告写得更精炼些,使调查结论说服力更强,选材时应注意筛选(　　)的材料。

　　A. 真实　　　　　B. 典型　　　　　C. 新颖　　　　　D. 准确

(2) 你要写一篇调查报告,已经获取了丰富的调查材料,考虑到调查报告要在报刊上发表,为了增强其可读性和吸引力,选材时应注意筛选(　　)的材料。

　　A. 真实　　　　　B. 典型　　　　　C. 新颖　　　　　D. 准确

(3) 在财经应用写作中,对问题经常要进行定量分析,(　　)的材料具有特殊的重要性。

　　A. 典型事例　　B. 新鲜生动　　C. 具体细致　　D. 数据指标

(4) 材料的取舍要注意典型性,而典型的材料就是那些(　　)的材料。

　　A. 围绕主旨　　B. 新鲜生动　　C. 真实可靠　　D. 代表性强

(5) 给上级机关写一份工作报告,以使上级机关了解下情,掌握信息,正确决策,在材料的取舍上首先要考虑的是材料的(　　)。

　　A. 生动性　　　B. 真实性　　　C. 典型性　　　D. 新颖性

(6) 材料如同文章的(　　)缺少材料,文章势必言之无物,空空洞洞。

　　A. 血肉　　　　B. 灵魂　　　　C. 骨架　　　　D. 皮肤

(7) 我们常说写东西要做到言之有物,这指的是文章的(　　)。

　　A. 主旨要集中　　B. 材料要充实　　C. 结构要严谨

(8) 既具体生动,又能深刻揭示事物本质,具有广泛代表性的材料是(　　)。

　　A. 真实材料　　　B. 典型材料　　　C. 新颖材料　　　D. 准确材料

2. 请将下列材料进行分类,并将其序号填在该类标题后的括号里。

(1) 省政府各部门召开全省性的业务会议,原则上只开到市、地、州一级。

(2) 部门业务工作需以省政府名义召开的或需市、地、州分管领导同志参加的全省性业务会议,除由省政府办公厅发开会通知外,其余会务组织工作,由主办会议的部门负责,会议经费由主办部门开支。

(3) 部门召开的或以几个部门联合召开的全省性业务会议,须经分管副省长同意。

(4) 可开可不开的会坚决不开,可合并召开的会议不要分别开。

(5) 全省全局性的市长、州长、专员会议或县长会议由省政府直接召开。其会务组织工作,由省政府办公厅负责,会议经费由省政府办公厅承担。

（6）要尽量压缩会期，减少出席人员。会议工作人员不得超过会议人员的10%。

（7）可开电话会议传达贯彻的工作就不要集中开会。

（8）省政府召开全省性的会议，由省政府常务会议研究决定。

（9）会议不得安排住高级宾馆，不准搞宴请，不准发纪念品，不得向下级转嫁会议经费负担，严禁以参观、学习为名搞公费旅游。

（10）上级一般业务性会议，已有正式文件的，可将文件翻印下达，结合实际情况制定贯彻措施下发执行，尽可能不层层开会传达。

（11）部门自行召开的全省性业务会议，其会务组织工作和经费概由部门负责承担。

（12）部门以省政府名义召开的全省性业务会议，应报经省长或常务副省长批准。

（13）要讲求实效，保证会议质量，会前认真做好调查研究，明确会议解决的主要问题，有争议的问题尽量在会前协商一致，以节约会议时间，提高议事的效率和质量。

第一类　大力精简会议：（　　　　　　　　）

第二类　明确责任分工：（　　　　　　　　）

第三类　严格审批制度：（　　　　　　　　）

第四类　切实改进会风：（　　　　　　　　）

3. 某机修厂写了一份"请示"，要求把厂院的土地改为水泥地，请求上级拨款数万元，用了以下两种写法。假如你是撰稿人员，你用哪种写法？为什么？

关于把厂院的土地改为水泥地的请示

尊敬的厅领导：

由于我们厂院地面是土地，所以刮风时尘土飞扬，下雨时道路泥泞，检查卫生时不合格。我厂经研究拟将厂院的土地改为水泥地，并请厅领导拨款20万元。请批复！

××电机厂

2023 年 7 月 21 日

关于把厂院的土地改为水泥地的请示

尊敬的厅领导：

由于我们厂院地面是土地，所以尘土飞扬对生产造成了严重的影响，如一些机器的机转部件，因涂有润滑油，沾了尘土影响产品质量；雨天，道路泥泞，运输受阻，各生产环节衔接不上，影响生产进度，使经济效益大幅下滑。为此我厂经研究拟将厂院的土地改为水泥地，并请厅领导拨款20万元。请批复！

××电机厂

2023 年 7 月 23 日

 素质养成

欣赏一则传统食品的广告文案（见表1-1）。

表 1-1　南方黑芝麻糊电视脚本之怀旧篇

景　别	画　面	音　响
1. 全	（遥远的年代）麻石小巷，天色近晚，一对挑担的母女从幽深的陌巷走出	木屐声、叫卖声、音乐起（民谣式的朴实、亲切的怀旧、悠远及具有歌唱性）
2. 特	（叠画）悬在担子上的小油灯摇摇晃晃	
3. 中	深宅大院门前，一个小男孩使劲拨开粗重的樘枙，挤出门来，深吸着飘来的香气出神	男解说："小时候，一听见芝麻糊的叫卖声，我就再也坐不住了……"配乐旋律：（曲谱略）
4. 中、移	担挑的一头，小姑娘头也不抬地在瓦钵里研芝麻。另一头，卖芝麻糊的大嫂热情地照料食客	
5. 特	（叠画）大锅里，浓稠的芝麻糊不断地滚腾	
6. 近	小男孩搓着小手，神情迫不及待	
7. 特	大铜勺被提得老高，往碗里倒芝麻糊不断地滚腾	
8. 近	（叠画）小男孩埋头猛吃，大碗几乎盖住了脸庞	
9. 近	研芝麻的小姑娘投去好奇的目光	
10. 中、移	几名过路食客美美地吃着，大嫂周围蒸腾着浓浓的香气	
11. 中近	站在大人背后，小男孩大模大样地将碗舔得干干净净	
12. 中近	小姑娘捂嘴讪笑起来	
13. 全、移	大嫂爱怜地给小男孩添上一勺芝麻糊，轻轻地抹去他脸上的残糊	
14. 特	小男孩默默地抬起头来；目光里似羞涩、似感激、似怀想，意味深长	
15. 特	（叠画）一阵烟雾掠过，字幕出："一股浓香，一缕温暖。"	男解说："一股浓香，一缕温暖，南方黑芝麻糊。"
16. 特	（叠画）产品标板	
17. 特	字幕：南方黑芝麻糊广西南方儿童食品厂	

整则广告中没有刻意介绍这种产品的品质与功效，而是构想了一个十分遥远又十分亲切的故事诉诸人们的情感，让我们在往事的回首中领略一份乡情、一份挚爱，在怦然心动中感受那"一股浓香、一缕温暖"，让人在"剪不断，理还乱"的怀旧情结中深深地记住了"南方黑芝麻糊"这一品牌。因此，在应用文的写作中，我们不仅要善于把握文种的主旨，还要善于组织选择材料，善于运用创造性思维去策划和创意，使材料更好地服务于主旨。

（资料来源：张建．应用写作［M］．北京：高等教育出版社，2019．）

第四节　应用文的结构

 **案例导入**

【例文】

全区部队作风纪律教育整顿情况通报

××××、××××、××××××、×××××××：

按照军区统一部署，×月中下旬，全区部队普遍进行了一次以"×××××××"为主要内容的作风纪律教育整顿。这次教育整顿，认真贯彻从严治军方针，以条令条例为依据，以领导机关为重点，着力解决××××、××××、××××、××××等问题，坚持揭短求实，边整边改边落实。通过整顿，各级抓管理工作的指导思想进一步端正，工作作风有明显改进，部队作风纪律建设明显加强，促进了管理工作的落实。普遍反映这次作风纪律教育整顿非常及时，敢于较真，震动很大，导向对头，成效明显。现将主要情况通报如下。

一、各级重视，贯彻执行军区指示认真。军区安全工作电视电话会议后，各级非常重视，思想认识统一，行动迅速，按照军区要求，及时组织作风纪律教育整顿。各大单位普遍召开常委会或首长办公会……深入部队狠抓教育整顿工作落实。

二、重点突出，着力揭露矛盾和问题。各级坚持把整顿的重点和精力放在领导机关上，从端正工作指导思想入手，勇于揭露矛盾和问题，并透过基层发生的事故案件和问题，反思领导机关在工作指导思想、工作作风、执行纪律、落实制度规定等方面的教训，制定改进措施……

三、注重实效，狠抓薄弱环节整治。各级在教育整顿中，加大对薄弱环节和倾向性问题的整治力度，实实在在地解决了一些问题……

四、从严执纪，敢于较真。教育整顿期间，各单位都坚持依法从严治军，严格执行纪律规定，认真查处了一些违章违纪问题，共查处违纪官兵××多人，尤其在干部管理……

五、检查督导。保证教育整顿落实。各级及时组织工作组对教育整顿情况进行检查，督促工作落实……

全区部队要进一步加强作风纪律建设，巩固和发展这次教育整顿的成果。要进一步端正工作指导思想，辩证地看待管理工作形势，既要看到成绩，又要看到问题，时刻保持清醒头脑。要发扬求真务实的作风，敢抓善管，真抓实干。要坚持依法从严治军，严明纪律，进一步纠正和克服形式主义与弄虚作假的作风……

××军区

××××年××月××日

讨论思考

这是一篇典型的情况通报,内容大体包括开头＋主要做法和成绩＋存在的主要问题＋今后的打算或要求。试分析这篇通报是如何做到结构清晰的。

1. 简洁入题,概括评价

情况通报的开头一般无须长篇大论,主要是概述通报的内容,或叙述总的情况,简要写明做法或特点,取得的主要成绩,作出一个总的评价。

2. 叙述"成绩",先面后点

"主要做法和已经取得的成绩"是情况通报的核心部分,通常是摆事实,采用叙述写法,把怎么做的具体方法措施写清楚,再把效果怎么样写出来就可以了,不必议论,避免讲一些空洞的道理,要紧紧围绕"是什么"这一基本内容来写。

3. "问题"点透,注意分寸

情况通报的第三部分一般是写"存在的主要问题"。"问题"即工作中由于主观或客观因素造成的失误,或者需要解决的矛盾。情况通报中为了客观地反映情况,通常写在成绩之后,对工作中存在的问题进行必要的阐述。

4. "打算、要求",二者取一

情况通报的结尾是"今后的打算或要求"。"今后的打算"是机关对于今后工作的安排。"今后的要求"则指机关对于主送单位的要求。这里的安排、要求等,在一份情况通报中只会有其中一种,而不应都写,具体选哪一种应视情况而定。

例文的结尾采用了"提要求"的写法,这样写与整篇公文的基调相吻合。

(资料来源:第一文库网,有删改)

知识要点

(一) 应用文结构的含义

结构是指文章内部的组织和构造,是作者按照主旨的需要,对材料所进行的有机组合和编排,又称谋篇布局。具体来讲就是所选材料应该放在文章什么位置合适;所选材料按照什么顺序排列;文章如何开头、如何展开、如何过渡、如何结尾;主要材料和次要材料如何安排;详略如何斟酌;段落层次如何安排等。因此,设计应用文篇章结构总的要求是以尽可能完美的结构形式表达尽可能正确的内容,使观点与材料统一,内容与形式一致,二者协调配合,相得益彰。评论一篇文章写得好,常用结构严谨、层次清晰等评语。

(二) 应用文的篇章结构

应用文的篇章结构由标题、正文和落款三部分组成。

1. 标题

标题是文章的命题,是文章最引人注目的地方,如果说主旨是文章的灵魂,材料是文章的血肉,思路是文章的脉络,结构是文章的骨骼,那么标题就是文章的眼睛。好的标题要画龙点睛,犹如一双传情达意的眼睛,能准确概括和表达文章的主旨,激发读者阅读文章的兴趣;反之,则令读者不明就里,索然无味,读兴骤减。

应用文的标题要求准确、醒目、简洁、规范,大体可以分为以下三类。

(1)公文式标题。这类标题由发文单位、事由和文种组成,主要用于公文。如《国务院关于发布〈国家行政机关公文处理办法〉的通知》。

(2)新闻式标题。一种是单行标题。直陈事实式,如《花园村走上了致富路》;提出问题式,如《空调降价大战原因何在》;显示结论式,如《非法传销活动应予禁止》等。另一种是三行、双行标题,由正题、副题组成。如《一人富了不算富　共同富裕才是富——(山西)壶关县大胆起用德才兼备的能人当支书的启示》《诚信与全面建设小康社会——关于诚信问题的讨论》。

(3)论文式标题。此类标题概括论文的内容和结论,如《加快发展是富民强国的第一要务》。

2. 正文

应用文的正文结构与一般文章一样,包括开头和结尾,层次和段落,过渡和照应等,通常用凤头、猪肚、豹尾来形容。

(1)开头。开头即凤头,小巧美丽,新颖诱人。古人云,善于始者,成功已半。好的开头能够唤起读者的兴趣,产生巨大的吸引力;好的开头,能为全篇定下基调,点明主题;好的开头,能自然顺畅地引领下文。应用文的开头一定要"起笔立意",开门见山,直扣主题,引领全文,不枝不蔓,还要简短凝练,文字少内容集中,并且文字新颖,引人注目。

① 根据式开头。开头引用上级指示精神或有关法律,或对方来文,或存在的问题,突发事件等。行文常以"根据""按照""遵照"等词语领起下文。如《关于粮食政策性财务挂账停息的意见》一文的开头:"根据中共中央、国务院关于妥善解决粮食财务挂账问题的一系列文件精神,结合各地清理粮食财务挂账的实际情况,经过反复研究,对粮食财务挂账实行停息的有关政策提出如下意见。"这种方式常在决定、批复、规章、调查报告、市场预测报告、合同等文种的开头使用。

② 目的式开头。开头以简明的语言直接说明写作的目的和意义,常用介词"为""为了"领起下文。如《国务院关于成立经济贸易办公室的通知》一文开头写道:"为适应加快改革开放和经济建设的新形势,加强宏观调控和协调日常经济工作,国务院第 100 次常务会议决定……"又如《关于对超标排放水污染单位实施限期治理的决定》一文的开头:"为了进一步贯彻落实……实现……标准,根据《中华人民共和国环境保护法》和《国务院关于环境保护问题的决定》的规定,特作如下决定……"这种开头常用于情况通报、通告、通知、意见等文种。

③ 原因式开头。开头常用"由于""鉴于""因为"等词领起下文,也可以简述发文原因,再引出写作目的。如《广州市建设用地起坟通告》的开头:"因建设的需要,经核准,市公安局天河区分局征用天河区东圃镇堂下乡(村)土地。为便于建设工程顺利进行……"情况通报、调查报告、会议纪要、学术论文、新闻等有时用这种方式开头。

④ 说明式开头。说明式开头是先对要写的对象的背景、情况作一些说明,在此基础上引出正文。这种开头多见于调查报告、新闻、通讯、广告等。

⑤ 议论式开头。开头用议论的表达方法，表达作者的看法，提出观点。如《现代化企业需要什么样的复合型会计人才》的开头："随着社会主义市场经济的不断深入发展，会计工作也不断拓宽，过去那种单一的会计知识结构已远远不能适应会计管理工作的需要，会计人员作为企业经济管理的重要的专门人才，必须相应地提高自身的专业素质，改变原来单一的知识结构，以适应市场经济发展的需要。因此，培养造就一批复合型会计人才是当前会计工作的一项重要任务，也是企业发展向现代化迈进的关键所在。"

⑥ 提问式开头。先提出问题，然后引出下文。这种开头方式能引起读者的注意和思考。这种开头方式常见于调查报告、学术论文的写作。如《核心竞争力——企业制胜的根本》的开头："在激烈的市场竞争中，一个企业制胜的根本是什么？为什么有的企业能长盛不衰，有的企业只能成功一时，而有的企业却连一点成功的机会都没有？笔者一直为这些问题所困惑。"

（2）结尾。结尾即豹尾，取其言简意赅、雄健有力之意。俗话说，编筐编篓，全在收口。头好起，尾难收。结尾是文章的总收束，应用文结尾要写得实在，不着空文，要干净利落，不拖泥带水。常见的应用文结尾有以下几种方式。

① 指令式结尾。对与内容有关的问题作一些必要交代。这多用于公告、通报、通告、规章制度等。如"本通告自公布之日起生效""这个通知精神，适用于政府机关和事业单位"之类的结尾语句，都是对有关事项的补充说明。

② 请求式结尾。在结尾处提出请求或希望。惯用式多用于公文的结尾。其中包括上行文中的祈请式，如"妥否，请审查批示""以上意见，如无不妥，请批转各地执行"等带有祈请意思的语句，作为公文的结束语。还有下行文中期望式，如"特此公告""希遵照执行""希参照执行"等带有期望意思的惯用语句作结尾。

③ 总括式结尾。它是依据正文的中心内容，进行概括总结，作出结论，点明主旨，以加深人们对文章的印象。这多用于总结、调查报告、通报等。

④ 感召式结尾。它是在结尾处发出号召，号召人们行动起来去落实文中所提出的要求和任务。这多用于总结、决定、会议纪要等。

（3）主体。主体是应用文的主干，是文章最重要的部分，是中心意思所在。应用文的正文要像猪肚一样，大而丰满，有血有肉。在这部分里要注意处理好层次与段落、过渡与照应的关系。

① 层次与段落。层次是文章思想内容的表现顺序，它是客观事物的条理性、客观事件的过程性及作者认识的程序性在文章中的体现，常称"意义段""结构段"或"部分"。段落是以换行低格的形式体现层次的文字单位，习惯上称为"自然段"。层次侧重于思想内容的划分；段落侧重于文字形式的表现。一般来说，段落表现层次，层次大于段落。一个层次既可是一个段落，也可由几个段落组成。倘若全文为独段式，则可将段落再划分为几个小层次，这是层次小于段落的特殊情况。应用文安排层次与段落的方式主要有以下几种。

a. 总分式。围绕一个中心作辐射展开，或先总后分，或先分后总，或采用"总—分—总"的形式。"分"这部分则呈并列状态。其结构思路有三种："总—分—总""分—总""总—分"。通知、通报、计划、调查报告等经常采用这种方法。如某个地区的年度计划，开头先提出全年工作总的指导思想，然后分别对经济、改革、政法、党建、精神文明建设等项工作，提出工作目标。采用这种方法要注意各个分述部分层次分明，不互相包容；顺序要合理，避免轻重倒置；

详略得当、匀称。

b. 并列式。按空间分布或问题的主次、轻重作横向铺展,其结构思路为"彼此""此彼"。报告、讲话、会议纪要、通知等常采用这种结构。如《关于研究广东省重点建设项目有关问题的会议纪要》在叙述完会议概况后,就"关于中国东方汽车有限公司生产轻型面包车项目的问题""关于开辟国际航线的问题""关于顺德大程控交换机项目筹建问题"等分段叙述,这些问题并列,层次清晰,让人一目了然。

c. 时序式。以时间先后为序,或按事物发生、发展变化的过程为序安排层次。它脉络清晰单一,便于交代清楚事情的来龙去脉,常用于内容单一、叙事性强的文章。但一定要体现事情发展过程性的特点,切忌平均用墨。其结构思路为"起先—接着—最后""现在—过去—现在"。

d. 递进式。按事情的逻辑顺序或对事情的认识过程安排层次。其结构思路为"浅—深""深—浅",一般按提出问题、分析问题、解决问题的次序展开,层层推进,步步深入,得出结论。多采用会议决议、调查报告、通报等方式。如《中共中央关于加强社会主义精神文明建设若干重要问题的决议》就从加强社会主义精神文明建设的重大意义、社会主义精神文明建设的指导思想和奋斗目标、努力提高全民族思想道德素质、积极发展社会主义文化事业、深入持久开展群众性精神文明创建活动、加强和改善党对精神文明建设的领导等几个部分进行论述,全篇层层衔接,步步深入,把建设社会主义精神文明的意义、目标、途径、要求表述得清晰分明。

e. 条款式。其结构思路为"一、二、三、四……""甲、乙、丙、丁……"合同等应用文中经常采用这种方式。

在实际运用中,以上五种形式并非界限分明,而是几种形式相互交叉结合使用。

② 过渡与照应。过渡与照应是使文章承前启后,前后呼应,脉络清晰,文气贯通的一种手段。

过渡是指层次之间、段落之间的转换、衔接,起承上启下的作用。常用的方式有三种:一是过渡词语,如"总之""综上所述""由此观之"等,主要用于转换不大时;二是过渡句子,用在各种转换适中时;三是过渡段落,用在各种转换较大时。如可以标明使用"综上所述""有鉴于此""在此基础上"等短语,也可以使用"下面就这次调查的结果报告如下""造成这次事故的原因究竟是什么"等句子进行过渡。在篇幅较长、意义重大且内容层次跨度较大的文章中,则常使用自然段进行过渡。

以上是指明渡,相对而言暗渡则是指无明显标志的过渡,主要靠层次、段落间的逻辑关系来过渡。

过渡需要注意两点:一是要自然,如果人为地转换、生硬地衔接,就会使文章有牵强拼凑之嫌;二是要简明,啰唆冗长、节外生枝均有损于文章的完美。

照应是指文章的前后之间的关照和呼应,包括交代与呼应两个方面。就是说前面所埋下的伏笔、制造的悬念,后面应有回应;后面所写的,前面应有交代、暗示;做到"瞻前顾后"。常用的照应方式有三种:一是题文照应,应用文的内容,特别是开头,要照应标题;标题则要照应主要内容,做到题文一致;二是首尾照应,开头和结尾关联密切,有什么样的开头就应有什么样的结尾;三是前后照应,文章后面的内容要与前面的内容照应,如果前面提到的问题后面断了线,这篇文章就不严密了,也就是指前后行文多处照应,才能使结构紧凑。

3. 落款

落款要在应用文的右下方写明发文时间,并加盖公章。如是个人,要写全个人的姓名。

 **拓展提高**

你认为写作应用文应如何构思,并做到结构合理?

一篇好文章,结构所起的作用功不可没。布局谋篇是每一位写作者下笔前面临的一个基本问题,它对全文的成败起着关键的作用,因此,应用文的结构安排应遵循以下原则。

(1)符合客观规律和人们的认识规律。客观事物自有其发展、变化的规律,人们对客观事物的认识也有一定的规律。所以,应用文的结构必须遵循这两条规律,反映客观事物的内在联系。如在应用文写作中,写事件应该按"开端—发展—结果"的顺序安排结构;写问题应按"提出问题—分析问题—解决问题"的顺序安排结构。

(2)为主旨服务。应用文的结构必须为主旨服务,主旨是全文的"纲",它统领全篇,能突出表现主旨的结构才是好结构。无论采用哪种结构都必须服从于主旨的需要,并为突出和表现主旨服务。因此,哪些内容在前,哪些内容在后;哪些内容为主,哪些内容为辅;哪些内容详写,哪些内容略写;层次段落如何划分,开头结尾如何呼应等,都要服从主旨的需要。

(3)选择适合的文种。不同的文种必须有其相应的结构。应用文因其使用的范围、条件、对象的不同,结构形式也不相同,应用文的种类很多,不同文种的应用文,反映生活的角度、方法和容量各不相同,在布局结构上也有不同要求。如行政公文大多有严格的固定格式,除正文的表述可以根据内容的需要有所变化外,其他格式不能改变。学术论文的结构一般采用引言、本论、结论三个部分。还有些应用文在具体写作中可以灵活变换结构模式,如调查报告、总结、简报、广告等。

(4)努力创新。常言道,文似看山不喜平。安排结构应灵活多变,努力创新。

 情境模拟

1. 单项选择题。

(1)根据文章篇章结构和逻辑结构之间的关系,篇章结构混乱的主要问题是( )。

    A. 作者思路不清   B. 层次划分不当   C. 段落划分欠妥   D. 语言表达混乱

(2)解决文章结构混乱的问题关键在( )。

    A. 提炼主旨   B. 梳理材料   C. 厘清思路   D. 划分段落

(3)通报写作结构一般先摆出通报事实,再对通报事实进行评价,作出决定,最后提出要求或发出号召,这种结构形式属于( )。

    A. 并列式   B. 总分式   C. 递进式   D. 条款式

(4)一篇市场预测报告由三个部分构成:前言概述市场状况,提出预测目标;主体运用市场信息资料,具体展开分析预测;结尾归结推出预测结论。这种结构形式属于( )。

    A. 并列式   B. 总分式   C. 递进式   D. 条款式

(5)我们常说写东西要做到言之有序,这是对文章( )的要求。

    A. 主旨   B. 材料   C. 结构   D. 语言

(6)结构需要解决的是( )的问题。

    A. 言之有理   B. 言之有物   C. 言之有序   D. 言之有文

(7) 文章的篇章结构是( )的反映。

    A. 语言表达   B. 过渡照应   C. 段落层次   D. 作者思路

2. 下面是××县卫生局一份工作总结的层次安排提纲内容,请按应用文结构的要求检查该文在结构层次方面存在的问题。

开头:概述一年来总的工作情况及取得的主要成绩。

主体:提出以下六个问题。

(1) 加强各级领导班子的自身建设。

(2) 健全制度,落实岗位责任制,不断提高管理水平。

(3) 做好基层卫生网点的建设工作。

(4) 加强地方病的防治工作。

(5) 基层卫生工作出现了新面貌。

(6) 问题及今后打算。

3. 指出下列材料开头所使用的写作方法。

(1) 由于广大居民安全意识不强,自我保护意识较低,社区内"两抢一盗"案件频发,为从根本上扭转这一现状,社区居委会将于本周邀请县公安局工作人员来我社区进行宣传讲座。这次讲座会进一步增强我们对安全知识的了解,提高防范意识,减少安全事件的发生。具体事宜如下……

(2) 教育在社会发展中处于什么地位?它与科技、经济的关系如何?不久前,河南教委组织 17 个地区、34 个县教育部门的同志对 100 多个村进行调查。

(3) 根据《国务院关于建立职工医疗保险制度的决定》《××省推进城镇职工基本医疗保险制度改革的意见》《国务院办公厅转发劳动保障部财政部关于实行国家公务员医疗补助意见的通知》的精神,结合我省公务员医疗保障的实际,制定本实施意见。

(4) 为构建资源节约型、环境友好型社会,我市将开展一次低碳环保节能减排的主题宣传活动,现通知如下……

(5) 欢迎大家来参加本次的妈祖文化旅游节活动,很荣幸由我来为大家讲解一下妈祖文化……

 **素质养成**

    应用写作的整个过程一般包括确立主旨、组织材料、布局谋篇、语言表达,这些都需要讲究逻辑思维。

    (1) 确立主旨要讲究逻辑思维。主旨是应用文的中心思想和灵魂,也是写作中的关键环节。作者只有具备归纳、分析、概括等逻辑思维能力才能提炼出深刻的思想观念,确立符合实际的主旨,真正做到站得高、看得远、挖得深、立得新。这里有两个重点:一是要正确运用逻辑思维方法确立中心思想,也就是说,除了占有丰富的材料,具有正确的立场、观点外,还要掌握和运用逻辑方法,如分析与综合、归纳和演绎等逻辑方法,对占有的必要、充实的材料进行分析、研究、概括,从而确立正确、鲜明、集中、深刻、新颖的主旨;二是要按照同一律的要求,处理好主旨与材料的关系,从逻辑思维上把握主旨对材料的要求,力争材料的充实可靠,材料与主旨的统一。

(2)组织材料要讲究逻辑思维。材料是作者为某一写作目的从生活中收集、摄取并写入文章的一系列的事实或论据。材料既是形成文章主旨的基础,又是表现主旨的支柱。组织材料的重要原则是材料为主旨服务,主旨统领材料。要选择真实可靠的材料论证观点,做到观点与材料的统一;要按同一律要求选择最典型、新颖的材料去证明观点;要按矛盾律要求选择与观点相切合、相一致的材料说明观点。

(3)布局谋篇要讲究逻辑思维。布局谋篇即安排应用文的结构,其本质上是客观事物的内在联系及发展规律,通过作者构思在文章中得以反映,只有具有逻辑思维,才能做到主旨突出,结构严谨,条分缕析,言之有序,环环相扣,无懈可击。要按照逻辑思维的基本规律安排设计逻辑结构,开头、结尾、层次、段落、过渡、照应都合乎逻辑要求。要本着内容决定形式的原则,围绕应用文写作的主旨,考虑安排结构,这是同一律的根本要求。要使全文结构合乎逻辑要求,完整统一,如毛泽东所说,“写文章要讲逻辑”“就是要注意整篇文章、整篇讲话的结构,开头、中间、结尾要有一种关系,要有一种内在联系,不要互相冲突”,不要违反矛盾律。各个组成部分都要合乎逻辑,先后、详略、轻重等,都要遵循逻辑思维的基本形式(指判断、推理)和逻辑基本规律。

(4)语言表达要讲究逻辑思维。这主要是指遵照思维基本规律的要求,正确运用概念和恰当地进行判断的问题。古罗马批评家郎加纳斯说:“思想深沉的人,言语就会阔通;卓越的语言,自然属于卓越的心灵。”(郎加纳斯《论崇高》)列宁肯定叔本华讲过的这句话:“叔本华说‘谁思想得清楚,就说得清楚’,我以为他再没有讲过比这更好的话了。”应用文写作实践证明:语言的准确依赖思维的明晰,语言的深沉依赖思想的深刻,语言的新鲜依赖思维的独创,语言的模糊来自思维的朦胧。要注意概念间的不同关系,明确交替使用同一关系概念与偷换概念的区别,要防止犯并列使用属种概念和交叉概念的逻辑错误。要善于给概念下定义,并遵循定义规则。由概念构成判断要符合逻辑规律,要做到:对判断中所反映的思想只能具有同一的理解,不能有歧义;同一判断概念或相关成分之间的联系与判断自身的含义保持一致,不得自相矛盾;对判断中需要限制的概念,要遵守限制概念的规则;判断中概念间的联系,在定义上要有恰当的配合;判断中要根据判断内容,选用直言、假言、选言判断的恰当形式。

第五节　应用文语言及表达

 **案例导入**

【例文一】

土建工程师的自我介绍

各位领导:

　　下午好!我叫×××,广西河池人,今年 26 岁,××××年毕业于××大学土木建筑工程学院建筑工程专业,全日制本科学历,学士学位。毕业后一直在××××工作至今,已经有3年工龄,先后经历了两个项目。第一个项目是一个7栋18层10万平方米的商品房住宅楼小区,我的职位是现场责任工程师,负责两栋地下2层、地上18层的住宅楼,职责是安全、质量、进度、成本的控制,资料的整理,合同的执行,施工队组的组织与协调,合同外的工作签证办理,往来函件的收发,对已完成工作进行计量,这个项目在2014年年底顺利地通过竣工验收,目前小区业主已经入住。第二个项目是一个6栋23层12万平方米的保障房住宅楼小区,我的职位是工程技术部经理,主管工程技术工作。两个项目干下来,我对一个工程项目从土方开挖开始,直至竣工验收及交房后维修的工作都有了比较深刻的了解。在工作之余我还撰写论文,目前已经有一篇论文在国家级刊物上发表。工作中我比较务实,最不喜欢的字眼就是"应该、可能、大概、差不多",因为这几个词语对工程人来说是没有实际意义的。工作中我积极进取,主动承担项目出科技成果的重任,发表论文和工法,挖掘"金点子"。

我还具有较强的学习能力和接受新鲜事物的能力,××××年6月考取了二级建造师,参加工作后我自学了一些软件,我的工作态度认真、责任心强,并有很强的团队合作精神与合作能力、注重工作效率、性格开朗、做事果断有主见、时间观念强,且具备良好的表达能力,富有开拓意识,注意细节,有很好的心理承受能力。此外,我还主动参加公司组织的文体活动,××××年代表南宁分公司到总部参加职工运动会,并取得了100米第四名和跳远第四名的成绩。分公司每年的团拜会我都出节目,表演过独唱和集体舞。现在我还兼职了项目部的团支部书记。

我的介绍完毕,谢谢!

【例文二】

《水浒传》中有关"鲁提辖拳打镇关西"的一段描述

只一拳,正打在鼻子上,打得鲜血迸流,鼻子歪在半边,却便似开了个油酱铺:咸的、酸的、辣的,一发都滚出来。郑屠挣不起来,那把尖刀也丢在一边,口里只叫:"打得好!"鲁达骂道:"直娘贼!还敢应口!"提起拳头来就眼眶际眉梢只一拳,打得眼棱缝裂,乌珠迸出,也似开了个彩帛铺的:红的、黑的、绛的,都绽将出来……郑屠当不过,讨饶。鲁达喝道:"咄!你是个破落户!若只和俺硬到底,洒家倒饶了你!你如今对俺讨饶,洒家偏不饶你!"又只一拳,太阳上正着,却似做了一个全堂水陆的道场:磬儿、钹儿、铙儿,一齐响。

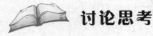 **讨论思考**

例文一是写人,例文二是叙事,从这两组文字的对比看,语体上有什么差别?

 知识要点

(一)应用文语言的特点

语言是人类最重要的交际工具,在应用文中主旨、材料、结构都要通过语言实现,可以说应用文写作成功与否最终依赖于作者的语言表达能力,依赖于作者的语言修养。在长期的实践和应用中,应用文写作语言经历了从文言文到现代文的发展,经历了与外来语言的融合,形成了自身独特的风格,即整体呈现准确、简练、庄重、平实、得体的特点。

1. 准确

准确是应用写作语言的第一要求。准确是指用词要切合语体,语言要准确、连贯,逻辑性要强,造句要合乎语法,在词语的选择上,用含义精确的词语,恰如其分地反映客观事物。首先,词的内涵必须清晰。其次,对词的外延必须作适当的必要的限制。具体写作中,应仔细辨析词义,精选中心词,用准修饰语,尤其要注意同义词、近义词的细微差别,同时还应力避歧义,以免造成误解,影响工作。如下行文中"以上各点,应严格遵照执行""希认真贯彻执行""请研究执行""可参照执行""供工作中参考"等句子,准确地表达不同程度的贯彻落实要求。

2. 简练

简练即以最少的文字表达尽量多的内涵,做到"文约而事丰"。"简"本来是战国至魏、晋时代的书写材料,是削制成的狭长竹片或木片。由于这种书写材料制作困难,要求作者必须言简意赅,尽量争取以较少的文字融进较多的意思。"练"是指把丝麻或布帛煮得柔软洁白,这里是要求文字写得明白。应用写作重在以高效、迅速传递信息、处理公私事务,以取得社会效益和经济利益为目的,具有很强的时效性和实用性,其语言在准确的基础上,还应简洁畅达、精练明快。从北京三次申奥口号比较看,体现了简练的特征。1991 年申奥口号共 7 条107 字;1992 年申奥口号为 6 条 67 字;2000 年申奥口号仅 2 条18 字。第一条是"新北京、新奥运",仅 6 个字,两个短语,第二条是"绿色奥运、科技奥运、人文奥运",12 个字,三个短语,两条口号鲜明地凸显出北京申奥的新理念。

3. 庄重

庄重是指写作中对客观事物的表达要得体、谨慎、严肃。应用文的语言使用和行文关系、文种紧密结合,讲究庄严持重,适度得体,反对轻佻俏皮、随情任意,讲究刻意创造严肃的气氛并在行文中精心维护这种气氛,这与文艺作品追求的生动活泼有所不同。如在公文中,"你局来函收悉"一语,就不可以用"你们局发来的信件收到了,内容也知道了"这样口语化、较随意的句子表达,有损于公文的严肃气氛。

4. 平实

平实是指语言平直朴实。应用文的价值在于务实,阅读对象较固定。越是准确、简洁的语言,就越平实。应用写作立足意思表达、阐释作者思想观点为基本宗旨,不以追求"语不惊人死不休"为语言目的,反对做作、浮夸,讲究朴素平实,做到语言标准规范、通俗易懂,朴实明白,追求"繁简适中,事辞相称"。同时,由于应用写作的种类繁多,写作时,还应针对行文目的、写作受体、所用文种以及使用场合等确定选用什么词汇、采用何种语气、形成何种风格,以获得最佳的实用效果。

5. 得体

得体是指应用文的语言应适应不同文体的需要,说话讲究分寸、适度。要和作者的身份、读者对象、所要达到的目的以及客观环境和谐一致,恰到好处。注意发文机关的隶属关系,适合题旨,适合对象,适合语境。机关应用文的语言说什么,不说什么,说到什么程度,用什么语气,选择什么词汇,都要考虑最后的效果,应当和所写的文件的体例相符。比如,请示性公文,用语要谦恭,讲究礼貌,结尾多使用"望""请""给予指示"等,以表示下级对上级的尊重。不能用"必须""如此"之类强硬口气。而指示则要严谨、周密、明确,不能写成乞求式的文章。命令的用语则必须斩钉截铁,毫不含混。

(二)应用文词法特点

(1)应用文语体里保留了一些文言词语。例如,"兹定于本月19日召开全院教师大会,地点定于2号楼3层多功能厅""兹有我单位杨明明前往贵厂联系印刷教材事宜,请接洽"。其中"兹"为"现在";"兹有"为"现在有"。又如,"来信收到,详情知悉,勿念"。其中"悉"为全部。"望函告为荷!"其中"荷"为承受他人恩惠所表示的感激行为;"为荷"为感激你们的帮助。"业经了解,情况基本属实",其中"业经"为已经过去。"逾期不予办理",其中"逾"是超越、超过的意思。

(2)应用文中常多用单音单纯词,以符合应用文简明性的要求。例如,"据有关规定"中"据"是"根据"的意思,"希参照执行"中"希"是"希望"的意思。

(3)运用节缩词语,达到精练、简短。例如,"经济贸易"节缩为"经贸","海内海外"节缩为"海内外","无商标、无生产厂家、无生产日期"节缩为"三无产品"。再如,"五讲四美""三个代表""入世""三农"等词语已成为约定俗成的节缩用语。但在写作中应注意,节缩词的使用一定是规范的、已经被社会认可的词语,不能是自造、晦涩难懂之词,更不能随意节缩引起歧义。

(4)习惯用语的固定性。由于约定俗成,在应用文写作中,一些标题用语,开端用语,文尾用语,称谓用语等逐渐地固定下来。

① 称谓词。称谓词即表示称谓关系的词。

第一人称:"本""我",后面加上所代表的单位简称,如部、委、办、厅、局、厂或所等。

第二人称:"贵""你",后面加上所代表的单位简称,一般用于平行文或涉外公文。

第三人称:"该",在应用文中使用广泛,可用于指代人、单位或事物,如"该厂""该部""该同志""该产品"等。"该"字在文件中正确使用,可以使应用文简明、语气庄重。

② 引叙词。引叙词是用以引出应用文撰写的根据、理由或应用文的具体内容的词。常用的有根据、按照、为了、遵照、敬悉、惊悉、……收悉、……查,为……特……,……现……如下……应用文的引叙词多用于文章开端,引出法律、法规以及政策,指示的根据或事实根据,也有的用于文章中间,起前后过渡、衔接的作用。

③ 追叙词。追叙词是用以引出被追叙事实的词。如业经、前经、均经、即经、复经、迭经。在使用时,要注意上述词语在表述次数和时态方面的差异,以便有选择地使用。

④ 承转词。承转词又称过渡用语,即承接上文转入下文时使用的关联、过渡词语,如为此、据此、故此、鉴此、综上所述、总而言之、总之。

⑤ 祈请词。祈请词又称期请词、请示词,用于向受文者表示请求与希望。主要有希、即希、敬希、请、望、敬请、烦请、恳请、希望、要求。

使用祈请词的目的在于营造机关之间相互敬重、和谐与协作的气氛,从而建立正常的工作联系。

⑥ 商洽词。商洽词又称询问词,用于征询对方意见和反映,具有探询语气。如是否可

行、妥否、当否、是否妥当、是否可以、是否同意、意见如何。

这类词语一般在公文的上行文、平行文中使用,在使用时要注意确有实际的针对性,即在确需征询对方的意见时使用。

⑦ 受事词。受事词即向对方表示感激、感谢时使用的词语。如蒙、承蒙。属于客套语,一般用于平行文或涉外的公文。

⑧ 命令词。命令词即表示命令或告诫语气的词语,以引起受文者的高度注意。如表示命令语气的语词有责、责令、特命、责成、令其;表示告诫语气的词语有切切、毋违、切实执行、不得有误、严格办理。

⑨ 目的词。目的词即直接交代行文目的的词语,以便受文者正确理解并加速办理。用于上行文、平行文的目的词,还须加上祈请词,如请批复、函复、批示、告知、批转、转发;用于下行文,如查照办理、遵照办理、参照执行;用于知照性的文件,如周知、知照、备案、审阅。

⑩ 表态词。表态词又称回复用语,即针对对方的请示、问函,表示明确意见时使用的词语。如应、应当、同意、不同意、准予备案、特此批准、请即试行、按照执行、可行、不可行、迅即办理。在使用上述词语时应对公文中的下行文和平行文严加区别。

⑪ 结尾词。结尾词即置于正文最后,表示正文结束的词语。用以结束上文的词语。如此布、特此报告、通知、批复、函复、函告、特予公布、此致、谨此、此令、此复、特此;再次明确行文的具体目的与要求,例如……为要,……为盼,……是荷,为荷;表示敬意、谢意、希望。如敬礼、致以谢意、谨致谢忱。

使用这些词语,可以使文章表述简练、严谨并富有节奏感,从而赋予庄重、严肃的色彩。

(5)常用数词。应用文写作常用数字说明问题,因此经常大量使用数字。在分析问题、说明问题时,运用数字,可以比较明确地表达事物的状态,从而加深对该事物的认识。如一个企业管理是否先进,运用同行业国内外的对比数字才能说明。邓小平同志在《关于科学和教育工作的几点意见》中,讲到我国科研人员少、队伍小时用了三个数字:美国科研队伍有 120 万人,苏联是 90 万人,我们是 20 多万人。这三个数字勾勒出三个国家科研队伍的基本状况,十分清晰地说明了我国科研人员少、队伍小的现状。应用文常用的数字有以下几种。

① 绝对数和概数。例如,乐山大佛身高 71 米,头高 14.7 米、宽 10 米。

② 平均数。例如,力争五年内人口年平均增长率控制在 12.5‰左右。

③ 百分数。例如,2003 年,我国粮食增长 16%、棉花增长 66%、糖料增长 83%。

④ 对比数。例如,甲比乙多生产了两倍。

 拓展提高

写作中怎样把握应用文语言表达?

1. 叙述语言需简洁、概括

在进行叙述时要用最简短的语言陈述特定时空的信息,通过概述事实的主干,而不应纠缠于耗时费事的具体情节中。如有一篇表彰通报是这样写的:"××× 在科学研究上走的是一条不平凡的路,他全心扑在科研上,而忘记了个人的事。有一次孩子病了,他妻子在家里忙着护理,打电话到 ××× 单位叫他赶回家把孩子送医院治疗。××× 接了电话答应后,电话筒一放他又埋进了实验。他妻子在家中左等右等等不到他回家,急得像热锅上的蚂蚁,又往 ××× 单位打电话,这时 ××× 正潜心做实验,电话铃声都没听见。他妻子又急又气只好打 120 急救中心的电话,才把孩子送往医院治疗。他的小孩高烧退后,还在问他妈妈:'爸爸又出差了吗?或者还没下班……'"该公文将×××先进事迹作为表彰决定的理由时,不懂得以最简洁的文字陈述特定时空的信息,通过快叙概述事实的主干,而仍用记叙文慢叙写话的方法表述公文事实,结果摆脱不了耗时费字的情节纠缠,公文内容冗长,不简明扼要,失去了公文的品位,违背了文约事丰的要求。

2. 语言表达要严谨、有分寸

应用文语言表达是否严谨有分寸,关系对问题的判断、处理是否合理、准确。如一份处理决定中这样写道:"李××在 1998 年 9 月间收受×××工程公司的 50 万元巨款。案发后李××还和×××工程公司经理及会计订立攻守同盟,妄图掩盖其过错。"文中"过错"一词有失严谨,表述与事实不符,李××的行为不是过错而是严重犯罪。

3. 数据语言书写要规范、清晰、准确

准确地使用数词也是用词准确的重要方面。增加可用倍数、分数、百分数,减少则只能用分数、百分数。"增加到"与"增加了"的数量不相等。凡是"增加"(提高、扩大、上升)后面带"到""为""至"的,便包括原基数,是指增加后的总数;"增加"后面带"了"或不带"了"的,则不包括原基数,只指净增加数。例如,过去盈利每年仅 5 000 元,现在每年盈利 3 万元,应该说每年盈利增加到 6 倍,或说增加了 5 倍。同样,"减少"(下降、缩小、降低)后面带"到""为""至"的,是指减少后的余数;"减少"后面带"了"或不带"了"的,仅指差额即纯减少数。如一件产品的成本过去是 1 000 元,现在是 700 元,该说成本减少了 300 元,或成本降低了 3/10,也可以说成本减少到 700 元,或降低到 7/10。"以上""以下"表数目的界限,是否包括基数要加以明确,一般包括基数。番数一般表示量的增加,不表示量的减小。定数和约数不能在同一句子中使用。一般报请性公文中涉及的统计资料均要用定数。在介绍情况,作预测、估计时则可用约数。约数反映粗略的认识和数量的近似值,在具体表述时可在数字前标注"约""大约""近",或在数后加"左右""上下""以上""以下"等字样。"俩""仨"分别表示"两个""三个",后面不能再用"个"。

4. 应用文的语言要求朴实无华、简洁有力

应用文不像文学作品可以用华丽多彩的语言描述事物,呈现事物的形象,而是提倡朴素美、简洁美。如一篇公文是这样写的:"2000 年某天深夜,乌云密布,雷声隆隆,大雨倾盆而下,刹那间,美丽富饶的鱼米之乡被一片汪洋吞没。接连几天如注的暴雨,淹没了田野、冲毁了村庄和工厂,交通、电力、通信一度中断。这百年不遇的特大洪涝灾害,给我乡造成了不可估量的损失……"这段语言就违反了应用文语言的写作要求,带有浓厚的文学色彩,不够朴实、简洁,也有失真实。

5. 应用文有时使用模糊语言

模糊语言是指外延不确定、内涵无特指的弹性语言,具有概括性特点。它与含混不清、模棱两可的歧义语言有着本质的区别。模糊语言可用来反映现实生活中大量存在的各种模糊现象。如"全国绝大多数地区解决了温饱问题，开始向小康过渡；少数地区已经实现小康；温饱问题尚未解决的少数地区，人民生活也有不同程度的改善"中，"绝大多数地区""少数地区""不同程度"等模糊语言准确地反映我国的实际情况，使表达更简洁、清晰。当然，在使用模糊语言时要适当、适量，该用精确语言的地方就不能用模糊语言代替。一般可将模糊语言与精确语言结合使用，使表情达意疏密有致，张弛有度。

 **情境模拟**

1. **下面是一位学生在实习后写的一篇调查报告的开头，文字通顺，交代了调查的时间、地点、人物、事件。但这样写行吗？请从语体方面分析其不妥之处，并予以修改。**

阳春三月，风和日丽。我们省××学校会计电算化班的45名同学从广州乘船，在15日天蒙蒙亮时就到达肇庆市。啊，肇庆！美丽的肇庆！你是南粤的旅游胜地，多少个日日夜夜啊，同学们梦寐以求，要来领略你的风采。今天如愿以偿了。但是，这次我们是要到你的农村——大湾、碌步的食品站，作为期一个月的生猪收购成本调查。因此，尽管大家都想借此机会痛快地玩一玩，但是想到这是实习调查，必须把学好专业放在首位。这样，在实习老师的带领下，到达肇庆的当天，听完肇庆市食品公司经理对情况的介绍后，下午就分为两个小组奔赴实习调查点了。

2. **将下列各项所给意思概括为双音节公文常用词语。**
（1）下命令任用　　　　　　　　　　　　　　　　（　　　　　）
（2）实行法令、政策等　　　　　　　　　　　　　（　　　　　）
（3）免除职务　　　　　　　　　　　　　　　　　（　　　　　）
（4）撤销职务　　　　　　　　　　　　　　　　　（　　　　　）
（5）公开表示立场或说明真相　　　　　　　　　　（　　　　　）
（6）指定专人或机关办好某件事　　　　　　　　　（　　　　　）
（7）接受国家或上级委托有权力做某事　　　　　　（　　　　　）
（8）给人（学位、奖章、称号等）　　　　　　　　（　　　　　）
（9）用书面向上级或有关部门报告　　　　　　　　（　　　　　）
（10）表示准许　　　　　　　　　　　　　　　　　（　　　　　）

3. **改正下列文字中的错误用词。**
（1）我们到该木器厂地下室检查时发现，里面陈列着很多套顾客退还的不合规格的组合柜、转角沙发、写字台、皮转椅。
（2）经过反复讨论，五易其稿，我们终于制订出了一个规模庞大的计划。
（3）听了××同学的先进事迹后，我们对他刻苦求学，身处逆境仍奋斗不息十分感动。
（4）我们的业余党校自开办以来，已有两年多了。
（5）参加安全生产知识竞赛的只是该厂职工中的一部分工人。
（6）工人们克服了天气干燥、风沙较大、饮水缺乏等问题。

素质养成

在机关应用文写作中,有几个常见的词语,如"要""亲自""问题""进行"等,如何正确使用要认真总结,以免犯常识性错误。

一说"要"。"要"字在机关应用文中用得相当普遍,表示希望、提醒、命令或要求人们去做某件事,采取某项行动。但是,在汇报、报告、请示等上行文中,多属申明、叙事、祈使性的,一般不宜用论断句式,也不宜随便用"要"字。在一篇公文中有这样一段话:"当前,我们正着重解决商业、服务业人员对待顾客'冷、顶、撞、推',甚至打骂顾客的不良倾向。要继续搞好以遵守社会主义商业道德为主要内容的职工脱产轮训,树立人人信守商业道德,处处讲求文明礼貌的新风尚。要积极推进零售商业、服务业的改革,进一步扩大企业自主权,贯彻按劳分配的原则。要建立包括经济效益和服务质量在内的考核制度,使服务态度和职工的工资、奖励直接挂钩。要对文明商店、文明个人,除给予荣誉,进行表彰外,适当给予物质奖励;对待顾客'冷、顶、撞、推',严重损害顾客利益的人,给予经济制裁乃至行政处分。要进一步发展集体、个体商业网点,解决吃饭难、做衣难的问题。要努力改善服务设施,扩大服务项目,改进经营方式,方便群众。要积极发挥顾客和当地群众的监督作用,采取多种形式,定期听取群众的意见和要求。同时,要采取积极的态度,帮助商业服务业职工解决一些生活上亟待解决的困难,调动职工群众的积极性。"

这段话看起来像是"指示",是上级向下级布置工作,提出要求。实际上不是这么回事,恰恰是下级向上级和一些兄弟单位作汇报。这就很不得体、很不符合身份了。

这段话开头可以这样修改:"当前,我们正着重解决商业、服务业人员对待顾客'冷、顶、撞、推',甚至打骂顾客的不良倾向。我们将继续搞好以遵守社会主义商业道德为主要内容的职工脱产轮训,树立人人信守商业道德,处处讲求文明礼貌的新风尚。"以下各句统统去掉"要"字,只在"要建立包括……"一句中,把"要"字换作"我们还将",这段文字就能恢复它本来的汇报的性质,也符合汇报者的身份。

二说"亲自"。在一些机关应用文中,特别是简报、报告、总结、汇报提纲里,谈到领导同志的活动、言论,常常同"亲自"联系。在一份简报里有这样一段话:"在落实知识分子政策中,各单位党组织的主要负责人,亲自主持研究方案,亲自开会部署、作动员,亲自主持召开知识分子座谈会,亲自参加谈心活动。"短短六十多个字,竟用了四个"亲自",实在是用滥了。

如果把它改为:"在落实知识分子政策中,各单位党组织的主要负责人,主持研究方案、开会部署、作动员,并召开知识分子座谈会,参加谈心活动。"不仅丝毫无损于领导的重视,而且更朴实、雅致、大方。

三说"问题"。"问题"一词在机关应用文中使用得更多、更普遍,也更随便。在一篇调查报告中有这样一段话:"我们感到这里反映的主要问题是个别领导不重视的问题,缺乏得力措施的问题,也是干部和职工政治、业务、文化素质低的问题。"这里面连续用了四个"问题",但并没有多少新思想、新意境,相反却使语言乏味,更谈不上语言美。实际上,如果稍加变换,去掉几个"问题",改为"我们感到这里反映的主要问题:一是个别领导不重视;二是缺乏得力措施;三是干部和职工政治、业务、文化素质低",既简洁明快,读起来也流畅、顺口。

四说"进行"。"进行"一词不仅是机关应用文喜欢用,许多文章都喜欢用,有时甚至用得过于随便。请看一篇简报中的一段话："公司党委获悉司机×××在××县出了事故,撞伤一名赶大车的社员以后,当天晚上就开会进行了研究。会上决定对×××要进行批评教育,并且决定派人到××县×××公社对该受伤的社员进行慰问,对其所受的损失进行赔偿,同时通报全体职工,向大家进行一次安全教育。"

这段话只有一百多个字,却连用了五个"进行"。实际上,仔细推敲,所有的"进行"都可以去掉。"开会进行了研究"改为"开会做了研究","对×××要进行批评教育"改为"对×××要给予批评教育",不比"进行"差。"对受伤的社员进行慰问"可以改为派人到××县"慰问受伤社员",既简化了句式,也节约了文字。"对其所受的损失进行赔偿"改为"赔偿其损失",简洁明了。"向大家进行一次安全教育"也可改为"教育大家重视交通安全"。

第二章

日常应用文

> 任务一：学院新生入学，通过竞聘形式选举班委会、学生会成员，准备一篇竞聘词。
>
> 任务二：刚入学的李明丢失了钱包，要写一份启事。
>
> 任务三：高佳佳同学积极要求进步，想加入中国共产党，准备通过入党申请书表达心愿。
>
> 任务四：时光荏苒，转眼到了大三，寻找一份理想职位成了当务之急，每个人都要精心策划求职信及简历。

第一节　演　讲　稿

 **案例导入**

【例文一】

建设开放包容、互联互通、共同发展的世界

——在第三届"一带一路"国际合作高峰论坛开幕式上的主旨演讲

习近平（2023 年 10 月 18 日）

尊敬的各位国家元首、政府首脑，各位国际组织负责人，各国代表，各位来宾，女士们，先生们，朋友们：

今天，我们在这里举行第三届"一带一路"国际合作高峰论坛开幕式。我谨代表中国政府和中国人民，并以我个人的名义，对各位嘉宾表示热烈欢迎！

今年是我提出共建"一带一路"倡议 10 周年。提出这一倡议的初心，是借鉴古丝绸之路，以互联互通为主线，同各国加强政策沟通、设施联通、贸易畅通、资金融通、民心相通，为世界经济增长注入新动能，为全球发展开辟新空间，为国际经济合作打造新平台。

10 年来，我们坚守初心、携手同行，推动"一带一路"国际合作从无到有，蓬勃发展，取得丰硕成果。

"一带一路"合作从亚欧大陆延伸到非洲和拉美，150 多个国家、30 多个国际组织签署共建"一带一路"合作文件，举办 3 届"一带一路"国际合作高峰论坛，成立了 20 多个专业领域

多边合作平台。

"一带一路"合作从"大写意"进入"工笔画"阶段,把规划图转化为实景图,一大批标志性项目和惠民生的"小而美"项目落地生根。

"一带一路"合作从硬联通扩展到软联通。共商共建共享、开放绿色廉洁、高标准惠民生可持续,成为高质量共建"一带一路"的重要指导原则。

10年来,我们致力于构建以经济走廊为引领,以大通道和信息高速公路为骨架,以铁路、公路、机场、港口、管网为依托,涵盖陆、海、天、网的全球互联互通网络,有效促进了各国商品、资金、技术、人员的大流通,推动绵亘千年的古丝绸之路在新时代焕发新活力。

奔行在铁路上的列车,驰骋在公路上的汽车,联通各国的空中航班,劈波斩浪的货轮,快捷方便的数字电商,成为新时代国际贸易的驼铃、帆影。

一座座水电站、风电站、光伏电站,一条条输油、输气管道,越来越智能通达的输电网络,让能源短缺不再是发展的瓶颈,让发展中国家绿色低碳发展的梦想得以点亮,成为新时代可持续发展的绿洲、灯塔。

现代化的机场和码头,通畅的道路,拔地而起的经贸产业合作园区,催生新的经济走廊,激发新的增长动力,成为新时代的商贸大道、驿站。

精彩纷呈的文化年、艺术节、博览会、展览会,独具特色的鲁班工坊、"丝路一家亲""光明行"等人文交流项目,不断深化的民间组织、智库、媒体、青年交流,奏响新时代的丝路乐章。

……

共建"一带一路"坚持共商共建共享,跨越不同文明、文化、社会制度、发展阶段差异,开辟了各国交往的新路径,搭建起国际合作的新框架,汇集着人类共同发展的最大公约数。

女士们、先生们、朋友们!

过去10年取得的成绩弥足珍贵,经验值得总结。

我们深刻认识到,人类是相互依存的命运共同体。世界好,中国才会好;中国好,世界会更好。通过共建"一带一路",中国对外开放的大门越开越大,内陆地区从"后卫"变成"前锋",沿海地区开放发展更上一层楼,中国市场同世界市场的联系更加紧密。中国已经是140多个国家和地区的主要贸易伙伴,是越来越多国家的主要投资来源国。无论是中国对外投资,还是外国对华投资,都彰显了友谊和合作,体现着信心和希望。

我们深刻认识到,只有合作共赢才能办成事、办好事、办大事。只要各国有合作的愿望、协调的行动,天堑可以变通途,"陆锁国"可以变成"陆联国",发展的洼地可以变成繁荣的高地。经济发展快一些的国家,要拉一把暂时走在后面的伙伴。只要大家把彼此视为朋友和伙伴,相互尊重、相互支持、相互成就,赠人玫瑰则手有余香,成就别人也是帮助自己。把别人的发展视为威胁,把经济相互依存视为风险,不会让自己生活得更好、发展得更快。

我们深刻认识到,和平合作、开放包容、互学互鉴、互利共赢的丝路精神,是共建"一带一路"最重要的力量源泉。我曾经讲过,古丝绸之路之所以名垂青史,靠的不是战马和长矛,而是驼队和善意;不是坚船和利炮,而是宝船和友谊。共建"一带一路"注重的是众人拾柴火焰高、互帮互助走得远,崇尚的是自己过得好、也让别人过得好,践行的是互联互通、互利互惠,谋求的是共同发展、合作共赢。不搞意识形态对立,不搞地缘政治博弈,也不搞集团政治对抗,反对单边制裁,反对经济胁迫,也反对"脱钩断链"。

10年的历程证明,共建"一带一路"站在了历史正确一边,符合时代进步的逻辑,走的是人间正道。我们要有乱云飞渡仍从容的定力,本着对历史、对人民、对世界负责的态度,携手应对各种全球性风险和挑战,为子孙后代创造和平、发展、合作、共赢的美好未来。

女士们、先生们、朋友们!

当前,世界之变、时代之变、历史之变正以前所未有的方式展开。中国正在以中国式现代化全面推进强国建设、民族复兴伟业。我们追求的不是中国独善其身的现代化,而是期待同广大发展中国家在内的各国一道,共同实现现代化。世界现代化应该是和平发展的现代化、互利合作的现代化、共同繁荣的现代化。前行道路上,有顺境也会有逆流。我们要坚持目标导向、行动导向,咬定青山不放松,一张蓝图绘到底。中方愿同各方深化"一带一路"合作伙伴关系,推动共建"一带一路"进入高质量发展的新阶段,为实现世界各国的现代化作出不懈努力。

在这里,我愿宣布中国支持高质量共建"一带一路"的八项行动:

一、构建"一带一路"立体互联互通网络。中方将加快推进中欧班列高质量发展,参与跨里海国际运输走廊建设,办好中欧班列国际合作论坛,会同各方搭建以铁路、公路直达运输为支撑的亚欧大陆物流新通道。积极推进"丝路海运"港航贸一体化发展,加快陆海新通道、空中丝绸之路建设。

二、支持建设开放型世界经济。中方将创建"丝路电商"合作先行区,同更多国家商签自由贸易协定、投资保护协定。全面取消制造业领域外资准入限制措施。主动对照国际高标准经贸规则,深入推进跨境服务贸易和投资高水平开放,扩大数字产品等市场准入,深化国有企业、数字经济、知识产权、政府采购等领域改革。中方将每年举办"全球数字贸易博览会"。未来5年(2024—2028年),中国货物贸易、服务贸易进出口额有望累计超过32万亿美元、5万亿美元。

三、开展务实合作。中方将统筹推进标志性工程和"小而美"民生项目。中国国家开发银行、中国进出口银行将各设立3 500亿元人民币融资窗口,丝路基金新增资金800亿元人民币,以市场化、商业化方式支持共建"一带一路"项目。本届高峰论坛期间举行的企业家大会达成了972亿美元的项目合作协议。中方还将实施1 000个小型民生援助项目,通过鲁班工坊等推进中外职业教育合作,并同各方加强对共建"一带一路"项目和人员安全保障。

四、促进绿色发展。中方将持续深化绿色基建、绿色能源、绿色交通等领域合作,加大对"一带一路"绿色发展国际联盟的支持,继续举办"一带一路"绿色创新大会,建设光伏产业对话交流机制和绿色低碳专家网络。落实"一带一路"绿色投资原则,到2030年为伙伴国开展10万人次培训。

五、推动科技创新。中方将继续实施"一带一路"科技创新行动计划,举办首届"一带一路"科技交流大会,未来5年把同各方共建的联合实验室扩大到100家,支持各国青年科学家来华短期工作。中方将在本届论坛上提出全球人工智能治理倡议,愿同各国加强交流和对话,共同促进全球人工智能健康有序安全发展。

六、支持民间交往。中方将举办"良渚论坛",深化同共建"一带一路"国家的文明对话。在已经成立丝绸之路国际剧院、艺术节、博物馆、美术馆、图书馆联盟的基础上,成立丝绸之路旅游城市联盟。继续实施"丝绸之路"中国政府奖学金项目。

七、建设廉洁之路。中方将会同合作伙伴发布《"一带一路"廉洁建设成效与展望》,推出《"一带一路"廉洁建设高级原则》,建立"一带一路"企业廉洁合规评价体系,同国际组织合作开展"一带一路"廉洁研究和培训。

八、完善"一带一路"国际合作机制。中方将同共建"一带一路"各国加强能源、税收、金融、绿色发展、减灾、反腐败、智库、媒体、文化等领域的多边合作平台建设。继续举办"一带一路"国际合作高峰论坛，并成立高峰论坛秘书处。

女士们、先生们、朋友们！

十年栉风沐雨，十年春华秋实。共建"一带一路"源自中国，成果和机遇属于世界。让我们谨记人民期盼，勇扛历史重担，把准时代脉搏，继往开来、勇毅前行，深化"一带一路"国际合作，迎接共建"一带一路"更高质量、更高水平的新发展，推动实现世界各国的现代化，建设一个开放包容、互联互通、共同发展的世界，共同推动构建人类命运共同体！

祝第三届"一带一路"国际合作高峰论坛圆满成功！

谢谢大家。

【例文二】

美国第一任总统华盛顿的就职演讲

参议院和众议院的同胞们：

本月4日收到根据两院制式送达给我的通知。阅悉之余，深感惶恐。我一生饱经忧患，但过去所经历的任何焦虑均不如今日之甚。一方面，因祖国的召唤，要我再度出山；对祖国的号令，我不能不欣然谨从。然而，退居林下是我一生向往并已选定的归宿。我曾满怀奢望，也曾下定决心，在退隐之余度过晚年。对此退隐的居所，除喜爱之外，已经习惯；看到自己的健康，因长期操劳，随着时光而日益衰退，这时，对这更感需要和亲切。另一方面，祖国委以我重任，其艰巨与繁难，即使国内最有才智和最有阅历的人士，亦将自感难以胜任，何况我资质鲁钝，又从未担任过政府行政职务，更感德薄能鲜，难当重任……

讨论思考

1. 习近平主席在第三届"一带一路"国际合作高峰论坛开幕式上的主旨演讲解读。

"春发其华，秋收其实。"在共建"一带一路"重大倡议提出10周年之际，第三届"一带一路"国际合作高峰论坛隆重举行。来自世界各地的"一带一路"参与者、建设者、贡献者齐聚北京，共同回顾合作进展、总结合作经验，共同把这条造福世界的幸福之路铺得更宽更远。

10月18日，在第三届"一带一路"国际合作高峰论坛开幕式上，习近平主席发表主旨演讲，精辟概括共建"一带一路"重大倡议提出10年来取得的丰硕成果，深刻总结三个方面的重要经验，着眼于推动实现世界各国的现代化，郑重宣布了中国支持高质量共建"一带一路"的八项行动，擘画未来发展蓝图。习近平主席的主旨演讲，为各方坚守合作初心，牢记发展使命，推动共建"一带一路"进入高质量发展的新阶段凝聚了信心和力量，为共同推动构建人类命运共同体提供了强大正能量。

2013年秋天，习近平主席在出访哈萨克斯坦和印度尼西亚时先后提出共建"丝绸之路经济带"和"21世纪海上丝绸之路"重大倡议。提出这一重大倡议的初心是借鉴古丝绸之路，以互联互通为主线，同各国加强政策沟通、设施联通、贸易畅通、资金融通、民心相通，为世界经济增长注入新动能，为全球发展开辟新空间，为国际经济合作打造新平台。顺应经济全球化的历史潮流、顺应全球治理体系变革的时代要求、顺应各国人民过上更好日子的强烈愿望，10年来共建"一带一路"国际合作从无到有、蓬勃发展，取得实打实、沉甸甸的成果，推动绵亘千年的古丝绸之路在新时代焕发新活力,成为深受欢迎的国际公共产品和国际合作平台,开辟了人类共同实现现代化的新途径,助力许多发展中国家加快了迈向现代化的步伐,充分彰显了以实际行动推动实现世界各国的现代化、同各国一道为解决全人类问题作出更大贡献的大国担当。

人类社会的发展进程曲折起伏,各国探索现代化道路的历程充满艰辛,人类社会现代化进程又一次来到历史的十字路口,面对一系列现代化之问。指出"世界现代化应该是和平发展的现代化、互利合作的现代化、共同繁荣的现代化",强调"中方愿同各方深化'一带一路'合作伙伴关系,推动共建'一带一路'进入高质量发展的新阶段,为实现世界各国的现代化作出不懈努力",习近平主席的主旨演讲为各国携手同行现代化之路,在推动构建人类命运共同体的大道上阔步前进指明了正确方向。要深刻认识到,人类是一个一荣俱荣、一损俱损的命运共同体。任何国家追求现代化,都应该秉持团结合作、共同发展的理念,走共建共享共赢之路。共建"一带一路"传承和发扬和平合作、开放包容、互学互鉴、互利共赢的丝路精神,坚持共商共建共享,跨越不同文明、文化、社会制度、发展阶段差异,开辟了各国交往的新路径,搭建起国际合作的新框架,汇集着人类共同发展的最大公约数。前进道路上,务当昂扬奋进,深化"一带一路"国际合作,迎接共建"一带一路"更高质量、更高水平的新发展,为实现世界各国的现代化增添新动能。

习近平主席强调:"前行道路上,有顺境也会有逆流。我们要坚持目标导向、行动导向,咬定青山不放松,一张蓝图绘到底。"共建"一带一路"注重的是众人拾柴火焰高、互帮互助走得远,崇尚的是自己过得好、也让别人过得好,践行的是互联互通、互利互惠,谋求的是共同发展、合作共赢。我们要有乱云飞渡仍从容的定力,本着对历史、对人民、对世界负责的态度,携手应对各种全球性风险和挑战,为子孙后代创造和平、发展、合作、共赢的美好未来。要坚持开放包容,推动构建开放型世界经济,以文明交流超越文明隔阂,促进文明包容互鉴,让团结代替分裂、合作代替对抗、包容代替排他。要聚焦互联互通,构建"一带一路"立体互联互通网络,着力构建全球互联互通伙伴关系。要促进共同发展,坚持高标准、惠民生、可持续,不断开拓造福各国、惠及世界的"幸福路"。

我们所处的是一个充满挑战的时代,也是一个充满希望的时代,和平、发展、合作、共赢的历史潮流不可阻挡,人民对美好生活的向往不可阻挡,各国实现共同发展繁荣的愿望不可阻挡。共建"一带一路"站在了历史正确一边,符合时代进步的逻辑,走的是人间正道。面向未来,谨记人民期盼,勇扛历史重担,把准时代脉搏,继往开来、勇毅前行,让高质量共建"一带一路"焕发出时代光彩,为实现世界各国的现代化作出不懈努力,就一定能建设一个开放包容、互联互通、共同发展的世界,让现代化成果更多、更公平惠及各国人民。

2. 华盛顿总统的演讲有什么特点?演讲如何做到理、事、情完美统一?

在场面热烈盛大的就职典礼上,华盛顿说了这样一番并不激昂,甚至有些低调的话,似乎与当时的盛况有些不和谐,但是看得出来,这是他的心里话。据当时一家报纸报道,华盛顿在宣誓和演讲时非常虔诚热情,很多听众都流下了眼泪。他打动人的就是他的虔诚、真诚。他讲的确实是一个年近60岁老人受命承担国家命运时的自然的思想斗争。演讲稿题目叫"我的热情驱使我这样做"。这个低调的开篇,比那些慷慨激昂的宣告感人得多,达到了理、事、情完美统一的境界。

 **知识要点**

（一）演讲及演讲的意义

演讲又叫演说和讲演,有广义和狭义之分。广义的演讲是指向听众发表成篇的有关某一事物的知识或对某一问题的意见的口头表达形式,包括讲话和狭义的演讲。狭义的演讲是指在特定的时空环境中,以有声语言和体态语言为手段,公开向听众传递信息、表述见解、阐明事理、抒发情感,以期达到感召听众的目的。这里的演讲是指狭义的演讲。"演"可以解释为"艺术地";"讲"是"讲述",就是把经过组织的语言表达出来。演讲,也就是艺术地讲话。它的特点是声形合一,情景交融,感召力强。演讲是一门综合性艺术,是语言的一种高级表现形式。它是通过艺术的手段表达出语言的基本意思,是一种有计划、有目的、有主题、有系统的视听信息的传播。它可以使与你见解一致的听众更坚定其原有的信念,又可以使持有不同见解的听众动摇、放弃、改变其原有的思想观点,心悦诚服地接受你的观点。演讲具有强大的鼓动性、强烈的政治性和社会效应,演讲也是一个人思想水平和各种才华技艺的集中展示。

演讲由三个要素组成:①演讲者,即信息发布的主体,在整个演讲活动中起主导作用;②听众,即信息接收的客体,也是演讲活动中的主体,演讲者的所有活动都应该以帮助听众获取信息为目的;③时境,即演讲时特定的场所和时空环境。

演讲是一门学问,更是一门艺术,是一种整体生命的投入和表现。但是有的演讲重"演",有的重"讲"。在现代社会,演讲应用得越来越普遍,一个没有口才和演讲能力的人很难适应工作和生活的要求。

（二）演讲稿的含义及特点

演讲稿也叫演说词,是在较隆重的集会和会议上发表的讲话稿,可以用来交流思想、感情,表达主张、见解,具有宣传、鼓动和教育作用。通常情况下,演讲者演讲都是有准备、有文稿可以遵循参照的。中外许多成功的演讲者都十分重视演讲稿的写作。写好演讲稿是演讲成功的关键,也是一个成功的演讲者所应具备的基本功。一篇成功的演讲稿应具备以下特点。

1. 以情感人

白居易说:"动人心者莫先乎于情。"情感是演讲的生命线,演讲稿必须以情感人,情真意切、以情取胜的演讲最受欢迎。

2. 切合场景

演讲者要注意切合具体的场景,具有针对性。

3. 结构完整

要全面精心设计结构,力求错落有致、节奏感强、有起有伏、引人入胜。开头、结尾,过渡照应,逐层深入,首尾相连等,都要精心设计。

4. 文体交融

演讲稿写作时要交融使用各种文体。要有论文的结构、新闻的真实、散文的选材、小说的语言、诗歌的激情、戏剧的安排、相声的幽默。演讲稿的写作要让各种文体的写作技巧在这里都有用武之地,体现演讲在艺术方面的追求。

(三)演讲稿的结构

演讲稿由题目、主题、称谓、开头、正文和结尾六部分构成,把握好演讲稿的结构设计是演讲取得成功的基础。

1. 题目

我们说内容决定题目,题目又鲜明地体现了内容的特点。一个新颖、生动、恰当而又富有吸引力的题目,对文章起到概括和指导作用。确定一个好题目,是演讲中非常重要的第一步。确定演讲题目的原则如下。

(1)积极性。题目要给人以希望。一方面,要选择那些光明的、美好的、富有建设性的题目,如"自学可以成才",听到这个题目,人们就会得到鼓励,去掉失望心理,充满信心地走自学成才的道路;另一方面,要选择乐观的题目,如《癌症终可治》,一听这个题目,听众就会感到有希望。

(2)针对性。可从三方面考虑:其一,要针对听众的实际,即选题要考虑听众的思想修养、文化水平、职业特点、阅历等,这样才能有的放矢;其二,要注意自己的身份,即选择与自己所从事的工作性质、专业、知识面接近的题目;其三,要估算好演讲的时间,即按规定的时间选择题目,如果规定的时间长,题目可以大些,时间短,题目可以小些。

(3)新奇性。只有新和奇,才能吸引听众,干巴巴的题目是不受听众关注的。如鲁迅的《老而不死论》《伟大的化石》《老调子已经唱完了》《象牙塔与蜗牛庐》等这样新奇的题目,对听众就能形成极强的吸引力。

(4)情感性。把强烈的爱憎情感注入题目,从而打动听众并引起共鸣,使题目对听众有情感的导向和激发作用。如鲁迅的《流氓与文学》《我也是义和团》等,其爱憎情感都很鲜明。

(5)生动性。演讲题目的生动活泼,会给人亲切感和愉悦感。如江苏刘其华《乐以此"官"伴终身——在居民会上就任"楼长"时的讲话》,"楼长"虽不是什么官,但一种乐观、豁达、以为人服务为乐的情怀跃然纸上。当然,严肃的主题和内容不适合用活泼的题目。

2. 主题

一般来说,一篇演讲只能有一个主题,演讲者必须围绕这个主题展开论述,否则就容易造成焦距模糊、思想散漫。主题是演讲的灵魂,把握好演讲的主题,犹如把握好军队的统帅权,有了它,就可以将原来散乱的素材组织成井然有序的演讲稿。提炼一个格调高、内涵深、角度新且有一定美学价值的演讲主题,需要把握以下原则。

(1)选择和提炼与听众切身利益相关的重要思想观点。列宁说,写文章、演讲"要选政治上重要的、为大众所注意的、涉及最迫切问题作主题"。这是因为在社会生活中,演讲者只有提出听众最关心的问题,才能拨动他们的心弦,引起共鸣。

(2)选择和提炼听众接近性的主题。接近性的主题,就是适合听众需要的主题。听众由于年龄、性别、职业、心理、兴趣、爱好各不相同,对演讲主题的需求也不尽相同。演讲的主题与听众越接近,听众就越感兴趣。

(3)选择和提炼新颖、深刻的主题。主题新颖,就是提出新的见解;主题深刻,就是提出的主张、见解能透彻地揭示事物的本质,使演讲有深刻的思想性、鲜明的时代感和炽热的革命激情,从而使听众受到感染和教育。

主题的提炼一般有以下几点要求。

(1)突出重点。一份演讲稿如果主题太分散,就没有重点,听众自然也就不知道演讲者在讲什么。如果主题太多,企图面面俱到,结果蜻蜓点水,不深不透,也就达不到演讲的目的。所以,演讲者选择主题一定要集中,调动演讲的一切手段,紧紧地围绕一个主题,把问题讲清楚、讲透彻,从而使演讲重点突出,才能使听众留下深刻的印象,收到良好的效果。

(2)提炼意境。提炼意境是指演讲者主观的"意"与现实生活的"境"的辩证统一,有了深邃优美的意境,才会使演讲主题诗意化,产生巨大的艺术魅力。因此演讲者要善于捕捉现实生活中那些富有诗情画意的情节、细节、场景,通过自己的感受和理解,达到客观和主观的统一,熔铸成深而美的意境,使整个演讲的主题得到升华。

(3)提升内涵。生活中有许多流传甚广的话,如民谣、俗语、谚语等,它们为人们所理解的意思是固定的,如果演讲者巧妙地借用这些形式,稍加改装,并赋予新的内涵,就能在听众的认识上达到一种新的和谐。

(4)揭示哲理。演讲主题要有深刻内涵,应该揭示和提炼生活中的哲理,使演讲主题闪烁着理性的光芒,从而给人以深刻的启迪。

(5)贵在创新。演讲艺术在于一个"新"字,我们提炼主题要独辟蹊径,别具匠心,把对生活的独特感受、独立思考、独到评价贯穿在整个演讲中,给人耳目一新之感。

(6)画龙点睛。画龙点睛既是演讲的艺术表现手法,也是一种提炼主题的方法。它是指在演讲的关键处采用精练的语言,揭示和突出演讲的主题,使演讲具有警策作用,更加耐人寻味、发人深省。

3. 称谓

演讲的对象不同、场合不同,称谓也就不同。常见的有"各位领导""各位来宾""女士们、先生们""同志们""朋友们"等,通常在称谓前加上"尊敬的""敬爱的"等词,以示尊重和友好。

4. 开头

开头部分是演讲稿的导入部分。写作时要简短、精彩,很快与听众沟通,引人入胜,调动听众的情绪,为后边内容的展开打下基础。开场白应达到拉近距离、建立信任、引起兴趣的目的,为下面的演讲做好准备。

5. 正文

正文部分是演讲稿的中心部分。要根据演讲对象、内容的特点选择材料,要选取有生命力的例子,要条理分明,层次清晰。语言要把握好节奏,时时抓住听众的情绪,做到张弛有度。这部分要做到环环相扣,层层深入。在行文的过程中,要解决好层次、节奏和衔接三个问题。

(1)层次。层次是演讲稿思想内容的表现次序,它体现了演讲者思路展开的步骤,也反映了演讲者对客观事物的认识过程。怎样才能使演讲稿结构的层次清晰明了呢?根据听众以听觉把握层次的特点,显示演讲稿结构层次的基本方法就是演讲者在演讲中反复设问,并根据设问阐述自己的观点,就能在结构上环环相扣,层层深入。此外,演讲稿用过渡句,或用"首先""其次""然后"等词语区别层次,也是使层次清晰的有效方法。

(2)节奏。节奏是指演讲内容在结构安排上表现的张弛起伏。演讲稿结构的节奏,主要是通过演讲内容的变换实现的。演讲内容的变换,是在一个主题思想所统领的内容中,适当地插入幽默、诗文、逸事等内容,以便听众的注意力既保持高度集中而又不因为高度集中而产生兴奋性抑制。优秀的演说家几乎没有一个不善于使用这种方法。演讲稿结构的节奏既要鲜明,又要适度。平铺直叙,呆板沉滞,固然会使听众紧张疲劳,而内容变换过于频繁,也会造成听众注意力涣散。所以,插入的内容应该为实现演讲意图服务,而节奏的频率也应该根据听众的心理特征确定。

(3)衔接。衔接是指把演讲中的各个内容层次联结,使之具有浑然一体的整体感。由于演讲的节奏需要适时地变换演讲内容,因而也就容易使演讲稿的结构显得零散。衔接是对结构松紧、疏密的一种弥补,它使各个内容层次的变换更为巧妙和自然,使演讲稿富于整体感,有助于演讲主题的深入人心。演讲稿结构衔接的方法主要是运用同两段内容、两个层次有联系的过渡段或过渡句。

6. 结尾

演讲稿的结尾要力求做到简洁明快。要善于运用感情色彩浓郁的词语或修辞手法,要富于鼓动性,给人留下深刻的印象。

(四)演讲稿的结构技巧

1. 开头精彩,抓住听众

高尔基说,演讲稿最难把握的是开头,就是第一句话,如同音乐一样,全曲的音调都是它给予的。有经验的演讲者往往依照演讲主题,按照表达方式的规律安排好开头。好的开头是千姿百态、不拘一格的。演讲词的开场在形式上要力求新颖、别致、有趣味性;在内容上要有新意,出奇制胜,使人耳目一新;在容量上要意境深远,内涵丰富;在气势上要排山倒海,声高自远。演讲稿开头一般有以下几种情况。

(1)开门见山式。这种开头是一开讲就进入正题,直接提示演讲的中心。例如,宋庆龄《在接受加拿大维多利亚大学荣誉法学博士学位仪式上的讲话》的开头:"我为接受加拿大维多利亚大学荣誉法学博士学位感到荣幸。"运用这种方法,必须先明晰地把握演讲的中心,把要向听众提示的论点摆出来,使听众一听就知道讲的中心是什么,注意力马上集中起来。

(2)出乎意料提出问题式。这种开头出奇制胜,令人耳目一新,能触动听众的心灵,引起思考,从而一下子抓住听众的注意力。例如,美国废奴运动杰出战士弗雷德里克·道格拉斯于 1854 年 7 月 4 日在纽约州罗切斯特市举行的国庆大会上发表的《谴责奴隶制》的演说开头是这样的:"公民们,请想我问一问,今天为什么邀我在这里发言?我或我所代表的奴隶们,同你们的国庆节有什么相干?《独立宣言》中阐明的政治自由和生来平等的原则难道也普降到我们的头上?因而要我来向国家的祭坛上奉献上我们卑微的祭品,承认我们得到并为你们的独立带给我们的恩典而表示虔诚的谢意吗?"

这篇演讲稿的开头尖锐、犀利,以其巨大的震撼力和感染力让听众体察到演讲者胸中燃烧的火焰,感受到演讲者是怀着与白人截然不同的愤怒和凄凉的心情来谈国庆的。

(3)以演讲的题目作开头。题目要新颖别致、醒目生动而富有吸引力,激发读者兴趣,引起思考。如鲁迅的演讲《老调子已经唱完》中"今天我讲的题目是老调子已经唱完",初看似乎有些离奇,其实并不奇怪。

（4）故事导入式。用形象的语言讲述一个故事作为开场白，会引起听众莫大的兴趣，把大家的注意力给吸引过来。有一位演讲者一上台就以一段相声段子开头，他说："在李莲英总管大红大紫的年月，中国曾派体育代表团参加奥运会。这位只会喊'喳'的小李子不懂什么是国歌，于是以《贵妃醉酒》来代替，而且选了飞檐走壁的大侠去跳高，选了皇宫里传旨的小太监参加短跑，找了北京天桥几个变戏法儿的美人怀里揣着一个篮球去和洋人比赛，结果把篮球变来变去，不见传球，只见入网。从那以后，打篮球都只穿背心和裤衩，就是因为吃了李莲英的苦才作出这一国际性的规定。这段相声令我们捧腹不已，然而也有解嘲的味道，就同阿Q说的我们祖上曾经富过一样，'先前阔'类似。实际上，中国人参加奥运会首次只有一个运动员，硕果是一个鸭蛋。然而，50多年后，地点还是在被称为天使之城的洛杉矶，中国运动健儿却夺得了15枚金牌、8枚银牌、9枚铜牌，名列金牌总数第4名，这可不是相声，是事实。"奥运会取得佳绩，家喻户晓，泛泛而谈势必不能吸引人，演讲者借用这样一个富有情趣的小段子、小故事为引子，立刻吸引了听众的兴趣，取得了很好的效果。

（5）以具体事例作开头。周光宁在《救救孩子》的演讲开场时说："去年5月24日的《新民晚报》披露了这样一个事实。一个四年级的小学生，每天要带父母剥光了蛋壳的鸡蛋到学校吃。有一次，父母忘了给鸡蛋剥壳，差点憋坏了孩子，他对着鸡蛋左瞅右看，不知如何下口。结果只好把鸡蛋原封不动地带回去。母亲问他怎么不吃蛋，他的回答很简单：'没有缝，我怎么吃！'"

周光宁以小学生不会剥鸡蛋这样一则新闻报道开头，把听众引入演讲主题：全社会都要重视培养孩子们独立生活的能力和战胜困难的勇气。这样的开头使道理不讲自明。

（6）以触及人心的意外事件作开头。闻一多先生1946年的《最后一次演讲》是这样开头的："这几天，大家晓得，在昆明出现了历史上最卑污、最无耻的事情，李先生究竟犯了什么罪？竟遭此毒手，他只不过用笔、用嘴写出说出了千万人民心中压着的话，大家有笔有嘴有理由讲啊，为什么要打要杀，而且偷偷摸摸地杀！"

再如，当震惊世界的"珍珠港事件"发生后，1941年12月8日美国总统罗斯福驱车赶往国会，在参众两院联席会议上发表的演讲稿《一个遗臭万年的日子》是这样开头的。

……

（日本军队）昨天对夏威夷群岛的进攻，给美国海陆军部队造成了严重的损害。我遗憾地告诉大家，很多美国人丧失了生命。此外，据报，美国船只在旧金山港和火奴鲁鲁岛之间的公海上，也遭到了鱼雷的袭击。

昨天，日本政府已发动了对马来西亚的进攻。

昨天，日本政府进攻了中国香港。

昨天，日本政府进攻了菲律宾群岛。

昨天，日本政府进攻了威克岛。

昨天，日本政府进攻了中途岛。

在这篇著名的演讲中，罗斯福列举了大量的事实，充分说明日本的侵略是蓄谋已久的。这样的开头有巨大的震撼力。但切记不可危言耸听，更不可用虚假的事件，否则只能适得其反。

（7）即景生情式。一上台就开始正正经经地演讲，会给人生硬突兀的感觉，让听众难以接受。不妨以眼前的人、事、景为话题引申，把听众不知不觉地引入演讲主题。例如，1963年美国葛底斯堡国家烈士公墓竣工。落成典礼那天,国务卿埃弗雷特站在主席台上,看见人群、麦田、牧场、果园、连绵的丘陵和高远的山峰,心潮起伏、感慨万千,立即改变了原先想好的开头,从此情此景谈起:"站在这明净的长天之下,从这片经过人们常年耕耘而今已安静憩息的辽阔田野放眼望去,那雄伟的阿勒格尼山隐隐约约地耸立在我们的前方,兄弟们的坟墓就在我们的脚下,我真不敢用这微不足道的声音打破上帝和大自然所安排的这意味无穷的平静……"

这段开场白语言优美、节奏舒缓、感情深沉、人景物情势完美地统一、融为一体。据记载,当国务卿埃弗雷特讲完这段话时,不少听众已是热泪盈眶。

即景生情不是故意绕圈子,不能离题万里、漫无边际地东扯西拉,这样会冲淡主题,也使听众厌倦和不耐烦。演讲者必须心中有数,注意渲染的内容必须和主题相互辉映、浑然一体。

(8)以幽默诙谐的语言或事例作为演讲的开场白。胡适在一次演讲时这样开头:"我今天不是来向诸君作报告的,我是来'胡说'的,因为我姓胡。"话音刚落,听众大笑。这个开场白既巧妙地介绍了自己,又体现了演讲者谦逊的修养,而且活跃了场上气氛,沟通了演讲者与听众的心理,一石三鸟,堪称一绝。

大物理学家爱因斯坦在一次科学讨论会上说:"因为我对权威的轻蔑,所以命运惩罚我,使我自己也成了权威,(笑声)这真是一个十分有趣的怪圈。"(笑声、掌声)

在全国第四次作代会上,萧军应邀上台,第一句话就是:"我叫萧军,是一个出土文物。"这句话包含了很多复杂感情:辛酸、无奈、自豪、幸福。而以自嘲之语表达,形式简洁,内涵丰富。

2. 构思精巧,巧妙切入

1993年,某市举行庆祝"六一"儿童节大会,参会的有幼儿园小朋友、小学生、家长、教师和干部。庆祝大会按照一般会议程序:领导致辞、宣读表彰决定、颁奖、优秀教师和家长代表发言……整个会议只保持了不到半个小时的安静,小朋友便开始哭闹,满场跑动,会场一片混乱,市委领导大喊"安静"也无济于事。此时,轮到一个市长助理讲话。这位市长助理当即放弃了准备好的讲话稿,带着小朋友们朗读他即席创作的一首儿歌,等儿歌读完,整个会场就在热烈而充满童趣的气氛中恢复了良好的秩序。这位市长助理带着小朋友们朗读即席创作的一首儿歌,迅速而又巧妙地切入主题,调动了听众情绪,整个现场融为一体,堪称构思巧妙,匠心独运。他遵循了一条听众法则:当儿童与成人混杂在一个会场时,演讲者首先应对儿童说话。

一名大学生在演讲比赛时,先向听众展示罗中立的油画《我的父亲》,然后才开始演讲《为了我们的父亲》。演讲者用实物开头,吸引听众,切入巧妙,最终获得了大奖。

3. 结尾精彩,留有余香

结束语是演讲内容的自然收束。言简意赅、余音绕梁的结尾能使听众精神振奋,并促使听众不断思考和回味;而松散拖沓、枯燥无味的结尾只能使听众感到厌倦。怎样才能给听众留下深刻的印象呢?美国作家约翰·沃尔夫说:"演讲最好在听众兴趣到高潮时果断收束,未尽时戛然而止。"演讲稿的结尾没有固定的格式,但一般原则是要给听众留下深刻的印象。好的结尾起到"锦上添花"的作用,平淡、乏味的结尾会使整个演讲"前功尽弃"。要给听众最终留下难以忘怀的印象,应选择一个别具特色、独一无二的结尾。

(1)口号式的语言结尾。这种结尾能深化题旨,加强认识,有鼓舞作用。但要有血有肉,有内涵、实在,绝不可游离于演讲内容之外,公式化地唱高调。

(2)以表希望的语言作结尾。这类结尾要求语言优美,感情真挚,比喻恰当,寓意深刻,富有哲理。如1984年4月美国前总统里根访问中国,在复旦大学发表《世界的希望就寄托在这种友谊上》这样结尾:"青年朋友们,历史是一条长河,它用风浪裹挟着我们,但是我们可以驾船航行,选择方向,同舟共济。风大浪急,一次富有成果的长途航行的机会正等着我们。我们已经作出了选择。我们将继续我们新的航程,但愿我们一路顺风,永远生活在友谊和平之中。"

(3)以总结全文的方式结尾。总结式结尾被普遍使用,它不仅点出主题,而且升华主题,尤能促进听众对演讲内容的理解,从而加深印象。

(4)以誓言和决心作结尾。如1918年8月9日列宁在所科里尼基区群众大会上的演说:"我们听到这个呼声,我们宣誓:是的,我们一定坚持到底,一定在作家的岗位上竭尽全力进行战斗,决不会在进攻我们的世界反革命面前放下武器!"有强烈的感召力,使听众为之而动容,并为之行动。

(5)以警策的语言作结尾。如美国资产阶级革命家、大演讲家裴特瑞克·亨利在《不自由,毋宁死》的演讲稿中的结尾是:"回避现实是毫无用处的,先生们会高喊:和平!和平!但和平安在?实际上,战争已开始,从北方刮来的大风都将武器铿锵回响送进我们的耳鼓。我们同胞已身在疆场了,我们为什么还要站在这里袖手旁观呢?先生们希望的是什么?想要达到什么目的?生命就那么宝贵?和平就那么完美!甚至不惜以戴锁链、受奴役的代价来换取吗?阻止这一切吧!在这场战争中,我们不知道别人会怎么行事,至于我,不自由,毋宁死!"

(6)幽默使演讲结尾更富情趣。演讲的幽默法是用诙谐的语言、逗人发笑的"材料"或饶有兴趣的方式来表达演讲内容,抒发演讲者感情的一种艺术手法。幽默在演讲中有相当重要的作用,它所产生的谐趣对听众具有巨大的吸引力和感染力。借助幽默的动作结束演讲,这样的例子虽很少见,但不乏珠玑。

我国著名作家老舍先生是很幽默的。他在某市的一次演讲中,开头即说"我今天给大家谈六个问题",接着,他第一、第二、第三、第四、第五,井井有条地谈下去。谈完第五个问题,他发现已接近散会时间了,于是他提高嗓门,一本正经地说:"第六,散会。"听众起初一愣,不久就欢快地鼓起掌来。老舍运用的就是一种"平地起波澜"的造势艺术,出乎听众的意料,收到了幽默的效果。

演讲的幽默式结尾不胜枚举。关键是演讲者要有幽默感,并能在演讲中恰如其分地把握住演讲的气氛和听众的心态,才能使演讲结束语收到"余音绕梁,三日不绝"的效果。

4. 标新立异,见解独到

听众对于平庸普通的谈论不屑一顾、置若罔闻。倘若挖掘别人意想不到的话题,会吸引听众急不可耐地听下去。例如,在一次毕业生欢送会上,班主任致辞,一开口就让学生疑窦丛生:"我原想祝大家一帆风顺,但仔细一想,这样说不恰当。"这句话让大家摸不着头脑,大家屏声静气地听下去。老师接着说:"说人生一帆风顺就如同祝福某人万寿无疆一样,是一个美丽而又空洞的谎言。人生漫漫,必然会遇到许多艰难困苦,比如……"老师最后得出结论:"一帆不顺的人生才是真正的人生,在逆风险浪中拼搏的人生才是辉煌的人生。祝大家奋力拼搏,在坎坷的征程中,用坚实有力的步伐走向美好的未来!"

许多年过去了,班主任的话语犹在耳边,给同学们留下了难忘的记忆。一帆风顺是常见的吉祥用语,而老师偏偏"反弹琵琶",从另一角度表述人生道理。演讲是一种创造性活动,演讲者在写作演讲稿时,要独辟蹊径,力求创新,要敢于标新立异,写出别具风采的演讲稿。

需注意的是,运用这种方式应掌握分寸,不能为了追求怪异而大发谬论、怪论,也不能生拉硬扯,胡乱升华。切记,无论多么新鲜的说法,都是建立在主旨之上的。

5. 语言幽默,风趣智慧

演讲时用幽默法导入,不仅能表现演讲者的智慧和才华,而且能使听众在轻松愉快的气氛中不知不觉地接受演讲者的观点,同时给人以美的感受。例如,约翰·罗克是黑人,面对白人听众,他的开场白是:"女士们、先生们:我来到这里,与其说是发表讲话,还不如说是给这一场合增添了一点颜色。"诙谐幽默的开场白令听众大笑,吸引了听众的注意力,使听众兴趣盎然。

幽默是演讲者常用的一种艺术手法。演讲的幽默法,是用诙谐的语言、逗人发笑的"材料"或饶有兴趣的方式表达演讲内容,抒发演讲者感情的一种艺术手法。莎士比亚曾说:"幽默和风趣是智慧的闪现。"林语堂说:"幽默是人类心灵舒展的花朵,它是心灵的放纵或者放纵的心灵。"幽默是一种很高的人生境界,金钱买不来,权势弄不到。幽默在演讲中对听众具有巨大的吸引力和感染力。演讲中的幽默可以愉悦听众、启迪听众,委婉地表达演讲内容。它多用于即兴、开场、应变、讽刺或批评。

 拓展提高

演讲稿写作固然重要,反复修改更重要。锤炼一篇好的演讲稿要花费很多精力及心血。成功的演讲稿要具备以下要素。

1. 力求形成鲜明的演讲风格

演讲者应该具有自己的风格,尤其是个人风格与演讲内容、现场气氛吻合时,更容易打动和影响听众。

风格是一个人的思想特色和语言特色,代表一个人的思维方式、交流方式和语言表达方式。

(1)严谨的风格。要求语言的精准性、结构的逻辑性、修辞的消极性,不需要进行过多的描述、渲染,力求做到概念明确、判断正确、推理严密、论述严谨,用客观的语言、科学的态度帮助听众作出正确的判断。

(2)抒情的风格。要求与形象思维紧密相连,以描绘性、情感性语言为主,情感充沛,热情洋溢。演讲者要用诗歌和散文一样的文字,把听众带到特定的意境中,让听众在赏心悦目的同时,得到美的熏陶。

(3)幽默的风格。要求演讲者能用轻松愉快的语言阐释复杂的理念,整个演讲充满情趣,轻松诙谐。这种风格对演讲者有较高的要求,如林语堂先生所说:"人之智慧已启,对付各种问题之外,尚有余力,从容出之,遂有幽默。"

（4）叙事的风格。要求演讲者能够条理分明、详略得当地把一件事的全过程描述清楚,让听众有一种身临其境的感觉。要注意事件发生的时间顺序、空间转换和逻辑关系。可以采用听众兴趣导入的方法,利用听众最感兴趣的情节抓住听众。

（5）激情的风格。要求演讲者充满激情,慷慨激昂,演讲观点鲜明、语气坚定、完全自信、富有力量,如同战斗号角,具有强烈的鼓动性。具有句式短、节奏快、词语简短明了的特点,没有太多的说理,没有复杂的陈述,完全是激情的释放。

2. 演讲稿要通俗易懂

演讲要让听众听懂。如果使用的语言讲出来谁也听不懂,这种演讲就失去了听众,因而也就失去了演讲的意义和价值。为此,演讲稿要力求做到通俗易懂。列宁说过:"应当善于用简单明了、群众易懂的语言讲话,应当坚决抛弃晦涩难懂的术语和外来的字眼,抛弃记得烂熟的、现成的但是群众还不懂的、还不熟悉的口号、决定和结论。"

3. 演讲稿要生动感人

好的演讲稿,语言一定要生动。要使语言生动感人,一是用形象化的语言,运用比喻、比拟、夸张等手法增强语言的形象色彩,把抽象化为具体,深奥变得浅显,枯燥变成有趣。二是运用幽默、风趣的语言,增强演讲稿的表现力。这样既能深化主题,又能使演讲的气氛轻松和谐;既可调整演讲的节奏,又可使听众消除疲劳。三是发挥语言音乐性的特点,注意声调的和谐和节奏的变化。

4. 演讲稿要准确朴素

准确是指演讲稿使用的语言能够确切地表现讲述的对象——事物和道理,揭示它们的本质及其相互关系。作者要做到这一点,首先,要熟悉了解表达的对象,认识必须正确;其次,要做到概念明确,判断恰当,用词贴切,句子组织结构合理。朴素是指用普普通通的语言,明晰、通畅地表达演讲的思想内容,而不刻意在形式上追求辞藻的华丽。如果过分追求文辞的华美,就会弄巧成拙,失去朴素美和感染力。

5. 演讲稿要控制篇幅

演讲稿不宜过长,要控制时间。德国著名的演讲学家海茵兹·雷德曼在《演讲内容的要素》一文中指出:"在一次演讲中不要期望得到太多。宁可只有一个给人印象深刻的思想,也不要五十个让人前听后忘的思想。宁可牢牢地敲进一颗钉子,也不要松松地按上几十个一拔即出的图钉。"演讲稿不在长,而在精。

6. 演讲稿要用心揣摩,反复修改

美国历史上最伟大的总统之一林肯非常重视演讲前的准备。林肯接到在葛提斯堡国家烈士公墓落成典礼上的演讲邀请后,在穿衣、刮脸、用点心时都想着怎样演讲,把演说讲稿修改了两次后,仍不满意。直到典礼的前一天晚上,他还在做最后的修改,半夜找到他的同僚高声朗诵。典礼当天,走进会场时,他仍低头默想着演讲词。埃弗雷特讲了近两个小时,在将近结束时,林肯不安地掏出旧式眼镜,又一次看他的讲稿。他的演说开始了,一位记者支上三脚架准备拍摄照片,一切就绪的时候,林肯已走下讲台。他演讲的时间只有两分多钟,而掌声却持续了 10 分钟。这份后人给予极高评价的演讲词,译成中文不到 500 字。

一次,美国一位内阁成员对伍修罗·威尔逊总统简短的演讲表示赞赏,并问他需要花多长时间准备。威尔逊告诉他说:"这要根据具体情况而定,假如我讲 10 分钟的话,那么我要准备 1 个星期,讲 15 分钟需要准备 3 天,讲半小时需要准备 2 天,讲 1 小时的话,现在就可以讲。"

 情境模拟

1. 演讲内容

(1) 以描绘家乡(或祖国)变化、抒发爱国情怀为主题,自拟题目,写篇演讲稿。

(2) 以我的未来为主题,自拟题目,写篇演讲稿。

(3) 请你以"我对当前一种社会现象的看法"为题,发表即兴演讲。

(4) 请就自己感兴趣的话题,在班级发表 3~5 分钟的演讲。

2. 演讲形式

(1) 任务落实到每组,全班分成五个自然组,每组出两人演讲,其他人进行评论。

(2) 不演讲的同学进行评论,每人都要参与。

3. 演讲规则

(1) 演讲同学得分=评论同学综合平均分÷10,即不超过 10 分,评论同学加1~3分。

(2) 优胜组选出最高分数一组,集体加 3 分,分配到个人。

(3) 演讲和评论同学得分可重复计算。

(4) 全班同学不演讲时都可当评委,评论时说出加减分的依据。

4. 演讲要求

(1) 演讲内容真实,有说服力和感染力。

(2) 演讲表述要流畅,感情要真挚,语气语调亲切自然、仪表大方。

5. 评分标准

评分采取 100 分制,按演讲内容、语言表达、态势神情、仪表形象、演讲效果、演讲时间及脱稿要求 6 个项目进行。

(1) 演讲内容(30 分):观点正确、鲜明,主题深刻、集中,角度新颖、得当,材料典型、充分,切合听众对象,切中社会现实,针对性强,逻辑严谨,说服力强。

(2) 语言表达(30 分):普通话标准,吐字清楚、准确,语音清亮、圆润,语言生动、形象,语气、语调、声音、节奏富于变化,轻重缓急,抑扬顿挫切合演讲内容,能准确、恰当地表情达意。

(3) 态势神情(10 分):姿态、动作、手势、表情、眼神能准确、鲜明、自然、形象、直观、灵活地表达演讲内容和思想感情,渲染气氛,增强表达效果,不矫揉造作,夸张别扭。

(4) 仪表形象(10 分):服饰大方、自然、得体,举止从容、端正,风度潇洒,精神饱满,态度亲切。

(5) 演讲效果(15 分):演讲精彩有力,使人在美的享受中受到深刻教育,具有强大的鼓舞性、激励性、说服力、感召力和召唤力。演讲者与听众情感相近,能充分调动听众的情绪,在听众中产生了强烈的情感共鸣。

(6) 演讲时间及脱稿要求(5 分):不脱稿扣 3 分,超时或少时扣 2 分(时间限制为 8~10 分钟,若超时或少时,每分钟扣 1 分,扣完 2 分为止)。

6. 例文

别——致青春

尊敬的老师、亲爱的同学们：

大家好！我演讲的题目是《别——致青春》。在"致青春"三个字前面愣是加上一个"别"字，着实有些残忍。因为，我自认为还青春年少，不想在还没有享受并创造青春时便已开始祭奠。同时，我也希望我的青春应当塑造得更加别致。

有关青春的话题，多少诗词歌赋、电视剧、微电影已不厌其烦地反复咀嚼。但要问，青春是什么？是《致青春》里郑薇与陈孝正、林静纠缠不清的爱情，抑或《阳光姐妹淘》中任娜美等七公主的姐妹情谊？还是《青春派》里五味杂陈的高三生活？恐怕每个人都有自己的答案。我想此时此刻我正在经历并塑造着我的青春，而我的青春与大家一同见证。

席慕蓉说："青春是一本太仓促的书。"对于和我同龄的你们，这本书才刚刚翻开。如何让这本书在短暂的时间里更富有生命力，这是我此刻思考的问题。人生最美好的时光都会在大学四年里分解和融化，面对未来的自己，你想让哪些内容成为你"致青春"的主要元素呢？

首先，我们应该赋予她丰富的内涵和外延。我认为青春亦如同一捧水，她给我们每个人的量都是一样的，但会赋予她什么样的质则取决于我们的视野、阅历和境界。青春里不只是有男欢女爱、姐妹情长，也不只是有书山学海、关关雎鸠。青春是个综合的、多维度的综合体，保持各种元素的平衡，才能保持青春的光鲜恒久。要培养阳光乐观的生活态度，要保有一颗对各种知识觊觎涉猎的野心，要与老师和同学们建立纯洁的同学友谊……要把我们这本书的每一个篇章都书写得踏实、隽永。

其次，我们要在青春中树立远大理想。有很多学长和前辈都曾戏谑地反思，究竟是大学上了我们，还是我们上了大学。谈的无非是现实与理想的博弈。大学是塑造青春的有效载体，在大学里享受青春的滋润，需要梦想的支撑。梦想的有无及大小关乎青春的广度和深度。成为一个画家，成为一个影视评论家，成为一名工程师……哪怕成为一名土豪或愤青，只要不违背法律与道德，且符合自己的兴趣爱好，并准备奉献自己的精力终其一生，那你就勇敢地去追求。从更高层面上讲，我们的青春梦与伟大的中国梦是紧密相关的，作为新时期的大学生应当胸襟坦然、视野宽阔，应当有担当、有作为，为实现中华民族伟大复兴的中国梦积攒力量。人有了梦想才会有动力，青春有了梦想才会有方向。

最后，青春就在当下，我们应当积极行动起来。当我踏入大学校园的那一刻，我知道我人生中最美好的时光来临了。我期待着与我的寝室兄弟们并肩战斗，我期待着坐在阶梯教室里聆听老师的教诲。参加或创办社团，参与并倡导公益，和同学们一起泡图书馆、一起参加社会实践，一起探讨国际形势。我会选择在夏日的午后，静享音乐的缤纷，也会在雨中漫步，乐享独自思考的妙趣。偶尔会与同学去Ｋ歌，一起打网游，一起去逃课，一起体验惊险刺激的大学时光。

有人说，青春是握在手里的细沙，不知不觉已然漏去。或许我的想法还很幼稚，对于青春的勾画还很肤浅，但我知道，只要敢想并付诸努力，我们的青春一定会别致精彩。因为，青春不是用来追忆的，而是用来享受和创造的，谢谢大家！

黑龙江旅游职业技术学院 2013 级旅游管理六班刘鑫宇

 **素质养成**

1. 演讲应从哪几个方面进行评价

可从演讲的格式及内容方面进行评价。演讲稿由哪几部分构成？什么样的题目是好题目？主题提炼得是否鲜明集中？开头、主体、结尾用了哪些方式？好在哪里？按照评分标准对语言、仪态效果等进行仔细推敲。

2. 演讲中应注意的问题

任何一篇精彩的演讲稿都是为了演讲而准备的。把演讲内容生动形象地传播给受众，使演讲具有巨大的感召力，这才是演讲者的真正目的。除了演讲文稿以外，演讲者要巧妙地运用态势语言，把"演"和"讲"有机地结合起来，才能淋漓尽致地表达演讲者的演讲主旨及情感倾向。

（1）把握态势语言在传播信息时所起的重要作用。美国学者费洛拉·戴维尔在《怎样识别形体语言》一文中说："心理学家阿尔伯特·梅拉比安发明了这个公式：信息总效果＝7％的文字＋38％的声音＋55％的面部表情。"这说明态势语言作为演讲的组织要素和表达技巧，其重要意义和作用不可忽视和低估。

使用态势语言，总的原则是：准确，正确辅助有声语言表情达意；自然，真实自然地表达演讲者的真情实感；精练，少而精以突出重点。

（2）演讲稿表达要口语化。"上口""入耳"是对演讲语言的基本要求，也就是说演讲的语言要口语化。演讲，说出来的是一连串声音，听众听到的也是一连串声音。听众能否听懂，要看演讲者能否说得好，更要看演讲稿是否写得好。如果演讲稿不"上口"，演讲的内容再好，也不能使听众"入耳"，完全听懂。演讲稿的"口语"，不是日常的口头语言的复制，而是经过加工提炼的口头语言。它要求逻辑严密，语句通顺。由于演讲稿是作者写出来的，受书面语言的束缚较大。因此，就要冲破这种束缚，使演讲稿的语言口语化。演讲稿写完后，要念一念，听一听，看一看是不是"上口""入耳"，如果不那么"上口""入耳"，就需要进一步修改。

① 尽量要使用音节响亮的词。汉语语音四要素（音高、音长、音色、音强）使汉字强弱高低长短不同。元音发音比辅音响亮。元音中又以开口呼韵母（a、o、e、ai、ao、ei、en、ang、eng、ong 等）最为响亮。而一些以 u 和 ü 为韵母的字如女、鱼、绿、出、骨、苦等，因为发音时口张不大，气流在口腔部位受阻，因而声音不响亮。尽量把不响亮的词换成响亮的词，如"与"换成"和"，"至"换成"到"，"日"换成"天"，"如"换成"像"，"迅速"换成"很快"等。

② 多用平声字。现代汉语语音，有阴平、阳平、上声、去声四个音调，阴平、阳平为平声，上声、去声为仄声，平声字念起来声调提得高、长，仄声字念起来短促，声音传得不远，音感不强。主持人语言中，特别是每句话的末尾，要少用仄声字，最好用平声字。

（3）尽量多用双音节词。主持人语言要尽可能用双音节词，这是口语化的要求。一是因为单音节词义较宽，而双音节词义较为具体。如时，可组成时间、时候、时期、时分等。二是因为双音节词可以避免同音词误听，增强节奏感。如向前看、向钱看，可改成向前面看、向金钱看。全部、全不可改成全都和全都不。食油（石油）改成食用油。

3. 演讲者要具备临场应变的技巧

这是指演讲者在演讲中根据听众、环境、自身等条件的变化而临时采取措施排除障碍的一种技巧,也是衡量演讲者水平高低的重要标志之一。演讲中可能发生的意外情况很多,演讲者应根据具体情况采取相应的措施。

第二节　竞　聘　词

 **案例导入**

【例文】

学生会主席竞聘词

各位握有选票的代表:

拿破仑说过:"不想当元帅的士兵不是好兵。"今天,作为候选人,我想说,我不仅要做元帅,而且希望成为一名出色的、成功的、能为大家谋利益的元帅——学生会主席! 我相信在同学的帮助下,能胜任这项工作。正是由于这种内驱力,当我走向这个讲台时,感到信心百倍!

我认为自己很适合担任学生会主席,算上小学,九年的学生干部"工龄"已不算短了,这使我有了相当的经验和领导能力。

第一,我的敬业精神比较强,工作认真负责,勤勤恳恳,行一事,爱一事,专一事。

第二,我思想比较活跃,接受新事物比较快,爱思考,善于与别人交流,协调人际关系,具有创新意识,这有利于开拓工作;我办事稳妥,处事严谨,纪律严明。

第三,我信奉老实、正派的做人宗旨,能够与人团结共事,而且具有良好的协调能力。

第四,也是最重要的,那就是我早已在思想上树立为学校服务,为同学们服务的宗旨,这是干好学生会工作的最重要因素。

假如我当选学生会主席,我的第一项任务,就是致力于自身素质的提高完善,而这其中最主要的是性格问题。印度有一句古谚语:"播种性格,收获成功。"也就是说,一个人的性格关系他的事业的成败。我将时时要求自己"待人正直,公正处事",要求自己"严于律己,宽以待人",要求自己"乐于助人,尊老爱幼",等等。总之,我要力争让学生会的职责与个人的思想品格保持高度一致。我还要注重培养自己的观察能力,因为在我看来,一个优秀的带头人必须是聪慧灵敏的,而这来自多方位的细致观察。同时,我还将在学习上多下功夫,力争使学习成绩保持优秀。然而,谋事在我,成事则在于大家。假如我能竞选成功,作为学生会主席,我会做到对学生会成员多理解、少埋怨,多尊重、少指责,多情意、少冷漠。刺耳的话冷静听,反对的话分析听,批评的话虚心听。力争在服务中显示实力,在工作中形成动力,在创新中增强压力,在与人交往中凝聚合力。假如我竞选成功,我的处事原则和风格是:努力做到严格要求,严密制度,严守纪律;勤学习,勤调查,勤督办。以共同的目标团结人,以有效的治理激励人,以自身的行动带动人。努力做到大事讲原则,小事讲风格,共事讲团结,办事讲效率。管人不整人,用人不疑人。我将用真情和爱心善待我们的每一个学生会成员,使他们的人格得到充分尊重,给他们一个宽松的发展和创造空间。我将用制度和岗位职责带领大家为学校、为同学服务。假如我竞选成功,我的工作目标是"以为争位,以位促为"。争取学校领导给学生会工作以更多的支持,使学生会工作在治理制度化,服务优质化,参谋有效化上更上一层楼,让学生会成为沟通学生与学校关系的桥梁,成为宣传精神文明的窗口,传播青春文化的阵地,连接我校与外校的纽带,培养人才的摇篮。

假如我就任此届学生会主席,我的第一件事,就是召集我的部长们举行第一次全体"内阁"会议,全面地听取他们的意见与建议,下放权力,实行承包责任制。我和我的"内阁"们将自始至终地遵循"一切为大家"的原则。在我就职期间,我们将在有限的条件下,办好我们自己的广播站,建立必要的治理制度,设立师生信箱。我们将举办多种形式的文体活动,使爱好文艺、体育的"英雄"们有用武之地。我们将与风华正茂的同学们一起,指点江山,发出我们青春的呼喊!努力使新的学生会成为学校领导与学生之间的一条纽带,成为敢于反映广大学生意见要求,维护学生正当权益的组织。

假如我竞选成功,我将切实贯彻学校、团委、学生处的各种精神、各项指示,在学校领导、各位老师的指导下,积极开展各项工作,凡事先听取学校、老师的意见,搞活动尽量做到不与学校的活动冲突。我还会虚心请教原学生会的师兄师姐,秉承他们的工作作风,在他们已做出的光辉业绩基础上创新,形成一个具有特色的学生会。我会虚心收集同学们的想法,听取学生会成员的意见,并以此为方向组织开展活动。开展活动的同时,争取做到服务与工作对全校师生透明化,让大家监督,增强互动性。

同学们以前常说:"校外的世界很出色,校内的我们很无奈。"我一定会改变它成为"校外的世界很出色,校内的生活更多彩!"

既然是花,我就要开放;

既然是树,我就要长成栋梁;

既然是石头,我就要去铺出大路;

既然我是学生会主席,我就要成为一名出色的"元帅"!

各位代表,你们所期望的学生领袖,不正是敢想敢说敢做的人吗?我十分愿意做你们期待的人。你们握着选票的手还会犹豫吗?

我愿与大家共创美好的未来,迎接学生会辉煌灿烂的明天!

(资料来源:哈哥.范文中国.)

 讨论思考

这篇竞聘词分为几个层次?整篇结构和语言各有什么特点?

整篇竞聘词由四个部分构成,开篇一段点明竞聘目的和信心,然后用了四段简洁的文字道出了自身的几大优势所在,紧接着用了三段假设阐述了自己竞聘成功后的施政理想,最后用诗的语言表明了自己的信心、决心和希望。全文结构层次清晰,布局合理,语言得体、畅达,又不失文采。

 知识要点

(一)竞聘词的概念和特点

竞聘词又叫竞聘演讲稿或竞聘讲话稿。竞聘演讲稿是竞聘者在竞聘演讲之前写成的准备用作口头发表的文稿。它是竞聘者为了实现竞争上岗,展现自我具有足够的应聘条件而采用的一种手段,通过这种手段展示自己的优势,宣扬自己的主张,使受众在较短的时间里理解自己、相信自己,并委任自己。大至竞选总统,小到竞聘上岗,都要用这种讲话稿。在我国,随着竞争上岗的普遍实行,竞聘演讲稿的写作显得越来越重要。所以,竞聘演讲稿的撰写,是竞聘上岗演讲一个不可忽视的重要环节,值得每一位竞聘者关注。

竞聘词是演讲词中的一类,由于它是针对某一竞争目标而进行的,因此它除了具有演讲词的一般特点外,还有自己的"个性"。

(1)目标的明确性。首先要写明自己所要竞聘的岗位目标。目标的明确性,是竞聘演讲区别于其他演讲的主要特征。演讲者一上台就要亮出自己的目标,而且其所选用的一切材料和运用的一切手法也都是为了一个目标——使自己竞聘成功。其他类型的演讲虽然都有一定的目的性,但有一定的模糊性、概括性和不具体性。

(2)内容的竞争性。竞聘演讲的全过程,是候选人展示未来推行的施政目标、施政构想、施政方案。在其他的演讲中,内容尽管可以海阔天空、谈古论今、说长道短,但一般不彰显自己的优点。竞聘演讲则不同,它是为听众在候选人之间进行比较、筛选,就是演讲者无论是讲自身所具备的条件,还是讲自己的施政的构想,都要尽可能地显示"人无我有""人有我强""人强我新"的胜人一筹的优势。

(3)主题的集中性。这是指表达的意思单一,不蔓不枝,重点突出。在竞聘演讲时,一定要"立主旨""减枝蔓""镜头高度聚焦",这样才能在听众心中引起共鸣。

(4)材料的实用性。这是指所选材料既符合实际,又是对自己竞争有利的。也就是说,无论讲自己所具备的条件还是谈任职后的构想,都要从自我出发、从实际情况出发。听众边听演讲,边在"掂量"演讲者的"话"是否能实现。比如在讲措施时,凭空喊"我上台后给大家涨工资,给大家建楼房"的演讲者,听众是不买账的。而发自肺腑、切实可行的措施才是听众最欢迎的。

(5)思路的程序性。这是指演讲词的思维脉络有一定的顺序,不像一般演讲词那么自由。思路是指演讲者的思维脉络,程序是指演讲中先讲什么后讲什么的顺序。竞聘词除了题目和称呼外,一般分为以下五步。

第一步,开门见山讲自己所竞聘的职务和竞聘的缘由。

第二步,简洁地介绍自己的情况,如年龄、政治面貌、学历、现任职务等。

第三步,讲明自己优于他人的竞聘条件,如政治素质、业务水平、工作能力等(既要有概括的论述,又要有"降人"的论据。比如讲自己的业务能力时,可用一些取得的成果和业绩证明)。

第四步,提出假设,即自己任职后的施政措施(这一步是重点,应该讲得具体详实,切实可行)。

第五步,用简洁的话语表明自己的决心和请求。

以上几步只是简单的模式,实践中演讲者还可根据实际需要有所变化,而并非程式化。

(6)措施的条理性。这是指在讲措施时要条理清楚、主次分明。演讲者在讲措施时一定要注意条理清楚、主次分明,不要像满坡放羊那样,讲到哪儿算哪儿,让人听了如一团乱麻。为了把措施讲得有条理,可用列条的方法,如"第一点""第二点"或"其一""其二"等。每一"步"之间要用"过渡语"承上启下。例如,自我介绍之后,可以用"我之所以敢于来竞聘,是因为我具备以下条件"引出下文。讲完条件后,可以再搭一个"桥":"以上我说了应聘的条件,假如我真当了处长(或班长、经理),会采取什么措施呢?下面就谈谈我的初步设想。"这样不仅条理清楚,而且使演讲上下贯通,浑然一体。

(7)语言的准确性。除要恰如其分地表情达意之外,所谈事实和所用材料、数字都要求真求实,准确无误。同时要注意分寸,因为竞聘演讲的角度基本上是以"我"为核心,掌握不好分寸,夸大其词,会让人反感,使演讲失败。

(二)竞聘词的基本格式

竞聘词的写作格式与演讲词大致相同,只是在写法上必须突出它自身的特点——应聘条件。这里说的应聘条件,包括个人的主观条件和竞聘者提出的未来的任期目标、施政构想、措施方略等要项。因此,在结构上它可以分为以下三个部分。

1. 标题

标题有三种写法:其一是文种标题法,即只标"竞聘词";其二是公文标题法,由竞聘人和文种构成或由竞聘职务和文种构成,如《关于竞聘学生会主席的演讲》;其三是文章标题法,可以采用单行标题拟制,也可采用正副标题形式,如《让××腾飞起来——关于竞聘××总经理的演讲》。

2. 称呼

称呼大多采用泛指性称谓。一般用"各位领导""各位评委""各位听众",但通常要用尊称、敬语,得体的称谓体现竞聘者对听众的尊重之情,有利于自然地导入下文。

3. 正文

正文是全文的重点和核心,应围绕以下几个方面展开。

(1)开头。开门见山地叙述自己竞聘的职务和竞聘的缘由,应自然真切,干净利落。竞聘演讲的时间是有限的,精彩而有力的开头便显得非常重要。有经验的竞聘者常用下面的方法开头。

① 用诚挚的心情表达自己的谢意。这种方法能产生竞聘者和听众心灵相融的效果。例如,"我非常感谢各位领导、同志们给了我这次竞聘的机会"。

② 简要介绍自己的情况,如姓名、学历、职务、经历等。例如,"我叫×××,2008年毕业于中国政法大学,2006年加入中国共产党,现任上海海事法院院长助理"。

③ 概述竞聘演讲的主要内容,使评选者一开始就能明了演讲者演讲的主旨。例如,"我今天的演讲内容主要分两部分:一是我竞聘副院长的优势;二是谈谈做好副院长工作的思路"。

(2)主体内容。竞聘演讲的目的,是要把自己介绍给评选者,让评选者了解基本情况,了解对竞聘岗位的认识和当选后的打算。所以,竞聘演讲的主体内容应该包括以下几个方面。

① 先介绍自己竞聘的基本条件,说明为什么要竞聘,凭什么竞聘。竞聘者在介绍自己情况时,一定要有针对性,即针对竞聘的岗位介绍自己的学历、经历、政治素质、业务能力、已有的政绩等。这部分并非要面面俱到,而应根据竞聘职务的职能情况有所取舍。

② 说明自己优于他人的竞聘条件,可从政治素质、政策水平、管理能力、业务能力以及才、学、胆、识等方面展开。竞聘条件是决定竞聘者是否被聘任的重要因素之一,应该重点予以强调。但切忌夸夸其谈,应多用事实说话。

③ 简要介绍自身的不足之处。竞聘者在介绍自己应聘的基本条件时,要尽可能地展示自己的长处,但不是对自身的不足之处闭口不言。要善把本来的"劣势"通过变换角度讲成

"优势"。例如,江苏某中学 1996 级高三(2)×××在竞聘班长的演讲中说:"我从来没有担任过班干部,缺少经验。这是劣势,但正因为从未在'官场'混过,一身干净,没有'官相官态''官腔官气',更不可能是'官痞官油子';少的是畏首畏尾的私虑,多的是敢作敢为的闯劲。正因为我一向生活在最底层,从未有过'高高在上'的体验,对摆'官架子'看不惯,弄不来,就特别具有民主作风。因此,我的口号是'做一个彻底的平民班长'。"

值得注意的是,评选者更关心的是竞聘者任职后的打算。因此,竞聘者在竞聘演讲时,一定要用简明扼要的语言亮明自己的观点,要紧紧围绕听众关心的热点、难点问题,提出明确的工作目标和切实可行的措施。

(3)结尾。用简洁的话语表明自己竞聘的决心、信心和请求。好的结束语应写得恳切、有力,意近旨远,能加深评选者对竞聘者的良好印象,从而有助于竞聘成功。竞聘演讲常见的结尾方法有以下几种方式。

① 表明对竞聘成败的态度。表明自己能官能民,这种方法能使评选者感受竞聘者的坦诚。例如,"作为这次竞聘上岗的积极参与者,我希望在竞争中获得成功。但是,我绝不会回避失败。不管最后结果如何,我都将'堂堂正正做人,兢兢业业做事'"。

② 表达自己对竞聘上岗的信心。例如,"我今天的演讲虽然是毛遂自荐,但却不是王婆卖瓜,自卖自夸。我只是想向各位领导展示一个真实的我。我相信,凭着我的政治素质,我的爱岗敬业、脚踏实地的精神,我的工作热情,我的管理经验,我一定能把副院长的工作做好! 相信我,我绝不会让大家失望"。

③ 希望得到评选者的支持。例如,"各位领导、各位评委,请相信我,投我一票! 我将是一位合格的处长"。

当然,竞聘词由于它要考虑多种临场因素与竞争对手因素,结构可以灵活多样,但其基本内容离不开以上的几个部分。

(三) 竞聘词的写作要求

1. 气势要先声夺人

竞聘演讲的一个重要特征就是具有竞争性,而竞争的实质,是争取听众的响应和支持。鼓舞、壮大己方支持者的队伍,瓦解、分化对方支持者。而做到这一点的有效方法之一,就是要有气势。这气势不是霸气、娇气和傲气,而是正气。

2. 态度要真诚老实

竞聘演讲其实就是"毛遂自荐"。自荐,应该将自己优良的方面展示出来,让他人了解自己。但要注意的是,在"展示"时,态度要真诚老实,有一分能耐说一分能耐,不能为了自荐成功而说大话、说谎话。

3. 语言要简练有力

老舍先生说:"简练就是话说得少,而意包含得多。"竞聘演讲是宣传自己的好时机,但绝不可"长篇累牍",应该用简练有力的语言把自己的思想表达出来。

4. 内心要充满自信

著名演说家戴尔·卡耐基曾说过:"不要怕推销自己。只要你认为自己有才华,你就应该认为自己有资格担任这个或那个职务。"要巧妙地说明"他行,我更行"。当你充满自信时,站在演讲台上,面对众人就会从容不迫,就会以最好的心态展示自己。

拓展提高

如何写好竞聘词?用形象的语言进行描述。

从竞聘词所承载的"使命"不难看出,要写好竞聘词,最重要的就是要在自我介绍、施政纲要和任职承诺这三个要素上做文章。从这个角度来说,可以把竞聘词概括为"三个一",即一幅自画像、一篇策划案和一份承诺书。竞聘词的万语千言都是围绕这"三个一"徐徐展开、有序铺陈。

1. 一幅自画像

竞聘演讲有别于一般的当众讲话,它具有浓烈的个性色彩,是围绕竞聘者这个鲜活的、有个性的、具体的人展开的,具体来说,就是竞聘词中的自我介绍部分。竞聘者要在稿件中以最具特色和穿透力的语言到位地描述自己。这个描述,应该涵盖两部分的内容:一是个人的基本情况,包括姓名、年龄、政治面貌、职称、受教育程度以及工作经历等;二是个人的优势分析,是通过陈述自己的长处,向评委和听众表明自己有能力做好工作,是值得信任的,使评委和听众能迅速有所了解和认知。

2. 一篇策划案

凡竞聘演讲,无一不涉及对所竞聘岗位的施政纲要的内容。这部分内容是竞聘词的主干。一篇竞聘词,1/2 至 2/3 的篇幅要用来谈工作构想,这已经成为约定俗成的模式。所以,撰写竞聘词的过程实际上就是对工作的策划过程,一篇出色的竞聘词首先应是一篇优秀的策划案。

3. 一份承诺书

竞聘词中还有一个很重要的部分,就是演讲人对要达成的工作目标以及自己工作态度的承诺。它虽然有时仅寥寥数语,但却有极为重要的作用。有道是"一诺千金"。基于事实、科学客观的承诺,能够带给人们无尽的希望和美好的憧憬,可以激发人们对未来的热情,是能调动听众情绪的内容。所以,承诺是竞聘词中的重要组成部分,千万不可因其所占篇幅有限而等闲视之。

情境模拟

就竞选班委会、学生会干部写一篇竞聘词,在全班同学面前模拟演讲,同学点评。

【学生范文一】

学会感恩,与爱同行

尊敬的各位老师、亲爱的同学们:

大家上午好!我今天演讲的题目是学会感恩,与爱同行。

当我们来到这个世界什么都还没来得及做的时候,我们已经享有人们带给我们的物质恩泽了,父母的养育之恩,老师的教诲之恩,国家的栽培之恩,这一切都是别人给予的,都需要我们用生命去珍爱,用至诚的心灵去感谢,用实际行动去回报。所以,亲爱的同学们,我们要孝敬爸爸妈妈,用心去爱他们,因为有些人已经没有这样的机会了。汶川大地震一夜之间有近十万人离开了我们,有多少同龄的孩子回家想喊一声爸爸都不可能了,有多少同我们一样大的孩子想再看一眼妈妈都没有机会了。

我曾经看过这样一篇报道,有一个小学四年级的小男生,在他刚刚懂事的那一年,他的妈妈因为得了癌症离开了他。妈妈临走之前把最放心不下的孩子叫到身旁对他说:"宝贝啊!妈妈要去一个很远很远的地方出差,那个地方叫天堂,你一定要听爸爸的话,因为你不听爸爸的话爸爸就会打你,你一哭妈妈就会难过,你一定要好好读书,如果考出好成绩,妈妈会为你祝福的,如果想妈妈了,就数数天上的星星,总有一颗星星会是妈妈的眼睛啊!"就这样,妈妈含着泪闭上了眼睛。从那天开始小男孩每天晚上很晚才睡,每天晚上都要到院子里去数星星。

小学四年级的一天,老师让孩子们写一封信,写给妈妈的信。当孩子看见妈妈这两个字时,哇的一声就哭了。那天孩子在课堂上边哭边写了一封信——写给天堂里的妈妈。他说:"天堂里的妈妈,你好吗?你那里冷吗?你那里能吃饱吗?你那里还痛吗?妈妈,我好想你啊!四年了,为什么不回来看看你懂事又可怜的儿子?我懂事啦,我再也不惹爸爸生气了,有一次爸爸冤枉了我,狠狠地打了我,但是我一直忍着没有流泪,因为我怕妈妈知道,妈妈知道又该难过了。为了得到妈妈的祝福,每天我很努力学习,每次考试都是班级第一,可是为什么没有得到妈妈的祝福啊!四年的时间,我数遍了天上的星星,可是为什么没有看见妈妈的眼睛啊?妈妈说过的,大人是不应该骗小孩子的,可是你为什么要欺骗我啊!你知道吗,我最开心的时候就是我数星星睡着了,我又梦到妈妈,妈妈又回来了。我跑到学校找我最好的伙伴跟他说:'你知道吗,我妈妈回来了。妈妈说了许多说过的话,她说她爱我,她再也不会离开我了。'但当我跑回家,我看见妈妈又要绝情地离开我,我跪在地上两只手死死地抓住妈妈的衣角,祈求妈妈不要走啊!你走了别人会欺负我的。当别人欺负我的时候谁来保护我啊,可你还是绝情地走了。当我醒来时,我的枕巾又湿透了。

妈妈我太想你啦,但是我又不敢想你,因为很多人跟我说,如果想天堂里的妈妈,妈妈会很疼的。"

他是不幸的,但是他那么懂事。我们都有自己的爸爸妈妈,你不会感觉到爸爸妈妈的痛苦,爸爸妈妈能为我们做一切的一切。而我想问问在座的同学们,我们做了什么?我们用心地看过他们一眼吗?在学校除了学会一点点知识之外,我们学会了什么?学会了抱怨、学会了指责,学会了和爸爸妈妈吵架。

亲爱的同学们,让我们珍惜自己和爸爸妈妈在一起的日子吧,不要等到失去的那一天才发现,不曾做的还有很多很多。从今天开始学会感恩吧!为辛苦的父母送上一杯茶、一双拖鞋吧!因为只有懂得感恩父母的人,才能更好地感恩他人、感恩社会。最后,请大家一起在这浓情五月学会感恩,与爱同行吧!

黑龙江旅游职业技术学院 2010 级旅游管理专业　张娟

【学生范文二】

竞　聘　词

如果说,9月是一种缘份,牵引我来到这所学校与大家相识,那么,今天则是一种自信,鼓舞我站在这个台上。

尊敬的老师,亲爱的同学们,大家好,我是来自旅管四班的于鑫。今天我竞选的是文艺部部长。首先我要感谢学校提供这次机会,既让我在竞争中展现自我,又让我在竞争中可以学习他人的长处弥补自己的不足。虽然我没有诗人李白"黄河之水天上来,奔流到海不复回"的豪迈,没有一代才女李清照"寻寻觅觅,冷冷清清"的细腻,没有伟人毛泽东"数风流人物,还看今朝"的气魄,但是我有信心担当好这个职务。我也知道光有信心是不够的,但是我会用我的行动来证明,我能做到。

假如我当选了文艺部部长,我会经常在大家学习疲劳后,组织一些集体性活动,让每一位同学都成为参与者,让每一位同学都得到放松;我会在不同的节假日组织一些"主题"节目,让大家深切感受节日气息等,让我们的生活变得精彩斑斓,丰富多彩。我所做的一切不仅仅是为了让大家轻松愉快,更是为了让每一位同学展示自己的花样青春,让我们的激情热烈飞扬!

如果我竞选失败,无论什么原因,我都不会后悔,因为这里曾让我的青春高歌!今后我会积极配合班上的工作,向优胜者学习,为我的下一次竞聘积蓄能量。

我从未担任过任何职务,但是我不想留下遗憾。我喜欢这样一句话:"努力了不一定成功,但要想成功就得努力。"我不能左右你们手中的选票,但我可以让大家多一个选择!请大家支持我!我会给你们一个激情四射的明天!

我的演讲完毕!谢谢大家!

黑龙江旅游职业技术学院2008级旅管四班　于鑫

 素质养成

竞聘词的写作原则如下。

(1)近大远小原则。近大远小是一种透视规律,将近大远小原则应用于竞聘词的写作,主要有两层含义:首先,时间跨度上的近大远小。参加竞聘的人员,在进行自我介绍时按照近大远小的原则,选取素材、安排详略、讲究取舍。具体做法是在介绍我们最近的工作、业绩等情况时要多用一些笔墨,重点介绍一下,而以前的经历一笔带过即可。其次,关联程度上的近大远小,主要是指和所竞聘岗位联系紧密的情况要多谈,关联不大的略说,甚至不谈。

(2)虚实结合原则。虚实结合原则是指我们在撰写竞聘词时,既要有总体上的概括和提炼,又要有进一步的描述和阐发,这两部分相辅相成,缺一不可。比如,"我具有丰富的管理团队经验"是"虚",谁都可以说,谁都可以用,接下来必须要辅之以实的内容,可以写"我在初高中先后担任了二年班长、三年团支部书记,我创立了讨论学习的学习模式,我们班多次被评为校级先进集体"等,这样持之有据,才能言之有理、令人信服。

(3)重点突出原则。一篇出色的竞聘词最重要的在于能够提出行之有效、可操作性强的工作设想,这是竞聘词最靓丽、吸引人的部分,是竞聘词的核心和灵魂。所以我们在竞聘演讲稿中不要重复那些尽人皆知的想法和思路,更不能大而泛之、浮在表面,空空洞洞,而要突出重点,多触及实质性的问题。

(4)诚实信用原则。竞聘词不是文学作品,来不得夸张与虚构,要坚持诚实信用原则,有一说一,有二说二。竞聘词要精雕细琢、文采飞扬,但这文采更多的是体现在句式的错落变化、语言的优美生动、情感的真切自然等方面,而不需要不切合实际的文学夸张。可以说,诚实是竞聘者应具备的基本素养,是做好工作的前提。而通过虚构事实、夸张优势的方法撰写的竞聘词只会弄巧成拙、适得其反。

(5) 真诚豁达原则。做事先做人,竞聘是对一个人综合素质的大检阅。在竞聘词中,要充分展现我们真诚与豁达的良好素质。这包括不能在讲稿中或明显或隐喻地含有讥讽、嘲笑或诋毁他人的言语。再有,在讲稿中要适时、适度地表现自己的团队意识、不断向他人学习以及竞聘不成功也要尽心尽力做好工作的态度,使人感受到善于合作、志存高远、心胸开阔、豪爽大度的品质,形成良好的印象。

第三节　启事、声明、海报

 **案例导入**

【例文一】

寻 物 启 事

本人于 10 月 9 日中午,不慎在学院食堂丢失饭卡一张,卡号为 20080689,请拾到者速与我联系。非常感谢!

联系电话:1394501××××

此启。

失者:机电工程系　郑××
××××年 10 月 10 日

【例文二】

招 领 启 事

本店员工拾到皮包一个,内有人民币若干、首饰若干件、磁卡若干张。望失主前来认领。

××饭店接待室
××××年××月××日

【例文三】

清华大学 110 周年校庆征文启事

亲爱的校友:

2021 年是母校 110 周年华诞,在筹划制订面向 110 周年校庆活动方案时,校友们提出了各种建议。清华校友总会在征求校友意见的基础上,拟出版专题书籍,其中有一个关于集体的专题:像阳光一样温暖我——我的大学集体(暂定名)。

集体生活是清华重要的文化特征之一。当你在大学中,遇到一个优秀的集体,她会像阳光一样,照耀着你的学习和生活,并且温暖你的一生。那些传道授业解惑的师长,见证了你从懵懂蜕变为成熟;那些和你一起共度大学岁月的同学,成了你一生的好兄弟、好姐妹;还有那与你志趣相投的社团伙伴们,在你情绪低落时,给你重要支持,在你开怀大笑时,与你分享快乐。那些难以忘怀的瞬间——那曾让你大笑、让你开心,或让你沮丧、让你流泪的每一个时刻,都镌刻在你的记忆深处。大学集体,留住的是属于每一个人的青春时光和少年芳华。

大学集体,也是珍贵的情商教育课堂。在与身边人的相处中,你磨炼了性格,收获了成长,习得了宽容(同理心),懂得了合作(团队精神)。大学同窗也成为走上社会后,相互激励、扶持、陪伴成长、共获成就的那一群人。

若有诗意藏于心,岁月从不败华年。我们热忱地邀请你,写出你所在的大学集体的故事,与或院系、或班级、或社团等各种集体有关的回忆。我们相信,这些在校期间难忘的故事,这些尽管离开清华,仍延续感动的故事,将激励其他清华校友,特别是在校的学弟学妹们,更好地传承和光大清华的集体精神。

以上专题,如果有院系、年级或班级征集到足够可以单独出书的素材,校友总会将负责出版。

来稿须知:稿件要求原创,字数以不超过 5 000 字为宜,能提供与稿件内容相关的历史照片最佳。请附作者简介、近照及联系方式。

截稿日期:2020 年 10 月 31 日。

投稿邮箱:th110_×××××@tsinghua.org.cn;sp×××××@tsinghua.edu.cn(投稿时请同时发送以上两个邮箱)。

联系人:任老师 010-6279××××。

清华校友总会
2020 年 3 月

【例文四】

招 聘 启 事

为进一步加强管理,充实人员力量,经总经理办公会研究决定:招聘总经理办公室文秘人员 1 名。

一、招聘条件

1. 全日制本科以上学历,中文类、管理类、法律类专业优先。

2. 具有 2 年以上大型国有企业工作经历,熟悉办公室文秘档案、机要保密等工作内容。

3. 具有较高的文字写作水平,逻辑性和组织能力强,能够形成综合性、分析性材料。

4. 熟练使用办公软件,有良好的英语听、说、读、写能力。

5. 40 岁以下,身体健康。

二、岗位职责

1. 全权负责总经理工作日程及商业活动安排。

2. 协助总经理对公司运作与各职能部门工作计划进行管理协调、推进各部门的工作。

3. 关注公司内各部门信息沟通情况,及时传达上级的各项指令。

4. 完成总经理交办的其他工作。

三、报名办法

1. 报名时间:自启事发布之日起 7 日内。

2. 应聘人员下载应聘人员报名表,并如实填写。

3. 通过电子邮件报名方式报名。

四、薪酬待遇

1. 录用后与公司签订劳动合同。

2. 各项薪酬待遇按公司的相关制度执行。

五、联系邮箱

联系邮箱:hljl×××100@126.com

附件:应聘人员报名表

新鑫实业有限公司(公章)

20××年 8 月 18 日

【例文五】

中华人民共和国外交部声明(全文)

新华社北京 8 月 2 日电 中华人民共和国外交部声明:8 月 2 日,美国国会众议长佩洛西不顾中方强烈反对和严正交涉,窜访中国台湾地区,严重违反一个中国原则和中美三个联合公报规定,严重冲击中美关系政治基础,严重侵犯中国主权和领土完整,严重破坏台海和平稳定,向"台独"分裂势力发出严重错误信号。中方对此坚决反对,严厉谴责,已向美方提出严正交涉和强烈抗议。

世界上只有一个中国,台湾是中国领土不可分割的一部分,中华人民共和国政府是代表全中国的唯一合法政府。1971 年联大第 2758 号决议对此予以明确。1949 年中华人民共和国成立以来,181 个国家在一个中国原则基础上同中国建立外交关系。一个中国原则是国际社会的普遍共识和国际关系基本准则。

1979 年,美方在中美建交公报中明确承诺:"美利坚合众国承认中华人民共和国政府是中国的唯一合法政府。在此范围内,美国人民将同台湾人民保持文化、商务和其他非官方关系。"美国国会作为美国政府的组成部分,理应严格遵守美国政府的一个中国政策,不与中国台湾地区进行任何官方往来。中方历来反对美国国会议员窜访中国台湾地区,美国行政部门有责任予以阻止。佩洛西众议长是现任美国国会领导人,她以任何形式任何理由赴台活动,都是升级美台官方交往的重大政治挑衅,中方绝不接受,中国人民绝不答应。

台湾问题是中美关系中最重要、最核心、最敏感的问题。当前,台海局势面临新一轮紧张和严峻挑战,根本原因是台湾当局和美方不断改变现状。台湾当局一再"倚美谋独",拒不承认"九二共识",大搞"去中国化",推行"渐进式台独"。而美方企图搞"以台制华",不断歪曲虚化掏空一个中国原则,加强美台官方往来,为"台独"分裂活动撑腰打气。这是十分危险的玩火行动,玩火者必自焚。

中国政府和中国人民在台湾问题上的立场一以贯之。坚决维护国家主权和领土完整是14 亿多中国人民的坚定意志,实现祖国完全统一是全体中华儿女的共同心愿和神圣职责。

民意不可违，大势不可逆。任何国家、任何势力、任何人都不要错估中国政府和人民捍卫国家主权和领土完整、实现国家统一和民族复兴的坚强决心、坚定意志、强大能力。针对美国会众议长窜访中国台湾地区，中方必将采取一切必要措施，坚决捍卫国家主权和领土完整，由此产生的一切后果必须由美方和"台独"分裂势力负责。

中美作为两个大国，正确的相处之道只能是相互尊重、和平共处、避免对抗、合作共赢。台湾问题纯属中国内政，其他任何国家都无权做台湾问题的裁判官。中方严正敦促美方，停止打"台湾牌"搞"以台制华"，停止插手台湾事务干涉中国内政，停止以各种形式支持纵容"台独"分裂势力，停止在台湾问题上说一套、做一套，停止歪曲虚化掏空一个中国原则，以实际行动恪守一个中国原则和中美三个联合公报规定，切实将美国领导人作出的"四不一无意"承诺落到实处，不要在错误和危险的道路上越走越远。

（资料来源：中华人民共和国外交部，2022-08-02.）

【例文六】

赛 事 海 报

【例文七】

电视剧海报

 **讨论思考**

1. 例文一至例文四各属于哪一类型的启事？

例文一：寻访类，如寻物启事、寻人启事。

例文二：招领类，拾遗者发启事寻找物的失主。

例文三：征求类，如征稿启事、征物启事、征求某种人才的启事、征婚启事等。

例文四：招聘启事，讨论这一文种的特征。

2. 例文五：声明。请认真体会这一文种的特征。

3. 例文六、例文七：海报，读后感受如何？

 **知识要点**

（一）启事

1. 启事的概念

启事是单位或个人因事需要解释、说明、告知或者希望大家协助解决时，张贴在公共场所或登在报纸杂志上的简明扼要的文字。"启"即告知、陈述的意思。启事，简言之，即公开地陈述事情。

随着生活的丰富多彩和工作节奏的加快，启事的使用日趋广泛，具有公开性、专项性、简明性和告知性等特点。启事大多张贴于墙头、路边建筑等公共场所，有的刊登在报刊上，或由广播、电视播发。启事是为了公开声明某件事情而采用广播、电视、报刊或张贴于公共场所进行宣传的一种文书。

2. 启事的结构与写法

启事的结构一般包括标题、正文、落款三部分。

（1）标题。启事标题可以有三种写法：一是由单位（或个人）、事由、文种构成，如《临海中学百年校庆启事》，这样的标题好处是醒目、郑重；二是由事由和文种构成，如《征文启事》《寻人启事》，这样的标题使人一目了然；三是只写事由，如《北京保真商城招商》，这样的标题简单明了。

（2）正文。由于启事种类繁多，体裁各异，所以写法不尽相同，但是它们有自身的规律。一般来说，启事的正文只写启事的事项，要用明确、具体、简练的语言说明启事要告知的具体事项，说明启事目的、原因，并提出要求。这部分文字较多，可以使用序号表示顺序，内容的详略则视具体情况而定。如需要协助办理某件事时，语言要恳切有理。正文写完之后，要写上"此启""特此启事"等结束语。

（3）落款。落款由署名和日期两部分组成。署名即写作启事的单位名称或个人姓名，写在正文的右下方，并注明日期，而且日期的年、月、日的写法要统一，并附上联系地址和电话等。单位及团体启事要加盖公章。

（二）声明

1. 声明的概念和种类

声明是有重要事项要向社会的公众作出公开说明并表示立场、观点、态度的一种常用应用文。这种应用文无论国家机关、企事业单位、人民团体或个人均可使用。声明具有庄重性、严肃性的特点，同时声明必须登载在新闻媒体上或公开发表在刊物、报纸上。

声明有两大类别。第一类声明是正式文件，如《中华人民共和国外交部声明》。这类声明往往是针对某重大事件、重要问题的专用公文。第二类声明是任何机关单位、团体组织、个人均可使用的事务性文书。这类声明有自诉性、告知性和针对性的特点。按事务内容分，种类很多，如遗失声明、正名声明、除名声明、表明关系声明、委托授权声明等。这些声明都以自诉(说)的形式出现，为社会各界广泛使用。本书重点介绍的是第二类声明。

2. 声明的结构

声明的结构为标题＋正文＋落款(署名和日期)。

（1）标题。标题可有以下三种格式：①文种式，如声明；②发文单位名称＋文种式，如×××出版社声明；③尚有在文种前加修饰语的声明，如严正声明、郑重声明、×××有限公司严正声明等。

（2）正文。声明的正文一般由事由＋事项＋结尾组成。结尾往往用"特此声明"。有的声明也可以省略结尾，讲清事由、事项即止。一般用直陈的写法，直接写清楚需要有关方面或有关人知道的事情。语言要通俗，文字要简约。

（3）落款。落款包括署名和日期，在正文右下方。

由于声明具有权威性、严肃性，因此写作时必须简洁有力、用词准确、态度鲜明。

（三）海报

1. 海报的概念

海报是适用于一定范围的告示。"海报"的海是"大"的意思，就是让大家、让很多地方都知道。海报是向公众报道或介绍有关戏剧、电影、杂技、体育、学术报告会等消息时所使用的一种招贴性应用文，有的还加上美术设计。根据内容的不同，海报大致可以分为文艺类海报、体育类海报、报告类海报和展销类海报。随着科学技术的发展，很多现代化的手段被应用到海报创作中。越来越多的海报制作突出了美术创意，形式上也由过去单一的文字招贴走向艺术招贴。它可以用于商品信息发布、演出、展销、比赛、会议等，传播形式常常是用大纸张、大字体醒目地写出内容，张贴于闹市、人多的地方，也有的直接刷写在墙壁上或刊登在报纸上，有的在广播电视上播出。

2. 海报的特点

海报是广告的一种，因而具有在放映或表演场所、街头张贴的特性，而加以美术设计的海报，又是电影、戏剧、体育、宣传画的一种。一般来讲，海报具有以下特点。

（1）宣传性。它希望社会各界参与，希望人们了解最新消息，所以大部分都是张贴在人们易于见到的地方。

（2）广告性。海报还可以加美术设计，以吸引更多的人加入活动，其广告性色彩极其浓厚。

（3）商业性。海报是为某项活动做的前期广告和宣传，目的是让人们参与，所以商业性色彩较浓厚。当然，学术报告类的海报一般是不具商业性的。

3. 海报的写法

海报没有严格的格式规定。为了能更好地实现效用，海报的编写者经常别出心裁地把海报写得活泼生动、醒目吸引人。海报一般由标题、正文和结尾三部分组成。

（1）标题。海报的标题写法较多，大体可以有以下一些形式：①单独由文种名构成，如"海报"；②直接由活动的内容作题目，如"舞讯""影讯""球讯"等；③可以是一些描述性的文字。如"×××再显风采""××寺旧事重提""精彩球赛"等。

标题的字一定要大而醒目，大到占一张纸的大半都可以。标题的位置也可根据设计随意摆放。

（2）正文。海报的正文要求写清楚以下内容：①活动的目的和意义；②活动的主要项目、时间、地点等；③参加的具体方法及一些必要的注意事项等。

（3）结尾。结尾在正文之后，另起一行可用稍大的字书写"莫失良机""欢迎参加"等作结语。结语后另起一行，稍右写落款，即举办单位的名称，在名称的下一行的右下位置写出书写海报的年、月、日。以上的格式是就海报的整体而讲的，实际的使用中，有些内容可以少写或省略。

拓展提高

1. 什么样的启事才符合要求？

（1）内容要真实可靠。启事涉及的时间、地点、内容必须完全真实，来不得半点虚假。

（2）一事一启，清晰准确。启事要做到一事一启，不要几件事放到一个启事中，一定要清晰准确。

（3）语言简明，通俗易懂。语言要尽量写得简明扼要、通俗明白，让人一看就懂，不宜过分渲染。

2. 声明的写作要求更严肃、更认真，体现在哪些方面？

（1）事实确凿，有理有据。声明中提到的事实要清楚、确凿，有据可查。声明的内容要合乎有关法律的规定，是非正误的界限要分清。

（2）措辞严厉，态度庄重。声明的措辞应义正词严，理直气壮，切不可含糊其词、模棱两可。要严正地阐述当事人的态度和立场，严正地指出侵权者的违法事实及由此造成的严重后果和不良影响，严正地要求侵权者停止侵权行为。

3. 什么样的海报能引人入胜？

从书写来说，要特别考虑效果。比如，增加色彩、描绘图像等，是很好的吸引人的艺术手段。而对内容的生动描绘和形象介绍，便是激起人们热情的好办法。

在正文的书写上，要注意以下几点。

（1）真实性。海报一定要具体真实地写明活动的地点、时间及主要内容。不要说是虚假的，就是夸张也是不允许的。在海报中欺骗了群众，受骗群众事后会恼怒，以后再不相信。

夸张的海报会使人反感,根本不会来参加。

(2)文字精练。海报文字要求简洁明了,篇幅要短小精悍。看海报的人都想一眼就知道内容。啰里啰唆一大堆,谁都不会有兴趣、耐心地看下去。

(3)鼓动性。海报要吸引群众参加活动,可以在不违背真实性的前提下使用一些形象性、鼓动性的语言。海报的版式可以做些艺术性的处理,以吸引观众,画面设计可以使用一些鲜明、生动、活泼的图画或漫画。

 情境模拟

1. 请根据所给材料写一则启事。

王小朋同学在上学路上捡到一皮包,内有钱夹、购物卡及现金若干。他把包交到了学校政教处。政教处林主任委托王小朋以学校政教处的名义向社会发布一条招领启事,张贴于校门口。假设你是王小朋,请写这篇招领启事,字数控制在100字以内。

2. 根据文后问题,按要求修改这篇校庆启事。

河北省石家庄市××中学校庆启事

河北省石家庄市××中学定于2023年××月××日隆重举行建校50周年庆典,敬请海内外历届学子及曾在本校工作过的教职工相互转告。

为编写校友录和便于联系,各位校友见此启事后,请尽快与学校联系,并将本人基本情况提供给学校。

学校热枕欢迎各位校友届时返校同庆!

此致

敬礼

河北省石家庄市××中学

2023年6月25日

(1)它在格式上有两个毛病:① _____ ② _____
(2)它在内容上有两个问题:① _____ ② _____
(3)文中有两个错别字改为:① _____ ② _____

3. 阅读下面两篇文章,分别为其写出标题。

【文章一】

×××论坛的各位会员朋友们:

为了增强 ××城市论坛各会员朋友之间的友谊和文化交流,我们举办的"首届 ××城市论坛足球友谊练习赛",展现当代××城市论坛会员们的青春活力和积极健康的精神风貌,促进社会主义精神文明,体现21世纪青年的人生观、世界观、价值观,提高全社会对体育文化事业的关注程度,丰富会员们的业余文化生活。这次活动既要体现全面贯彻落实党中央、国务院"全民健身"思想和响应"北京奥运,人人参与"的号召。同时又借此活动,以高尚精神塑造人,以精彩赛事鼓舞人,从而把我市"创建全国优秀旅游城市"活动推向一个新的高潮。

本次活动联合××城市论坛的各位会员朋友参与加盟,共同为我市及社会创造一个团结进取的良好环境和和谐氛围,增强广大青年的团结意识、进取意识、竞争意识、拼搏意识。

一、活动宗旨

本次活动以"增强城市论坛会员之间的友谊、传递文明火炬"为主题,激发团结、进取、友谊意识,繁荣我市文化艺术,展现当代青年们的青春风采,努力营造积极向上、健康文明的校园文化氛围,增强会员们的勇敢作风和协作能力,从而使他们在比赛中获得快乐,在交流中升华友谊,互相学习,共同进步。

二、活动形式

本次活动由××城市论坛独家举办。

本次活动规模大、档次高、影响广。隆重盛大的赛事将于本周六下午(2月18日)在××老城公园体育场举行,届时有精彩纷呈的表演。××信息港、××城市论坛将会在第一时间作充分详细全面的跟踪报道。

三、活动安排

1. 时间:2023 年 2 月 18 日(本周六)早上 7:30 报到,8:00 正式开始练习。

2. 地点:×××公园足球场。

3. 参赛人员:×××、×××、×××(请想报名参加这次比赛的朋友直接在本帖下面跟帖报名)。

4. 活动联系人:风(QQ:123456)。

5. 啦啦队成员:×××、×××、×××等。

四、活动费用

提供纯净水两箱,其余饮料各队员自备。

×××城市论坛管理委员会

2023 年 1 月 5 日

【文章二】

1. 凡本网注明"来源为人民网"或"人民网××电/讯"的文字、图片和音视频作品,版权均属人民网所有,任何媒体、网站或个人未经本网书面授权不得转载、链接、转帖或以其他方式使用;已经本网书面授权的,在使用时必须注明"来源为人民网"。

2. 本网未注明"来源为人民网"或"人民网××电/讯"的作品均为转载稿,本网转载并不意味着认同其观点或真实性。如其他媒体、网站或个人转载使用,必须保留本网注明的"稿件来源",并自负法律责任。

3. 对于人民日报社报系通过人民网发布的作品,本网受著作权人委托禁止任何媒体、网站或个人在未经书面授权的情况下转载使用。

4. 为维护自身权益、尊重作者版权,人民网特委托高宽众律师、展曙光律师为本网站法律顾问。对于违反本声明的,人民网律师将依法追究其责任;对于本网刊载作品涉及版权等问题的,请作者在两周内与人民网律师联系。

注:人民日报社报系包括以下报刊:《人民日报》《人民日报海外版》《华东新闻》《华南新闻》《京华时报》《国际金融报》《证券时报》《江南时报》《市场报》《环球时报》《环球时报·生命周刊》《中国汽车报》《健康时报》《讽刺与幽默》《新闻战线》《大地》《时代潮》《人民论坛》《人民

文摘》《中国经济周刊》《新安全》《信息周刊》《上市公司》《汽车族》《绿色家园》。

(资料来源:刘云兴,孙德廉.应用文写作综合教程[M].北京:北京师范大学出版社,2007.)

【学生范文】

"信游天下"旅行社招聘启事

本公司一向以"注重信誉,服务至上"的原则为顾客服务,受到了广大消费者的一致好评。公司规模不断壮大,值此十周年庆典之际,我司特制订如下招聘计划。

一、职位

导游员8名、计调2名。

二、招聘条件

1. 热爱旅游工作,具有较高的政治觉悟和道德素养。

2. 学历大专以上(包括应届毕业生),具有吃苦耐劳的精神,有较强的应变能力,普通话标准,语言表达能力较强。

3. 身体健康,五官端正,形象良好,男女不限。

4. 旅游管理、外语类等旅游相关专业毕业生及有经验者优先。

5. 导游员有国家导游资格证书。

三、报名方式

1. 时间:2010年11月1日—12月25日。

2. 报名方式:请应聘人员登录本公司网站自行下载报名表,并认真填写。请应聘人员将填写好的报名表、身份证和学历证复印件各一式两份,县级以上医院出具的健康证明以及2寸彩色照片一张一并交至报名点,等待通知面试。

3. 面试地点:"信游天下"旅行社5号楼511室。

咨询电话:0451-88456789。

联系人:刘经理　张悦。

"信游天下"旅行社(公章)

2010年11月1日

(作者:黑龙江旅游职业技术学院2010级旅管2班　刘强)

 素质养成

请认真思考:海报与启事有何异同?

相同之处:都具有告启性,而不具有强制性和约束力;都可在公共场合张贴。

但两者有明显的区别,主要体现在以下几方面。

(1) 使用范围不同。启事使用范围较广,如招生、征文、寻人、寻物、更名搬迁、开业等,而海报通常只用于报道文化、娱乐体育消息,如文学、教育、科学方面的报告会、讲演会、电影、戏剧、歌舞方面的放映和演出,各种体育项目的比赛等。

(2) 公布方式不同。启事除可以张贴外,还可以登报、上广播电视,而海报只用来张贴悬挂,登上报刊就属广告范畴了。

（3）制作形式不同。启事一般只用文字说明，而海报除文字外，还可以作美术加工。

（4）使用者不同。启事是单位或个人都可使用，而海报多是文体单位使用，个人一般不用。

第四节 专用书信

 案例导入

【例文一】

证 明

北京海事研究院：

　　贵所李×同志于 2017 年 9 月至 2021 年 7 月在我校就读海商法专业，学历本科。2021 年 7 月至 2023 年 7 月在国经法专业学习，取得了硕士研究生学位，成绩优异。特此证明。

　　此致

敬礼！

大连海事大学（公章）

2023 年 7 月 22 日

【例文二】

证 明 信

××大学党委：

　　××××年××月××日来信收到。根据信中要求，现将贵校××同志的爱人、××同志的情况介绍如下：

　　××同志，××××年出生，中共党员，是我校中文系教师，本人和家庭历史以及社会关系均清白。

　　该同志对教学工作认真负责，近年来多次被评为校模范教师、省优秀共产党员。

　　特此证明。

××大学党委（公章）

××××年××月××日

【例文三】

开业申请书

××市××区工商行政管理局：

　　我申请在本区××××街××号，开设"春之韵"摄影楼。

我是××××职业学校20××年毕业生,现居住本区××××街××号,摄影专业毕业,掌握摄影等相关技术。现有人民币现金捌万元,已购置了摄影相关设备及器具,租赁了本区××××街××号门市房两间,已符合个体开业条件。现申请开业,请求批准。

　　附:设备资产登记表(一份)
　　　　门市租赁合同(一份)
　　　　银行存款(流动资金10 000元)影印件(一份)
　　　　联系电话:×××××××××

申请人:×××
××××年××月××日

【例文四】

××××大学校庆邀请信

　　20××年,岁在丙申,××××大学将迎来她××周年华诞。百廿年间,我校起山海,定唐山,转平越,迁巴蜀,历程虽艰,然成就卓然;专铁路,兼路矿,并文理,汇综合,发展不易,然薪传八方。艰难之时,仗各界倾力于外,师生忘身于内,遂致弦歌不辍。荣光之处,赖校友卓越建树,师生鼎力奋发,而有声名远播。当此学校××周年华诞来临之际,谨向海内外给予学校以热情关心、帮助与支持的各界友人及校友深表谢忱!

　　今日之×大,躬逢盛世,当借百廿校庆之东风,恢宏师生创新奋发之气,砥定学校跨越前进之志,以圆×大数十年振兴之梦。学校复兴,任重而道远,非聚全体校友及海内外各界有识之士之力而不可。故此,诚邀您于20××年5月××日拨冗出席校庆盛典,聚首畅谈,瞩目今日之×大,共筑明日之辉煌!

　　即颂
大安!

××××大学
20××年5月1日

【例文五】

入党申请书

敬爱的党组织:

　　您好! 我志愿加入中国共产党,为共产主义事业而奋斗终身。因为我们党是伟大的党、是无产阶级的先锋队,是由中华民族优秀的先进分子所组成,代表着最广大人民利益,有着光荣革命传统的党。加入中国共产党是我为之努力奋斗的方向。为此,我向党组织提交入党申请书,请党组织对我进行严格审核。

　　我是一名平凡的大三学生,但我有着不平凡的人生理想。在我心中,中国共产党是一个先进和光荣的政治组织,而且随着年龄的增长我越来越坚信,中国共产党全心全意为人民服务的宗旨,是我最根本的人生目标。为建设更加美好的社会贡献自己的力量并在此过程中展现自己的人生价值,是我内心深处的愿望。所以,我再一次恳请加入中国共产党。

　　记得去年回家时，我告诉只上过小学二年级的母亲我从党校毕业的消息时，她特别欣慰，对我说我有个长辈一生特别有能力，可就是追求入党一直都未如愿；在母亲心中，她的儿子才二十多岁就已从党校毕业，这证明儿子很优秀。

　　在××年刚进入大学的时候，我向党组织递交了第一份入党申请书。我是一个喜欢上进，不甘落后的人，从童年到高中时代的生活经历让我坚信中国共产党是一个先进集体和光荣组织，因此早在中学时代我就盼望着能早日入党。

　　我来自一个普通而艰难的农村家庭，从小就不得不帮着母亲支撑整个家庭。关于过去值得一提的就是我从小学到大学的学费中相当一部分是来自学校和社会的资助。贫困让我比一般人更深刻地体会到，没有社会的温暖就没有我今天丰富多彩的大学生活，甚至没有阖家的幸福欢乐。同时，贫困也锻炼了我，从能力上，也从思想上让我更加成熟。

　　在家里、在社会上，我学会了处理同龄人不曾面对的困难和问题；在学校，也许是因为我更懂得学习机会的来之不易，从小学高年级起一直到高中，我的成绩一直都比较突出，并且多次担任过班干部和学生干部的职务。这些宝贵的经历让我体会到作为人应该自强不息、力争上游，同时也让我有机会跟同龄人和大人们打交道，体会到为他人着想和维护整个社会利益的重要意义。周围的人们告诉我：人生的意义，在于奉献而不是索取。中国共产党正是这样一个为全体人民谋利益的政党，所以我向往加入中国共产党。

　　在大学这座大熔炉里，我的思想在经历恐慌和冲击之后有了新的提高。我觉得一个人独善其身并不够，还应该积极地用自己的言行去影响他人。一个优秀的人懂得要最大限度地发挥自身的潜力，不仅在自己的岗位上兢兢业业、对周围的人关心爱护，还要切实、灵活地去带动大家都来关心国家、集体和他人的利益。

　　这一点对我很有挑战性，而一个共产党员所负的责任正是这样，既要乐于为他人服务，又要领导人们都来关心大家。我想，身为一个党员我就有机会向更多的优秀分子学习，取他人之长补己之短，在维护集体利益、坚持原则的同时做到与周围的人融洽相处；身为一个共产党员我就会时时告诉自己要更加严格要求自己，更进一步地增强自己的社会责任意识和克服困难的决心。虽然我的自身条件距离一个共产党员的标准还有差距，我将继续努力。

　　在党组织的帮助下，我将不断改正缺点，发扬优点，进一步树立全心全意为人民服务的思想，更加积极参与和搞好班级工作、各项活动，刻苦学习，将来为国家建设和社会主义事业作出更大贡献，为共产主义事业奋斗终身！

　　如果党组织批准我加入党组织，我一定要承认党的纲领和章程，积极工作，执行党的决议和按期交纳党费，为实现共产主义奋斗终身。如果党组织认为我还需要磨炼，暂时不同意我的入党申请，我也不灰心丧气，会更加努力工作，创造条件，争取早日加入伟大的中国共产党。

　　请党在实践中考验我。

　　此致

敬礼！

申请人：×××

2023 年 7 月 17 日

 讨论思考

以上例文都是专用书信。专用书信与普通书信有什么区别？

书信是个人和个人、个人和组织、组织和组织之间,通过书面形式交流感情、研究问题、商讨事情、互通信息的一种应用文体。书信分为普通书信和专用书信两大类型。

普通书信是指人们日常和亲友、同事之间来往的书信,没有固定的格式和写法要求,内容不同、风格各异。

专用书信是指在特定场合中使用的具有专门用途的书信,专用书信内容单一,格式固定,有标明性质的标题,语言朴实、简洁。如介绍信、证明信、求职信、应聘信、推荐信、申请书、倡议书、投诉书等。如是公务用专门书信署名处要加盖公章。

 知识要点

(一)证明信

1. 证明信的定义

证明信是单位或个人出具的用来证明某人的身份、经历或某事物的真实情况的专用书信。

2. 证明信的类型

证明信有两种类型:一种是被证明人因公外出办事用的,近似身份证明;另一种是其他单位、组织了解本单位某人、某事的真实情况的材料证明。这种材料证明,有的是由单位直接出具的,有的是由某人出具,单位组织核实并签署意见,盖章后生效。证明信一般留有备份或存根以备查。

3. 证明信的格式

证明信的格式由以下几部分构成。

(1)标题。标题要标明专用书信的性质,如"证明信"(只写"证明"也可),在文首行的正中间书写。

(2)称谓,即收信单位名称。如果是外出办事只作身份证明,这一项目可以略去。如果是直接给某单位的证明材料,就必须标明单位名称,可根据具体情况而定。

(3)正文。正文要写清楚证明的事项。如证明某人的工作经历,就应写明姓名、时间、在本单位工作时担任的职务、工作能力、业绩等。证明某件事情真实与否,如证明某人在重大历史事件中的表现,必须写清参加者的姓名、身份,在事件中的地位、作用和事件本身的前因后果。

(4)结尾。正文结尾另起一行,空两格写明习惯用语"特此证明""情况属实,特此证明"等。

(5)落款(署名及日期并加盖单位公章)。个人的证明材料应写明证明人姓名、身份,并签字盖章。

4. 证明信与证明材料和证明书的区别

(1)证明信与证明材料。证明材料同证明信一样,是机关、团体或个人证明有关人员的身份、经历或有关事件的真实情况的材料。它不以信件形式体现,没有称呼,标题改为证明材料。证明材料一般留有备份以供查找。

(2)证明信与证明书。证明书同证明材料一样,是机关、团体或个人证明有关人员的身份、经历或有关事件的真实情况的专用文书。它不以信件形式体现,除没有称呼、标题改为证明书外,标题下写证明书的字号。证明书一般留有备份或存根,以供查找。

（二）申请书

1. 申请书的定义

申请书是个人或单位出于某种需要,向有关部门、组织、团体、单位提出书面请求的专用文书,用来请示解决问题或希望得到批准。

申请书在生活中应用广泛,按作者分类,可分为个人申请书和单位、集体公务申请书;按解决事项的内容分类,常用的有入党、入团及加入其他社会团体申请书,入学申请书(出国留学除参加托福考试外,还要向学校提交入学申请书),调动申请书,困难补助申请书,开业申请书等。

2. 申请书的格式

（1）标题有两种写法:一种是直接写"申请书";另一种是在"申请书"前加上内容,如"入党申请书""调换工作申请书"等。

（2）称谓。顶格写明接受申请书的单位、组织或有关领导。

（3）主体。写明申请的理由与事项,理由要写得客观、充分,事项要写得清楚、简洁。正文首先提出申请事项,一定要开门见山,不可绕弯子;然后另起一行写清申请的理由,理由要充分、真实、客观,这样才能让上级认为有考虑研究的价值。

（4）结尾。常用惯用语"特此申请""恳请领导帮助解决""希望领导研究批准"等,也可用"此致敬礼"礼貌用语。"此致敬礼"和"请予(求、求予以)批准"写一个即可,视内容而定。申请书要做到一事一书,不要在一个申请书里提多个申请,不要越级申请。

（5）署名、日期。个人申请要写清申请者姓名。单位申请写明单位名称并加盖公章,注明日期。

（三）邀请信

邀请信是为了增进友谊,发展业务,邀请客人参加庆典、会议及各种活动的信函。邀请信一般由以下几部分构成:①称谓;②开头;③交代时间、地点和活动内容、邀请原因等;④参加活动的细节安排;⑤联系人、电话、地址、落款、日期。

（四）倡议书

倡议书由个人或集体发出,其作用是倡导某项活动。

1. 倡议书的分类

（1）从发文角度分。

① 个人倡议书。在日常生活中,有些事关大家的生存环境,生活方式的事情、问题,由某一个人首先发起倡导以引起人们的注意或建议人们采取措施加以解决,这种形式的倡议书就是个人倡议书。

② 集体倡议书。由群众团体或一群人发出某种倡议的倡议书称为集体倡议书。

③ 企事业单位、机关部门倡议书。这种倡议书是由一定的组织单位发起的,它所倡议的内容一般具有较强的针对性,其活动有步骤地展开。

（2）从倡议内容的角度分。

① 针对某一具体生活事件或问题的倡议书。这种倡议书往往由某一具体事件或问题引起，发出的倡议能够引起相关人员的注意，也会引起其他人的关注。如"关于少给孩子压岁钱的倡议书"。

② 针对某种思想意识、精神状况的倡议书。这类倡议书不是由某一具体事件引起，而只是为形成新时尚而发起的倡议，如"重新开展向雷锋同志学习的倡议书"，这类倡议书直接服务于社会主义精神文明建设。

2. 倡议书的格式

倡议书一般由标题、称呼、正文、结尾、落款五部分组成。

（1）标题。倡议书标题一般由文种名单独组成，即在第一行正中用较大的字体写"倡议书"三个字，还可以由倡议内容和文种名共同组成，如"把遗体交给医学界利用的倡议书"。

（2）称呼。倡议书的称呼可依据倡议的对象而选用适当的称呼，如"广大的青少年朋友们""广大的妇女同胞们"等。有的倡议书也可不用称呼，而在正文中指出。

（3）正文。倡议书主要内容包括以下两方面。

① 倡议书的背景原因和目的。倡议书的目的在于引起广泛的响应，只有交代清楚倡议活动的原因以及背景事实，并申明发布倡议的目的，人们理解和信服，才会自觉行动。交代不清会使人觉得莫名其妙，难以响应。

② 倡议的具体内容和要求是正文的重点。倡议的内容一定要具体化，开展怎样的活动，做哪些事情，具体要求是什么，价值和意义有哪些，均需一一写明。倡议的具体内容一般分条开列，清晰明确，一目了然。

（4）结尾。结尾要表示倡议者的决心和希望或者提出某项建议。倡议书一般不在结尾表示敬意或祝愿。

（5）落款。落款即在右下方写明倡议者单位、集体或个人的名称或姓名，写明发出倡议的日期。

（五）投诉书

投诉书是指消费者和经营者发生消费者权益争议纠纷，消费者请求消费者协会出面调解时，向其递交的书面材料。投诉书的主要内容有以下几个方面。

（1）投诉人的基本情况，即投诉人的姓名、住所、工作单位、邮政编码、联系电话等。

（2）被投诉人的基本情况，即被投诉人的姓名（或单位名称）、地址、邮政编码、电话号码、法定代表人、经办人等。

（3）消费纠纷情况，即购买商品或接受服务的时间、价格、数量、受损害的具体程度及有关证据材料。购买商品还要写清商品的商标、牌号等。这部分内容要尽量写详细，以供消费者协会在调查处理时参考。

（4）投诉请求，包括退、换、修原商品、支付赔偿等。

 拓展提高

1. 写作证明信应遵循哪些要求？

（1）出具证明信要慎重，应本着实事求是、认真负责的原则，如实证明。介绍人物及证明内容一定真实可信,不得弄虚作假。

（2）联系事项及证明事宜要准确、清楚,抓住中心、突出重点,无关事情不要赘述。

（3）语言表达措辞要明确,不能模棱两可、似是而非。书写要工整,如涂改,要在涂改处加盖公章,否则重写。

（4）证明信如果留有存根,要在虚线编号处加盖公章。

2. 写作申请书要注意哪些事项?

（1）申请的事项要写清楚、具体,涉及的数据要准确无误。

（2）理由要充分、合理,实事求是,不能虚夸和杜撰,否则难以得到批准。

（3）语言要准确、简洁,态度要诚恳、朴实。

3. 写作邀请信要把什么写清楚?

要把邀请内容写清楚:①说明邀请对方参加什么活动、邀请的原因是什么;②将活动安排的细节及注意事项告诉对方,如时间、地点、参加人员、人数,做些什么样的准备及所穿的服饰等;③为了方便安排活动,如有必要,可注明请对方予以回复能否应邀及是否还有其他要求等。

4. 写倡议书应注意哪些事项?

（1）内容应当符合时代精神,切实可行,与国家的路线方针政策一致。

（2）交代清楚背景、目的,有充分的理由。

（3）措辞贴切,情感真挚,富有鼓动性。

（4）篇幅不宜过长。

5. 投诉书应用什么样的格式?

投诉书没有固定格式,请自己写一篇投诉书。

 情境模拟

学院一位教工新婚不久查出患有不治之症,请以学院名义写一封爱心捐款的倡议书。

命运无情人有情

——爱心捐款倡议书

亲爱的全体教职工同志:

你们好!

我们同在一片蓝天下,自然给了我们同样的感怀,生活却给了我们不同的境遇。当我们和家人团聚、共享天伦时;当我们努力工作,畅想人生理想时,您可知道,就在我们身边,有一位柔弱的女子正遭受癌症的折磨,她正以微薄的力量与死亡抗争,她就是我院年轻的教工××。

"天有不测风云,人有旦夕祸福。"20××年7月,年仅26岁,风华正茂、沉浸在新婚幸福中、对未来拥有无限憧憬和美好向往的××,不幸突然被检查出已是癌症晚期。这晴天霹雳使她的家人陷入了巨大的悲痛之中。父母带着她先后在哈尔滨肿瘤医院、医大一院、医大二院医治,又去北京协和医院、北京妇产医院、北京肿瘤医院就诊。家里花掉了所有积蓄,甚至为筹借10万元,不惜抵押房屋产权证,以挽救、延长唯一女儿的宝贵生命。××的父亲是我单位车队的××师傅,母亲是下岗工人,××住院以来已花费了30余万元的治疗费用,家庭经济已陷入绝境。而××的病情却再次恶化,发展到腹腔积水,家里再也没有能力继续支付巨额的治疗费用。父母望着躺在床上、对生命充满渴望的女儿,悲痛欲绝、肝肠寸断、泪流满面。

亲爱的全体教职工同志们,我们都身为父母或儿女,都有一个温暖的家,我们怎能眼睁睁看着身边的同事等待死亡,怎能忍心让一个年轻的生命离我们而去!

"爱人者,人亦爱之。"你的仁爱之心,你的点滴之恩,有可能拯救一个年轻的生命;你的真诚关怀,你的善意之举,就是她最大的温暖。病魔可以夺去生命的健康,但却不能夺去人间的真情。"众人拾柴火焰高",能力不分大小,捐款不分多少,善举不分先后,贵在有份爱心。"滴水汇成大江,碎石堆成海岛",哪怕就是一元钱,只要您献出爱心,她就多了一份生存的希望。只要人人都献出一点爱,就可以给她的生活点燃希望!请奉献一份爱心,成全一份勇敢的坚持,传递一份生命的热度。

她需要您、需要我、需要我们大家伸起双臂,用我们的爱、我们的心,点亮一盏希望的灯,帮她撑起一片蔚蓝的天……

命运无情人有情。亲爱的同事们,请伸出我们的援助之手!

愿真情永在!

愿生命同歌!

捐款地点:学院工会。

捐款方式:个人自愿。

捐款时间:截至3月26日下午4时。

×××学院工会委员会

20××年8月16日

 素质养成

致歉信如何写?请参考下文。

罗昌平发布致歉信

记者从法治日报社获悉,备受关注的网络大V罗昌平侮辱英烈案宣判后,5月21日下午罗昌平委托代理人主动联系报社就法院判决其在《法治日报》等媒体上公开赔礼道歉等履行民事责任,5月23日出版的《法治日报》7版刊发了其致歉信全文。

据悉,海南省三亚市城郊法院经审理查明:2021年10月6日9时38分,被告人罗昌平在三亚市住处用手机观看《长津湖》电影和长津湖战役纪录片视频后,为博取关注,使用新浪微博账号"罗昌平"发布帖文,侮辱在抗美援朝长津湖战役中牺牲的中国人民志愿军"冰雕连"英烈,侵害英雄烈士的名誉荣誉,引发公众强烈愤慨,造成恶劣社会影响。上述帖文因微博用户举报,当日14时许,罗昌平到三亚市公安局吉阳分局大东海派出所投案,如实供述其犯罪事实。检察机关提起刑事附带民事公益诉讼。

2022年5月5日,三亚市城郊人民法院对被告人罗昌平侵害英雄烈士名誉、荣誉暨刑事附带民事公益诉讼一案依法公开宣判,判处被告人罗昌平有期徒刑七个月并承担在新浪网、《法治日报》和《解放军报》上公开赔礼道歉等民事责任。5月21日,罗昌平委托代理人主动联系报社履行法院判决其附带民事判决部分,5 月 23 在《法治日报》等 3 家媒体刊发的致歉信全文如下。

致 歉 信

　　2021 年 10 月 6 日,本人针对电影《长津湖》在新浪微博上发表的错误言论,造成广泛传播,不仅侵害了抗美援朝长津湖战役英雄烈士的名誉荣誉,也伤害了英雄烈士家属的情感,引起广大网友的愤怒,更为法律所不容。本人尊重并服从法院的判决,对自己的行为深感懊悔,愿意承担相应的法律责任,并与家人积极做了一些弥补工作。我已受到法律的惩罚,现再次诚恳向英勇牺牲的志愿军烈士致歉,向英雄烈士家属致歉,向社会公众致歉。亲历此事,本人将严格规范自己的言行,承诺今后无论以任何形式发表观点,绝不使用侮辱性言辞、过激性言论;同时真诚缅怀英烈,捍卫英烈荣光,传承英烈精神,尽己所能做一些公益活动,力争消除负面影响。希望大家以我为戒,深刻认识网络不是法外之地,英雄烈士名誉荣誉不容诋毁。

致歉人:罗昌平

2022 年 5 月 23 日

（资料来源:法治日报,2022 年,5 月 23 日 11:13.)

第五节　个人简历

 **案例导入**

【例文一】

个人简历

姓　名	王大力	性别	男	政治面貌	中共党员	
出生年月	××××年 5 月 8 日	民族	汉	身体状况	健康	
毕业学校及专业	大连理工大学管理学院金融专业			学历	硕士研究生	
电子信箱	123456789@126.com			联系电话	135××××××××	
专业素质	• 攻读大连理工大学管理学院金融专业,大学平均成绩为 85 分,其中财务和金融等专业课程均在 90 分以上; • 硕士研究生期间,在×××导师(院长、博士生导师)指导下,参与编写《证券期货实战》(本人编写 5 万字),并由×××出版社出版; • ××××年 12 月,公开发表论文"×××××××"于《中国证券期货》(全国核心期刊)。					
外语语种及水平	英语:大一和大二两年分别以高分通过大学英语四级与大学英语六级考试。雅思成绩 7.5 分,具有较强的英语听说能力,具有较高的商贸英语专业交流水平。					

计算机水平	熟悉 DOS、Windows 2000 操作系统和 Office 98、Internet 的基本操作,掌握 FOR-TRAN、C 语言。
个人爱好 及特长	• 爱好:游泳、羽毛球、轮滑、看书、音乐; 大一期间和团队参加全院学生英语演讲比赛,获三等奖; 话剧表演取得全院第二名好成绩; 研究生期间多次参加学院组织的联欢会并参加演出; • 特长:有较强的组织能力、协调能力和表达能力,多次受学院委托主持接待国内外教授及专家学者,并受到领导及专家们好评。
主要社会 工作	• 中学:曾担任班长、学习委员、体育委员等职务; • 大学:曾担任团支部书记、校轮滑社副会长; • 研究生:学院副辅导员(协助辅导员工作,每个学院只设一名)。
个人荣誉	• 大学:××××年、××××年获得学院情商奖学金; • 研究生:××××年获得三等奖学金。
主要社会 实践	• ××××年 2—4 月,在大连财政局实习,协助账目清理; • ××××年 12 月,"海峡两岸高级论坛"在我院召开,协助老师组织学院志愿者接待、安排会议议程、专家行程,会议流程顺利,会议圆满成功; • ××××年暑期,在国泰君安证券及兴业银行实习,对上市公司融资和资本运营状况进行调研; • ××××年 3—4 月,作为优秀学生代表到中国台湾××大学交流学习; • ××××年 7—9 月,到新加坡南洋理工大学学术交流。
自我评价	学习上,我能严于律己,责任心、上进心和进取心较强;善于提出问题,分析问题和独立解决问题。 生活上,我是一个热情大方、乐于助人的人。在学校期间,能够团结同学,与同学相处融洽。 通过大学四年、研究生两年的学习、锻炼和磨砺,我专业素质和分析研究问题水平和能力有了较大提高,尤其对公司金融、资本运营等金融领域问题兴趣浓厚;组织能力和表达能力强;英语水平突出。但我也深知,自己还有很多缺点和不足。研究生毕业,又将开始人生的一个新起点。相信在未来的工作学习中,我的责任心、进取心和事业心会得到不断的增强,我的优势和潜力也会得到更多的体现和发挥。

【例文二】

个人简历

• 个人资料

姓名:×××　　　　　　　　　　性别:男

民族:汉　　　　　　　　　　　政治面貌:党员

出生日期:××××年××月××日　健康状况:健康

学历:大专　　　　　　　　　　专业:旅游管理

毕业院校:××旅游职业技术学院　(婚姻状况:未婚)

• 专业技能

接受过全方位的高等职业教育,受到过良好的专业训练和能力的培养,在旅游领域有扎实的理论基础和实践经验,有较强的组团和导游能力。

- 外语水平

××××年通过国家大学英语四级考试。××××年通过国家大学英语六级考试。有较强的阅读和听说能力。

- 计算机水平

熟悉 DOS、Windows 2000 操作系统和 Office 98、Internet 互联网的基本操作,掌握 FORTRAN、C 语言。

- 主要社会工作

中学:担任班级文娱委员、校艺术体操队长。

大学:担任系文艺部长、学院广播室室长。

- 兴趣与爱好

喜爱文体活动、热爱自然科学。

小学至中学期间曾进行过专业的小提琴训练,通过全国音协9级小提琴考试,多次参加大型活动演出。

大学期间曾参加全省大学生演讲比赛,获三等奖。

- 个人荣誉

中学:连续多年被评为三好学生、优秀团干部。

大学:××××年三好学生、二等奖学金,××××年一等奖学金。

- 主要优点

☆ 有较强的组织能力、活动策划能力和公关能力,如在旅游学院期间,多次组织策划班级的文艺汇演,参加院里组织的艺术节活动,并取得良好效果。

☆ 有较强的语言表达能力,如在学院的辩论会上,代表班级参加辩论,与同组人员配合,取得了第三名的好成绩。在学院组织的主持人大奖赛中,积极参与,获得鼓励奖。

☆ 有较强的团队精神,如在同学中有良好的人际关系,有较高的威信,善于团结同学,协同作战。

- 个性特点

热情大方、温和、谦虚、自律、自信。

- 自我评价

活泼开朗、兴趣广泛、适应力强、勤奋好学、认真负责、勇于迎接新挑战。

- 求职意向

各国际旅行社导游工作。

联系电话:139×××××××× 邮政编码:15××××

通信地址:黑龙江省××市××路×号

E-mail:××××××××××@126.com

 讨论思考

文字式简历和表格式简历各有哪些优缺点?你习惯于哪一种写法?

无论有哪些优缺点,对每一位即将面临就业的毕业生而言,当务之急就是制作一份个人简历。那么,怎样制作个人简历呢？简历的内容、式样、设计方案,仁者见仁,智者见智。"突出个性、与众不同"便是你设计个人简历成功的法宝。

知识要点

(一)概念

个人简历是求职者向所应聘的单位提供的反映自己生活、学习、工作、经历和成绩的概括材料,是求职、应聘信或推荐信后附的一份不可缺少的辅助材料。它是一个人生活经历的简要总结,在一定程度上是一个人的整体形象的缩影。任何一家单位要想全面了解求职者,绝对离不开简历,从简历可以看到一个人的成长轨迹,预测今后发展。

(二)写作内容

一般来讲,个人简历应该包括以下基本要素。

1. 本人基本情况

本人基本情况应列出自己的姓名、性别、年龄、籍贯、政治面貌、学校、系别及专业,毕业时间、婚姻状况、健康状况、身高、爱好与兴趣、家庭住址、电话号码等。一般来说,本人基本情况的介绍不是越详细越好,一个内容要素用一两个关键词简明扼要地概括说明一下就够了。

2. 个人履历

个人履历主要是个人从高中阶段至就业前所获最高学历阶段之间的经历,应该前后年月相衔接。

3. 受培训及教育学习经历

受培训及教育学习经历主要列出大学阶段所学主要课程及学习成绩,在学校和班级所担任的职务,在校期间所获得的各种奖励和荣誉。不必面面俱到(如果用人单位对你的大学成绩感兴趣,可以提供给他全面的成绩单,而不需在求职简历中过多描述这些东西),要突出重点,有针对性,使自己的学历、知识结构让用人单位感到与其招聘条件相吻合。

4. 社会实践、工作经历

社会实践、工作经历主要突出大学阶段所担任的社会工作、职务,在各种实习机会中担当的工作。若有工作经验,最好详细列明,首先列出最近的资料,后详述曾经的工作单位、日期、职位、工作性质。

5. 本人的能力、性格评价

本人的能力、性格评价介绍要恰如其分,尽可能使自己的专长、兴趣、性格与所谋求的职业特点、要求相吻合。事实上,"本人的学习经历""本人的实践、工作经历"同样能印证个人的能力、性格,因此,前后一定要相互照应。

6. 求职意向

求职意向即求职目标或个人期望的工作职位,表明自己通过求职希望得到什么样的工种、职位以及自己的奋斗目标,可以和个人特长等合写在一起。这部分要简短清晰。

7. 联系方式与备注

与封面所要突出的内容一样,一定要清楚地表明怎样才能找到你,如地址、电话号码、邮箱。

以上是简历基本的写作内容与要求。如果有自己独特的表达方式,例如,有一手龙飞凤舞的好字,那就表现一下;如果能制作精美的图片,可以露一手。总之,要将自己的优点淋漓尽致地体现出来,但要含蓄些,切不可太过张扬。

 **拓展提高**

学生简历有其特殊性,由于工作经验很少,写不出东西来,显得页面不够丰满。因此在这里特别介绍一些弥补的技巧。

(1) 教育背景中写相关课程。但千万不要为了拼凑篇幅,把所有的课程一股脑儿地都写上,如体育等。这样不仅没有效果,别人也没耐心看。

(2) 奖学金一项一行。许多学生每年都有奖学金,这样一来,也可写出三四行,甚至更多。

(3) 拉长句子。每个句子都可加入一些词。其实拉长并不难,难的是缩短。

(4) 自然地多换行,多写短句。

(5) 加大字号。可将 10 磅、小五号改成 12 磅、小四号。

(6) 社会工作细节放在工作经历中。这样会填补工作经验少的缺陷,例如,你在做团支书、学生会主席等社会工作时组织过什么活动,联系过什么事,参与过什么,都可以一一罗列。如果只做过一件事,那就应该尽量把它掰开来写,如领导过多少人,完成了什么事,起到了什么作用。这样一来,起码就有了三行。如果做了更多的事,一件一行就可以了。行文简洁的原则还是要遵守的。

(7) 实习工作。作为大学生,雇主通常并不指望你在实习期间会有什么惊天动地的成就。当然如果你有就更好了。实在没有,就算是在父母的单位实习过几天,也不妨写上。这样也算是接触过社会,了解了某些行业,做过相关工作。

(8) 中学情况。一般都不写。如果写也不要写太多。有的人中学经历非常辉煌,做过学生会主席、当过团支部书记,学习成绩也名列前茅。其实中学成绩如何好是没有参照性的,因为最重要的还是当前的情况。当然,如果在中学时得过国际奥林匹克比赛大奖或全国性的大奖,不妨提上一笔。

 情境模拟

假如让你制作一份个人简历,以文字式简历为例,你准备从哪几方面着手?要求做到格式规范、表述准确、语言清晰、中心突出。

个 人 简 历

姓名		性别	女	
出生年月	年 月 日	民族	汉	
籍贯	黑龙江省哈尔滨市	政治面貌	团员	
学历	大专	专业	会计电算化	
联系方式	联系电话	188×××6803		
	邮箱	199×××082@qq.com		
专业素质	• 大学平均成绩为 90 分，其中会计专业课成绩均在 95 分以上，并且在××××—××××年度获得国家励志奖学金； • 在校期间参加了学校的 ERP 沙盘社团，××××年代表学校参加省级与国家级沙盘比赛，取得了良好成绩； • 在会计实训中，完成了两个账套的账务处理，成绩优秀。			
专业课程	基础会计、财务会计、成本会计、管理会计、会计电算化等专业课程。			
个人技能	• 能熟练地使用用友、金蝶等财务办公软件； • 做过学校 ERP 沙盘老师的助教，指导学弟、学妹学习 ERP 沙盘； • 对 Office 办公软件、Photoshop 等图形处理软件能熟练操作； • 通过了全国计算机二级考试； • 英语具有良好的听、说、读、写能力，借助字典可以翻译英文资料。			
职业资格及证书	• ××××年 9 月取得全国计算机等级考试二级合格证书； • 通过高等学校英语应用能力考试 A 级。			
个人爱好	ERP 沙盘、羽毛球、乒乓球、读书、音乐、跑步、登山。			
个人荣誉	• ××××年 8 月获得第十届全国职业院校"用友新道杯"沙盘模拟经营大赛全国总决赛二等奖； • ××××年 10 月获得国家励志奖学金； • ××××年 10 月获得助学金； • ××××年 6 月获得黑龙江省高职学生技能大赛"企业沙盘模拟经营"三等奖。			
自我评价	本人性格稳重、善良、责任心较强、能吃苦耐劳，助人为乐、敬爱老师、团结同学、爱护学校。本人学习成绩一直名列前茅，能帮助同学学习，团队意识强。参加了学校的沙盘社团，在社团里担任财务总监的角色，获得学院领导、老师的好评。			

（作者：黑龙江旅游职业技术学院财经贸易学院财管会计电算化专业　张美怡）

 素质养成

　　制作简历的过程是认真总结自己经历、找出优点、确定今后努力方向的过程。所以早制作简历，便于更好地做好求职生涯的准备工作。

　　（1）首先明白用人单位在寻求什么样的人选。招聘者希望看到自己对自己的事业采取的是认真负责的态度。不要忘记雇主在寻找的是适合某一特定职位的人，这个人将是数百名应聘者中最合适的一个。因此，如果简历的陈述没有工作和职位重点，或是把你描写成一个适合于所有职位的求职者，你很可能将无法在任何求职竞争中胜出。

（2）简历就像一份推销你自己的广告。要求重点突出，优势突出，这建立在你平时出色的业绩之上。最成功的简历通常要求简短且富有感召力，并能够多次重复重要信息。你的简历应该控制在一页以内，工作介绍不要以段落的形式出现；尽量运用动作性短语使语言鲜活有力；在简历页面上端写一段总结性语言，陈述你在事业上最大的优势，然后在工作介绍中再将这些优势以工作经历和业绩的形式加以叙述。

（3）陈述有利信息，以德服人，争取成功机会。这就是说尽量避免在简历阶段就遭到拒绝。招聘者对理想的应聘者也有要求，如人品素养、相应的教育背景、工作经历以及技术水平，这会是应聘者在新的职位上取得成功的关键。应聘者应该符合这些关键条件，这样才能打动招聘者并赢得面试机会。同时，简历中不要有其他无关信息，以免影响招聘者对主要内容的把握。

第六节　求职信、应聘信

 案例导入

【例文一】

求　职　信

胡总经理：

虽然您很忙，但是希望您能看完我的信。

我是一个经历坎坷、尝尽酸甜苦辣的人。因为敢于创新，品味过成功的丰硕果实；因为敢于冒险，也体验过触礁的震荡与凄凉。这一切都锻炼了我作为企业管理人员必备的成熟与胆识！

我的过去，正是为了明日的发展而准备、而积蓄；我的未来，正准备为贵公司奋斗、拼搏、奉献！

现在正是贵公司招兵选将蓄势待发的重要关头。我不想在凉爽的空调房里坐享其成，也不想仅仅是锦上添花，我想雨中送伞，我想雪中送炭。我想亲身去闯、去干！

我经受过8年驾驶汽车、摩托车的锻炼，学过3年法律，经历过5年办案的挑战与考验。

做文秘，我有作品见报；做驾驶，已有200 000千米行程；做经管，我已摒弃了不切实际的梦想而变得自信和有主见。

良禽择木而栖，士为知己者死。当公司需要宣传、誊写文书时，也许我可以提笔"滥竽充数"；当您为了提高办事效率而自己驾车时，也许我可以换换疲惫的您协同前往；当公司为了法律事务而起纠纷，因为业务增多而难以应付时，我可以用所学法律知识为公司摇旗呐喊，竭力为公司解一分忧愁，增一寸利润，挽一点损失。

我不能再说了，说多了我怕像王婆卖瓜，有自卖自夸之嫌。"实践出真知，工作长才干。"我只需实践，去闯、去干。因为才干在实践中养成，也终究要在实践中体现！

胡总经理，一个合作机会，对我来说是一次机遇，也是一次挑战，更是一次良好的开端。

感谢您在百忙之中给予我的关注,给我一片蓝天,我将还您一份惊喜。我热切期待着您的回音。

附件:1. 个人简历一份;

2. 获奖证书复印件若干份。

联系方式:133×××××××

求职人:许一凡

××××年××月××日

【例文二】

应 聘 信

××单位领导:

您好!

从报纸上看到贵公司的招聘信息,我对网页兼职编辑一职很感兴趣。

我现在是出版社的在职编辑,从××××年获得硕士学位后至今,一直在出版社担任编辑工作。两年来,对出版社编辑的工作已经有了相当的了解和熟悉。出版者工作协会的正规培训经历和两年的工作经验,使我相信我有能力担当贵公司所要求的网页编辑任务。

我对计算机有着浓厚的兴趣,能熟练使用 FrontPage 和 Dreamweaver、Photoshop 等网页制作工具。本人自己做了一个个人主页,日访问量已经达到了 100 人左右。通过互联网,我不仅学到了很多在日常生活中学不到的东西,而且坐在计算机前轻点鼠标就能尽晓天下事的快乐更是别的任何活动所不及的。

随信附上我的简历,如有机会与您面谈,我将十分感谢。即使贵公司认为我还不符合条件,我也将一如既往地关注贵公司的发展,并在此致以最诚挚的祝愿。

此致

敬礼

×××谨

××××年××月××日

【例文三】

自 荐 信

尊敬的领导:

您好!

我是淮南师范学院信息技术系的一名学生,即将毕业。淮南师范学院是教师培养基地,素以"明德至善,博学笃行"为校训,培养出很多师范类毕业生,为教育事业作出了贡献。在这样的学习环境中,无论是在知识能力,还是在个人素质修养方面,我都受益匪浅。

四年来,我学到了扎实的专业基础知识,系统地掌握了计算机专业方面的知识、教师素质修养等有关理论;具备较好的英语听、说、读、写、译等能力;能熟练操作计算机办公软件。同时,我利用课余时间广泛地涉猎了大量书籍,不但充实了自己,也培养了自己多方面的技能。更重要的是,严谨的学风和端正的学习态度塑造了我朴实、稳重、创新的性格特点,我也明确了团队精神在工作中的重要性!

此外,我还积极地参加各种社会活动,抓住每一个机会,锻炼自己。大学四年,我深深地感受到,竞争使我勇于向实际困难挑战,让我在挫折中成长。淮南师范学院培养了我实事求是、开拓进取的作风。我热爱贵单位所从事的事业,殷切地期望能够在贵单位领导下,在实践中不断学习、进步。

收笔之际,我郑重地提一个小小的要求:无论您是否选择我,尊敬的领导,希望您能够接受我诚恳的谢意!

祝愿贵单位事业蒸蒸日上!

王兵
××××年××月××日

(资料来源:中国人才指南网.)

讨论思考

结合例文谈谈求职信、应聘信、自荐信的用法。

例文一求职信写得文采飞扬,把自身的优势条件用散文似的语言表达出来,构思新颖,结构合理。读后不仅了解了求职人的特点及条件,而且感受到了求职人文笔的美妙。由此可见,求职信是求职人根据自己的条件和意向,向可能聘用自己的单位所写的书信。

例文二应聘信首先表明从报纸上看到贵公司的招聘信息,然后紧紧围绕"网页兼职编辑一职",充分地展现了自身的条件及优势,写得中肯全面。所以,应聘信是在获得用人单位招聘的信息后的自荐谋职。

例文三自荐信紧紧依托求学的学院背景,展现自己博学的一面,用自身的优势与特点牢牢地吸引用人单位的眼球。所以,自荐信是在不知道用人单位是否需要聘人的情况下的毛遂自荐。同时,自荐信不仅仅是为了谋求职位,还可能是为了获得某个职务,自己推荐自己,希望得到任用的文书。

知识要点

(一)求职类书信的概念

求职信是个人写给用人单位的谋求职业、寻求工作的专用书信。

应聘信是在获知用人单位公开招聘职位的情况下,主动前往应聘求职的一种专用书信。

自荐信是求职者为了求取某个职业、职务,自己推荐自己,向有关单位写的希望得到任用的专用书信。

(二)求职信的写作格式

求职信通常由标题、称谓、开头、正文、结尾、署名和日期、附件、联系方式八个部分构成。

1. 标题

标题是求职信的眉目,居中写明"求职信"。

2. 称谓

写给用人单位的人事部门或直接写给单位负责人,注意称谓要做到礼貌、得体,郑重其事。对用人单位明确的可直接写明单位名称,如"尊敬的××公司人事部""尊敬的××公司王经理"。在用人单位不确定的情况下,称谓可写"尊敬的公司人事部领导""尊敬的总经理先生"等。

3. 开头

先写问候语"您好",表示礼貌、尊敬。再写求职者的自我简介或用人信息的获得渠道。例如,"我叫×××,是××大学工商管理系××专业的应届毕业生"。又如,"近从省人才市场获悉贵公司拟招聘××专业人才×名,这给我提供施展自己智慧和才能的机遇"。开头语表述应简洁明确、干脆利落,不宜过多过长。

4. 正文

这是求职信的核心部分。

首先,详细介绍自己的专业优势,即学习的主要专业课程,参加的专业实践活动及在学院各类专业竞赛中的获奖情况等,要充分展示自己在专业方面的突出成绩,使自己在众多应聘者中脱颖而出。

其次,介绍自己的工作能力及爱好特长,包括自己在学院担任学生会、班级的主要干部职务,在各类活动中的组织能力、人际交往能力、口才表达能力等。个人的兴趣、爱好及特长也是竞争的优势。

最后,如果用人单位明确,可以谈谈对企业的认识、了解,表达迫切要求工作的愿望及录用后的打算。如"贵厂是闻名遐迩的中外合资企业,总经理知人善用,重视人才,我非常愿意并渴望到贵厂工作,并愿为贵厂的兴旺发达贡献自己的知识与才华"。撰写这部分时,要力求简明,注意扬长避短,突出自己的优势与长处。

5. 结尾

表达求职的愿望,希望获得机遇,起到吸引和打动对方的作用。例如,"希望给予面试的机会""热切地盼望着贵公司给予答复"等,也可写礼貌用语"此致""敬礼"。又如,"钟爱××事业,愿施展才华"或"倾慕已久"等话语。再如,"敬候佳音"或"盼答复""望能安排见面的机会"等。或写祝颂语——"顺祝商安""顺颂大安"等,忌过多寒暄,以免画蛇添足。

6. 署名和日期

正文右下角署上求职者的姓名、日期,名不必加谦称,以免有阿谀之嫌。

7. 附件

附件是求职信的重要组成部分,它是求职信以外的其他材料。如简历、学历证书、成绩单、获奖证书、技能证书、论文等复印件。如材料多,依次标上序号。这些材料是个人专业优势和能力特长的验证,对用人单位来说是反映个人才能、知识的重要证据。其中,学历、资格证书、获奖成果证等是最需要的,不必多,但要有分量。

8. 联系方式

联系地址、邮政编码、联系电话及 E-mail 地址。

（三）应聘信

应聘信的内容和格式,同求职信大致相同,也就是开头主要写获得招聘信息的途径,表明对该单位和领导的仰慕之情,同时表明自己的应聘愿望。

（四）自荐信

自荐信的格式和写法与求职信、应聘信大体相同,正文和落款稍稍注意一下,落款写自荐人。如是打印件,则在自荐人姓名处亲笔签名方可。

正文是重点,要写清自荐求职的目的,个人具备的能力和特长,可以胜任这项工作和职位。态度要诚恳,使用语言要有礼、有力、有利、有节,不要过于谦虚,要不卑不亢。

 拓展提高

一份求职信,应考虑包括哪些必要因素？

（1）岗位目标。即你要求到什么单位工作？你想在什么岗位从事工作？这一点直接影响你的招聘是否容易成功。如果自己都没有目标,怎么容易应聘成功呢？

（2）求职理由。阐述你到该单位工作的原因,借此机会可以谈论你对于该单位的印象。说明你为什么要到该公司工作？要简洁、实事求是,同时又要机智灵活。

（3）求职条件。这是求职信必须写清楚的问题。写作时,针对求职目标,表现自己的主要业绩和优势。

（4）附件。这是求职信必不可少的组成部分,包括个人简历、获取的各种资质证书、获奖证书、发表的论文或论著。

 情境模拟

根据个人的专业学习、在校表现及参加社会实践活动的能力等情况,写一封求职信。

求 职 信

尊敬的贵公司领导：

您好！非常感谢您在百忙之中抽出时间,阅读我的这份自荐材料,给我一次迈进成功的机会。

我是黑龙江旅游职业技术学院的 2011 级学生,专业是汽车运用技术,即将走向社会的我怀着一颗热忱的心,诚挚地向您毛遂自荐！

在校三年的学习生活中,我以积极锐意进取、认真负责敬业和乐于助人的作风及良好表现,赢得了老师和同学们的信任与赞誉。

我不断加强思想政治学习,积极向党组织靠拢。在学习中,我不但养成了"勤奋、严谨、求实、创新"的学风,而且坚持专业学习与基础课学习并进的指导思想,努力拓宽知识面,建立合理的知识结构,以适应社会发展对人才的需要。2011 年通过国家英语四级考试,2012 年通过计算机国家二级考试,2011 年被评为院级优秀团员。作为 21 世纪的大学生,我有着一种敢于自荐、敢于探索、善于创新的精神。诚实正直的品格使我懂得了如何用真心与付出去获取别人的回报,我会用努力与智慧去争取我的发展空间,让社会来接纳我。

我不求流光溢彩,但求在适合自己的位置上发挥得淋漓尽致;我不期望拥有丰富的物质待遇,只希望早日用我的全部智慧、热忱和努力实现我的社会价值和人生价值。

在贵单位未来发展壮大的征途中,你们一定需要具有蓬勃朝气的年轻力量。我相信自己,更相信您!给我一个机会,蓄势而后发的我会还您一个惊喜!

热切盼望您的召唤!

此致

敬礼!

(作者:黑龙江旅游职业技术学院机电工程学院 2011 级汽车运用技术专业 吴浠语)

素质养成

招聘面试时有可能遇到的提问如下。

- 你为什么要来本单位应聘?
- 你能否介绍一下你的基本情况?
- 你能为我们做些什么?
- 你打算做什么工作?
- 你有什么弱点?
- 你喜欢怎样的老板?
- 你最成功的事情是什么?
- 你想要多少工资?
- 你如何处理上下级关系?
- 你如何处理家庭和事业的关系?

第七节 导 游 词

案例导入

【例文一】

寒山寺导游词(之一)

以一首诗而闻名中外的寺庙,就要数苏州寒山寺了。唐朝诗人张继写了一首《枫桥夜泊》:"月落乌啼霜满天,江枫渔火对愁眠。姑苏城外寒山寺,夜半钟声到客船。"

很多到苏州游览的人,都把寒山寺列入日程,以便亲自体验一下诗中的意境。

寒山寺在苏州城西 5 千米外的枫桥镇,始建于梁朝,原名"妙利普明塔院"。据传,因唐代高僧寒山曾在寺内主持,故名寒山寺。一千多年内寒山寺先后 5 次遭到火毁(另一说是 7 次),最后一次重建是清代光绪年间。历史上寒山寺曾是我国十大名寺之一。

寺内古迹甚多,有张继《枫桥夜泊》诗的石刻碑文,唐寅所书碑文残片等。寒山寺最著名的是那口钟,但已流落到日本,不知下落,现在的钟是 1906 年日本人士募铸的。很多日本人士对寒山寺很熟悉,能背诵《枫桥夜泊》诗。寒山寺每年都要接待成千上万的日本旅游者。其中许多日本游客专到寒山寺去度过除夕之夜,聆听寒山寺的钟声,他们认为,在辞旧迎新之际,听到寒山寺的钟声,能消灾去祸。听完钟声,再吃碗面条,新的一年就万事如意了。当然,他们更希望能到钟楼上亲自撞一下钟,因为这样就更能够得到上苍的保佑。

【例文二】

寒山寺导游词(之二)

古寺枫江一朵莲,祥云瑞气溢连天。微风慢动角铃响,急雨顿开佛子吟。

方丈书斋评字画,导游话筒讲诗篇。千年古刹今添色,中外游人肩碰肩。

提起寒山寺,世人尽知。来苏州观光、朝圣者,无不往访寒山寺,以一赏寒山钟声之禅韵为快。探其缘由,非片言只语之可尽书也。

两千多年前,佛教传入我国,很快地,源于印度的佛教就与以儒道思想为主体的中国本土思想文化相融合,形成以大乘佛教为主流的中国佛教。最初的寒山寺就诞生于中国佛教的第一次大发展中,距今已整整一千五百年了。

贞观年间,由儒入禅的诗僧寒山子的到来,使寒山寺更增加了传奇色彩。诗人张继的一首《枫桥夜泊》,则使寒山寺由一座地方寺庙,上升为具有全国性知名度的寺庙。与众多其他全国闻名的寺庙相比,寒山寺既不是某一宗派的祖庭,也少有著名高僧驻锡于此,寒山寺的知名在于他对佛教内涵的显扬。梵呗、钟声,是佛寺所共有的,在寒山寺这里,又上升为文化心灵的感悟,僧俗四众,四海内外,都感受到心灵的共鸣。无论经历多少坎坷、兴衰,寒山寺永远面向人间社会。

因此,寒山寺历来游人访客不断,今天,香火更旺,每年中外游客以百万计。了解中国的历史去西安,研究中国的儒家文化去曲阜,感悟中国的佛教文化来寒山寺。每年除夕的寒山寺听钟声活动,使一年的对外接待达到高潮。夜幕降临,寒山寺内外成了人的海洋,欢乐的海洋,吉祥祝福的海洋。"年年相会在枫桥,岁岁年年少烦恼。"

今日寒山寺的影响早已远及海内外,深圳锦绣中华园微缩了全国众多的著名景观,其中就有寒山寺;在日本也有寒山寺,《枫桥夜泊》诗早已入选日本小学课本。20 世纪六七十年代,追求个性自由、反抗社会羁索的美国学生运动,从寒山寺祖师寒山子的言行中得到启发,把寒山子奉为他们的精神偶像。进入 90 年代,持续升温的"寒山子"热,使寒山寺的影响从东亚、东南亚又远及美洲、欧洲。当整个世界都在学习研究中华文化时,我们更应不负盛名、珍惜自己的传统。

有朋自远方来,不亦乐乎! 在这里,谨具心香一瓣,清茗一杯,欢迎您走入寒山寺的世界。

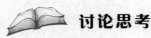

 讨论思考

以上是两篇关于寒山寺的导游词,哪篇更好? 为什么?

两篇导游词各有不同的风格特点。

例文一用了来源于生活又高于生活的口头语言,语言生动,内容丰富,层次分明。重点写寒山寺及其撞钟活动,同时也写出古桥、古镇、枫桥夜泊。这里的寒山寺不是孤独的一个寺院,而是由许多相关景点烘托起来的充满节日氛围的大旅游区,不能不对众多海内外的旅游者产生巨大的吸引力。

例文二书面语色彩浓,知识性强,但略显晦涩。

但应当指出的是,无论哪篇,都要按照自己的语言表达习惯进行加工。

知识要点

(一) 导游词的概念和特点

1. 导游词的概念

导游词是导游员引导游客游览观光的讲解词。

2. 导游词的特点

导游词主要有知识性和口语化两个特点。

(1) 知识性。一篇优秀的导游词常常以丰富的内容、融会贯通的知识吸引旅游者的注意力,满足其求知欲和审美享受。导游词若语言干瘪、知识贫乏,就无法引导旅游者进入审美意境。同时,导游词又不能只满足于一般知识的介绍,而要重视深层次的内容,例如,与他物的比较,同类事物的鉴赏标准和方法,诗词的点缀,自己的感受,自己及他人的评论等。这样写就可提高导游词的水平,旅游者也欢迎这样的导游词。

(2) 口语化。导游语言是来源于生活高于生活的口语化的语言,要讲解给游客听的,是一种具有丰富表达力,生动形象的口头语言,因此,撰写导游词要注意多用口语词和浅显易懂的书面语词,同时要多用短句,做到精练流畅,讲起来顺口,听起来轻松。

(二) 导游词的结构与内容

导游词在结构上一般包括标题、前言、总述、分述、结尾五部分。

1. 标题

标题是导游词的眉目。标题一般以自然景观和人文景观的名称作为标题。如颐和园、天安门、故宫、中山陵等。它要求简洁明了,使游客一目了然。

2. 前言

前言要对游客表示欢迎,并交代活动计划、有关事项及联络方式,制造良好氛围或设置某种悬念,为整个旅游活动做安排和铺垫,前言要既简短、亲切,又有引出下文的作用。例如,各位广东来的朋友,你们好! 欢迎大家来到苏州,我姓张,大家叫我小张就可以了。非常高兴今天能够陪同各位一起到周庄参观游览。

3. 总述

总述是对将要参观游览的景点用精练的词句先作整体介绍,使游客对游览地有一个总体的印象,引发游客兴趣,以便让游客有一种见树先见林的感觉。如对周庄概况描述如下:今天我们将要参观的景点是被誉为"中国第一水乡"的周庄。民间曾有"上有天堂,下有苏杭,中间有一个周庄"的说法。周庄四面环水,景色宜人,环境幽雅。著名画家吴冠中曾高度评价周庄说:"黄山集中国山川之美,周庄集中国水乡之美。"那么周庄有哪些引人入胜之处呢?下面请大家跟我一起走进周庄,去领略那"小桥""流水""人家"的水乡特色吧!

4. 分述

分述是导游词最重要、最精彩的部分,是导游词的重点。在这部分中,按游览的先后顺序,对景观逐一进行生动、具体的陈述,要对各景点逐一加以详细的说明讲解,把景点最具魅力、最为传神的文化内涵挖掘出来,引导游客去欣赏、去品味。每一个大景点会由很多小景点组成,我们要把重点放在介绍景区中最具有代表性的景点和景物,即对主要游览内容进行详细讲述。

5. 结尾

导游词的结尾没有固定的模式,可以用真诚的告别与祝福用语结束全篇,也可以根据景点的具体情况,采用个性化的结尾,或在游览结束后对活动作总结。

 **拓展提高**

导游词如何表达才能易于为人接受?

(1) 使用导游专门语言。导游专门语言就是导游员在接待工作中所使用的具有丰富表达力的、生动形象的一种口头语言。导游是个行业,导游所使用的语言必须具有行业特点,要说"行话"。犹如文学家使用文学语言,教师使用课堂语言一样。

(2) 导游词要做好书面语和口头语的协调转换。导游词的写作来源于书面的资料,但是,导游词是用来讲的,书面资料是用来看的,有的书面语不一定适用于口头讲解。把口头语应用于导游词中,就要通俗易懂得多。

(3) 导游词讲解要注意感情色彩。一定把握好讲解中的"度",太平淡,让人感觉像在背书,了无生趣;太激动又会使人感觉像在演戏一样,太做作。

(4) 导游词表达要注意体态语言的运用。美国心理学家艾伯特·梅拉比安首先在一系列研究的基础上得出了这个公式,即信息的总效果＝7％言辞＋38％语调＋55％面部表情。由此可见,表情在讲解中起着十分重要的作用,有助于感情的表达。而这里的面部表情要敏捷、迅速地反映出语言所表达的情感,应该做到鲜明、真实、有分寸。

 情境模拟

每小组推选一位同学做导游员,其他同学当游客,自设情境,进行模拟训练比赛,并评选出最佳导游员和优胜小组。

导游告别词

各位朋友：

　　我们的旅程马上要结束了，王导也要跟大家说再见了。临别之际没什么送大家的，就送大家四个字吧。第一个字是缘，缘分的缘，俗话说"百年修得同船渡，千年修得共枕眠"。那么和大家七天的共处，算算也有千年的缘分了！接下来这个字是原谅的原，在这几天中，王导有做得不好的地方，希望大家多多包涵，在这里说声对不起了！再一个字就是圆满的圆，此次行程圆满结束，多亏了大家对我工作的支持和配合，小王说声谢谢了！最后一个字还是源字，财源的源，祝大家的财源犹如滔滔江水连绵不绝，也祝大家工作好，身体好，今天好，明天好，现在好，将来好，不好也好，好上加好，大家给点掌声好不好！

导游欢送词

各位旅客、各位朋友：

　　虽然我们彼此舍不得，但还是不得不说再见了。感谢大家几天来对我工作的支持、配合和帮助。我扪心自问是个有责任心的人，但是在这次旅游过程中，还是有很多地方做得不到位。比如说××的时候，我如何如何了，大家怎么怎么帮助我；什么什么时候我又有疏漏了，大家怎么怎么理解我，我在此就不一一列举了。就是这些点点滴滴的小事情让我感动。也许我不是最好的导游，但是大家却是我遇见的最好的客人。能和最好的客人一起度过这难忘的几天，这也是我导游生涯中最大的收获。记得当初见面的时候，我曾经说过："相识即是缘。"而我现在觉得不仅是一种"缘"了，而是一种幸运了。能为最好的游客做导游是我的幸运。

　　也许大家登机之后，我们以后很难再有见面的机会。不过我希望大家回去以后，和自己的亲友谈起这次海南之行的时候，不要忘了加上一句："在海南，有一个导游叫小刘，那是我朋友！"

　　最后，请允许我把最美好的祝福带给大家，祝大家旅途愉快！万事如意！

 素质养成

　　如何判断自己的导游语言是好还是差？"八有"要素供大家参考。"八有"即言之有理、言之有物、言之有据、言之有情、言之有趣、言之有神、言之有礼、言之有喻。其中，"言之有喻"最为重要。

　　所谓"言之有喻"，是指用旅游者熟悉的事物来介绍、比喻参观的事物，使旅游者对自己生疏的事物很快地理解并产生亲切感。例如，在北京向美国人推荐浏览王府井时，美国人不知王府井为何物，你只要说，"请你们去看看北京的纽约第五大街"就可以了。因为纽约第五大街是全美最著名的商业街，他们一听不仅有亲切感，而且还能很快理解王府井的性质和特点。

第八节 条 据

 **案例导入**

【例文一】

请 假 条

王老师:

我因身体不适,不能坚持上课,特请假三天,请予批准。

学生:李兰兰

××××年5月12日

【例文二】

留 言 条

我去参加院里大会,下午2:30之前准时赶回,请前来办事的人员稍候。

李之露

9月28日上午9时

【例文三】

借 条

今从学院财务处借到人民币叁仟元整,去上海出差使用,回来即报销还款。

借款人:李国平(签字)

××××年11月3日

 讨论思考

请对以上条据进行分类。

例文一、例文二属于说明性条据;例文三属于凭证性条据。

 知识要点

(一)条据的含义和特点

生活和工作中人们因告知事情、交接物品、请托事项、收欠钱款等需以书面的形式写成简短的条子或作为书面的说明或作为书面的凭证,这种条子和凭证就是日常工作、学习和生活中常见的应用文——条据。其特点是常用和简便。

(二)条据的分类及写法

1. 条据的分类

条据可分为说明性条据和凭证性条据。

(1)说明性条据。它是临时用来把某件事告诉别人的条子,如请假条、留言条、托事条等。

(2)凭证性条据。它是交接钱物时用来作为凭证的单据,如借条、欠条、收条等。

2. 条据的写法

(1)便条。便条的写作格式同一般书信大致一样,通常由标题、称谓、正文、落款四部分组成。

① 标题。便条的标题是可有可无的。一般人们只在写请假条、留言条时,使用标题,即在正文上方中间写上"请假条"或"留言条"等字样。

② 称谓。称谓要求在标题下顶格写上收条人的称呼或姓名,后加冒号。如"×××老弟:"。

③ 正文。正文从下一行空两格处写起。正文内容要求将所要表达的意思、需对方办的事情全部写出来。内容写完后,可视具体情况写下"谢谢""敬礼""特此拜托"等礼貌性的话语,也可不写。

④ 落款。便条的落款包括署名和日期两项。署名写在正文右下方,署名的方式视写给的对象而定。在署名的下方还要写明具体的成文日期。

(2)借条。借条的写法一般来讲包括三部分。

① 标题。借据的标题可以由两种方式构成:其一,直接由文种名构成。即在正文上方中间写上"借条"或"借据"字样。其二,在第一行空两格后写上"今借到"作为标题,而正文的其他内容放在下一行顶格写,其实这是一种省去标题的借据的写法。例如:

今借到刘之名同学的《辞海》壹本,一月后送还。此据。

借书人:周丽晶(签名盖章)

××××年××月××日

② 正文。正文要写明如下一些内容:首先,从哪里得到了什么东西,数量多少。要写出所借的钱物的数目及物品的品种、型号、式样、规格等。借出方也需写清楚,从单位借出的钱物要写上所为何用。其次,写明归还的具体日期或大致时间,有较为复杂的情况,则要写明具体归还的方法。

③ 落款。要写上写借条者的单位名称和经手人姓名或借方个人的姓名。必要时需加盖公(私)章,以示负责。单位、个人名称前一般写上"立据人"或"借款人"字样。在署名上还要写上借钱物的具体时间。年月日要写全,不要只写月日。

(3)欠条。欠条一般由标题、正文、落款三部分组成。

① 标题。欠条的标题一般由文种名构成,即在正文上方中间以较大字体写上"欠条"两

字。也有的在此位置写上"暂欠"或"今欠"字样作为标题,但这种标题正文则在下一行顶格写。

② 正文。欠条的正文要写清欠什么人或什么单位什么东西、数量多少,并要注明偿还的日期。

③ 落款。落款要署上欠方单位名称和经手人的亲笔签名,是个人出具的欠条则须署上立欠方个人的姓名,并同时署上欠条的日期。单位的要加盖公章,个人的要加盖私章。

(4) 收条。一个完整的收条,通常应由标题、正文、落款三部分组成。

① 标题。标题写在正文上方中间位置,字体稍大。标题的写法有两种:一种是直接由文种名构成,即写上"收条"或"收据"字样;另一种是把正文的前三个字作为标题,而正文从第二行顶格处接着往下写,如用"今收到""现收到""已收到"作标题。

② 正文。正文一般是在第二行空两格处开始写,但以"今收到"为标题的收条是不空格的。正文一般要写明下列内容,即写明收到的钱物的数量、物品的种类、规格等情况。

③ 落款。落款一般要求写上收钱物的个人或单位的名称姓名,署上收到的具体日期,一般还要加盖公章。是某人经手的一般要在姓名前署上"经手人:"的字样。是代别人收的,则要在姓名前加上"代收人"字样。

 拓展提高

书写凭证性条据需注意以下几个问题。

(1) 使用的条据、单位名称必须是全称。

(2) 表示钱物的数字一律要大写。数字前不留空白,后面加量词,再在后面加上"整"字和"此据"二字,以防涂改和添加。

(3) 如是钱款条据一定要写明币种。物品要写明名称、种类、数量和型号。

(4) 条据一律要用钢笔或毛笔书写在较好的纸张上,以便保存,写成后不能随意涂改,如确需涂改,应在改动的地方加盖公章私章。签名不能代签,必须由当事人签名,并加盖印章或指印。

(5) 日期要用汉字小写,并写全年、月、日。

 情境模拟

(一) 判断

(1) 凭证性条据正文中表示钱物的数字一律用大写,如一、二、三……(　　　)

(2) 条据落款日期用阿拉伯数字。(　　　)

(3) 留言条要把题目和称谓写全。(　　　)

(4) 请假条致敬语可以不写。(　　　)

(5) 约定了还款期限的借条和欠条,诉讼时效是一样的,从条据签订之日起计算3年。(　　　)

(6) 对于没有约定还款期限的借条,出借人可以随时向借款人请求还款,诉讼时效从借

条生成之时开始计算,借条的效力最长可达 20 年。(　　)

(7) 欠条如果没有约定还款期限,则诉讼时效从欠款形成之日起算。(　　)

(8) 对于没有约定还款期限的欠条,诉讼有效期是 3 年。(　　)

(二)写作

(1) 李国平老师将去上海出差,需向学院财务处借款 3 000 元,返校后归还。请代为写一张借条。

(2) 李国平老师向学院财务处借款 3 000 元,已还 1 200 元,还剩下 1 800 元,待从天津出差返校后归还。请代为写一张欠条。

(3) 下午 2 点黎明回宿舍找王海同学开会,发现王海不在宿舍,开会时间是下午 3 点,黎明怎样给王海写留言短信?

 素质养成

(一)借条和欠条

在日常经济生活往来中,人们往往将借条写成欠条,将欠条写成借条。其实,借条和欠条是有重要区别的。借条和欠条的区别如下。

1. 含义及其相应法律关系不同

借条一般反映为法律上的借款合同关系,借条则是借款合同的凭证;而欠条则往往是当事人之间的一个结算凭证,是一种比较纯粹的债权债务关系。

2. 产生的原因不同

借条一般是基于借款事实而产生;但是欠条则可能是多种法律关系产生的后果:譬如买卖、服务等。

3. 法律后果不同

(1) 未规定具体还款期限的借条及欠条的诉讼时效不同:对于没有还款期限的借条,债权人也可以随时要求债务人还款;对于没有还款期限的欠条,在债务人出具欠条时,债权人就应当在欠条出具之日起 2 年内向人民法院主张权利,也就是说,没有履行期限的欠条从出具之日起计算诉讼时效。

(2) 举证责任不同:借条持有人一般只需向法官简单地陈述借款的事实经过即可;欠条持有人必须向法官陈述欠条形成的事实。如果对方否认,欠条持有人必须进一步举证证明欠条形成的事实。

鉴于欠条和借条的区别,因此,欠条、借条的写法应当注意。一张完整的欠条或借条一般应包括以下内容。

(1) 欠款、借款(物)的原因。

(2) 欠款、借款的准确数额,借物的名称、数量,金额应用大写表示。

(3) 借款(物)的归还时间、欠款的付清期限应明确。

(4) 违约责任要写清楚,如利息等。

（5）必要时，应当由担保人签字，并写明担保期限、责任。

此外，还要注意以下内容。

（1）字里行间应当紧凑，不能留有多余的空间。

（2）最好附带在借条和欠条中体现出借人和借款人的身份证号码，这样可以避免纠纷。

（3）签名应当真实，应当面书立，防止借款人或欠条书立人用其他人签名，最后拒绝承认借条。

（4）尽量避免使用容易产生分歧的语言，简洁和语义单一的借条才是最标准的借条。

（5）还款时间直接关系到诉讼时效的问题需要注意写法。

（二）阅读以下官司中的借条故事，引以为鉴

（楚天都市报）记者　余皓　通讯员　易志坚　胡小龙报道：在民间借贷官司中，围绕着借条，演绎出形形色色的故事。

1. 借条不收回，有理说不清

2020 年 11 月 6 日，汉阳区王某向好友张某借款 2 万元，立借条约定，一年后还清。

2022 年 9 月 8 日，张某突发脑溢血病故，其妻李某发现借条，请王某还钱。王某大呼冤枉："我早在 2021 年 11 月 6 日就将钱还清，当时想到是好友，没有索回借条。"

李某不依："你的话我不能信，我有借条在手……"

今年 5 月 27 日，汉阳区法院一审判决王某归还李某 2 万元，理由很简单，王某不能证明还了钱。

2. 多写一个字，借条险些"变脸"

2022 年 3 月，徐某要买房，向牌友朱某借款 3 万元，打下借条：借款 3 万元，2023 年 3 月 1 日还清了。

收下此借条，朱某并未在意。到了还款日，朱某催款，不料徐某却不认账。

朱某持借条诉至法院。法庭上，徐某的辩解却令朱某冷汗直冒："这条子写得很清楚，我已于 2023 年 3 月 1 日还清了。"

幸亏借钱时还有两名证人在场，他们证实，这是一张借条，而不是还款条。汉阳区法院近日判决徐某要还钱。

警方提醒：与借款物有关的两个问题需要引起注意。一是借款时如果明知对方将用于非法活动，不要借给对方。依据我国法律规定，该借款不受法律保护。二是对约定有还款期限的借条，要在还款期限届满之后两年内主张权利，即向人民法院起诉。根据我国法律规定，当事人请求人民法院保护民事权利的诉讼时效为两年。

礼仪文书

任务一：适逢母校成立四十周年,请代表全班同学写一份祝词。

任务二：在某公司实习时,得到了该公司领导及员工的帮助和指导,临别写一封感谢信。

第一节　礼仪文书概述

 **案例导入**

【例文一】

在第十四届夏季达沃斯论坛开幕式上的致辞
（2023 年 6 月 27 日）
中华人民共和国国务院总理　李强

尊敬的施瓦布主席,

尊敬的各位政府首脑,

尊敬的各位国际组织负责人,

尊敬的各位嘉宾,

女士们,先生们,朋友们:

　　很高兴与各位新老朋友相聚在天津,共同出席第十四届夏季达沃斯论坛。首先,我谨代表中国政府,对年会的召开表示热烈的祝贺! 对各位嘉宾和媒体朋友的到来表示诚挚的欢迎!

　　……

　　世界正处在历史演变的十字路口,身处这样一个变乱交织的世界,人类应当如何面对? 这是世界各国人民共同关心的重大问题。我感到,从过去几年所经历的世界之变中,我们能够得到一些应对问题的重要启示:

　　第一,经历过有形无形的阻隔,我们应当更加珍视沟通与交流……

第二，经历过全球性危机的冲击，我们应当更加珍视团结与合作……

第三，经历过经济全球化的波折，我们应当更加珍视开放与共享……

第四，经历过冲突和动荡带来的不安，我们应当更加珍视和平与稳定……

世界的变化变局带给我们的启示还有很多，归结起来就是，当今世界，我们缺的是交流、而不是隔阂，缺的是合作、而不是对抗，缺的是开放、而不是封闭，缺的是和平、而不是冲突。我们要在习近平主席提出的构建人类命运共同体理念引领下，共同落实全球发展倡议、全球安全倡议、全球文明倡议，更好地在历史前进的逻辑中前进、在时代发展的潮流中发展，努力建设一个更加美好的世界！

女士们，先生们，朋友们！

中国作为一个负责任的大国，长期以来，我们始终坚定站在历史正确的一边、站在人类文明进步的一边，高举和平、发展、合作、共赢的旗帜，坚决做世界和平的建设者、全球发展的贡献者、国际秩序的维护者。特别是中共十八大以来，我们着力推动高质量发展，如期实现了全面建成小康社会目标，历史性地解决了绝对贫困问题，现在已经踏上了全面建设社会主义现代化国家新征程。中国经济发展到今天，已与世界经济深度融合。我们在全球化中发展了自己，也成为了维护全球化最坚定的力量。

……

在未来更长时间里，中国将继续为世界经济复苏和增长提供强大动能。中国仍然是世界上最大的发展中国家，我们有 14 亿多人口，人均经济指标和人民生活水平还不高，发展还不平衡、不充分，但这也是中国发展的潜力和空间所在。我们正在认真贯彻新发展理念，加快构建新发展格局，努力实现高质量发展。我们将在扩大内需潜力、激发市场活力、推动城乡区域协调发展、加快发展方式绿色转型、推动高水平对外开放等方面，推出更多务实有效的举措……

女士们，先生们，朋友们！

中国人常讲，"沧海横流，方显英雄本色"。在这个充满不确定性的时代，更加需要企业家以对市场的深刻理解和把握，通过自身的积极作为，为不确定的时代注入更多确定性。这次年会以"企业家精神：世界经济驱动力"为主题，具有很强的现实针对性。虽然各国企业家精神的特质不尽相同，但有许多共通的内涵，我认为就是在创业创新创造上的敏锐眼光、不懈追求和非凡的行动力。我们愿与各国企业家一道，坚定支持经济全球化，坚定维护市场经济，坚定支持自由贸易，引领世界经济迈向更加普惠、更有韧性、更可持续的未来。

上周，中国人度过了传统节日端午节。端午节有一项运动叫"赛龙舟"，这项运动承载着中国人祈求风调雨顺的美好愿望，也昭示了"众人划桨开大船"的朴素道理。让我们抱着合作共赢的美好愿望，心往一处想、劲往一处使，携手推动世界经济这艘大船破浪前行、扬帆远航！

预祝本届年会圆满成功！

谢谢大家！

（资料来源：中华人民共和国中央人民政府网，www.gov.cn.）

【例文二】

在毕业典礼上的致辞

尊敬的各位领导、老师、同学：

你们好！

请允许我代表学院全体教职员工向即将毕业的同学们表示热烈的祝贺！

同学们，你们经过三年的刻苦学习，终于学业有成。这是你们的光荣。从今以后你们就要离开学校，踏上人生新的起点。

三年的时间说起来漫长却又是那么短暂。说漫长，一千多个日日夜夜，时时刻刻与书香为伴；说短暂，"八千里路云和月"，三年只不过是人生的一瞬间。在这宝贵的三年时间里，我们师生之间结下的深情厚谊，是值得我们永远回忆，永生纪念的。我们忘不了你们专心致志听讲的眼神，忘不了你们生龙活虎的矫健身姿。正是你们刻苦的学习和勤奋的实践活动，丰富、促进了我们的教学工作，使我们进一步加深了对教学相长的理解；正是你们良好的素质和积极的参与，使校园增强了文化氛围，注入了青春活力。山庄内外、普宁寺前、磬锤峰下、五烈河畔、金山岭长城、木兰围场，都留下了你们的英姿华彩。这一切，你们的老师不会忘记，领导不会忘记，这里的人民不会忘记！

同学们，你们在结束了专科阶段的学习以后，有的要学习本科，到其他学校继续深造；有的就要走向社会，在激烈竞争的环境下挣钱谋生。无论如何，此时此刻作为你们的老师只有衷心地告诫你们，在未来的社会里，只有不断学习，终身学习，不断增长才干，具有真才实学，才能更好地生活，才能生活得更好！特别是走入社会的同学，你们要记住，在校内有高分低分之分，在校门外没有，在校门外一切都要打乱重来。无默默之志就无赫赫之功；有灼灼之光才有昭昭之明。只要努力，只要创造，只要争取，成功和胜利就不会远离你们。

在此，我用十六个字与同学们共勉：诚实正直，爱岗敬业，永远学习，不断创新。

"天高任鸟飞，海阔凭鱼跃。"同学们，愿你们用青春和汗水、聪明和才智，开拓更广阔的人生之路！

谢谢大家！

×××

××××年7月6日

 讨论思考

例文一是中华人民共和国国务院总理李强在中国天津第十四届夏季达沃斯论坛开幕式上的致辞。全篇热情洋溢，文采飞扬。首先代表中国政府对年会的召开表示热烈的祝贺，又对各位嘉宾和媒体朋友的到来表示诚挚的欢迎。总结世界的变化变局带给我们的启示，表达了我们要在习近平主席提出的构建人类命运共同体理念引领下，努力建设一个更加美好的世界！表达了我们愿与各国企业家一道,引领世界经济迈向更加普惠、更有韧性、更可持续的未来。最后预祝年会圆满成功！层次清晰,逻辑完整,体现了负责任大国的担当。

例文二是一篇在毕业典礼上的致辞,感情真挚,结构完整,逻辑结构合理。作者首先对即将毕业的学生表示祝贺。接着回顾三年来师生们共同生活、学习中结下的深情厚谊,成为"我们"永久的回忆。然后鼓励学生今后要继续努力,不断学习。最后用十六个字与学生共勉,表达了对学生们的良好祝愿。全文语言流畅,清新自然,特别是恰当地运用一些修辞手法,增强了文章的感染力。

 **知识要点**

（一）礼仪文书的概念

礼仪是礼节、仪式的总称。我国是文明古国,是世界上有名的礼仪之邦,长期以来,人们的社会交往活动和思想感情的交流,常常是通过一定的礼仪形式并赋予一定的文化活动方式来进行的。礼仪文书是指我们在工作、生活中,一些单位或个人进行某些礼节性的交往活动所需要的应用文书。

（二）礼仪文书的特点

礼仪文书应根据不同的场合和对象,准确、适当地把握礼节仪式的要求,力求把礼仪文书写得恰到好处,准确地表达出思想内容及情感态度。有时候,还可根据情况写进相应的具体内容,以便使礼仪文书达到以情动人的良好效果。文书中涉及的时间、地点和其他有关资料,均应经过仔细核对,做到翔实可靠。不应把礼仪文书简单抄袭套用现成的格式,或为了"应景"而写,以致成了"打官腔""走形式"的文书。礼仪文书应当体现以下特点。

（1）讲究礼仪。礼仪就是在社会交往中人们所要把握的礼节及应掌握的分寸,要体现出在社会交际和社会活动中人与人之间相互应有的尊重。

（2）遵循格式。其格式是人们在长期使用中形成的习惯用法。不同种类的礼仪文书有不同的格式。

（3）注意辞藻。礼仪文书必须根据不同场合、不同条件、不同种类而使用正确的辞藻来表达情感,否则就会因失礼而造成误会。

（三）礼仪文书的种类

礼仪文书内容非常广泛,种类繁多,一般分为以下几类。

1. 致辞类
致辞是在举行某种仪式时对人或对事表示祝愿、庆贺的言辞或文章。

2. 贺函、贺电类
在国家重大节日,领导人就任,建交日周年、友好条约签订纪念日,友好城市建立日、重要会议开幕日、重大工程竣工日等,各国领导人、有关部门、有关团体的负责人,可视相互关系的情况,向对方的相应人员表示祝贺。

3. 感谢信类

在得到友人馈赠或得到他人支援和协助时,应当向对方表示谢意。可以写信或致电表示感谢,有时候,也可以采用公告的方式致谢。

4. 邀请函、聘书类

邀请的内容十分广泛,主要包括以下几个方面:邀请贵宾参加各种性质不同的集会、庆祝活动或典礼;邀请外宾来我国进行友好访问、考察访问、讲学、演出、举办展览或参加交易会,等等。邀请函可以制作成请柬式。聘书是单位或个人聘请有关人员担任或兼任某个职务或承担某项工作时所使用的一种协议性的文书。

5. 慰问函、慰问电

遇有天灾或其他意外的不幸事故或重伤、重病等,友好国家的政府、有关组织或友好人士,常致函、致电有关国家的政府、有关组织、受伤者本人或亲属,表示同情和慰问。

6. 唁函、唁电

唁函、唁电可视情况发给相应的机关、团体或死者的亲属,也可发给治丧机构。

7. 国书、全权证书、授权证书、委任书、委托书等

国书是国家元首为了派遣或召回使节向接受国元首发出的正式文书,分为派遣国书和召回国书两种。目前,由于礼节的简化,在外交实践中,已将召回国书合并于派遣国书中。我国即采取此种做法。

全权证书是授予代表以全权,由其代表国家或政府进行谈判、签署条约、协定,或出席国际会议的证件。全权证书由政府首脑或外交部部长签署。

授权证书是政府部门首长指派代表,代表本部门进行谈判、签署条约性文件或出席国际会议所出具的证件,由政府有关部门首长签署。领事任命书和领事证书,是关于领事职务的证件。

委任书是委派国家特例或政府特使,参加驻在国特定活动的证件,由国家元首签署。

委托书是委托驻外使节代表政府部门签署协议的证件,由政府有关部门首长签署。

如上所述,礼仪类文书种类繁多。限于篇幅,我们仅仅把最常见、最常用的内容纳入本书。鉴于此,本书只涉及致辞、贺信、慰问信与感谢信等。

 拓展提高

在礼仪文书中如何遵循语言礼仪规范?

现代人讲要多交朋友,广结善缘,提倡和谐的人际关系,那么,在人的社会交往过程中,如果没有必要的礼貌、礼节,就很难有感情上和交往中的实质性的进展。人与人之间接触、了解往往是从礼貌、礼节开始的。我国古语有"诚于中而形于外"之说,英国著名哲学家弗兰西斯·培根说:"行为举止是心灵的外衣。"

语言文字是人类用以表达思想、交流情感、沟通信息的特有工具,和人的行为一同起到与人友善、沟通交流的作用,俗话说:"言为心声""字如其人"。在日常工作与生活中,我们必须以语言文字作为重要的交际工具。注重语言礼仪规范,是指我们运用语言文字不能不遵循的一些成规。

具体而言,语言礼仪规范一方面是指对"说什么""写什么"有所规范,此即所谓"内容美"。另一方面是指对"怎样说""怎样写"也有所要求,此即所谓"形式美"。运用语言文字时,不能忽略其"内容美",因为离开了内容,其具体内容便无本可依。与此同时,对其"形式美"也应高度关注,因为内容体现于形式,形式表现内容。完全忽略了形式,语言文字的"内容美"便无从谈起。总而言之,对语言文字的"内容美"与"形式美"应给予同等重视。

 情境模拟

请为自己的奶奶或姥姥写一篇八十大寿的祝寿词。

祝 寿 词

尊敬的各位来宾、各位亲朋好友:

春秋迭易,岁月轮回,当甲申新春迈着轻盈的脚步向我们款款走来的时候,我们欢聚在这里,为我尊敬的奶奶共祝八十大寿。

在这里,我首先代表所有亲朋好友向奶奶送上最真诚、最温馨的祝福,祝奶奶福如东海,寿比南山,健康如意,福乐绵绵,笑口常开,益寿延年!

风风雨雨八十年,奶奶阅尽人间沧桑,她一生中积累的最大财富是她那勤劳善良的朴素品格,她那宽厚待人的处世之道,她那严爱有加的朴实家风。这一切,伴随她经历了坎坷的岁月,更伴随她迎来了今天晚年的幸福生活。

嘉宾旨酒,笑指青山来献寿。百岁平安,人共梅花老岁寒。今天,这里高朋满座,让寒冷的冬天有了春天般的温暖。

君颂南山是说南山春不老,我倾北海希如北海量尤深。最后还是让我们献上最衷心的祝愿,祝福老人家生活之树常绿,生命之水长流,寿诞快乐,春晖永绽!

祝福在座的所有来宾身体健康、工作顺利、合家欢乐、万事如意!

谢谢大家!

 素质养成

社交礼仪的原则是什么?

1. 真诚友善

真诚是对人对事的一种实事求是的态度,是待人真心真意的友善表现,真诚友善首先表现为对人不虚伪、不说谎、对于同事遇到困难,在力所能及的范围内应尽力帮忙,只有真诚的奉献,才有友情的硕果,只有真诚友善方能使朋友心心相印,友谊地久天长。

2. 平等尊重

一个具有足够自尊的人总是更有信心,更有能力,也更有效率,更能够对自己在社会上所扮演的角色有正确认识。在人与人交往中,应该处处事事平等谦虚待人,唯有此,才能结交更多的朋友。平等尊重表现为不骄狂，不自私，不厚此薄彼，不目中无人。在与人交往时，既要彬彬有礼，又不能低三下四；既要热情大方，又不能阿谀谄媚，提倡自尊而不自负，坦诚而不粗鲁，信任而不轻信，活泼而不轻浮。"你敬我一尺，我敬你一丈"，才能满足每个人的自尊心理。

3. 自信磊落

一个自信的充满阳光与积极健康向上心理的人，是散发活力与魅力的人。一个有充分信心的人，才能在交往中不卑不亢、落落大方，遇强者不自惭，遇弱者伸出援助之手，逢顺境不忘形，遭磨难不退缩。

4. 信任宽容

在现代社会，信任宽容已被作为现代人的一种礼仪素质。孔子说：民无信不立。与朋友交，要言而有信。在社会交往中要做到"言必行，行必果"。不要轻易许诺，许诺了就要做到。同时要宽容和包容朋友的非恶意的错误，而且容许别人有行动与见解的自由。朋友之间经常相处，一时的失误在所难免。如果出现失误，在道歉的基础上，征得对方的谅解，主动消除误会，不可小肚鸡肠，耿耿于怀，应该宽宏大量，不能求全责备。

5. 自律自省

礼仪不是法律，不是由司法机关强制执行的。礼仪是待人处世的规范，是社会群体日常生活与交往过程中形成的合乎道德及规范的一些行为准则。这些行为规范是由社会大众一致认可并约定俗成的，因此，礼仪是靠人自律来维系的，靠社会舆论来监督的，并被人们逐渐重视，从而发展至今形成一门规范的学科。礼仪作为一门学科，需要教育和训练，这样可以更为广泛地在人们心中树立起一种道德信念和礼貌修养准则。这样就会获得一种内在的力量。在这种力量下，人们不断提高自我约束、自我克制的能力，在与他人交往时，就会自觉按礼仪规范去做，而无须别人提示和监督。

第二节 祝（贺）词

 案例导入

【例文】

二○二三年新年贺词

习近平

大家好！2023年即将到来，我在北京向大家致以美好的新年祝福！

2022年，我们胜利召开党的二十大，擘画了全面建设社会主义现代化国家、以中国式现代化全面推进中华民族伟大复兴的宏伟蓝图，吹响了奋进新征程的时代号角。

我国继续保持世界第二大经济体的地位，经济稳健发展，全年国内生产总值预计超过

120万亿元。面对全球粮食危机,我国粮食生产实现"十九连丰",中国人的饭碗端得更牢了。我们巩固脱贫攻坚成果,全面推进乡村振兴,采取减税降费等系列措施为企业纾难解困,着力解决人民群众急难愁盼问题。

疫情发生以来,我们始终坚持人民至上、生命至上,坚持科学精准防控,因时因势优化调整防控措施,最大限度保护了人民生命安全和身体健康。广大干部群众特别是医务人员、基层工作者不畏艰辛、勇毅坚守。经过艰苦卓绝的努力,我们战胜了前所未有的困难和挑战,每个人都不容易。目前,疫情防控进入新阶段,仍是吃劲的时候,大家都在坚忍不拔努力,曙光就在前头。大家再加把劲,坚持就是胜利,团结就是胜利。

2022年,江泽民同志离开了我们。我们深切缅怀他的丰功伟绩和崇高风范,珍惜他留下的宝贵精神财富。我们要继承他的遗志,把新时代中国特色社会主义事业不断推向前进。

历史长河波澜壮阔,一代又一代人接续奋斗创造了今天的中国。

今天的中国,是梦想接连实现的中国。北京冬奥会、冬残奥会成功举办,冰雪健儿驰骋赛场,取得了骄人成绩。神舟十三号、十四号、十五号接力腾飞,中国空间站全面建成,我们的"太空之家"遨游苍穹。人民军队迎来95岁生日,广大官兵在强军伟业征程上昂扬奋进。第三艘航母"福建号"下水,首架C919大飞机正式交付,白鹤滩水电站全面投产……这一切,凝结着无数人的辛勤付出和汗水。点点星火,汇聚成炬,这就是中国力量!

今天的中国,是充满生机活力的中国。各自由贸易试验区、海南自由贸易港蓬勃兴起,沿海地区踊跃创新,中西部地区加快发展,东北振兴蓄势待发,边疆地区兴边富民。中国经济韧性强、潜力大、活力足,长期向好的基本面依然不变。只要笃定信心、稳中求进,就一定能实现我们的既定目标。今年我去了香港,看到香港将由治及兴十分欣慰。坚定不移落实好"一国两制",香港、澳门必将长期繁荣稳定。

今天的中国,是赓续民族精神的中国。这一年发生的地震、洪水、干旱、山火等自然灾害和一些安全事故,让人揪心,令人难过,但一幕幕舍生取义、守望相助的场景感人至深,英雄的事迹永远铭记在我们心中。每当辞旧迎新,总会念及中华民族千年传承的浩然之气,倍增前行信心。

今天的中国,是紧密联系世界的中国。这一年,我在北京迎接了不少新老朋友,也走出国门讲述中国主张。百年变局加速演进,世界并不太平。我们始终如一珍视和平和发展,始终如一珍惜朋友和伙伴,坚定站在历史正确的一边、站在人类文明进步的一边,努力为人类和平与发展事业贡献中国智慧、中国方案。

党的二十大后我和同事们一起去了延安,重温党中央在延安时期战胜世所罕见困难的光辉岁月,感悟老一辈共产党人的精神力量。我常说,艰难困苦,玉汝于成。中国共产党百年栉风沐雨、披荆斩棘,历程何其艰辛又何其伟大。我们要一往无前、顽强拼搏,让明天的中国更美好。

明天的中国,奋斗创造奇迹。苏轼有句话:"犯其至难而图其至远",意思是说"向最难之处攻坚,追求最远大的目标"。路虽远,行则将至;事虽难,做则必成。只要有愚公移山的志气、滴水穿石的毅力,脚踏实地,埋头苦干,积跬步以至千里,就一定能够把宏伟目标变为美好现实。

明天的中国,力量源于团结。中国这么大,不同人会有不同诉求,对同一件事也会有不同看法,这很正常,要通过沟通协商凝聚共识。14亿多中国人心往一处想、劲往一处使,同舟共济、众志成城,就没有干不成的事、迈不过的坎。海峡两岸一家亲。衷心希望两岸同胞相向而行、携手并进,共创中华民族绵长福祉。

明天的中国,希望寄予青年。青年兴则国家兴,中国发展要靠广大青年挺膺担当。年轻充满朝气,青春孕育希望。广大青年要厚植家国情怀、涵养进取品格,以奋斗姿态激扬青春,不负时代,不负华年。

此时此刻,许多人还在辛苦忙碌,大家辛苦了! 新年的钟声即将敲响,让我们怀着对未来的美好向往,共同迎接2023年的第一缕阳光。

祝愿祖国繁荣昌盛、国泰民安! 祝愿世界和平美好、幸福安宁! 祝愿大家新年快乐、皆得所愿!

谢谢!

(资料来源:人民论坛网,2022年12月31日.)

 讨论思考

今天的中国,是赓续民族精神的中国
——习近平主席二○二三年新年贺词启示录

《人民日报》评论员

国家的繁荣,离不开人民的奋斗;民族的强盛,离不开精神的支撑。在二○二三年新年贺词中,习近平主席强调"今天的中国,是赓续民族精神的中国",感慨"每当辞旧迎新,总会念及中华民族千年传承的浩然之气,倍增前行信心"。

胜负之征,精神先见。犹记四川泸定地震后,救援队伍紧握绳索攀爬过江、抬着老乡踏过树枝"桥梁",呈现新时代的"飞夺泸定桥";犹记重庆山火前,上千名志愿者的头灯连成一条拦截火海的防线,筑起"新的长城"……回首2022年,地震、洪水、干旱、山火等自然灾害和一些安全事故,让人揪心、令人难过,但一幕幕舍生取义、守望相助的场景感人至深。面对艰难险阻,千千万万普通人以实际行动诠释了中国人民具有的伟大民族精神,习近平总书记这样点赞:"英雄的事迹永远铭记在我们心中"。

……

唯有精神上站得住、站得稳,一个民族才能在历史洪流中屹立不倒、挺立潮头。今天,中华大地上不仅有高楼大厦遍地林立,中华民族精神的大厦也已经巍然耸立。中国人民更加自信、自立、自强,极大增强了志气、骨气、底气,在历史进程中积累的强大能量充分爆发出来,焕发出前所未有的历史主动精神、历史创造精神,正在信心百倍书写着新时代中国发展的伟大历史。

新征程是充满光荣和梦想的远征。全面建设社会主义现代化国家,是一项伟大而艰巨的事业,前途光明,任重道远。前进道路上,我们深知中华民族伟大复兴不是轻轻松松、敲锣打鼓就能实现的,必须勇于进行具有许多新的历史特点的伟大斗争,准备付出更为艰巨、更为艰苦的努力。今年是全面贯彻落实党的二十大精神的开局之年,开局关乎全局,起步决定后程。我们要增强文化自信,激扬精神的力量,以斗争精神迎接挑战,以奋进拼搏开辟未来,努力实现全年目标任务,依靠顽强斗争打开事业发展新天地,为实现第二个百年奋斗目标奠

定良好基础。

征途漫漫,精神永恒。回望过往,中国人民在长期奋斗中培育、继承、发展起来的伟大民族精神,为中国发展和人类文明进步提供了强大精神动力;眺望前方,中国式现代化是物质文明和精神文明相协调的现代化,伟大复兴的光明前景需要伟大民族精神的支撑。雄关漫道真如铁,而今迈步从头越。新时代新征程,赓续伟大民族精神,坚定信念信心、增强历史主动、矢志团结奋斗,齐众心、汇众力、聚众智,我们一定能奋力创造新的时代辉煌、铸就新的历史伟业!

(资料来源:人民日报,2023 年 1 月 3 日.)

 ## 知识要点

(一)祝(贺)词的含义

祝(贺)词是对特定对象表示良好祝愿的言辞或讲话稿。中国是礼仪之邦,礼仪文书源远流长,种类繁多,祝词是其中的一种。一般来讲,有会议祝词、节庆祝词、典礼祝词、奠基仪式祝词、祝酒词、祝寿词等。

(二)祝(贺)词的特点

祝(贺)词是现代社会交往中使用频率较高的一种礼仪文书。它在现实生活中应用广泛,不仅起着沟通感情、密切关系的作用,而且对祝贺一方具有激励和鼓舞的作用。除礼节性、热情性、庄重性等特点外,还具体体现出以下五个特点。

(1)主题突出、内容真实。
(2)切合场景、现场感强。
(3)感情真挚、直抒胸臆。
(4)语言华美、用词工整。
(5)篇幅短小、多用短句。

(三)祝(贺)词的基本格式与内容

祝(贺)词的基本格式与内容可以分为六个部分:标题、称呼、开头短语及祝贺语、正文、结尾、落款。

1. 标题
标题写在第一行正中,如"祝(贺)词",也可以写成"××给××的祝(贺)词"等。

2. 称呼
称呼视祝贺的对象而定,应礼貌、亲切、热情。在第二行顶格写被祝贺对象的名称。如果被祝贺对象的地位或身份较高,可以把其姓名、职务写在称呼上,也可以在称呼前加上表示尊敬的修饰语,如"尊敬的×××"。直呼大名且不加尊语、修饰的称谓有失亲切,也不够礼貌。如果是对集体的祝贺,那么,称呼应该包括所有被祝贺者,如案例中的称呼是对全体,写上"尊敬的老领导、老教师"字样。称呼后边用冒号。写作时还要注意:在对集体的称呼,前边已经写"全体"或"各位",后边就不要写"们"。

3. 开头短语及祝贺语

开头短语及祝贺语是祝(贺)词的开篇之处,首先点明祝贺的内容,对此表祝贺、感谢及敬意。此处要表达出祝贺者的心情,语言要振奋人心,热情奔放,注意渲染气氛,从而形成开篇的第一高潮。最好用"欣闻""欣知""欣悉""喜获"等开端语。而用"听说""得知""知道"等开端语,则喜庆气息不浓。

4. 正文

正文一般有以下几个层次:表示祝贺;指出取得的成绩及其意义;表示向祝贺的对象学习、关心等;进一步表示祝贺或提出希望、表示决心。如果对重要会议或重大事件,还要用相当的篇幅介绍形势、背景及重要意义;对重要人物,还要概括其主要功绩,给予适当的评价;对某人的事业有成,也可以简要介绍一下其成就,分析一下取得成就的原因并给予鼓励。

5. 结尾

为使整个祝贺内容达到热情、喜悦的效果,结尾处应掀起另一个高潮。在通过主体部分的勉励之后,全文应再作一次总的概括和总结。再次表示祝贺,强化祝贺的效果,从而达到高潮。祝词的结尾一般都有固定的语言,如"祝会议取得圆满成功""祝开业大吉,生意兴隆""祝相亲相爱,白头偕老""祝健康长寿"或"福如东海,寿比南山""祝取得更大成就"或"更上一层楼""为……干杯"等。当然,也可以根据双方的特殊关系,根据不同的场合、不同的事件,另拟更为合适的祝词。

6. 落款

在正文右下角署名,在署名下一行相应的位置写日期。如果是在报刊上发表,则将它们写在标题下面。

(四)祝(贺)词常常连在一起使用,有时分开用于不同的场合

贺词与祝词都是用于喜庆祝贺的文书。

所不同的是祝词是对特定的对象表示良好祝愿,是对预期结果的祝愿、祈求、祝福,如某合资企业开业典礼;贺词是对既成结果的庆祝、贺喜、赞美,如某项科研成果通过了国家鉴定。祝词与贺词在某些场合可以互用,既表示庆贺、道喜,又提出祝愿、祈求。

 **拓展提高**

在撰写祝(贺)词时应注意哪些问题?

1. 称谓要礼貌、恰当

祝(贺)词的称谓一定合乎对象身份,要根据对象的不同选择合适的称呼,做到既要尊重对方,又要把握好分寸。如果是重要的涉外招待会、宴会,则应首先突出出席招待会或宴会的重要名人;如果是一般性的涉外招待会、宴会,可称"女士们、先生们";如果是单位团体的集会、典礼、宴会,可称"各位领导、同志们";如果是针对某个人,开头要加尊称或爱称,表达尊敬、亲切之意。

2. 表达准确、感情充沛

祝（贺）词一定要体现发自内心的真情实感，准确表达自己由衷的高兴与祝贺之情。为达到祝（贺）词的最佳表达效果，语句要热情、充满希望、富有感染力，使对方感到温暖、愉快。最后以祝愿的话作结尾。

3. 言简意赅、画龙点睛

无论是表祝贺，赞扬成绩或表愿望，寄祝语都应语言精练、内容充实，以简短的言辞充分表达高兴的心情，渲染热烈的气氛。

4. 有节奏感和韵律美

节奏感强、思路清晰的祝词既朗朗上口又易调动读者的情绪，令人感动。因此在谋局布篇时要把握好节奏，注意上下文的衔接，浑然一体，使整个祝（贺）词节奏感强，烘托出热烈的效果。

5. 措辞得体、富有文采

善于运用修辞手法为祝（贺）词增加色彩，可适当运用一些修饰，比喻等写作技巧以烘托热烈气氛。同时还可以恰到好处地引用一些与祝贺内容有关的警句名言，一方面反映祝贺者的内涵与修养；另一方面也可使整个祝（贺）词增色生辉，富有文采。

 **情境模拟**

1. 以下是××旅游学院部分师生去××宾馆参观学习，宾馆总经理在欢迎仪式上的致辞。请你指出这篇致辞有哪些毛病，并根据文章内容代表东湖宾馆总经理仿写欢迎老师、同学们参观、学习的致辞。

【病文】

总经理致辞

尊敬的各位教师、各位同学们：

在此谨代表本宾馆的全体员工欢迎阁下同志们光临××宾馆。

××宾馆坐落于风景秀丽的东湖岸边，三面环水，环境幽雅，具有岛国风情。希望我们的服务能够让阁下有宾至如归的感觉，在此将宾馆内设备及服务向你们作一介绍。

我们将忠诚地为阁下服务效劳，并希望你们能够提出宝贵意见。

××宾馆

总经理谨致

2. 以下祝词属病文，请运用所学知识改正。

【病文】

祝　　词

正值我市大力调整产业结构之际，贵物贸商场落成开业，这是我们商业界，也是全市人民的一件喜事。

商业部门是搞活经济的中坚力量。作为营业面积居我市前列的贵物贸商场的开业,对扩大商业销路,满足人民群中的物质需要,繁荣我市经济贸易,推动市场结构调整,定会起到重要作用。

××市中大商城全体员工

××××年××月××日

【学生范文】

306超市开业活动策划书

为更好地接触社会,增强为广大师生服务的意识,我组商定以我们寝室306命名,成立306超市,拟定在2014年6月1日利用一天时间,进行开业庆典活动。本着热烈、喜庆、节俭的宗旨,搞开业庆典+促销+特价大酬宾的组合活动,宣传306超市的"便民、实惠、放心"的服务理念,为306超市造势,扩大306超市的知名度、美誉度和认可度。

一、庆典活动策划背景

2014年4月初,通过我们对周边超市满意度的调查,了解学生对商服的认知标准倾向于"诚信、服务和低价",超市以其便捷性在学生生活中有着重要的作用,学生购物热情呈细水长流状态。学院鼓励学生创业,为学生创业提供了优惠政策。再加上我们有固定的进货渠道和商家投资,所以对经营超市很有信心。

我们目标是:从306开始,由小到大,由寝室楼辐射到邻寝楼,辐射到校园,再辐射到周边学校和家属区,争取成为"小本经营走向成功"的典范。306超市开业是我们创业的尝试,是社会实践的一次飞跃。306超市开业不仅能进一步吸引商家投资合作,更好地服务学生,同时提升自主创业能力,还将为学校创立一块良好的社会实践基地,弘扬三个零距离的教育理念。

二、庆典活动内容

(1)文艺演出。

(2)揭匾。

(3)超市优惠酬宾。

(4)联合供货商开展促销活动。

三、会场布置

(1)寝室楼门前搭建6m×4.5m主席台一座,背景为3m×6m,台上铺红色地毯。

(2)学院门口摆放气球拱门一座,配条幅。

(3)寝室楼门廊、外墙等显眼处用气球装饰。

(4)条幅、彩旗、展牌等由超市自行安排布置。

四、开业庆典仪式(议程)

(一)庆典开始

(1)7:30之前,完成现场布置,主席台穿插播放轻音乐或欢快喜庆的歌曲。

(2)8:30之前,揭匾服务、演职人员到位,并做好准备工作。

(3)9:00(或9:30,或客户选定时点)文艺演出开始,目的是吸引人流。

歌曲参选:《好日子》《好运来》《红红的日子》《欢天喜地》《恭喜发财》(男)等喜庆歌曲。

(二)揭匾仪式

(1)9:58揭匾庆典开始。主持人宣布揭匾仪式正式开始。文艺演出暂停,播放迎宾曲,礼仪小姐引领来宾走上主席台。

（2）主持人（司仪）介绍贵宾，宣读祝贺单位名单（注：主持人的主持词，提前一天根据实际安排撰写）。

（三）领导及来宾讲话

（1）主持人：首先由306超市店长杨扬致辞。

（2）主持人：请来宾代表万润超市经理李扬致贺词。

（3）主持人：宣布由306超市店长杨杨、万润超市经理李扬共同为306超市开业揭匾，播放进行曲或欢快乐曲。

（4）主持人：宣布306超市开业揭匾仪式结束，演出继续进行，由民歌手演唱《好日子》歌曲。

（5）主持人：宣布306超市开业仪式圆满结束，同时上午的文艺演出也告一段落。

注：演出过程中，为活跃现场气氛，搞超市商品促销活动，可发放优惠卡、一些纪念品，并部分商品开业大酬宾。

（作者：黑龙江旅游职业技术学院财经贸易学院2012财务管理二班 庄姬冉 宋梓茜）

第三节 贺信、表扬信

 案例导入

【例文一】

贺 信

刘玫学兄：

欣闻你已被美国加利福尼亚大学录取，即将起程，远赴异域。我为你感到由衷的高兴。这是你勤奋苦读的成绩，是你用辛勤的汗水浇灌出来的结果。我祝你学业有成，一路顺风。

刘玫，从此你将开始新的人生里程，一步一步步入科学的殿堂，去撷取人类文明的结晶。刘玫，去吧，带着祖国的重托，母亲的叮咛，朋友的期望去吧。请再一次接受我深深的祝福，祝你学成归国，大展宏图。

学妹：××

××××年××月××日

【例文二】

中共中央 国务院对C919大型客机取得型号合格证的贺电

新华社北京9月30日电

国务院大型飞机重大专项领导小组、中国商用飞机有限责任公司并C919大型客机项目各参

研参试参审单位和全体同志：

在 C919 大型客机取得中国民用航空局型号合格证之际，中共中央、国务院向参加 C919 大型客机项目的全体单位和人员，表示热烈的祝贺和亲切的慰问！

C919 大型客机取得型号合格证，标志着我国具备按照国际通行适航标准研制大型客机的能力。这是在以习近平同志为核心的党中央亲切关怀和坚强领导下，深入实施创新驱动发展战略取得的重大成果，是建设制造强国的重要标志，是新时代改革开放和社会主义现代化建设的重要成就，对于增强我国经济实力、科技实力、民族凝聚力、国际影响力具有十分重要的意义。

在 15 年的奋斗历程中，大飞机人发扬长期奋斗、长期攻关、长期吃苦、长期奉献的优良作风，凝聚攻坚克难、锲而不舍、协同创新、追求卓越的精神力量，践行使命担当，勇攀科技高峰，谱写了大飞机事业发展新篇章。祖国和人民感谢你们！

让中国的大飞机翱翔蓝天，承载着国家意志、民族梦想、人民期盼。C919 大型客机研制成功并取得型号合格证，是我国大飞机事业征程上的重要里程碑。飞机即将投入市场运营，加快规模化和系列化发展等后续任务依然艰巨繁重。你们要更加紧密地团结在以习近平同志为核心的党中央周围，坚持以习近平新时代中国特色社会主义思想为指导，深刻领悟"两个确立"的决定性意义，增强"四个意识"、坚定"四个自信"、做到"两个维护"，坚持安全第一、质量第一，不忘初心、砥砺前进，坚定不移推进制造强国建设，为实现第二个百年奋斗目标、实现中华民族伟大复兴的中国梦再立新功！

中共中央
国务院
2022 年 9 月 29 日

(资料来源：新华网，2022 年 9 月 30 日.)

【例文三】

表 扬 信

"微笑、迷人、乐于帮助、还会想念"，当我从天津搭乘 FU6570 航班，下了飞机后这几个词仍在我心中萦绕。

对于头等舱服务，其实已经不用再提，服务态度好，无微不至，让旅客舒心，这一类苍白的语句，因为基于对乘务员的定期培训与考核，国内其他航空公司头等舱服务都可以做到以上几点。

那么是什么驱使我写下这篇表扬信呢？影视剧中说"人与人互相吸引的是气味"。那么客舱乘务员与乘客乃至航空公司与乘客互相吸引靠的是什么呢？我认为是感觉。乘务员能给乘客什么样的感觉？在短途旅途中乘客又需要什么样的感觉？由于工作的性质，我很清楚空乘对乘客报以的每个微笑都饱含酸楚。但福航给我的感觉是温暖又充满爱。

尽管在本次航班中发生了一些小意外，但是机组成员都表现出非常专业的处事方式和高水准的素质。我后排的乘客因机上餐食配备问题数次提出疑问，甚至一度情绪激动，但乘务员的处事方式让我感到惊讶。平心而论，如果我遇到了这种乘客，我是无法心平气和地和这个人讲话的。但乘务们无论从语言措辞，还是服务态度，都表现出了她们这个年纪很难具备的老练成熟,很快化解了乘客的激动情绪,尽管最后该乘客依然情绪未平。但该乘务员依旧保持温文尔雅的气度向乘客解释,令我十分敬佩。

12:20登机,其间遭遇了流控,工作中,乘务组不厌其烦地解释,体贴周到温暖人心的服务,从上机递来的一瓶水,到亲切地为乘客提供本该属于自己的乘务餐食,这种温暖的感觉,其他航班给不了。虽然都是小事,但高标准的服务不都是在细节吗? 我想福航人能给予我这么多美好的感觉,不仅仅是简单的员工培训,更多的是企业文化的感染和员工对本职工作发自内心的热爱和对高标准的追求。尽管福州航空还是一家"年轻"的航司,但是我发自内心地喜爱与赞赏。

相聚时间总是短暂,目前我已在临沂,谨借此信表达我对乘务组和福航的感谢,总之我爱你们。请一定让他们能看到此信,让他们的辛勤工作得到肯定,再次感谢。

(备注:表扬信文字略有删改.)

 讨论思考

1. 贺信和贺电内容格式差不多,只是形式上略有差别,试进行比较感悟。

例文一、例文二是格式规范的贺信和贺电。正文前有问候,后有祝颂,表达了祝贺的目的,祝贺的内容清楚,感情充沛,行文流畅,读起来朗朗上口。

2. 例文三是一封表扬信,表扬信的内容与格式是怎样的?

 知识要点

（一）贺信

1. 贺信的含义和作用

贺信是机关、团体、企事业单位或个人向取得重大成绩、作出卓越贡献的有关单位或人员表示祝贺或庆贺的礼仪书信。现在,贺信已成为表彰、赞扬、庆贺对方在某个方面所作贡献的形式,有的还用来表示慰问和赞扬。在现代社会中,如某个单位或某个人作出了巨大贡献,某单位召开了重要会议,某工程竣工,某科研项目成功,某项重大任务保质保量地提前完成,某重要人物的寿辰等,都可以使用贺信的形式表示祝贺。

2. 贺信的格式和写法

贺信的写作格式与普通书信相同,一般包括标题、称呼、开头短语、主体、结尾、落款六个部分。

（1）标题。标题在第一行居中位置写。标题常见的写法有以下三种:①只写"贺信"或"贺词"二字;②写给谁的贺信(词),如"祝××公司的贺信(词)";③写由谁发出的贺信(词),如"××对××公司贺信(词)"。

（2）称呼。称呼视祝贺的对象而定,应礼貌、亲切、热情。

（3）开头短语。开头短语是祝贺信的开篇之处,首先点明祝贺的内容,对此表祝贺、感谢及敬意。此处要表达出祝贺者的心情,语言要振奋人心,热情奔放,注意渲染气氛从而形成开篇的第一高潮。为对方自豪、喜悦、祝贺、赞誉之情在字里行间闪现,溢于言表,读者方能为之激动振奋不已。

（4）主体。首先，要"因时切题"，简要阐明祝贺"事业"的意义。其次，简要回顾一下"事业"的发展过程，并对对方作出肯定和赞扬，祝贺和感谢。最后，提出希望和勉励。

根据被祝贺对象的不同，主体的内容与措辞应有所区别，具体如下。

① 祝贺取得成绩的贺信。主体要充分肯定和热情颂扬对方所取得的成绩，述评取得成绩的原因及意义，表示向对方学习，或提出希望。如果是上级给下级的贺信，可以提出希望和要求；如果是下级给上级写的贺词，要表示自己的态度和决心；如果是平级之间的贺词，要表示虚心向对方学习。

② 祝贺会议贺信。主体侧重说明会议召开的意义及其影响。

③ 祝贺领导履新贺信。主体侧重祝愿对方在任期内取得新成就，并祝愿双方加强友谊。

④ 祝贺寿辰的贺词。要以精练的语言颂扬被祝贺者的高贵品质和突出贡献。

（5）结尾。为使整个祝贺内容达到热情、喜悦的效果，结尾处应掀起另一个高潮。在通过主要部分的勉励之后，全文应再作一次总的概括和总结。再次表示祝贺，强化祝贺的效果，从而达到高潮。

（6）落款。落款部分主要是署名与日期。

（二）表扬信

1. 表扬信的含义

表扬信是用来表彰好人好事、先进思想、先进事迹的一种书信。表扬信可以以组织的名义写，也可以以个人的名义写。

2. 表扬信的类型

（1）以领导机关或群众团体的名义表彰其所属的单位、集体、个人。这种表扬信可以在授奖大会上由负责同志宣读，也可以登报、广播。

（2）群众之间的互相表扬，这种表扬信不仅赞颂对方的好品德、好风格，也有感谢的意思。

3. 表扬信的格式与写法

（1）标题。正中写"表扬信"三个字。

（2）称谓。写被表扬的单位、个人的称呼。如果是写给个人的，应在姓名之后加上"同志""先生"等字样，后边加冒号，顶格写。

（3）正文。另起一行，空两格写表扬的内容：交代表扬的缘由。重点叙述人物事迹的发生、发展、结果及其意义。叙述要清楚，要突出最本质的方面。事实本身就具有很大的说服力，因此，要让事实说话，少讲空道理。

（4）结尾。如果是写给被表扬者所在单位或领导者的，可提出建议："在×××中加以表扬""×××同志的优秀品德值得大家学习，建议予以表扬"等。如果是直接写给本人的，则要适当谈些"深受感动""值得学习"等方面的内容。

（5）最后要写上表示祝愿的语句，如"此致敬礼""祝好""谨表谢意""向你学习"等。但"此致""祝""谨表""向你"等字写在末尾，其余的字，要另起一行，顶格写。

（6）署名。单位名称或个人姓名。如果以个人名义写的表扬信，应在后边详细写明发信人的地址,签上自己的姓名,并在下方注明年、月、日。

 **拓展提高**

撰写表扬信应注意哪些问题?

1. 内容真实、评价恰当

所涉人、时、地以及有关数字要绝对准确,关键部分要突出并恰当评价对方。

2. 感情丰富、用语得体

唐代诗人白居易说"感人心者莫先乎情",做到以事表情,以情感人。既要感情充沛,真心流露、讲究文辞,又避免平铺直叙,白开水一般,敷衍应酬;同时,又忌辞藻惊人,华而不实。敬语要符合双方身份和社会交往习惯。

3. 格式规范、简练感人

要做到以事表情,以情感人。敬语要符合双方身份和社会交往习惯。

 情境模拟

【学生范文】

306 超市开业店长致辞

尊敬的各位领导、老师、来宾、朋友:

大家好!

今天,我们在这里热烈庆祝 306 超市正式开业,值此开业庆典之际,我代表 306 超市及全体员工,向前来参加庆典活动的各位领导、各位来宾、各位朋友表示最热烈的欢迎!

向关心和支持 306 超市发展各级领导、老师和友好商家表示衷心的感谢!

306 超市是一个新生事物,是我们的稚嫩小苗待长成,是我们团队精心调研、集体反复策划的一个项目,是我们第一次以社会人的形象接触社会,306 人体会到了创业的艰辛,经历了艰难和困苦,挥洒了心血和汗水,也必将收获甜蜜和希望。

306 超市将以人性化的管理、超优质的服务和全维度的理念打造出有品位、有特点的学生超市。我愿意和大家一道,以一流的管理,一流的服务,一流的信誉树立良好的超市形象,为学校及周边创造一个良好购物环境。同时我们深知,超市的发展离不开领导、老师、同学和各位亲友团的大力支持和帮助,为此,我再次表示诚挚的谢意!

最后,祝各位领导、老师、来宾、朋友身体健康、心想事成、万事如意!

谢谢大家!

杨扬

2014 年 6 月 1 日

(作者:黑龙江旅游职业技术学院财经贸易学院 2012 财务管理二班 杨扬)

 **素质养成**

管理人员如何有效应用表扬与批评进行反馈？

首先，面对面地批评与表扬，减少了中间层次，拉近了相互之间的空间距离，使批评者与被批评者、表扬者与被表扬者之间，在心理上就相对较为接近，因此，在这种情况下，管理者说什么，下属容易接受，不容易产生心理上的隔阂，效果较好。

其次，及时地批评与表扬，减少时间损失，便于明确批评与表扬的主题。当组织成员做得不好时，应及时告诉员工，这样做不好，不好在哪儿；当他们做得好时，应及时肯定，这样做很好，好在哪儿。这样，不仅是对当事人本身，对其他所有在场的人员也是一次培训，并且明确地告诉他们，你在提倡什么，反对什么。由于这种行为是及时进行的，强化了批评与表扬的效果，对后面的行为产生了影响，使最终的结果向着你期望的方向进行，而不是等到结果出来以后，才去纠正，这对工作也非常有好处。

另外，还可以进行泛表扬与泛批评。这种形式一般是指针对所辖的群体，发生好的现象或错误的行为时，不针对具体的个体，而是针对全体进行的表扬与批评。因为这样的表扬与批评，一般不点到具体名称的主体，需要被表扬人与被批评人自己去领会把握，具有相对的隐含性，因此这种方式有一定的好处。表扬能让群体感受到领导者的满意程度，并从中受到鼓励，领会到其所提倡的方向；批评者得到一定的尊重，不直接受到面子上的伤害。

表扬与批评这种可以信手拈来的反馈方式，有这么多好处，当然应该使用，但在使用过程中还要注意以下几个问题。

第一，要注意及时性与定期性相结合。反馈需要及时，只有及时把自己的意思通过可见的、可听到的、可感受的、可体现的形式表现出来，才能有效发挥反馈的作用，当发生异常时，应及时反馈。这种反馈一般是负反馈，就是批评，以防止结果偏离标准太多；但当结果能保持在预期范围之内时，可能在某一具体的时刻并不能见到什么突出的行为或错误，这种情况下，就需定期反馈，对其能按预期的目标长时间实现控制，给予表扬肯定。只有及时性与定期性相结合，才能持续地激励员工。

第二，泛表扬与泛批评应与个别交流相结合，才能进一步发挥其积极作用。对表扬适宜点名进行，而批评应泛化或个别交流互补，从而达到实质性改进的效果。表扬是肯定成绩，同时也是希望其他人能向其学习。批评是否定行为，希望其他人能从中吸取教训，有则改之，无则加勉，以利群体的进步。但如果泛批评的内容不能结合细节，则易使被批评的主体不明白自身具体的错误原因、存在的问题，很难达到改进的目的。其实说到底，表扬与批评，都是对行为的反馈。反馈，只有作用于具体的对象，反映到具体的环节，才能实现其调节作用，否则，反馈的地方不对，容易导致调节的失控。

第三，表扬与批评不能长期使用或经常性使用。如果常用，则易使表扬与批评成为耳边风，起不到任何效果。尤其对泛表扬与泛批评，更不能经常用。当然，也不是不能用，但要与具体的实际相结合，以便受众主体能明确地接收到信息，肯定什么，否定什么，才能真正发挥泛表扬与泛批评的作用。

第四，需要重视正面宣传的积极作用。发现违反制度的现象，及时制止并提出改正的方式，教会其正确的做法，这种负面反馈固然需要，但对遵守制度的现象，也应给予重视。因为这种现象太过普遍，以致很难得到认可，其实当发生过多不遵守制度的情况时，更应重视与强调那些自觉遵守制度的现象。正面宣传的效果，很多情况下，远超出反面批评的效果。因为你在得到人心的同时，也多了一个积极的宣传者与卫道者。

第五，要注意精神与物质相结合。及时地表扬与批评，多数是精神方面的激励，但对组织成员而言，仅仅只有精神激励是不够的。在定期进行的评价时，应该结合物质奖励，使组织成员知道，你不只是空口说白话。只有这样，在你下一次进行口头的表扬与批评时，才会继续产生效果。

第四节　感谢信与慰问信

 案例导入

【例文一】

感　谢　信

××部队全体指战员：

我县上月遇到了特大洪涝灾害，许多地区被淹，人民生命、国家财产受到了严重的威胁。在这危难之际，你部全体干部、战士连夜赶赴我县，投入到紧张的抗洪抢险之中。十几个日日夜夜，你们发扬"不怕牺牲，排除万难"的献身精神，始终冒雨战斗在抗洪抢险的第一线，谱写了许多可歌可泣的动人事迹。你们的奋力救援，有力地保住了我县人民的生命和财产，使我县上万亩良田和几百座房屋免于洪水冲毁，使我县最后战胜了洪涝灾害，赢得了抗洪斗争的胜利。你们这种急他人所急、助人为乐、无私奉献的精神值得赞扬和学习。为此，特向你们表示衷心的感谢！

我们决心向你们学习，在党的领导下，积极恢复生产，重建家园，以实际行动报答你们的关怀和帮助。

此致

敬礼

××县人民政府

××××年××月××日

【例文二】

中华全国总工会致全国各族职工的慰问信

全国各族职工同志们：

日月其迈，时盛岁新。值此元旦、春节来临之际，中华全国总工会谨向辛勤工作在全国

各条战线上的广大职工致以节日的问候和诚挚的祝福!

2022年是党和国家历史上极为重要的一年。党的二十大胜利召开,擘画了全面建成社会主义现代化强国、以中国式现代化全面推进中华民族伟大复兴的宏伟蓝图。面对风高浪急的国际环境和艰巨繁重的国内改革发展稳定任务,以习近平同志为核心的党中央团结带领全党全国各族人民,迎难而上,砥砺前行,统筹国内国际两个大局,统筹疫情防控和经济社会发展,统筹发展和安全,加大宏观调控力度,应对超预期因素冲击,发展质量稳步提升,科技创新成果丰硕,改革开放全面深化,就业物价基本平稳,粮食安全、能源安全和人民生活得到有效保障,保持了经济社会大局稳定,全面建设社会主义现代化国家新征程迈出坚实步伐。

一年来,全国各族职工紧紧团结在以习近平同志为核心的党中央周围,坚持用习近平新时代中国特色社会主义思想凝心铸魂,坚决落实疫情要防住、经济要稳住、发展要安全的要求,大力弘扬劳模精神、劳动精神、工匠精神,积极参与"中国梦·劳动美——喜迎二十大 建功新时代"主题宣传教育,广泛参与"建功'十四五'、奋进新征程"主题劳动和技能竞赛,进一步焕发劳动热情、释放创造潜能,在应对各种风险挑战、推动高质量发展中充分发挥了工人阶级主力军作用。

一年来,各级工会以迎接学习宣传贯彻党的二十大为主线,全面贯彻习近平新时代中国特色社会主义思想,贯彻落实习近平总书记关于工人阶级和工会工作的重要论述特别是致首届大国工匠创新交流大会贺信精神,坚持转作风、解难题、促发展、保稳定,扎实推进工会"十四五"发展规划实施,着力抓好职工思想政治引领、产业工人队伍建设改革、维权服务质量提升、新就业形态劳动者权益保障、维护劳动领域政治安全、深化工会改革创新、工会系统党的建设等各项工作,取得了积极进展。

团结就是力量,奋斗开创未来。2023年是全面贯彻落实党的二十大精神的开局之年。全国各族职工要更加紧密地团结在以习近平同志为核心的党中央周围,坚持以习近平新时代中国特色社会主义思想为指导,全面贯彻落实党的二十大精神,深刻领悟"两个确立"的决定性意义,增强"四个意识"、坚定"四个自信"、做到"两个维护",紧紧围绕党的二十大确定的目标任务,完整、准确、全面贯彻新发展理念,铆足干劲、乘势而上,勠力同心、勇毅前行,为完成经济社会发展目标任务、实现全面建设社会主义现代化国家开好局起好步贡献智慧和力量。

祝全国各族职工新年快乐、身体健康、工作顺利、阖家幸福!

中华全国总工会
2023年1月1日

(资料来源:全国总工会微信公众号.)

 讨论思考

试对以上两篇例文进行内容与格式的分析。

例文一是××县人民政府写给××部队全体指战员的感谢信,正文叙述由于该县遭遇特大洪水灾害,××部队全体指战员奋力救援,有力地保住了人民的生命和财产,赢得了抗洪斗争的胜利。接着阐述事迹的效应、颂扬品德"急他人所急、助人为乐、无私奉献的精神",表明态度"表示衷心的感谢和向部队指战员学习的决心"。全文处理得当,情感真挚感人。

例文二是 2023 元旦、春节来临之际,中华全国总工会向辛勤工作在全国各条战线上的广大职工送上亲切的慰问和祝福的慰问信。整个慰问信亲切、暖人,充满向上的力量。肯定了各族职工紧紧团结在以习近平同志为核心的党中央周围,弘扬劳模精神、劳动精神、工匠精神在应对各种风险挑战、推动高质量发展中充分发挥了工人阶级主力军作用。肯定了各级工会以迎接学习宣传贯彻党的二十大为主线,系统抓好党的建设等各项工作,取得了积极进展。激励全国各族职工要紧紧围绕党的二十大确定的目标任务,实现全面建设社会主义现代化国家开好局起好步贡献智慧和力量。最后祝全国各族职工新年快乐、身体健康、工作顺利、阖家幸福! 这篇慰问信行文诚恳,充满向上的力量,措辞恰到好处,有利于社会的和谐稳定发展。

 知识要点

(一)感谢信

1. 感谢信的含义

感谢信是为了感谢某个单位或个人对自己曾给过的某种关怀、支援、祝贺或勉励表示回谢的一种信件。

2. 感谢信的格式

(1)标题。感谢信的标题一般有三种写法:第一种即写文种"感谢信";第二种由受文单位和文种组成,如"致×××的感谢信";第三种由发信人以及被感谢者的姓名和文种组成,如"××总公司致×××商场的感谢信"。感谢信的标题,字号要比正文大一些,这样看起来会醒目。

(2)称谓。第二行顶格写被感谢方的单位名称或个人姓名。个人姓名应加上"同志""先生"或职务等,称谓后加冒号。称谓写在标题下一行,顶格书写。如果感谢对象比较多,可以把感谢对象放在正文中间提出。

(3)正文。正文写感谢的内容一般有以下三个方面。

① 简述事迹,说明经对方帮助产生的效果。这一部分要写清楚对方在什么时间,什么地点,由于什么原因,做了什么好事,对自己或单位有什么支持和帮助,事情有什么好的结果和影响。这部分应满怀感激之情提及相助事项,把对方的先进事迹和先进思想概括出来,并扼要叙述对方帮助所产生的客观影响和社会效果。如果接受赠物应将收的款物一一表明,予以致谢。

② 评论精神,对品德作评价和颂扬,表示感谢。还要写清楚从中表现了对方哪些好思想、好品德、好风格。

③ 表示向对方学习的态度和决心。

(4)致敬语。最后写上诸如"此致—敬礼""致以—最诚挚的敬礼"等表示感激的敬意的话。致敬语前半截另起一行空两格写;后半截另起一行顶格写,以表尊敬。

(5) 署名、日期。在右下方写上单位名称或个人姓名,最后一行写发信年、月、日。

(二) 慰问信

1. 慰问信的含义

慰问信是以组织或个人名义向某一集体或个人表示关怀和问候的信件。它多在节日或遇有重大事件或特殊情况时使用。慰问信可寄给本人及本人所在的单位,也可以登报或广播。

2. 慰问信的适用范围

慰问信的适用范围较感谢信广,主要有以下三种情况。

(1) 表彰慰问。如慰问在抗震救国保卫国家和人民生命财产安全等重大斗争中作出卓越贡献的人民解放军、公安干警等,并表彰其英勇行为和先进事迹。正文内容主要是简述先进事迹及其意义,表示赞扬,并鼓励他们再接再厉,乘胜前进,争取更大的成绩。开头可用"欣闻……非常高兴,特表示祝贺并致以亲切的慰问"等语;中心段可写成绩是怎样取得的及有怎样的意义,并表示赞扬;最后勉励他们再接再厉,继续前进。

(2) 遇灾慰问。如慰问由于某种原因(自然灾害、事故伤亡等)而遭受重大损失的人民群众,对其表示同情和安抚。并鼓励他们战胜困难,重建家园。对亲友的伤病等慰问也属这种情况。正文内容主要对受难者表示同情和安慰,鼓励他们克服困难,勇往直前,夺取胜利。开头可用"惊悉……深表同情,并致以深切的慰问"等语;中心段着重写克服困难,战胜灾难的有利因素;最后写自己(发信单位或个人)将为他们作贡献的决心及行动(如捐款捐物等),并表示良好祝愿。

(3) 节日慰问。节日慰问信多是上级单位写给有关人员的,所以正文内容主要是强调节日意义,赞扬有关人员所取得的成绩或作出的贡献,并提出今后希望。开头概述节日意义及提出问候语;中心段赞扬有关人员所取得的成绩或所作出的贡献,同时,联系当前的形势阐述责任和今后的任务;最后提出希望。

3. 慰问信的格式

慰问信的格式应根据时间、事件和对象不同有所区别。如上面三种情况,由于各自对象和目的不同,有的赞扬革命和建设中的有功之臣,有的慰藉勉励受灾群众,有的慰问各条战线中的无名英雄。写法不能千篇一律,一般情况下格式如下。

(1) 标题。第一行正中写"慰问信"或"×××致×××的慰问信"等字样。

(2) 称谓。第二行顶格写接受慰问的单位、个人名称。

(3) 正文。另起一行空两格起,写慰问的主要内容,包括以下几个方面。

① 原因背景。一般用简要文字陈述目前形势,写明慰问的背景和原因,引起下文。

② 叙述事实。应比较全面、具体地叙述对方的模范事迹或遇到的困难,要实事求是肯定其功绩,然后向对方表示慰问和学习。

③ 结语部分。先结合形势与任务提出殷切的希望,接着表示共同的愿望和决心,最后用一句慰勉与祝愿的话作结。

(4) 署名、日期。署名写在正文下一行右下角。年、月、日写在署名下。

 **拓展提高**

1. 撰写感谢信应注意哪些问题？

（1）内容要有真实性。叙述事迹要真实具体，人、时、地及有关数字要绝对准确，关键部分要突出，并给对方以恰如其分的评价。

（2）感情体现丰富性。做到以事表情，以情感人。既要感情充沛，讲究文辞，又要避免平铺直叙，辞藻惊人。表达谢意的行动要符合实际，说到做到，切实可行。同时要讲究礼貌，开头的称呼、文中的用词、结尾的敬语都要符合双方的身份和社会交往中的习惯。

（3）格式符合规范性。篇幅要简短，语句要精练，格式要符合一般书信的要求。

2. 撰写慰问信应注意哪些问题？

（1）对象要明确。根据不同的对象确定慰问内容和重点。

（2）感情要真挚。应以高度的政治热情，赞颂或慰勉对方，使人受到鼓舞。

（3）语言要亲切。慰问信的主旨是向对方表示慰问，语言要精练、朴实、亲切、诚恳。可适当运用抒情的表达方式，切忌用公式化、概念化的词语，也不宜套用刻板的公文语言。

 情境模拟

阅读下面的材料，请你代这位鞍山旅客马项如给乘务长李鸿英所在的南航北方分公司写一封感谢信。

南航乘务长心细　鞍山旅客10万元失而复得

8月21日，鞍山旅客从南航北方分公司客舱部取回了丢失近10天的钱包。而这一钱包的失而复得，得益于同乘务长李鸿英的巧遇。

8月12日，鞍山邮政局一行七人，从沈阳桃仙国际机场乘CZ6401飞机前往成都。当日23时，下飞机后，旅客马项如突然发现放在后裤兜中的钱包不翼而飞。"是被偷了，还是落在哪里了？"焦急的马项如找遍了他去过的所有地方但都无结果，最后只有自认倒霉并向当地公安部门报案。据其介绍，钱包内有身份证及人民币、银行卡等共计10万余元。

当日，旅客下机后，CZ6401航班的乘务长李鸿英检查客舱时，在12排的C座上发现了一个黑色钱包。"有丢失钱包的旅客吗？"乘务长李鸿英立即赶到廊桥的出口，挨个询问旅客。随后她又通过成都机场的广播寻找失主，但都杳无音信，最后李鸿英将钱包交给了成都地面机场的服务室。

8月18日20时15分，游玩返回的马项如一行人，在成都搭上了返程的飞机，而恰巧乘务长李鸿英因特殊原因也调至这一航班。因丢失了钱包，马项如成都一游始终情绪低落。看到他这样，一同来的朋友也很替他着急，抱着试试看的态度他们询问了乘务长。听到乘客反映的情况，李鸿英作了详细的核实后，确认她所拾到的钱包正是马项如所丢。于是，李鸿英马上与同伴取得联系，马项如的钱包也终于在昨（22）日从成都被捎回沈阳。

（资料来源：沈阳晚报，2005年8月23日．）

 **素质养成**

欣赏下面一篇文章。

感恩的心,感谢有您

　　落叶在空中盘旋,谱写着一曲感恩的乐章,那是大树对滋养它的大地的感恩。白云在蔚蓝的天空飘荡,绘画着一幅幅美丽的图卷,那是白云对哺育它的蓝天的感恩。"落花不是无情物,化作春泥更护花。"花瓣把美丽献给泥土,馈赠泥土对它的养育之恩。因为感恩,才会有这个多彩的世界;因为感恩,才让我们懂得生命的真谛!

　　从婴儿的呱呱坠地到被哺育长大成人,父母花去了多少的心血与汗水,操劳了多少个日日夜夜;从小学到初中,乃至大学,又有多少老师为我们呕心沥血,默默奉献着光和热?燃烧自己,点亮着他人!走向社会,当我们在生活、工作中备感无助的时候,是挚爱的朋友伸出了温暖的手,让我们领略到人生的一切美好!"滴水之恩,当涌泉相报。"更何况父母、恩师、亲友为我们付出的不仅仅是一滴水,而是一片汪洋大海。

　　在父母劳累后,送上一杯水;在老师生日时,递上一张贺卡;在朋友失落时,奉上一番问候与安慰。感恩的心,需要用心去体会、去报答!感恩不一定要有轰轰烈烈的壮举,只需一颗无微不至的真心!拥有真爱,会让这个世界更生动。

　　父母的付出远远比山高、比海深。学会去感激别人是自己的一份良心,一份孝心,因为如此,才会有和睦、有快乐、有彼此之间的敬重!怀着一颗感恩的心,去看待社会、对待父母、关爱亲朋,你将会发现自己是多么快乐!放开自己的胸怀,让霏霏细雨洗刷心灵的尘埃,学会感恩,因为这会使世界更美好,使生活更加充实!

　　感谢父母,给了我们这一次生命,让我们能来到这个世界走一回。

　　感谢老师,教给了我们知识,让我们从幼稚走向成熟。

　　感谢朋友,给了我们友谊,让我们在生命的旅程中不再孤独。

　　感谢坎坷,让我们在一次次失败中变得坚强。

　　感谢对手,是他们,让我们不断完善自己,不断朝前进步……

　　感谢领导,是你们的一次次指引,让我们找到了人生的坐标和前进的方向!

　　感恩的心,感谢有您!感谢生命中所有给予我们关爱的人!

经济文书

第一节　经济文书概述

 **案例导入**

【例文】

康师傅方便面广告策划书

随着人们生活节奏的不断加快,人们的饮食生活也被深深打上了时代的烙印。因为方便面给大家提供了很大的便利,所以成为很多人生活中不可缺少的食物组成部分。提起方便面,很多人立刻就会想到康师傅这个品牌,康师傅方便面在我国几乎是家喻户晓的。"康师傅"塑造了一个可爱的动画人物图样,以讲究健康美味的美食专家的形象在我国市场建造了"康师傅"食品王国。大学生是方便面的重要消费群体,通过对产品市场进行综合调查分析,以提高康师傅方便面在中原工学院的市场占有率为主要目的,我们做了一整套营销策划方案。

一、市场分析

1. 销售环境分析

大学生是方便面的重要消费群体。就我们学校而言,学校周一到周五实行封闭式管理,学生的活动范围基本都是在校园里,我们食堂条件单一,且吃饭时间集中。同学们在厌倦了食堂那永远不变口味的食物和挤食堂抢饭的烦恼时自然会选择实惠方便的方便面。

2. 自我剖析和销售比较

康师傅方便面品质精良、汤料香浓,碗装面和袋装面一应俱全,更重要的是它有一个"康师傅"的名字。顶新国际集团董事长魏应交曾说:"许多人认为'康师傅'的老板姓康,其实不是。'康'意为我们要为消费者提供健康营养的食品。'师傅'在华人中有亲切、责任感、专业成就的印象,这个名字有亲和力。用'康师傅'这个品牌反映了我们的责任心。"

康师傅是国内最大的方便面品牌,根据我们在中原工学院南校区的市场调查问卷得知,很多人在买方便面时首选是康师傅,购买原因:一是因为品牌效应;二是因为好吃。以下是校园外全国近期内的市场调查的数据。

冠军:康师傅的市场综合占有率保持在34%以上。亚军:××。季军:××。

3. 消费者分析

学生一般都离不开方便面,而学生一般又会在什么情况下选择方便面呢?

根据我们的调查得知:

(1) 懒。很多同学忙于学习,懒得去吃饭或者下课晚时看到食堂吃饭的人太多,会选择吃方便面。

(2) 穷。学生本身属于低消费群体,吃方便面省钱。

(3) 整天用计算机的人。学生中有很大一部分喜欢游戏或者学习计算机软件。这部分人对着计算机就不愿意离开,很多时候会选择方便面这种快餐式的饮食。

(4) 形单影只。不喜欢单独去食堂吃饭的人,会选择方便面。

(5) 很喜欢吃方便面的人。

4. 竞争对手的分析

根据对其他品牌的调查我们得知,学生选择 A 方便面的原因是因为它最便宜,选择 B 和 C 的原因是这两种面价格定位在中低档……康师傅吸引学生群体的特点就是面筋道,滑溜,味香,品牌大,包装好看,价格适中。且康师傅推出各种口味的方便面时做了很全面的市场调查和分析,调查后知道,人们最喜欢的面条口味是牛肉味,第二、第三是排骨和鸡肉口味,第四才是海鲜口味。确定牛肉味后,经过不断改进,请上万人试吃,才终于生产出适合大众口味的产品。所以康师傅的红烧牛肉面是跟所有品牌比较都是有优势的……

二、广告策略

根据多次的讨论,最终我们确定把康师傅品牌信誉度高、品牌形象亲切和"好吃看得见"这几点强化突出。既然这是一个知名品牌,我们的广告策略重点不用放在更大的品牌宣传上,我们在广告策略上侧重于深化康师傅这个可爱的动画人物给我们带来的亲切感,在品牌上加入人文关怀的因素,让同学们在看到听到这个品牌时就有温馨的感觉。

下面我们就进行更详细的说明。

1. 广告方式

首先,我们选用的媒体是广播。在下课(特别是吃饭)的时间,无论我们身处校园的哪个角落都能听见广播……

2. 广告定位

A. 诉求点:品牌大、味道好。

B. 广告语:随时随地关爱你——康师傅方便面。

3. 广告表现

Flash 脚本、POP 牌。

三、广告总策划

(1) 广告目标:通过提高品牌形象扩大销售。希望××学院南区夏季销售量达到3 000箱(如果一箱方便面厂商大概纯盈利为 8 元,那么 8 元/箱×3 000 箱＝24 000 元)。

（2）广告时间。

A. POP 广告，广播，网络的广告时间为 6 月 1—31 日。

B. 临时售点的户外广告为 6—7 月。

C. 促销时间为 6 月 1—31 日的每周五下午。

（3）广告预算。

POP 广告：100 元。

广播：100 元。

网络（含奖品）：200 元。

促销赠品：200 元。

临时售点：150 元/月×2 月＝300 元。

户外：100 元。

总费用：1 000 元（预测波动价位就在 1 000～1 200 元）。

（资料来源：周涛．财经应用文写作［M］．北京：北京邮电大学出版社，2012.）

讨论思考

这是一篇广告策划书，属于经济文书，读后你对经济文书有怎样的理解？

经济文书紧紧围绕经济活动，对经济活动产生巨大的影响，是经济生活中的一部分。

知识要点

（一）经济文书的含义

经济文书是在经济活动中形成和发展的、为现实经济生活服务的，具有特定惯用格式的应用文书。其主要业务范围是调查了解经济问题，收集整理经济信息，制订经济计划，监督经济活动，通报经济情况，开展经济交流，通过处理好内部经济事务，对经济活动的外部运行产生影响。

（二）经济文书的特点

1. 专业性

经济文书是经济部门的专用文体，常常运用财经专业术语，如成本、预算、核算、决算、信贷、汇率、利率、增值税等，这些专业术语都有特定的含义，运用专业术语，可以使经济应用文表达简洁、准确。

2. 针对性

经济文书是各种经济活动过程中所运用的应用文，它以贸易、金融、财税、会计、审计、经济信息与咨询等经济领域内的各种实践和理论为主要内容。

3. 真实性

经济文书要真实地反映经济活动本身的情况和规律，更离不开数据表达，没有大量的数据、数量关系的运用，就没有真实的经济文书。

(三)经济文书的分类

经济文书包括市场调查报告、广告、经济合同、招标书、投标书、可研报告、审计报告等。

(四)经济文书的作用

1. 沟通信息的作用

经济文书是企业与企业、企业内部的部门与部门之间互相联系、协同运作和相互竞争的纽带。作为信息、情况的载体之一,它在经济活动中无疑具有举足轻重的作用。

2. 凭证的作用

各种经济合同、协议等,一旦签署生效后,就对当事人的相互经济行为产生约束力。作为严肃的凭证,经济文书不仅是展开工作的依据,也是日后核查的凭据。

3. 分析研究的作用

经济文书可以对经济领域里的某些问题进行调查、分析和研究,总结规律,发现症结,寻找对策,从而指导经济工作。

 拓展提高

谈谈下面这位出版商的成功之道。

在西方,某出版商在进行广告宣传时,颇费了一番心思。

第一次,这位出版商给总统送去一本书,并三番五次去征求意见,忙于公务的总统不愿与他多纠缠,便回了一句:"这书不错!"于是出版商如获至宝,大做广告"现在有总统喜爱的书出售",并把"这书不错"四个字印在书的封面上,于是这些书很快被一抢而空。

第二次,出版商照方抓药,又给总统送去一本书。总统有了上次的"教训",欲借此奚落书商一番,便在书上写道:"这书糟透了!"书商大肆做广告"现有总统讨厌的书出售",人们出于逆反心理,争相抢购,此书又销售一空。

第三次,出版商又将一本新书送给总统,总统有了两次"前车之鉴",干脆紧闭"金口",不予理睬,但还是被出版商钻了空子。出版商仍然大做广告"现在有令总统难以下结论的书,欲购从速",读者出于好奇心,还是纷纷购买,这些书居然又卖得精光。总统真是哭笑不得,而出版商却大发其财。

 情境模拟

冰城之恋公益义演募捐活动企划案

一、活动背景

我公司为了向山区的贫困学生献上一份爱心,现准备策划一次爱心公益义演活动,募捐到的款项将用于为贫困山区儿童建校舍和购买书籍等。

二、活动目的

让社会各界关注贫困山区儿童上学难问题;向社会各界展示我公司的风采,塑造良好社会形象;提高公司旗下艺人的知名度和影响力。

活动标语:赠人玫瑰,手有余香。

三、活动地点

黑龙江省哈尔滨市索菲亚教堂广场。

四、活动时间

2012 年 12 月 11—13 日。

五、活动实施

(1) 活动申请:行政部负责与当地政府协商地点,申请当地政府对本次公益活动的批复。

(2) 活动联系:人事部邀请当地县政府社会活动负责人,教育主管部门领导出席活动。

(3) 活动宣传:人事部携旗下艺人大力宣传,途径包括海报、传单、横幅、媒体、网站。

(4) 活动支出:由财会部算出预算支出和演出报价,财会部须准确统计募集款项和人员费用支出,做出统计表交于董事会。活动所募集到的款项将全部用于援助贫困山区儿童。

(5) 活动后期:由办公室部负责对募捐活动的总结和报道,监督财会部的资金保管和统计。

六、注意事项

(1) 所有员工和艺人必须体现团队精神,不可迟到、早退、缺席,严格按照策划部安排工作。

(2) 在募捐活动中保安人员要做好保安工作,办公室部派出人员活动结束后收拾场地。

(3) 在现场设置一个募捐箱,要求募捐箱旁设有安保人员和监控器材。

(4) 所有工作人员必须佩戴活动标语袖标。

(5) 行政部准备好所有活动所需物品及物品清单。

(6) 后勤保障人员在义演前要多次检查音响设备,出现问题及时检修并上报给财会部批复。

注意:

(1) 本活动最终解释权归冰城之恋传媒公司总公司所有。

(2) 本活动为大型户外活动,根据天气情况可另行调整义演时间,时间由策划部另行通知。

(作者:黑龙江旅游职业技术学院 2012 级旅管 5 班 侯钦嘉)

 素质养成

营销工作中树立一个观念:营销≠求人。

如果客户购买企业产品是照顾企业,那么企业也同样照顾了客户,因为企业为客户提供了生活、生产所必需的商品或服务。也就是说,企业与客户的关系是一种互惠互利的关系。美国著名成功学家卡耐基的一则营销案例值得思考。

在纽约某饭店,卡耐基曾租用一个舞厅用来举办讲座,每季度只用 20 个晚上。第一季度开始时,卡耐基突然接到通知,对方要求他必须付出比以前高3倍的租金。当卡耐基接到通知时,讲座的入场券已经发出去了,而且所有的通告已经公布出去。面对这种局面,卡耐基当然不肯多付房租,那么,他又是如何解决这个问题的呢?

卡耐基先找到饭店经理说:"收到你的信,我有点儿吃惊,但我根本不怪你;如果我是你,我也可能发出一封类似的信。你身为饭店经理,有责任尽可能增加饭店收入,可是你也不能不考虑增加租金后的利与弊。"接着,卡耐基很快地拿出一张信纸,在中间画一条线,一边写上"利",另一边写上"弊"。他在"利"这边写下这些字:舞厅空下来。接着他说:"你有把舞厅租给别人开舞会或开大会的好处是这样可以增加不少收入。现在我们再来考虑坏处方面。第一,你不但不能从我这儿增加收入,反而会减少你的收入。事实上,你将一点收入也没有。因为我无法支付你所要求的租金。还有一个坏处,这些课吸引不少受过教育、水平高的人到你的饭店来。这对你是一个很好的宣传,不是吗?事实上,如果你花500美元在报上登广告,也无法像我的这些课程能吸引这么多人来你的饭店。这对一家饭店来说,不是价值很大吗?"卡耐基一边说,一边把两项坏处写在"弊"的下面,然后把信纸递给饭店经理,说:"我希望你好好考虑你可能得到的利弊,然后告诉我你最后的决定。"第二天,卡耐基就收到了饭店经理的信,说租金只涨50%,而不是300%。

卡耐基没有说一句恳请照顾之类的话,但他却如愿以偿地得到了减租。假设卡耐基做出可怜巴巴的样子找到经理,诉说自己如何艰难,请求经理照顾,这就可能出现两种结局:第一种结局是经理动了恻隐之心,同意照顾卡耐基一个季度或两个季度,但到第三个季度恐怕卡耐基自己也不好意思再提照顾了;第二种结局是经理根本不同意照顾,这也合情合理,因为饭店毕竟不是慈善机构,千方百计增加饭店收入也是经理应尽的职责。事实上,无论哪一种结局,都不如实际的结局圆满。

其实对外营销中,通常不能一心想着自己所需要的,而是要多想对方所需要的,通过帮助对方实现其所需要的,从而实现自己所需要的。正如被誉为"汽车大王"的亨利·福特所说的那样:"如果成功有何秘诀,就是了解对方的观点,并且从他的角度来看事情的那种才能。"

第二节　广告文案

案例导入

【例文一】

统一阿Q桶面的广告文案

饿的时候就食我/我是这么大碗的阿Q桶面/很饿——很饿——的时候/你才能吃出我的实实在在/我有好多的面,好Q……/我有好多的料,好香……/我有好多的汤,好鲜……/

红椒牛肉、排骨鸡汁、/蒜香珍肉、麻婆豆腐、香菇肉松/……越想会越饿/饿的时候就食我/——实实在在的阿Q桶面。

（资料来源：根据网络有关资料改编.）

【例文二】

保险公司故事体广告文案

彼得梦见与上帝同行，路面上留下两双脚印，一双是他的，另一双是上帝的。但当彼得经历一生中最消沉、悲哀的岁月时，路面上的脚印却只剩下一双。彼得问上帝："主啊！你答应过我，只要我跟随你，你永远扶持我，可是我在最艰苦的时候，你却弃我而去。"上帝答道："孩子，当时我把你抱在怀中，所以，只有一双脚印。"

当你走上坎坷的人生之路时，本公司陪伴着你；当你遇到不测时，本公司助你渡过难关。

【例文三】

某精工手表广告文案

有时候，爱情应该是看得见的恰当的表达，自己真挚、温馨的爱情不仅仅是一份勇气，更是一种艺术，象征爱情永恒的精工表，是高贵的爱情标志，也是天长地久的爱情魅力。在我们生命中的某些时候，爱情，应该是看得见的。

【例文四】

城市别墅平面广告文案

标题：为了适合的光线，我可以等上一整天。

正文：电影是光与影的艺术，光线像一把刀，雕刻着镜头语言。

因苛求完美而有所期待，生命中的许多事情因此而变得更加美好。

无独有偶，城市别墅精益求精的做事态度，将其德国品质标准诠释得恰到好处。

【例文五】

《企业管理百科全书》广告

标题：书与酒。

副题：价格相同价值不同。

图画：一套书，一瓶酒。

正文：一套书的价格只相当于一瓶酒，但价值及效用却大为不同。尤其，花一瓶酒的代价，买一套最新的管理知识和有效的管理技巧，使你的企业能够提高效率，增加利润，快速成长，无论如何都是值得的。

因为，酒香固然令人陶醉，但不过是短暂、刹那间的美妙，书香却是历久弥新，源远流长。

一套好书，能为你带来智慧与启示，让你解惑去忧，触类旁通，左右逢源。所以，与其花钱买醉，不如斗室书香。《企业管理百科全书》正是为每一位经营者准备的，它是140位经理、学者智慧的结晶，由20位专家联合编纂。拥有一套《企业管理百科全书》，任何企管新知，伸手可得，真正是对付经济不景气与同业竞争最有利的武器。

 讨论思考

例文一至例文五都是什么体的广告文案？

例文一是论说体。用议论、介绍、说明、证明、自述等方式，对广告客体加以论述说明。它的好处是广告的中心思想表述得明确清晰、情况介绍全面，逻辑性强，有很强的说服力。

例文二、例文三是文艺体。经常把多种文学艺术的体裁写作正文，运用多种修辞方法。它的特点是广告有文采，不呆滞，生活气息较浓，能够以情动人，颇富感染力。

例文四是综合体。既将产品或服务内容的特点、特色表述清楚，又要追求文案的情意表现。这种晓之以理、动之以情的创意特点需要打破文体界限，综合运用各种表达技巧。

例文五是综合(对比)体。这则广告的主旨是"以书与酒的价格作比较，衬托出书的价值"。这则广告的主旨既鲜明又独具一格，富有哲理，令人产生遐想。从广告的语言来看，整个正文词采清丽，朴素遒劲，通篇文稿没有一句吹捧的话，但把书的价值表述得清清楚楚。

知识要点

（一）广告的含义

《中华人民共和国广告法》对广告的定义是商品经营者或者服务提供者通过一定媒介和形式直接或间接地介绍自己所推销的商品或者服务。这一界定说明，商业广告传播的是有关商品和服务的信息，有明确的广告主；它是有偿服务，即广告主必须向广告经营者偿付广告设计、制作、代理服务等项费用；商业广告必须通过媒体(即报纸、杂志、广播、电视等)传播信息。

广告文案有广义和狭义之分。广义的广告文案是指在广告活动中为广告所撰写的所有文字资料，包括广告的策划书、计划书、调查报告以及制作中的案头文字写作、脚本创作、音乐编创、美术设计、版式安排等工作。狭义的广告文案是指广告作品的语言文字部分。就狭义而言，广告是为通过一定的传播媒介，公开而广泛地向公众传递某一信息或宣传某一事项所使用的文书，如商业广告、商品广告、经济广告。

（二）广告的种类

（1）以制作目的来分类，可以分为销售广告和信誉广告。销售广告是指为推销某种商品而制发的广告。信誉广告是指为宣传公司或企业的信誉、历史和成就，塑造公司或企业形象的广告。

（2）以媒介方式来分类，可以分为报纸广告、杂志广告、广播广告、电视广告和张贴广告等。

（3）以广告的文体来分类，可以分为说明体广告和文艺体广告等。

（4）以广告的心理效果来分类，可以分为攻心广告、迎合广告、征奖广告和承诺广告等。

（三）广告的特点

1. 真实性

广告文案是受众展示的说明书和广告语，必须以真实诚信为基础。广告文案与广告作品中的其他要素一起,作为广告活动的"代言人",站出来和受众对话。人们通过它的介绍和推荐来认识企业、产品和服务,对是否接受某种服务形成选择意向。这个"代言人"所说的话真实与否,将在很大程度上决定着受众能否得到真实、准确的信息,能否产生符合真实状态的对应情绪,能否产生正确的消费意向。只有真实的广告,才符合"以人为本"的广告理念。当然,信息是真实的,手法可以是艺术的。

2. 独创性

独创是与众不同的首创,是广告作品独特的吸引力和生命力之所在。广告如果不够独创,吸引不了注意力;如果不能造成震撼力,印象不会持久。现代社会处于一个竞争的时代,同类产品越来越多,发布的信息铺天盖地,一般的表现方式很难引起目标受众注意,广告的原创性显得十分重要。表现手法上的独创,就是形式上的独创。这种独创的目的,是使广告文案更具吸引力、更富于个性、更与众不同,是使广告信息被更有效地快速传递。

3. 审美性

广告的过程即审美的过程。让受众从审美意义上得到满足,刺激消费欲望。

4. 效益性

广告的目的就是追求效益的最大化,经济效益与社会效益的最大化统一是广告最佳的境界。

5. 整体性

广告是立体的综合载体,广告文案必须与其他部分协调融合。

(四)广告文案的结构与写作

一般来说,广告文案包括标题、正文、广告口号和随文四部分。

1. 标题

广告文案的标题即广告的题目,它是广告主题的反映,是广告文案内容的高度浓缩和概括,又是区分不同广告内容的标志。所以广告题目应该醒目、新颖、有吸引力。

1)标题的分类

(1)直接标题。用简明的文字表明广告的主要内容,使人一目了然。如"海尔电器""格力空调"等(商品名称),"华硕宽屏笔记本全线大促销"(报道式)、"保护嗓子请用金嗓子喉宝"(祈使式)。

(2)间接标题。不直接点明广告主旨,而用耐人寻味的词句来做标题,以诱人继续读正文或看图片。这种标题富有情趣,以引人注目,诱发兴趣为主要目的。例如,"比生命更珍贵的,是珍惜生命的极致用心"(雪佛莱轿车广告)、"COOL 的真情告白"(奇瑞·QQ 轿车广告)、"什么能给你的头发轻盈均衡的滋润"(飘柔洗发广告)、"只花几十元,再跑八万里"——汽车轮胎、"本公司的维修人员,是全世界最闲的人"——突出质量、"不打不相识"——某打字机公司广告。

(3)复合式标题。这是采用新闻的标题形式,有引题、正题、副题,具体用法与新闻相同。引题用来说明信息意义或交代背景,正题用来点明广告的主要内容,副题是对正题内容

的补充。例如:

万科城市花园告诉您——引题

不要把所有的鸡蛋都放在同一个篮子里——正标题

物业,您明智而深远的选择(万科城市花园)——副标题

2)标题的表现形式。

(1)新闻式。以带有新闻意味的词句宣传广告内容,以新闻报道的方式向消费者发布新商品或劳务信息。常用词汇有新、最新、发现、推出、首次、目前、现在、消息等。

(2)问答式。用提问的方式来引起人们的注意,使他们去思考问题,加深对广告的印象。它的常用的词汇和句式是:"难道……它是……""谁不愿?""谁能?""怎么样?""为什么?""怎能?"等,如"谁能帮您轻松建立动态网站,从此一劳永逸?"。

(3)承诺式。向受众承诺某种利益和好处。常用词汇大致有免费、定能、优惠、美丽、气派、方便、减价、附赠等。KMB通天巴士载你到世界每个角落;A31,A41,A41P,A43 每日多班直达机场。

(4)悬念式。在标题中设置一个悬念,迎合受众追根究底的心理特征,以吸引受众的特别注意。它经常和问答式标题配合运用。

(5)假设式。在广告标题中提出某种假设,同时据此提出某种结果。

【案例一】

标题:如果有一天,你聆听的只剩下这样的音符。

文案:想听清脆的鸟鸣声你可以从国际牌随身听中一听究竟,你会沉浸在优美快乐的歌声中,如临现场,国际牌以高传真的音效带您倾听大自然的天籁之音,也希望您能亲自去体会、关怀这群枝头鸟;但我们也忧心地看到,目前鸟类赖以生存的森林、水域已经逐渐被砍伐、污染,鸟儿无枝可依,快乐的歌声越来越少了…… 也许有一天要听鸟鸣声,只能从音响中去寻找了。

国际牌呼吁:请留给它们干净的空间生长,因为那也是我们赖以生存的资源。给它们一片干净的空间歌唱,莫等它们消失在我们耳畔。

【案例二】

标题:如果有一天,水的世界不再有鱼类生存。

文案:想看海底丰富的世界,你可以从画王中一窥究竟,你会沉迷于迷离的色彩、运动的身影,如临现场;国际牌以高传真的影像,请您上天下海,悠游自如,也希望您能亲自去体会、关怀这群水中游龙;但我们也忧心地看到,目前鱼类赖以生存的水域,遭受工业废水、垃圾严重污染,青苔不生,水草难长,鱼儿纷纷翻起了白肚……也许有一天要看见鱼儿得从电视中去寻找了。

国际牌呼吁:请留给它们无污染的水域生长,因为那也是我们赖以生存的资源。如果有一天,水的世界不再有鱼类生存,给它们一方清澈的水域生存,莫等它们消失在我们的视线。

(6)故事式。故事式也叫叙事式或情节式标题。类似一则故事的题目,在标题中提示或暗示故事的发生和情节的展开。

(7)祈使式。祈使式也叫建议式,就是用建议的或劝导的语言和口吻,向受众提出某种消费建议。常用词汇:请、千万不要、让、应该、无论如何、来吧、试一试等。

（8）赞美式。赞美式也叫炫耀式、夸耀式。在标题中直接地赞美、夸耀,甚至炫耀广告中企业、商品、服务的特征、功能、有效性。

（9）否定式。在汉语语言环境中,否定词和否定句式的运用,可在一般的陈述的前提下进一步加强语气,使语言获得一种张力,体现出传播者的坚定和自信。

2. 正文

广告正文是指广告文案中处于主体地位的语言文字部分,是广告的主旨和主要内容所在,主要功能是展开解释或说明广告主题。广告正文的写法比较灵活,常见的文体有论说体、文艺体和综合体。

3. 广告口号

广告口号又叫广告标语,是广告者从长远销售利益出发,在一定时期内反复使用的特定宣传语句。这个标语使公众理解和牢记一个确定的观念。这个观念无形中成为人们购物的依据。它的特征是:句式简短,内涵丰富,反复运用。其作用如下:广告口号首先是企业、商品、服务与受众之间的认知桥梁。加强受众对企业、商品和服务的一贯印象;通过多层次传播,形成口碑效应;传达长期不变的观念,改变消费指向的同时,产生长远的销售利益。例如,丰田汽车的广告标语:"车到山前必有路,有路就有丰田车。"

1) 广告口号的内容类型

（1）形象建树型。如"全心全意小天鹅""一旦拥有,别无所求"(飞亚达手表)。

（2）观念表现型。如"不求最好,只求更好""懂得更多,才能做得更好"(万基洋参)。

（3）优势展示型。如"农夫山泉有点甜"。

（4）号召行动型。如"你想身体好,请喝健力宝""乐百氏奶,你今天喝了没有"。

（5）情感唤起型。如"我的眼里只有你"(娃哈哈矿泉水)、"太阳最红,长虹最亲"。

（6）利益承诺型。如"更干、更爽、更安心"(护舒宝卫生巾)、"给我一天,还你千年"(杭州宋城)、"让我们做得更好"(飞利浦电器)。

2) 广告口号的结构类型

（1）单句形式。如"挡不住的感觉"(可口可乐)、"真诚到永远"(海尔电器)。

（2）对句形式。如"晶晶亮,透心凉"(雪碧)、"只选对的,不选贵的"(雕牌洗衣粉)。

（3）前缀式句型。如"雀巢咖啡,味道好极了""飞利浦,让我们做得更好"。

（4）后缀式句型。如"清除体内垃圾,昂立一号"。

4. 随文

随文又叫附文,它是向受众传达企业名称、地址、购买商品的方法等附加性广告信息的语言文字。它一般出现在广告的结尾位置。

随文的写作,通常有常规式、附言式和标签式等形式。

（1）常规式随文。它是整篇广告的落款和附言。文体礼仪要求落款要低于正文,横式落款则应该靠右而在文左留较多空白。企业名称要用全称,最好还要把企业标志放在企业名前。联系地址、咨询电话、网址和电子信箱等放于企业名下。

（2）附言式随文。它像书信的附言,如"我们的特别优惠活动在以下店铺进行,欢迎您就近光临",或者"如果您在××月××日购买我们的××,我们将有特别的礼品奉送"。

（3）标签式随文。它不一定出现在文末，可以在广告画面的某个位置，服从于画面和文字的整体布局。为了提醒顾客，标签式随文一般会用不同的色彩、字体标示出来，也可以给随文加上底纹或花边，使它像商品标签一样。

 拓展提高

创作广告一般要经历哪几个阶段？

广告文案撰写人员进行广告创作之前，必须对广告对象及其他许多因素进行了解、研究和充分准备，才能保证文案作品的质量。广告创作分为以下几个步骤。

1. 广泛占有资料

（1）了解企业和商品信息。在制作广告文案时，必须找准这个商品的诉诸点，只有彻底地了解商品的属性、长处与短处，才能使广告主旨鲜明，才能确立宣传重点，因此广告文案人员应和厂家有充分的接触，研究客户提供的企业和产品资料，了解他们的研发意图、名称由来、技术特征等。

（2）了解消费者信息，寻找相对应的广告目标人群。主要用户是什么阶层？购买动机是什么？他们感兴趣的说服技巧是什么？用哪种媒介宣传更适合他们？这些都要做到心中有数。

（3）了解市场信息。不同地区不同时代有不同的审美要求。要考虑所宣传的目标市场特点和条件，例如，气候等自然条件和人们审美欣赏习惯等。

（4）了解广告信息。掌握竞争对手和同类产品的广告研发及宣传特点，研究同类品牌的产品说明及宣传资料，总结别人的经验教训，调整自己的广告策略。

2. 要有好的创意与定位

做广告之前，首先要明白"这个产品要做什么，是给谁用的"。一般情况下，一个新产品在推出前，均在现有同等竞争广告中的现有定位中找到不足之处，然后将其放大，在对竞争对手的攻击中获取自己的定位，找准好的创意。

【案例一】

泰诺感冒药定位与创意：如果你容易反胃……或者有溃疡……或者你患有哮喘、过敏或者因缺乏铁质而贫血，在你使用阿司匹林前，就有必要向你的医生请教。阿司匹林能侵蚀血管，引发气喘或过敏反应，并会导致隐藏性微量胃肠出血。很幸运的是现在有了泰诺。

【案例二】

奥妮洗发露广告定位创意：1994年，在宝洁公司和联合利华公司的大举进攻下，中国市场上本土的日化企业节节败退，尤其是在城市高端市场，简直是被外来势力一统天下。此时，重庆奥妮洗发露进入市场。一开始就给当时的洗发水市场来了一次重新定位——天然洗发水。奥妮当时推出了一个广告，并且进行了大规模的媒体播出。

画外音：长期使用化学洗发露，容易使人头发干枯、分叉，最终损害头发性质。与此相配合的是黑白的电视画面上，灰暗失去光泽的头发，显得蓬松凌乱，在其影响下，女性原本秀丽的容颜也显得黯然憔悴,一道电光骤然划过,惊雷仿佛要撕裂女性赖以自豪的秀发。随即奥妮洗发露出现了,它使用的是中国传统洗涤植物皂荚原料,天然不伤头发。此时画面转为彩色,美丽的女性秀发飘逸迷人,奥妮洗发露给秀发带来更多的光彩。

3. 确立主题与格调

广告主题是指广告宣传的重点和所要明确表达的中心思想。广告创作人员从众多的资料中把握商品的个性,寻找符合消费者心理需求的鲜明特点,从而确立广告文案的主题和格调。

【案例】

洗发水的独特说词。

(1)海飞丝:头屑去无踪,秀发更出众。

(2)潘婷:富含维生素,令头发更营养,加倍亮泽。

(3)飘柔:让头发更加飘逸柔顺。

4. 确定传播媒体

由于人们的社会地位、接触方式、习惯不同,不同的受众喜欢不同的媒体。面对农村用户的广告,应以电视和广播为媒介;针对司机和司乘人员的广告,最好的媒体是广播;而IT业的广告就可以用网络为媒介。当然,不同媒体的广告有不同的表现侧重点。电视广告给人以视听立体画面,鲜活生动,多注重广告口号的强调;报纸广告以文字为主,因此多注重广告正文的反复申说;广播广告以声音传播为主,文案设计上就要注重广告语言的音韵美,以加深受众印象。

5. 策划主题意境

广告属于艺术作品,它的灵魂来自策划主题意境。常用的策划广告主题意境的方式有以下几种。

(1)想象构思。这是利用人们丰富的想象力进行的构思活动。想象构思可以运用接近联想、相似联想、对比联想、关系联想等方式。

(2)反常思维。反常思维用有悖于常理的语言进行构思表现。

"越往北走越使你温暖。"(旅游广告)

从对温暖的感觉来说,越往北越冷,但从对服务的感受来讲,则是越往北越感到温暖。

(3)逆向思维。广告可以利用人们的逆反心理,从反面做广告,有时会产生更强烈的刺激和说服的效果,如卷烟公司的广告:"吸烟有害健康。"这种对消费者真诚的关心和诚实的态度深得消费者赞赏。

(4)更新思维。商品推广有时会受到旧有的消费习惯和思维的阻碍,应先从改变人们的旧的思维开始,如七喜汽水的"非可乐型饮料"的消费理念的倡导,使七喜汽水一跃成为美国饮料三大巨头之一。

【案例】

红牛饮料平面广告文案。

广告语:轻松能量来自红牛。

标题:还在用这种方法提神?

正文:都21世纪了,还在用这一杯苦咖啡来提神?你知道吗?还有更好的方式来帮助你唤起精神——全新上市的强化型红牛功能饮料富含氨基酸、维生素等多种营养成分,更添加了8倍牛磺酸,能有效激活脑细胞,缓解视觉疲劳,不仅可以提神醒脑,更能加倍呵护你的身体,令你随时拥有敏锐的判断力,提高工作效率。

(5)捕捉时机。根据特定时机人们特有的定势心理、大众心理,策划出相应的意境,借势宣传商品,如冬奥会等公众关注的热点问题宣传商品。

(6)价值附加。给商品一些附加的价值,从而形成超出商品本身的魅力,如采用影视明星、体育明星做产品形象代言人;以抽奖形式和赠送形式来吸引受众等。

 **情境模拟**

1. 以下广告运用了哪些修辞方法?

(1)完美的组合,如同你的良缘(JVC视听组合);就像我们的皮肤一样,无可比拟(格雷斯风雨衣)。

(2)冷暖有知己,空调奥克斯。

(3)公益广告"蜜蜂与苍蝇":它们很像,但不一样。

(4)漂亮不打折(某护肤品)。做女人挺好(丰乳霜)。

(5)古有丝路通天下,今有金路通万家(金路地毯)。

(6)一旦拥有,别无所求(飞亚达手表)。

(7)如果有人劝你戒烟,不要理他。——他是想骗你活得久一点(美国防癌协会戒烟广告)。

(8)何济公,何济公,止痛不用三分钟(何济公制药)。

(9)人类失去联想,世界将会怎样?(联想集团)。

(10)借问酒家何处有,牧童遥指杏花村(杏花村酒厂)。

(11)长城电扇,电扇长城(长城牌电扇)。

(12)车到山前必有路,有路就有丰田车(丰田牌汽车)。

(13)是真的,补品中的精华(西洋参口服液)。

(14)让世界了解上海,让全国了解上海,让上海人民了解上海(《上海滩》杂志)。

(15)福临万家,美行天下(海南马自达福美来轿车)。

(16)东不管西不管酒管(馆),兴也罢衰也罢喝罢(东兴酒馆)。

2. 拟写广告语。

针对校园中的一些不文明现象,诸如不节约用水、浪费粮食、语言不文明、破坏桌凳、乱丢纸屑等现象拟写一至二条广告语。

3. 下图是一则公益平面广告,根据要求答题。

人品

＋　　＝食品

良品

(1)请简要赏析这则公益广告的创意。

(2)根据本则广告的立意和所反映的现实问题,向有关部门提出切实有效的建议。

 **素质养成**

1. 判断好广告的标准有哪些？

是否上口易记，传播中有无语言障碍？

是否体现了广告主体的企业宗旨、企业理念？这些理念有前瞻性吗？是否是其品牌意象的"特有语汇"？是否体现了明确的定位？

是否表现了企业对消费者的某种关切？

是否具有某种情感渗透的因素？

是否体现了商品或服务的特征，这个特征又是能给消费者带来实际方便的、能使他们产生浓厚兴趣的？

在各种媒介上进行模拟表现，是否能适应这些不同的媒介表现？

能否产生某种消费号召力？

一般来说，一则公众尚未认识的新广告，因追求信息含量，其结构比较完整；而有了声誉的老牌广告，其广告物的性质、性能已被社会接受、熟悉，就不需要多费笔墨，往往打出或者播出广告的标题或标语就可以。如"头屑不再有，秀发更飘柔"，公众一看一听，就知道是什么广告。

2. 我国明星代言广告有新规定出台。

市场监管总局、中央网信办、文化和旅游部、广电总局、银保监会、证监会、国家电影局七部门联合下发《关于进一步规范明星广告代言活动的指导意见》（简称《指导意见》）自 2022 年 10 月 31 日起实施。

《指导意见》站在推进文娱领域综合治理的高度，充分整合现有法律法规和政策性文件，综合运用市场竞争、行业管理、监管执法、行业自律、社会监督等多种措施，构建起规范明星广告代言活动的治理体系，为维护好明星代言领域清朗空间提供新的制度支撑。

规范明星广告代言活动，不仅需要加强监管执法，更需要规范市场运行、强化行业管理，促进市场主体各负其责、市场有序竞争、行业加强自治，形成德艺双馨明星被市场认可、违法失德明星被市场抵制的良性循环。

3. 国外明星代言广告的有关规定。

（1）美国：广告形象代言人必须"明示担保"。美国广告代言人必须是其所代言产品的直接受益者和使用者，否则就会被重罚。如美国摇滚巨星杰克逊曾为百事可乐做广告，但有人发现他根本不喝可乐后，一时间他被公众列为知名度高却被普遍讨厌的人物。一位好莱坞演员也因为假广告被罚款 50 万美元。另外，美国药品广告很少，医疗广告更是少之又少。

（2）法国：明星代言虚假广告可能有"牢狱之灾"。法国明星名人代言了虚假广告，身败名裂不说，还可能遭受牢狱之灾。法国一位电视主持人吉尔贝就曾经因为做虚假广告而锒铛入狱，罪名是夸大产品的功效。

（3）日本：明星代言伪劣产品要公开道歉且"饭碗不保"。日本明星名人代言伪劣产品，除本人会向社会公开道歉外，在很长时间得不到任何工作合约。

第三节 经济合同

 案例导入

【例文】

房产购销合同

甲方：＿＿＿＿＿＿＿＿＿＿＿＿＿＿

代表：＿＿＿＿＿＿＿＿＿＿＿＿＿＿

地址及电话：＿＿＿＿＿＿＿＿＿＿

开户银行：＿＿＿＿＿＿＿＿＿＿＿＿

账号：＿＿＿＿＿＿＿＿＿＿＿＿＿＿

乙方：＿＿＿＿＿＿＿＿＿＿＿＿＿＿

代表：＿＿＿＿＿＿＿＿＿＿＿＿＿＿

地址及电话：＿＿＿＿＿＿＿＿＿＿

开户银行：＿＿＿＿＿＿＿＿＿＿＿＿

账号：＿＿＿＿＿＿＿＿＿＿＿＿＿＿

甲、乙双方为购销＿＿＿＿＿＿＿度假村商品房事宜,经洽商签订合同条款如下,以便共同遵守。

一、乙方向甲方购买坐落在＿＿＿＿＿＿＿度假村＿＿＿＿＿＿＿组团内＿＿＿＿＿＿＿楼房＿＿＿＿＿＿＿栋。建筑面积为＿＿＿＿＿＿＿平方米。其面积以＿＿＿＿＿＿＿省《建筑面积计算规则》为准。

二、商品房售价为人民币＿＿＿＿＿＿＿元。其中包括配套的配电室、临时锅炉房、道路、绿化等工程设施的费用,但不包括建筑税和公证费。

三、付款办法。

预购房屋按房屋暂定价先付购房款＿＿＿＿＿＿＿％,计人民币＿＿＿＿＿＿＿元(其中＿＿＿＿＿＿＿％为定金)。待房屋建设工作量完成一半时再预付＿＿＿＿＿＿＿％。房屋竣工交付乙方时按实际售价结清尾款。房屋建筑税款由甲方代收代缴。

四、交房时间。

甲方应于＿＿＿＿＿＿＿年＿＿＿＿＿＿＿月将验收合格的房屋交付乙方。

五、乙方在接到甲方接房通知后的＿＿＿＿＿＿＿天内将购房款结清。届时乙方若不能验收接管时,须委托甲方代管,并付甲方代管费(按房价的＿＿＿＿＿＿＿/日计取)。

六、乙方从接管所购房屋之日起,甲方按照国家规定,对房屋质量问题实行保修(土建工程保修一年,水电半年,暖气一个采暖期)。

七、违约责任。

1. 本合同生效后,如乙方违约,乙方已缴定金不退;如甲方违约,则应双倍退还定金。

2. 甲方如不能按期交付乙方所购房屋时(除人力不可抗拒原因外),每逾期一天,甲方向乙方承担应交房屋售价_____的罚金。甲方通过努力交付房屋,乙方又同意提前接管时,以同等条件由乙方付给甲方作为奖励。

八、乙方需要安装电话,由甲方解决,费用由乙方承担。

九、乙方对所购房屋享有所有权,但必须遵守国家有关房屋管理规定及度假村管理办法。

十、甲、乙双方如在执行本合同过程中发生争执,应首先通过友好协商解决,如双方不能达成一致意见时,应提交有关仲裁机关进行仲裁。

十一、本合同一式九份,正本两份,双方各执一份;副本六份,双方各执三份,正副两本具有同等法律约束力。

十二、本合同双方签字盖章经公证后生效。本合同未尽事宜另行协商。

十三、本合同附件。

1. 房屋平面位置及占用土地范围图(略)。

2. _____度假村别墅暂行管理方法(略)。

甲方(盖章):_____   乙方(盖章):_____

代表(签字):_____   代表(签字):_____

_____年____月____日   _____年____月____日

讨论思考

从以上经济合同例文分析,合同拟定应注意什么? 关键要素是什么?

经济合同的拟定要合乎规范,合同的内容要完整,条款要完备。在拟定时要吃透合同的精神,切不可投机取巧、偷工减料,以免留下日后纠纷的隐患。书写合同要反复推敲,用词要谨慎,以免发生歧义。签订合同一定不能离开合同的法定条款(标的、数量、质量、价款或酬金、履行期限、地点和方式、违约责任和解决争议的方法)和约定条款。

知识要点

(一)经济合同的含义

经济合同是合同中最常见的一种。经济合同主要是指平等主体的自然人、法人、其他组织为实现一定的经济目的,明确相互权利义务关系的协议。

(二)经济合同的种类

(1)按性质分,有购销合同、承包合同、补偿贸易合同、借贷合同、租赁合同、加工承揽合同、委托代办合同、技术转让合同、借款合同、财产保险合同等。

(2)按形式分,有条款式合同和表格式合同。

(3)按时间分,有长期合同、中期合同和短期合同。

(三)经济合同的特点

(1)合同具有法律的效力。因此,合同签订后,各方当事人就必须严格履行合同的内容,否则就会受到经济制裁,甚至追究法律责任。

(2)合同的内容必须符合国家的有关法律、行政法规和宏观经济规划的要求。国家不允许随便生产、销售的物品不能作为一般合同的标的,否则,合同内容即使是当事人作出的意思表示,在法律上也是无效的。

(3)订立合同必须贯彻平等、公平、协商、等价有偿、诚实信用的原则。合同各方当事人的法律地位是平等的,有权自愿表达自己的意见,任何单位和个人都不得干预或包办代替,不能把自己的意志强加给对方。

(4)订立合同的当事人必须有履行合同的能力。强调合同当事人履行合同的能力,是为了维护合同的严肃性,防止有人利用合同买空卖空,从中渔利的现象发生。

(四)经济合同的结构和写法

合同的格式主要有条款式和表格式两种:条款式是把双方达成的协定列成几条,写入合同,如前面所举的施工合同、生产责任制合同即是;表格式是按印制好的表格,把协商同意的内容逐项填入表中,一般用于一方同意另一方的条件而达成的协定,如前面所举的供需合同等。

凡是合同,无论是条款式,还是表格式,它们的写法都有固定的格式。合同一般由标题、约首、正文和约尾构成。

1. 标题

标题写在合同文本首页上方居中的位置。合同的标题主要有两种类型。

(1)合同性质+文种。如《借款合同》《仓储合同》。

(2)合同标的+合同性质+文种。如《华为手机买卖合同》《汽车租赁合同》。

2. 约首

约首包括订立合同各方当事人名称或姓名。为了使正文行文简便,当事人名称或姓名简称为"甲方""乙方",如有第三方,可简称为"丙方"(或"供方""需方",或"发包方""承包方",或"出租方""承租方"等)。写明立合同者的单位名称,代表人姓名。在合同中不能用"我方""你方""他方"这样的简称,以免引起混乱。规范写法有以下三种形式。

(1)开头空两格写"订立合同双方(或各方)",然后分上下行排列写各方单位名称,其后分别写"以下简称甲方""以下简称乙方"。例如,

供货单位:雅戈尔集团股份有限公司,以下简称甲方。

购货单位:大商集团股份有限公司,以下简称乙方。

(2)开头空两格分上下行排列写"甲方""乙方",其后分别写各方单位名称。例如,

甲方:贵州茅台股份有限公司

乙方:秋林集团

(3)开头空两格分上下行排列写"供方""需方",或"发包方""承包方",或"出租方""承租方"等,其后分别写其单位。例如,

发包方:中海地产集团有限公司

承包方:哈尔滨远东建筑公司

3. 正文

开头很简要地写明订立合同的根据或目的,说明经双方协商一致,签订该合同。例如,"根据我国《合同法》的有关规定,转让方与受让方根据技术转让合同的要求,本着互利原则,经双方协商一致,签订本合同"。或采用与此类似的写法,"为了……,根据……的规定,经双方充分协商,特订立本合同,以便共同遵守"。一般情况下,合同都可以采用这种开头方式。

然后另起一行分条写合同的法定条款(标的,数量,质量,价款或酬金,履行期限、地点和方式,违约责任和解决争议的办法)和约定条款。

(1)标的。标的是指合同当事人各方权利和义务所共同指向的对象。由于合同的种类不同,其标的也不同,如买卖合同的标的是工农业产品,建设工程合同的标的是工程项目,借款合同的标的是货币。标的名称要使用公认的名称,并且要具体明确。

(2)数量。数量是标的多少、轻重、大小的表示。一是要采用国家法定的度量衡单位来计算;二是要详细具体,如以包、箱、袋作单位计算数量时要说明其里面装了多少斤或多少件等。对尾差、自然损耗率等的许可范围也要加以说明。

(3)质量。质量是指标的的物理、化学、生物、机械性能素质和外观状态标准。国家有规定的,要说明按国家哪一年颁布的标准执行,国家没有规定的,合同当事人各方要协商确定标准。质量是合同标的产品或劳务的优劣程度。质量有两个方面的要求:一方面是指产品的外观形态,如造型、结构、色泽、味觉等;另一方面是指产品的内在成分、物理和机械性能、生物的特征等。合同标的质量的技术要求标准,力求详细、具体、明确。一般情况下,有国家或部颁标准的,按国家或部颁标准签约;没有国家标准或部颁标准的,由双方协议定一个标准;有的标准一下定不了的,可以拿样品,交货时凭样品交货,这些在合同中都要写清楚。样品,必须在订立合同时由双方封存,以作为今后验收的依据。

(4)价款或酬金。价款或酬金是指合同一方当事人向交付标的的另一方当事人以货币形式支付的代价。标的是货物的,代价称为价款;标的是提供劳务的,代价称为酬金。产品价款和劳务酬金要按照等价交换的原则执行,并严格遵守国家的价格政策。

(5)履行期限、地点和方式。合同履行期限是指交付标的和支付价款或酬金的时间界限。可规定为即时履行或一定期限内履行。履行期限要明确规定年、月、日,不能用"明年""秋季""以后""尽可能"等模糊词语表述。

履行地点是指交货、服务、付款等地点。履行地点要具体明确,如货物运到北京,要明确北京的具体地点;若遇地点重名,要在地点前冠以省、市、县名称,以免引起合同纠纷。

履行方式是指合同当事人以什么方式履行合同义务。要根据标的的不同情况加以规定,例如,货物验收采用什么方法,对隐蔽性问题是否允许使用后提出;货物是自行提取,还是代办托运;货物采用什么运输工具;何方支付运输费用;价款或酬金是支付现金,还是用支票;是一次付款,还是分期付款等,都要具体明确。

(6)违约责任和解决争议的办法。违约责任是指经济合同依法成立后,由于合同当事人一方或双方的过错而导致合同不能履行或不能适当履行,有过错的一方应当承担的责任。对违约责任的追究,可以用支付违约金、支付赔偿金、继续履行合同等方式解决。如因违约产生争议,可根据《合同法》第一百二十八条的规定解决。"当事人可以通过协商或者调解解决合同争议。当事人不愿意和解、调解或者调解不成的,可以根据仲裁协议向仲裁机构申请仲裁……当事人没有订立仲裁协议或者仲裁协议无效的,可以向人民法院起诉,当事人应当履行发生法律效力的判决、仲裁裁决、调解书;拒不履行的,对方可以请求人民法院执行。"

4. 约尾

约尾一般包括签订合同各方的公章、法定地址、法定代表人的签名、电话号码、传真号、开户银行及账号、邮政编码、签订合同地点和日期等。

签订经济合同时,应该慎重对待,切不可粗枝大叶,使经济利益受到损失。因此,条款、品名、规格、质量、数量、金额、交货地点和办法等,均应逐一写清。文字不可模棱两可产生歧义。金额数字要大写,标点要正确。要用钢笔和毛笔等书写(不能用铅笔),以便长久保存。在签订合同之前,双方应充分了解对方的设备、资金、技术力量和经营管理能力等,以免因对方无力履行合同而受到损失。经济合同具有法律的约束力。签订合同的当事人,必须严格履行合同规定的义务,任何一方都不得擅自中止或废除。如果因情况变化必须有所变更、修改甚至废除时,得经过双方协商同意并承担应负的责任。

拓展提高

1. 合同写作时应注意哪些要求?

签订合同必须遵守国家的法令制度,必须符合国家计划的要求;必须坚持平等协商、等价有偿的原则,具体做到以下几个方面。

(1) 内容完备、条款齐全。必要的条款,如标的、经济法律责任、权利义务必须具体完备,这样有利于如期执行,否则挂一漏万,随时协商更改或未发现,不仅影响履行合同,可能造成纠纷、损失。

(2) 规定具体、表述周密。每一条款都应规定具体,语意周全,措辞准确不含糊,否则语意不清,易产生歧义造成纠纷。如产品购销合同就要一条一条写清产品是按月按旬、按日按季交货;是记毛利还是记净利;是自提、送货还是托运;是抽检还是检验等。

(3) 书写工整、文面整洁。严肃的法律行为,不可麻痹大意。不写错别字,标点正确,所涉及的期限、金额、数字等要大写。类似"大概""估计""尽量"之类字眼一般不能使用,以防造成纠纷。

(4) 经济合同一经签订,即可生效。任何一方不得随意改动。如需修改、补充或更正,须经双方协商,将改动意见作为合同附件,正式签署后生效。

2. 合同纠纷处理采取哪几种方式?

(1) 和解。和解是当合同履行过程中发生纠纷时,合同当事人在没有第三方的参与的情况下,直接进行磋商,就争议的问题达成合理的处置意见并付诸实施。这是对合同纠纷最经济、最便捷、最安全、最简单的解决方式,特别是在合同涉及商业秘密的情况下,和解的必要性就更为明显,如果双方都有解决问题的诚意,合同的纠纷一定可以通过这种方式解决。值得注意的是,如果和解不能达成,就要及时启动其他的解决程序,更不能因为和解错过诉讼时效。

(2) 调解。调解是争议双方在第三方的参与下,对合同争议的问题进行讨论和协商,拿出比较可行的解决方案并付诸实施。参加调解的可以是生意伙伴、主管部门,也可以是仲裁机构、人民法院,因为调解属于当事人的一种权利,当事人可以选择调解,也可以选择不调解,所以调解普遍比较宽松,只要不违反法律的强制性规定,只要是双方当事人的真实意思的表示,不管选择哪种方式处理都符合法律的规定。

（3）仲裁。仲裁是合同争议双方当事人根据事前或事后达成的仲裁协定、仲裁条款,把双方争议的事实提交依法设立的仲裁委员会处理的一种争议解决方法。它具有自愿性、灵活性、保密性、快捷性、经济性、独立性,在仲裁的过程中,当事人的主体作用比较明显,例如,当事人可以选择采用独任仲裁庭或是合议仲裁庭,当事人也可以选择仲裁员进行仲裁。特别是在涉外合同纠纷中,仲裁更是具有诉讼难以企及的优势。由于法院的主权性质,所以国内法院的判决在国外法院很难得到承认和执行,仲裁则不同,仲裁是一种民间裁决方式,所以根据联合国《关于承认和执行外国仲裁裁决的公约》(又叫《纽约公约》)。除非有可撤销的正当理由,否则所能参加该条约的国家都要承诺执行缔约国的仲裁裁决。目前该条约已经有六十多个国家加入,涵盖所有重要国家,是涉外合同争议的最佳选择。

（4）诉讼。诉讼就是合同争议当事人,把合同纠纷提交人民法院依法裁决的一种争议解决方式。合同争议的诉讼时效是两年,从争议发生之日起计算。

3.《经济合同法》中的定金法则。

当缴纳定金者不履行协议时,无权请求返还定金,接受定金方不履行协议时,要双倍返还定金。

 **情境模拟**

阅读下面这份合同,请指出其不妥之处。

【病文】

合　同

立合同人:××化肥厂

　　　　××汽车运输公司

一、乙方为甲方一次性运送1 500吨化肥,甲方按吨/千米支付运输费。

二、运输工作必须在××××年××月××日以前完成,否则拖延一天扣除全部运输费的1%。

三、运输工作如提前完成,每提前一天,甲方向乙方提供奖金1 000元。

四、运输过程中化肥遗失,口袋破损,乙方照市价赔偿。

五、运输工作开始后甲方必须提供包装完好的化肥,如供货不及时影响了运输速度,由甲方赔偿。

××化肥厂（盖章）

经办人××（签名盖章）

① _____

② _____

③ _____

④ _____

⑤ _____

⑥ _____

⑦ _____

(资料来源:刘云兴,孙德廉. 应用文写作综合教程[M]. 北京:北京师范大学出版社,2007.)

【学生范文】

关于汽车租赁的合同

出租方:车行天下汽车租赁公司   承租方(姓名):

法定地址:兴源大道 888 号   住址:

经手人及身份证: 身份证:

联系方式: 联系方式:

根据《中华人民共和国合同法》等法律规定的有关规定,双方在平等自愿的基础上经充分协商,就汽车租赁事宜达成如下协议,供双方共同遵守:

第一条　车辆状况

承租方所租的车型为_____,车牌号为_____,必须使用_____号汽油(柴油)。租赁车辆的车况以发车的双方签字确认的《租赁车辆交接单》为准。

第二条　租赁期限及租金

1. 出租方自_____年____月____日_____时起,将所租车辆交付给承租方使用,至_____年____月____日_____时收回。

2. 租金_____元/日,共收租金_____元。

3. 应承租方要求,由出租方派人至承租方指定地点送、接车辆,出租方将另行收取费用_____元。

4. 租赁方续租,应提前 24 小时办理手续并缴纳足额租金。

第三条　出租方的权利和义务

1. 不承担租赁车辆在租赁期间内所发生交通事故或其他事故造成的一切后果,包括有关部门的罚款等。

2. 不承担租赁车辆于租赁期间引发的第三者责任。

3. 依照法律、法规的规定出租方应有的权利。

4. 向承租方提供性能良好,证件齐全有效的车辆。

5. 在收到承租方租金及足额押金之后,将所租车辆交付承租方。

6. 如车辆属于非承租方使用不当所产生的无法投入正常行驶时,出租方可向承租方提供临时替换车辆。

第四条　承租方的权利和义务

1. 租赁期间拥有所租车辆的使用权。

2. 租赁期间应严格遵守国家各项法律法规,并承担由于违章、肇事、违法等行为所产生的全部责任及经济损失。

3. 不得把所租车辆转借给任何第三者使用,不得用租赁车辆进行营利性经营,以及参加竞赛、测试、实验、教练等活动。

4. 承担车辆租赁期间的油料费用。在租赁期间应对水箱水位、制动液、冷却液负有每日检查的责任,在车辆正常使用中出现故障或异常,承租方应立即通知出租方或将车辆开至出租方指定维修厂,承租方不得自行拆卸、更换原车设备及零件;因非正常使用造成的事故责任及损失费用均由承租方承担。

5. 应按时归还车辆,归还时的车况与《租车车辆交接单》中的车况登记相一致,并经出租方指定的专业人员验收。验收时发现车辆有划痕、刮伤、碰撞、损坏、设备折损、证件丢失等现象承租方应按实际损失交纳车损费及其他相应的费用。

6. 必须承担因承租方的行为而带来的其他经济损失。

第五条　租期的计算

租赁期间以车辆发车时为始,以车辆收车时为止,每日以 24 小时计算,超过 6 小时(含 6 小时)按全日计算,6 小时以内按半日或小时计算。

第六条　租车押金

1. 承租方需向出租方一次性交付押金_____元,在本合同期满或双方协议解除合同时,如承租方无违约行为,出租方将押金归还给承租方。

2. 承租方还车时须交纳交通违章保证金 800 元人民币,在 15 个工作日后,经确定在租赁期间无违章记录即退还。

第七条　车辆保险

1. 出租方为租赁车辆办理了车辆损失险、盗抢险、自燃险、第三责任险。承租方可自愿购买其他险种,费用由承担方自理。

2. 车辆在租赁期间内如发生保险事故,如属于保险赔付范围的费用由保险公司承担;属于保险责任免赔或其他原因导致保险公司拒赔的损失由承租方承担。

第八条　违约责任

1. 出租方未能按合同约定的交车时间向承租方提供所租车辆,需向承租方赔偿该日租金的 1.5 倍作为违约赔偿金。

2. 承租方未经出租方同意逾期返还车辆的,逾期租金以原租金标准的 1.5 倍计收。

3. 承租方在租赁期间发生操作不当或其他外部原因引起的车辆损伤,如可办理保险索赔的,承租方应向出租方支付总维修费用(以保证公司评估为准)30% 的加速折旧费和停驶损失;如属于保险责任免除范围的,由承租方承担全部的维修费用和停驶损失。

第九条　担保条款

担保方:_____(个人签字、单位盖章)愿为承租方提供担保,如承租方发生违约行为,担保方愿承担连带责任。

第十条　合同解除

1. 因车辆状况原因导致车辆无法正常行驶时,承租方有权解除合同。

2. 未经出租方许可承租方拖欠租金超过 1 日,出租方有权随时随地收回车辆并解除合同。

3. 在下述任何一种情况发生时,出租方有权解除合同收回车辆,并不返还租金和押金,由此造成的一切法律责任和经济损失由承租方承担:

(1)承租方利用所租车辆从事违法犯罪活动。

（2）承租方将所租车辆转让、转租、出售、抵押、质押。

（3）从事其他有损出租方车辆合法权益的活动。

第十一条　合同的效力

1. 本合同自出租方、承租方签字(盖章)后生效。本合同一式两份,由出租方、承租方各执一份,具有同等法律效力。

2.《汽车租赁登记表》《租赁车辆交接单》是合同的附件,与合同具有同等的法律效力。

第十二条　争议的解决

有关合同的一切争议,双方经协商解决未能达到一致的,任何一方可向出租方所在地的法院提出起诉。

出租方：车行天下汽车租赁公司　　　　承租方：

年　月　日

（作者：黑龙江旅游职业技术学院财国际贸易学院 2016 级国际邮轮专业　闫硕）

素质养成

90 后大学生靠网络写作年入百万

"90 后""大四在读""年薪百万""专业课挂了 7 科",这是网络写手"风青阳"在京城某大学演讲时用的几个关键词。高三暑假,他为自己取下"风青阳"笔名,与金庸武侠小说《笑傲江湖》中的世外高人风清扬同音,短短四年,便被某文学网站评为"最具商业价值签约作者"。

风青阳是中国作家协会成员,17K 小说网至高神作家,主要作品有《龙血战神》《吞天记》和《万古第一神》。多部作品累计有十亿点击,百万收藏。其中《龙血战神》位列百度风云榜前十,被国家广电总局评选为 2016 年度十大数字阅读作品之一。《龙血战神》和《吞天记》均已改编为游戏,且分别获得中宣部主办的"年度优秀作品推选"。

《万古第一神》登上 2020 年中国网络文学影响力排行榜 IP 改编榜,在第二届网文之王评选之中,风青阳位列十二主神。

第四节　劳 动 合 同

案例导入

【例文一】

没签劳动合同

小李托亲戚、找朋友帮忙,好不容易进了一家公司,当时没有签合同,进去后干的活儿很杂,工作岗位不固定,每个月领的工资也不一样。一年后,他多次与公司协商签订劳动合同,想把工作岗位、内容、工资等各方面固定下来,可公司总是以"我们需要的就是一个能干杂活的人""公司效益不固定,工资也不能固定""如果不想干就另谋高就"等各种理由予以推托。结果,他干了一年多,合同也没签成。后来,公司换了个老板,一上任就把他辞退了。

【例文二】

女职工流产休假期间的待遇

王某在一家外资企业工作,已怀孕四个半月,不幸的是在一次意外事故中,腹中的胎儿流产了。公司决定给王某 15 天产假,产假期间工资为 40%,医疗费不予报销,没有生育津贴。

 **讨论思考**

1. 例文一中没签劳动合同等于没有合同吗?单位可以任意辞退吗?

《劳动合同法》第八十二条规定,用人单位自用工之日起超过一个月不满一年未与劳动者订立书面劳动合同的,应当向劳动者每月支付两倍的工资。用人单位自用工之日起满一年不与劳动者订立书面劳动合同的,视为用人单位与劳动者已订立无固定期限劳动合同。因此,依据《劳动合同法》的规定,小李的要求是合法合理的,而公司辞退他是违法的,因为公司实际上与他已经订立了无固定期限劳动合同。

2. 分析例文二中公司对王某的做法是否合理?

根据我国《女职工劳动保护特别规定》,对女职工流产待遇作出了相关的规定,具体内容是:女职工怀孕后流产,根据医务部门的证明,妊娠不满 4 个月的,产假为 15～30 天;妊娠4 个月以上的,产假为 42 天。产假期间,工资照发。所需医疗费用人单位全额报销,但超出规定的医疗服务费和药费(含自费药品和营养药品的药费)由职工个人负担,并按照本企业上年度职工月平均工资领取产假期间的生育津贴。若女职工产假期满,因身体原因仍不能正常工作的,经过医务部门证明后,其超过产假期间的待遇,按照职工患病的有关规定处理。

由上可知,公司对王某流产仅给予 15 天产假,产假期间工资为 40%,医疗费不予报销,没有生育津贴的做法是完全错误的,是一种违法行为。

 **知识要点**

(一)劳动合同的概念

所谓劳动合同,是指劳动者与用人单位之间发生的劳动关系并确立双方的权利和义务的协议。换句话说,劳动合同就是"劳动契约"。它是用人单位与劳动者之间为了确定劳动关系,明确相互之间的劳动权利和义务所达成的协议。

(二)劳动合同的性质

(1)从法律性质来看,劳动合同作为以订立合同形式确立劳动者与用人单位劳动关系的法律手段,具有合同法规定的以下性质。

① 劳动合同是诺成性合同,订立劳动合同时,只要双方当事人协商达成一致,合同就成立,并具有法律效力。

② 劳动合同双方的法律地位是平等的。

③ 劳动合同是有偿合同。当事人一方有提供劳动的义务,另一方有支付报酬的义务,双方都相应地享有平等的权利和义务。

(2) 从社会性质来看,劳动合同是用人单位招用和组织使用劳动力的手段,不仅资本主义国家可以采用,社会主义国家也可以采用。因此,总体上看,我国的劳动合同当事人双方之间不存在剥削与被剥削的劳动关系,而是平等互助的合作关系。这是我国劳动合同与资本主义雇佣合同的本质区别。

(3) 劳动合同独特的法律特征。

① 劳动合同的一方当事人必须是用人单位,另一方当事人必须是劳动者本人。如果合同双方都是用人单位,双方都是劳动者个人签订的合同,就不能叫作劳动合同。另外,这一特征也表明,参与劳动法律关系的用人单位,只能是该单位的行政方面,而不是该单位的党、团或工会组织。

② 劳动合同当事人双方法律地位平等;但从组织管理上看,又具有身份上的隶属关系。这就是说,劳动合同一经签订,劳动者必须加入用人单位中成为对方的一员,并在用人单位内享有相应的权利和承担相应的义务,服从用人单位的领导和工作安排。这一特征也决定了劳动者个体在同一时期只能与一个用人单位签订劳动合同,而不能同时与两个或两个以上的用人单位签订劳动合同。

③ 约定试用期。劳动合同除规定合同期限的有效时间外,一般还应明确规定一定的试用期限,劳动合同期限三个月以上不满一年的,试用期不得超过一个月;劳动合同期限一年以上不满三年的,试用期不得超过两个月;三年以上固定期限和无固定期限的劳动合同,试用期不得超过六个月。同一用人单位与同一劳动者只能约定一次试用期。以完成一定工作任务为期限的劳动合同或者劳动合同期限不满三个月的,不得约定试用期。

④ 可签无固定期限合同。出现以下情况可签无固定期限合同。

a. 签约两次之后须签无固定期限合同。《劳动合同法》第十四条规定,劳动者与单位连续订立两次固定期限劳动合同之后,如果双方再次续约,必须签订无固定期限劳动合同。用人单位违规不签无固定期限劳动合同的,在解除或终止合同时,应按规定的经济补偿标准的双倍支付赔偿金。

b.《劳动合同法》第十四条规定:劳动者在用人单位连续工作满十年以上,双方同意延续合同的,只要劳动者提出,便应订立无固定期限劳动合同。

c. 用人单位初次实行劳动合同制度或者国有企业改制重新订立劳动合同时,劳动者在该用人单位连续工作满十年且距法定退休年龄不足十年的。

⑤ 用人单位自用工之日起超过一个月不满一年未与劳动者订立书面劳动合同的,应当向劳动者每月支付两倍的工资。用人单位违反本法规定不与劳动者订立无固定期限劳动合同的,自应当订立无固定期限劳动合同之日起向劳动者每月支付两倍的工资。

（三）劳动合同的基本内容

依据《劳动法》及企业劳动管理的实际情况，我国的劳动合同一般包括下列内容：双方当事人名称（姓名）和地址、合同期限、试用期限、职务（工种、岗位）、工作时间、劳动报酬、福利待遇、劳动保护、劳动保险、劳动纪律、政治待遇、教育与培训、劳动合同的变更、劳动合同的解除、违约责任、其他事项（如住房问题、特殊困难）、纠纷处理（劳动争议）。

上述劳动合同的内容可以分为两个部分来理解。第一部分是双方当事人自己规定的条件，它包括必要劳动条件和补充条件。如合同期限、工作内容、劳动保护、劳动报酬、劳动纪律、合同终止条件、违反合同的责任等，这是必要劳动条件，有了必要劳动条件，合同才能成立。而解决子女入托、上学及住房等问题则是补充条件。以上这些内容只要不与国家规定相抵触，完全可以由双方协商决定。第二部分是按照法律、法规执行的条件。在这里需要说明的是双方按法律、法规执行的条件没有必要再写进劳动合同，因为这是法定内容，双方当事人必须无条件坚决执行。因为，这些条件对于明确劳动合同当事人双方的权利和义务，具有普遍的适用性和强制性。

 拓展提高

订立劳动合同应遵循哪些基本原则？

订立劳动合同是一种法律行为，劳动者与用人单位双方都必须按照有关法律和政策的规定，遵循以下三项原则来进行签订。

（1）平等自愿的原则。平等即签订劳动合同的当事人双方的法律地位是平等的，双方在政治上、经济上都不依附于对方；自愿即劳动合同的订立是当事人双方自己的意愿，任何一方不得把自己的意志强加于对方，也不允许第三方进行非法干预。平等自愿的原则是劳动合同订立的核心原则。

（2）协商一致的原则。协商一致是指当事人双方对合同各项条款的具体内容进行充分的协商，特别是在出现意见分歧时，要通过协商办法解决，使双方的意见达到一致，而不能使用强加于人的和欺骗等手段。平等自愿、协商一致是密切相关和不可分割的，平等是自愿的基础，自愿是平等的体现，协商一致是平等自愿的唯一表达形式。可见，协商一致原则是平等自愿原则的延伸和结果。

（3）不违反法律和政策法规规定的原则。这就是说，劳动合同的订立必须符合有关法律和政策法规的规定。首先，劳动合同的主体双方必须具备法定的资格。企业一方应具备法人资格，有经批准的经营范围、履行能力和承担经济责任的能力；劳动者一方则应该具有劳动权利能力和劳动行为能力，即应年满 16 周岁、能以自身的行为来行使自己的劳动权利和承担劳动义务。其次，是劳动合同的各项内容必须合法，即双方当事人在确定具体的权利与义务时，不得违反有关法律和政策法规的规定。只有这样，劳动合同才有法律效力，受法律保护；而违反有关法律和政策规定的劳动合同或合同中的部分条款，则属无效合同、无效条款，不受法律保护。最后，订立劳动合同的程序必须合法，依照法律规定的程序，以书面的形式签订。

劳 动 合 同

甲方(用人单位):   乙方(员工):

名称: 姓名:

住所: 性别:

法定代表人: 身份证(护照)号码:

联系人: 住址:

联系电话: 联系电话:

根据《中华人民共和国劳动法》(以下简称《劳动法》)、《中华人民共和国劳动合同法》(以下简称《劳动合同法》)等有关法律、法规的规定,甲、乙双方遵循合法、公平、平等自愿、协商一致、诚实信用的原则,签订本合同,共同遵守本合同所列条款。

一、合同期限

(一)甲、乙双方同意按以下第＿＿＿种方式确定本合同期限。

1. 有固定期限:从＿＿＿＿＿年＿＿＿月＿＿＿日起至＿＿＿＿＿年＿＿＿月＿＿＿日止。

2. 无固定期限:从＿＿＿＿＿年＿＿＿月＿＿＿日起。

3. 以完成一定工作任务为期限:从＿＿＿＿＿年＿＿＿月＿＿＿日起至＿＿＿＿＿年＿＿＿月＿＿＿日止。

(二)试用期为＿＿＿＿＿(试用期包括在合同期限内,如无试用期,则填写"无")。

二、工作内容和工作地点

乙方的工作内容(岗位或工种):＿＿＿＿＿＿＿＿＿＿＿＿＿＿＿＿。

乙方的工作地点:＿＿＿＿＿＿＿＿＿＿＿＿＿＿＿＿＿＿＿＿＿＿。

三、工作时间和休息休假

(一)甲、乙双方同意按以下第＿＿＿＿种方式确定乙方的工作时间。

1. 标准工时制,即每日工作＿＿＿＿小时(不超过8小时),每周工作＿＿＿＿小时(不超过40小时),每周至少休息一日。

2. 不定时工作制,即经劳动保障行政部门审批,乙方所在岗位实行不定时工作制。

3. 综合计算工时工作制,即经劳动保障行政部门审批,乙方所在岗位实行综合计算工时工作制。

(二)甲方由于生产经营需要延长工作时间的,按《劳动法》第四十一条执行。

(三)乙方依法享有法定节假日、婚假、产假、丧假等假期。

(四)乙方的其他休息安排:＿＿＿＿＿＿＿＿＿＿＿＿＿＿＿＿＿＿＿。

四、劳动报酬

(一)甲方依法制定工资分配制度,并告知乙方。甲方支付给乙方的工资不得低于市政府公布的当年度最低工资。

(二)乙方每月工资＿＿＿＿元(其中试用期每月工资＿＿＿元)或按＿＿＿＿执行。

(三)甲方每月＿＿＿＿日发放工资。甲方至少每月以货币形式向乙方支付一次工资。

(四)乙方加班工资、假期工资及特殊情况下的工资支付按有关法律、法规的规定执行。

(五)甲、乙双方对工资的其他约定:＿＿＿＿＿＿＿＿＿＿＿＿＿＿＿＿＿。

五、社会保险和福利待遇

（一）甲、乙双方按照国家和省、市有关规定，参加社会保险，缴纳社会保险费。

（二）乙方患病或非因工负伤，甲方应按国家和省、市的有关规定给予乙方享受医疗期和医疗期待遇。

（三）乙方患职业病、因工负伤的，甲方按《职业病防治法》《工伤保险条例》等有关法律法规的规定执行。

甲方有下列情形之一的乙方可以解除劳动合同。

1. 未按照劳动合同约定提供劳动保护或者劳动条件的。

2. 未及时足额支付劳动报酬的。

3. 未依法为乙方缴纳社会保险费的。

4. 甲方的规章制度违反法律、法规的规定，损害乙方权益的。

5. 甲方以欺诈、胁迫的手段或者乘人之危，使乙方在违背真实意思的情况下订立或者变更本合同，致使劳动合同无效的。

6. 甲方免除自己的法定责任、排除乙方权利，致使劳动合同无效的。

7. 甲方违反法律、行政法规强制性规定，致使劳动合同无效的。

8. 法律、行政法规规定乙方可以解除劳动合同的其他情形。

（四）甲方以暴力、威胁或者非法限制人身自由的手段强迫乙方劳动的，或者甲方违章指挥、强令冒险作业危及乙方人身安全的，乙方可以立即解除劳动合同，不需事先告知甲方。

（五）乙方有下列情形之一的，甲方可以解除劳动合同。

1. 在试用期间被证明不符合录用条件的。

2. 严重违反甲方的规章制度的。

3. 严重失职，营私舞弊，给甲方造成重大损害的。

4. 乙方同时与其他用人单位建立劳动关系，对完成本单位的工作任务造成严重影响，或者经甲方提出，拒不改正的。

5. 乙方以欺诈、胁迫的手段或者乘人之危，使甲方在违背真实意思的情况下订立或者变更本合同，致使劳动合同无效的。

6. 被依法追究刑事责任的。

（六）有下列情形之一的，甲方提前三十日以书面形式通知乙方或者额外支付乙方一个月工资后，可以解除劳动合同。

1. 乙方患病或者非因工负伤，在规定的医疗期满后不能从事原工作，也不能从事由甲方另行安排的工作的。

2. 乙方不能胜任工作，经过培训或者调整工作岗位，仍不能胜任工作的。

3. 劳动合同订立时所依据的客观情况发生重大变化，致使劳动合同无法履行，经甲、乙双方协商，未能就变更劳动合同内容达成协议的。

（七）有下列情形之一，甲方需要裁减人员二十人以上或者裁减不足二十人但占甲方职工总数百分之十以上的，甲方应提前三十日向工会或者全体职工说明情况，在听取工会或者职工的意见，并将裁减人员方案向劳动行政部门报告后，可以裁减人员。

1. 依照企业破产法规定进行重整的。

2. 生产经营发生严重困难的。

3. 企业转产、重大技术革新或者经营方式调整,经变更劳动合同后,仍需裁减人员的。

4. 其他因劳动合同订立时所依据的客观经济情况发生重大变化,致使劳动合同无法履行的。

(八)有下列情形之一的,劳动合同终止。

1. 劳动合同期满的。

2. 乙方开始依法享受基本养老保险待遇的。

3. 乙方死亡,或者被人民法院宣告死亡或者宣告失踪的。

4. 甲方被依法宣告破产的。

5. 甲方被吊销营业执照、责令关闭、撤销或者甲方决定提前解散的。

6. 法律、行政法规规定的其他情形。

六、经济补偿

(一)符合下列情形之一的,甲方应当向乙方支付经济补偿。

1. 甲方依据本合同第九条第(一)项规定向乙方提出解除劳动合同并与乙方协商一致解除劳动合同的。

2. 乙方依据本合同第九条第(三)项、第(四)项规定解除劳动合同的。

3. 甲方依据本合同第九条第(六)项规定解除劳动合同的。

4. 甲方依照本合同第九条第(七)项规定解除劳动合同的。

5. 除甲方维持或者提高劳动合同约定条件续订劳动合同,乙方不同意续订的情形外,依据本合同第九条第(八)项第1目规定终止固定期限劳动合同的。

6. 依据本合同第九条第(八)项第4目、第5目规定终止劳动合同的。

7. 法律、行政法规规定的其他情形。

(二)甲、乙双方解除或终止本合同的,经济补偿的发放标准应按《劳动合同法》和国家和省、市有关规定执行。甲方依法应向乙方支付经济补偿的,应在乙方办结工作交接时支付。

七、合同解除和终止手续

甲、乙双方解除和终止本合同的,乙方应按双方约定,办理工作交接等手续。甲方应依法向乙方出具书面证明,并在十五日内为乙方办理档案和社会保险关系转移手续。

八、争议处理

甲、乙双方发生劳动争议的,应先协商解决。协商不成的,可以向本单位工会寻求解决或向本单位劳动争议调解委员会申请调解;也可以直接向劳动争议仲裁委员会申请仲裁。对仲裁裁决无异议的,双方必须履行;对仲裁裁决不服的,可以向人民法院起诉。

九、双方认为需要约定的其他事项:＿＿＿＿＿＿＿＿＿＿＿＿＿＿＿＿。

十、其他

(一)本合同未尽事宜或合同条款与现行法律、法规规定有抵触的,按现行法律、法规执行。

(二)本合同自甲、乙双方签字盖章之日起生效,涂改或未经书面授权代签无效。

(三)本合同一式两份,甲、乙双方各执一份。

甲方:(盖章)   乙方:(签名)

法定代表人:

　　年　月　日   年　月　日

(以上仅供参照执行)

 **情境模拟**

　　我国运动员王建强与法国法兰克福俱乐部签订了合同,其合同正文只有以下三条,试问造成这种后果的原因何在? 尚需补充哪些条款?

　　(1) 雇用期一年。

　　(2) 月薪 800 美元。

　　(3) 包吃、包住、包往返机票。

　　结果王建强每月薪金不能全得,俱乐部扣税,踢球获奖奖金又不知归谁,饮食方面就更差了。他与俱乐部交涉,俱乐部不予理睬,无奈打起官司。

 **素质养成**

　　毕业生求职应具备法律保护的四种意识。

1. 法律意识

　　××是一名高职院校应届毕业生,经过千辛万苦终于找到了一家相对满意的公司,原本满心欢喜地以为,到公司工作就可以和公司签订劳动合同了。孰不知,事情并不像××想象得那样简单,公司提出必须先试用三个月,试用期间月工资 1 600 元,试用期满后再签订劳动合同。

　　评析:用人单位这样做是不合法的。试用期要包括在劳动合同期限中,即在入职之日就应当签订劳动合同,而不是在试用期结束之后再签订劳动合同。

　　毕业生在求职过程中,要大体知道法律的规定是怎样的,了解哪些情况是违法的,哪些情况又是政策允许的,才有了进行自我保护的前提。

2. 契约意识

　　××去一家外企公司应聘,公司决定录用他。但签合同的时候,××发现合同中的甲方不是这家公司,而是一家人力资源公司。外企公司说这个没什么影响,现在大公司都这样做,因为底层员工太多,需要一家人力资源公司帮助管理。

　　评析:这是劳务派遣,签的是劳务合同,而非劳动合同。劳务派遣是指劳务派遣单位与劳动者签订劳动合同后,将劳动者派遣到接受派遣的单位工作。

　　在实践中,劳务派遣单位更多考虑的是自身利益和要派单位的利益,例如,不给劳务派遣员工参加社会保险,截留或克扣用工企业为劳务派遣工支付的各项保险费用等。同时,"劳务关系"增强了用工的灵活性,降低生产成本,提高生产效率,也避免与被派遣劳动者之间可能引发的直接劳动纠纷,规避了劳动法律监督。

　　所以,毕业生要谨慎签约、积极履约,保护好自己的合法权益。

3. 维权意识

　　××毕业后到一家公司报到上班。工作一段时间后,发现公司存在不合理克扣员工工资和无故不缴纳社会保险费的现象。员工们对公司的这一做法感到气愤,但是考虑到自己的今后发展,没有人敢于站出来对此提出质疑。××知道公司的做法是违反劳动法的,强烈的维权意识使他认为一定要采取措施保护自己和同事的合法权益。于是他向当地劳动监察部门举报了公司的恶劣行径。劳动监察部门接到举报后,马上在查证属实的基础上对公司进行了处罚,同时责令公司返还克扣的员工工资,并按规定补交社会保险费。

评析:××所在公司的做法是违法的。按照我国《劳动法》及相关法律、法规的规定,用人单位应当足额为劳动者参加社会保险,不得以协商的方式放弃参加社会保险。××在法律意识和契约意识的指引下,认识到自己的合法就业权益受到了侵害,积极运用法律手段维护自己的合法权益。

4. 证据意识

××是酒店管理专业二年级学生。他与同班另两位同学一起去某酒店应聘。岗位有主管、前台服务、客房服务,顺利通过面试后,酒店给他们三人出示了用工合同。

合同签订后,酒店要求每人先付300元押金,并开具了"合同违约金"的收据。次日,三人就参加了为期七天的短期培训。

第一天,三人穿上酒店员工制服,从上午八点一直工作至晚上十点,中途只有短暂的"快餐"时间是自己的,工作内容是擦地板、刷盘子。

第二天,一切照常进行。

第三天,一切仍旧照常。

第四天,三位同学商量决定不干了,找到了主管要求退还300元,却被告知是他们不干活先违约,300元不予退回。

评析:三位同学有一定的合同意识,却忽视了对合同条款中细节的考虑,无形中造成了不平等,没有辨别"合同违约金"与"押金"。签订合同时也没有注意用人单位的培训内容与岗位是否一致,除社会经验不足外,关键在于对合同知识的了解尚浅,没有注意到证据上存在一些漏洞。

毕业生在就业过程中经常会碰到单位要求交押金的情况。签订劳动合同时要求劳动者提供押金的做法是法律明确禁止的,但是签订就业协议时单位是否可以收取押金,这在法律上没有明确规定。如果毕业生确实很想得到这份工作,在交押金时,一定要让单位出具表明"押金"字样的收据并且注意保存,以便日后作为证据。

第五节　市场调查报告

 **案例导入**

【例文】

××房地产市场调查报告

一、××房地产市场发展现状

优越的地理环境,浓厚的商业氛围,旧城历史景观和独特滨江景观特色是××房地产业的发展的主要特质。从2000年起至今,××商品房价格一直呈现稳步上涨的态势,××已成为武汉高档房产的主要聚集区域,同时,也成为优势地产竞相博弈之地。总体而言,××房地产无论从产品定位还是创新程度,都趋向于中高端。

20××年以后,随着大量外埠资本注资××,该区域房地产格局呈现出新变化。一方面,房产的整合概念不断增强,如永清片区的新天地项目,集合住宅、酒店、写字楼、商铺等不同商业业态于一体。房地产开发不再以某类物业为主,而是深化为产业概念,地产对城市的影响力进一步增强。另一方面,顶级项目拉动了高端消费力量。长期以来,武汉的房产高端消费都受到了产品的极大制约,项目品质的均等性使××的房地产业不能满足细分市场的要求。2006年后,这一局面被打破,××滨江地产及商业地产呈现出积极的发展态势。2007年,××房地产进入了历年来最火爆的一年。

目前,××房地产呈现出住宅、商业并进的格局,物业形态上以高层为主,投资型物业不断涌现。在国家宏观调控措施的影响之下,房地产项目的消化速度虽然有所放缓,但价格仍然稳步上升。

二、××商品住宅发展特征

产品特征:××中心区域住宅以高层住房、高档公寓为主;城郊接合部以多层、小高层、联排别墅为主。

价格特征:××城区商品住宅总体价格水平在6 500元/m²左右,均价在6 500元/m²以下的物业主要集中于后湖、金银湖、二七片及古田区域。

供求特征:全市商品房销售项目中,××区域占据了39.54%,××区域楼盘供求基本平衡。

消费者特征:包括公务员、商人、公司职员、企业老总、外来人员等。

产品定位:中高端产品为主,中低档楼盘放量偏少(多集中在后湖、金银湖)。

文化诉求特征:浓厚的商业、娱乐等都市文化特征。

三、2008年(1—6月)××商品住宅供给和销售基本分析

(1)商品住宅价格与销量分析。

一方面,××区域凭借得天独厚的地理位置、丰富的土地资源以及优美的自然环境等优势在过去的时间内,房地产开发量居武汉市前列,同其他区域相比,其价格一直呈现出上升状态,2008年(1—6月),××住宅均价达到5 894.43元/m²,与去年同期相比,价格增长了39.57%。另一方面,受国家宏观调控政策影响,在进入2008年以后,商品住宅的销量出现一定程度的下降,2008年(1—6月),××住宅销量为8 950套,与去年同期相比,减少了51.32%。

××区的住宅物业平均价格同整个武汉市的总体住宅物业平均价格的涨落步调还是相一致的,而且上涨的幅度十分平稳。从整个区域市场来看,高档楼盘主要集中在××中心城区,中档楼盘主要聚集在东西湖、后湖和古田区域。

××中心区作为武汉市的一个开发热点,住宅开发力度较大,目前区域可售楼盘套数在45 000套左右。从市场接受情况来看也是比较理想的,相信随着该区经济不断的纵深发展,房地产业会在其中充当越来越重要的角色。

同时,该区域交通日益通畅,市政配套逐步成熟,东西湖、后湖、古田区域的绿化、美化和环境综合整治工作取得积极成果,这些都将为这一带的房价带来一定的升值空间。

(2) ××商品住宅市场供求关系。

① 2008 年(1—6 月)××商品住房市场总容量约为 45 000 套,1—6 月总供给 13 299 套,市场总销量为 8 950 套,总体供销比为 1.49∶1。

② 拆迁购房与投资性购房比例的降低导致住宅销量减少。为避免因房屋拆迁量过大而导致被动需求的过度增长和市场价格波动,武汉市在××年以来对拆迁规模进行了压缩。2008 年(1—6 月),全市旧城改造拆迁面积为 16 万平方米,同比下降 28.94%。

同时,国家出台的政策促使投资购房的成本和风险不断加大,也直接导致了购房需求的减少。亿房网今年(1—6 月)的网络调查数据和对 90 多个楼盘的调研数据显示,已拥有一套住房,进行第二次或多次购买的家庭占到 47.52%,其中,包含改善居住条件和投资购房等动因。由于这种动因并不属于迫切性需求,因而受外部环境的影响较大,成为住房市场中可伸缩性的需求。

××作为武汉房产投资的主要区域,投资类楼盘销售的放缓使其住宅整体销量有所减少。

(3) 购房者对××中心城区的住宅偏好度高。亿房研究中心的 2008 年最新调研数据显示,潜在消费者对购买住房的区域偏好主要集中于××中心城区。但受到该区域高房价的影响,一部分在该区域工作及希望在该区域置业的人群不得不在别的片区寻求替代品。

(4) 主要销售的住房产品价格集中在 5 000~7 000 元/m²。5 000~7 000 元/m² 价格层次的商品住房销量占到总销量的 65% 以上,7 000 元/m² 以上产品的销量逐步上升。

(5) 今年 1—6 月主要销售的住房产品户型集中在 90~120m²。2008 年(1—6 月)××的户型供销比例统计结果显示,90m² 以下户型供小于销,140m² 以上户型供大于销,90~140m² 户型供销比较平衡。其中,90m² 以下户型的上市量占到××总上市量的 20.52%,90m² 以下户型的销售量占到××总销量的 27.83%。90m² 以下户型的上市和销售情况受政策的影响程度日益显现,从今年 1—6 月的情况来说,90m² 以下户型的上市量较大,占到全市同等户型上市量的 40.17%,90m² 以下户型的销量则占到全市同等户型销量的 45.43%。

四、××各区域住宅市场发展概况

××区目前由××中心区,古田片区,二七、后湖片区和东西湖区四个区域组成,根据其房地产发展特点,下文将按不同片区对其住宅发展特征进行分析。

1. ××中心区

2008 年上半年××中心区成交均价为 6 875.42 元/m²,较去年同期上涨 2 152.88 元/m²,涨幅为 45.59%。其中商品住宅共成交 3 235 套,较去年减少 4 630 套,降幅为 58.87%。

从上半年××中心区成交价格来看,1—5 月呈递增趋势,5 月达到价格高峰,为 7 286.34元/m²,随后 6 月价格出现小幅回落,但每平方米价格仍稳定 7 200 元以上。相比价格来说,成交方面较去年严重萎缩,总体成交量还未达到去年同期水平的一半。

出现这样的情况,主要由两方面因素造成,首先××中心区商品房供应量趋于下降,与去年同期相比,新房供应量减少三成之多,制约了购房者消费;当然,更重要的原因在于上半年武汉楼市的整体低迷和观望。尤其在中心城区,房价涨幅过快,甚至超过中高收入购房者的支付能力,楼市显得越发不景气。在这样的市场面前,大多数开发商选择坚挺,仅有少部分尾盘项目打起价格战,这也就造成了 6 月该片区的价格出现小幅回落。

××的发展总是伴随商业的脚步前进的。随着武汉天地的问世,集住宅、甲级办公楼、零售、餐饮、娱乐、精品酒店等多种功能的140万 m² 大体量项目对永清文化进行传承与再造,势必带领整个永清板块的崛起;时代豪苑、外滩棕榈泉也让整个风景如画的沿江板块活力四射;融科天城的推出,加上位于解放大道循礼门综合项目的即将兴建,位于××内环解放大道中心地段的老循礼门板块焕发出新魅力,而之前,新世界中心的落成以及武汉国际广场的兴建也让武广板块如虎添翼。

预计不久的将来,××内环将呈现汉正街、武广、永清、循礼门、沿江等多板块综合发展态势,各大板块功能定位不同又相互促进,将由点及面,以板块崛起带动周边区域发展,从而促进整个××中心区的加快建设。

2. 古田片区

2008年上半年古田片区成交均价为 5 217.82 元/m²,较去年同期上涨 1 516.4 元/m²,涨幅为 40.97%。其中商品房住宅共成交 1 195 套,较去年减少 2 609 套,降幅为 68.59%。

从成交价格情况来看,尽管古田片区今年1—6月一直都是稳中有升,但与去年同期相比,在全市各区中价格涨幅居末位,仅仅高于青山片区。另外,成交方面,古田仅成交 1 195 套,跌幅居全市之首。

从该区域楼盘地理位置的分布来看,活跃楼盘全部集中在解放大道古田四路至古田二路沿线,该地段离中心城区较近,周边配套也相对完善,所以构成了古田片区目前的供应主体。正因为如此,随着轻轨建设的降温和解放大道沿线开发的逐步完成,该片区供应量减少,市场关注度有所下降,再加上经济适用房对商品房价格体系的冲击,以致今年古田片区楼市较为沉寂。

政府对古田区域的整体规划,为古田板块的楼市发展改善了外部环境,区域房地产市场后期发展看好。随着硚口政府对古田区域的闲置工业用地进行处理,使古田区域项目可以成片、整体开发,同时,未来轻轨通车,西汉正街商圈形成,都将在很大程度上改善古田区域的城市环境,为古田楼市的发展提供有力支撑。

3. 二七、后湖片区

2008年上半年二七、后湖片区成交均价为 5 186.25 元/m²,较上年同期上涨 1 694.93 元/m²,涨幅为 48.55%。其中商品房住宅共成交 2 364 套,较上年下降 42.06%。

从成交价格来看,该片区价格涨幅基本趋于平稳,1—5月稳中有升,6月价格略为回调。受供应量的影响,后湖地区商品房关注度下降,百步亭现代城、香利国庭等项目撑起了该区域成交的主体。二七地区则依然是航天·双城和东立国际独揽商品房住宅市场。由于新上市楼盘数量较前两年大幅减少,二七、后湖片区的楼市整体呈现温和向上的走势,部分楼盘因而加大了打折力度,高端商品房价格回落明显。

令人振奋的是,轻轨二期的正在加速建设,堤角至丹水池路段基本竣工,黄浦路段则已建设过半,交通方面的瓶颈有望在近两年内打破。商业方面,二七的东部购物公园正在紧锣密鼓地招商,家乐福等商业巨头已经确定落户,未来它将辐射后湖、二七等地区,弥补商业配套不足的现实问题。

4. 东西湖片区

2008年上半年东西湖片区成交均价为 4 708.77 元/m²,较去年同期上涨 1 431.83 元/m²,涨幅为 43.69%。其中商品房住宅共成交 2 364 套,较去年增长了 14.07%。

从成交价格及成交套数来看，东西湖片区今年实现价量双增，特别是销量，尽管只增长14个百分点，但纵观今年全市其他区域的销售情况，该片区的表现还是令人刮目相看的。

虽然整个市场气氛的一直处于观望情绪，但从该片区个别项目的调查显示，客户平均接待量并没减少多少。而来看房的客户，很多也是因为价格相对较低，所以将买房目标选定在郊区，面对高房价，有迫切购房需求的中低购房者不得不把目光集中在郊区盘，从目前情况来看，东西湖尽管交通不便，但价格低、环境好弥补了部分缺失。

多层作为郊区最易消化的普通住宅产品类型，一直是本区域开发的主力产品。近4年来其供应量的递减趋势说明，在市场环境的影响下，开发商开始注重产品结构的调整，产品重心逐渐由多层向高层和小高层转换。

和其他区域市场多层—小高层—高层的转换阶段不同，本区域由于其自身条件限制，小高层的过渡时间不长、过渡量较少，迅速迈入了高层物业开发阶段。因此高层物业还需一定时间的市场磨合，才能逐步为区域市场接受。从楼市发展的总趋势看，高层物业是未来市场的主流产品。

东西湖被誉为武汉的"北大门"，而金银湖更是占据空港经济之利，未来还将在这里修建保税物流中心，发展物流经济。这将大为加强东西湖于城市圈的联系，加快异地置业的脚步，为下一步楼市的繁荣奠定基础。

（资料来源：周涛. 财经应用文写作[M]. 北京：北京邮电大学出版社，2012.）

 讨论思考

1. 根据以上例文分析市场调查的主要内容，做以下五项调查。

（1）市场营销环境调查：企业或项目生存和发展的基础、环境等。

（2）消费者调查：消费者的需求特点、购买心理和动机、购买行为和购买模式、消费需求变化趋势等。

（3）产品调查：产品组合决策、品牌、包装、产品生命周期、新产品开发、新产品市场推广、产品售后服务等调查。

（4）营销组合调查：价格调查、分销渠道调查和促销调查。价格调查包括定价目标和定价方法、影响定价的因素、价格调整的策略、顾客对价格变化的反应等。渠道调查的主要有分销渠道的结构和覆盖范围、经销商分布与关系处理、物流配送状况和模式。调查中还包括广告、人员推销、销售促进和公共关系等调查。

（5）竞争对手调查：竞争对手的基本条件（数量、业务范围、资金状况、经营规模、销售人员构成等）；竞争对手的产品情况（产品品牌、性能、价格、经销渠道、市场占有率等）；竞争对手的市场沟通研究（竞争对手的政府资源、公共关系、促销方式、广告策略，以及竞争对手的形象策略等）。

2. 根据以上例文分析市场调查的程序。

（1）准备阶段：提出问题，策划调查活动确定调查方法。

（2）调查计划实施阶段：查询文字资料，设计调查问卷，实地调查，对资料的汇总、整理、分析阶段，对调查报告的初稿征询意见，修改、定稿、呈交报告书。

（3）追踪调查阶段:追踪调查前一段工作的成效,调查结果的采纳情况。

 **知识要点**

（一）市场调查报告的概念

市场调查报告是根据一定的目的,通过对特定的市场现状针对某些问题进行深入的调查研究分析写出的书面报告。具体来说,就是采用科学的方法,对商品在市场中的供求状况等诸多因素进行专项的调查研究活动。而市场调查报告就是基于市场调查,运用经济学原理,经过专业的分析和研究后所写成的揭示事物本质的书面材料。它反映了市场调查成果并从中概括出了市场变化的规律。

（二）市场调查报告的特点

1. 绝对的真实性

市场调查报告中最关键的是要用事实说话,所反映的情况必须是调查中得来的真实情况。调查者一定要实地考察,深入了解问题的本质,反映实情,提出解决的建议。否则会误导决策者,影响企业的发展。因此,真实是市场调查报告的生命。

2. 极强的指导性

市场调查报告是根据生产经营的实际需要而产生的,也是对典型的、有代表性的事物的发展规律进行的探索,因此,它所寻求解决问题的办法,会给企业提供一些有价值的信息,帮助企业更好地发展,从这个意义上说,它对企业和市场的发展具有很强的指导意义。

3. 明确的针对性

市场调查报告从调查对象的选择、调查材料的取舍、调查方式的运用等都是根据调查的目的进行的。市场调查报告的写作要有明确的针对性和目的性,针对某个市场现象进行调查,总结出具有普遍意义的典型经验,这样才能为企业决策提供有利的依据。因此,市场调查的针对性越强,写成的市场调查报告就越具有指导意义。

（三）市场调查报告的分类

市场调查报告分类很多,根据调查内容可以分为:需求方面的市场调查报告、供给方面的市场调查报告、其他方面的市场调查报告。

1. 需求方面的市场调查报告

需求方面的市场调查报告主要是通过对消费者的广泛调查,了解不同的消费心理、消费习惯和消费层次的差异,探究消费的规律。这包括以下几个方面:消费者的购买欲、家庭收入情况及不同的消费层次等;消费者使用商品情况,消费者对售后服务等方面的评价、意见和要求;市场占有率及其走向;潜在需求量及其购买意向、消费者对商品需求的变动等。只有充分了解相关的信息,才能准确把握企业未来生产的方向和规模,获得更高的经济收益。

2. 供给方面的市场调查报告

供给方面的市场调查报告是针对某种商品在市场上的供求比例、商品生产厂家有关情况、商品供给前景等进行的调查。

3. 其他方面的市场调查报告

除了以上两大类之外,市场调查报告还包括一些小类别,如商品价格调查报告和市场竞争情况调查报告等。

(四)市场调查报告的作用

市场调查报告的作用有以下两点。

(1)反映情况,提出问题,为企业生产经营提供依据。

(2)沟通情况,反馈信息。

(五)市场调研报告的写作要求

(1)熟悉政策,掌握相关知识。

(2)认真做好调查,占有充分材料。

(3)分析研究,抓住本质。

(4)报告以叙为主,叙议结合。

(六)市场调研报告的写作过程

(1)调查前,明确调查目的、确定范围选好对象、设计调查问卷。

(2)开始调查,开调查会、个别调查、实地考察、统计调查、问卷调查,这指的是调查方法。我们重点学习的是问卷调查。

(3)结束调查,整理材料(资料的核对、分类、汇总)。

(4)写调查报告。

(七)市场调查报告的基本结构

市场调查报告的基本结构一般由标题、正文、署名、附件四部分构成。

1. 标题

市场调查报告的标题写法是灵活多样的,没有固定不变的。

市场调查报告的标题常见的由调查事由和文种构成,称为直接式标题,也就是在标题中直接写明市场调查对象,如《物流行业的市场调查报告》。有的是不点明文种,只揭示报告的主旨,称为间接式标题,如《食品卫生令人担忧》。有的是在正标题点明文章的中心的基础上加一个副标题,称为新闻式标题,如《售后服务是关键——某地区电器行业的市场调查报告》。

2. 正文

市场调查报告的正文包括前言、主体、结尾三部分。

前言部分一般写明调查的目的、调查对象、调查的时间等,有时也可写明调查对象的背景,此部分应力求言简意赅,高度概括。

主体是市场调查报告的核心部分,是对前言的展开,需要详细地介绍调查的经过和调查后得出的结论,要将调查得来的有关情况实事求是地表述清楚。这部分内容较多,可以采用不同的结构方式进行。

市场调查报告的结尾部分要求简明扼要地对前文进行总结,归纳结论,提出合理建议。结尾的方式各有不同,但都要做到高度概括,力求深化主题,加深读者的印象。

3. 署名

写在正文的右下方,如果在标题下已经署名此处也可以不写。

4. 附件

附件是指调查报告正文没有提及,但与正文所述内容有关必须附加说明的部分,它是对正文信息的补充。附件一般包括数据及原始资料、背景材料等。

(八)×××的市场调查报告(模板)

×××××××××××××××××××
×××××××××××××××××××
×××××××××××××××××××
×××××××××××××××××××
×××××××××××××××××××
一、调查的基本情况
1.××××××××××××××××
2.××××××××××××××××
二、调查分析
1.××××××××××××××××
2.××××××××××××××××
三、调查结论
1.××××××××××××××××
2.××××××××××××××××
四、提出有针对性的建议
1.××××××××××××××××
2.××××××××××××××××
五、结语
1.××××××××××××××××
2.××××××××××××××××
××××年××月××日

标题:标题由调查对象+内容+文种组成。

引言:交代调查的缘由、目的、调查的对象、范围、调查的经过(实践、地点、过程)和方法。

正文:

① 基本情况。介绍通过调查获得,且经过归纳整理的资料数据及图表,说明调查对象的过去和目前的情况。

② 分析。调查得来的资料数据是如何分析、归纳得出。

③ 结论。发现的问题和得出的有关市场状况的结论。

④ 建议。根据分析及结论提出有针对性的对策和措施。

⑤ 结语。此部分无固定格式,可重申观点,强调意义;或是展望未来,提出希望和建议等。

落款:

调查报告的成文时间。

 拓展提高

1. 下面的句子出现在某些调查报告中,你认为合适吗?

(1)综上所述,我认为这个地方的干部终日吃喝玩乐、嫖赌逍遥,只知道榨取老百姓的血汗钱,不顾老百姓的死活。

(2)我看这些人只知等、靠、要,不知动脑筋,困难面前拿不出一点办法,要这些占着茅坑不拉屎的庸才何用？

2. 调查报告的标题可以写成单标题与双标题。根据下面所给的标题示例和材料，分别写出单标题和双标题。

（1）单标题示例：上海郊区农民生产状况调查。

（2）双标题示例：生育观的大转变——陕西汉中地区计划生育调查。

材料一 哈尔滨市近年加快城市建设步伐，出现了新的变化。

请为这条内容拟写一个调查报告的单标题＿＿＿＿＿＿＿＿＿＿＿＿＿＿＿＿＿。

材料二 上海中小学从家庭伦理道德抓起，开展尊敬父母，尊敬老人，争做"孝星"的活动，取得良好效果。

请为这条内容拟写一个调查报告的双标题＿＿＿＿＿＿＿＿＿＿＿＿＿＿＿＿＿。

3. 如何设计调研问卷？

我们学习了这么多关于市场调研报告的内容及写法，不要忘了市场调研报告形成是建立在调查研究基础上的。调查研究就离不开几种调研方法：开调查会、个别调查、实地考察、统计调查、问卷调查。其中最好操作的就是问卷调查。

如何设计调研问卷？调查问卷设计的好坏在很大程度上决定着问卷的回收率、有效率，甚至决定着市场调研活动的成败。

问卷设计的步骤如下。

第一步：明确调查目的和事由，在此基础上进行问题的设计。

第二步：确定调研问题的顺序，按照先易后难的顺序设计调研问卷。

第三步：问卷的测试与修改。在正式开展实地调查前，我们要初选一些调查对象进行测试，发现问题及时修改、补充和完善。

检查修改的内容：问题是否必要；问卷是否太长；问卷是否能收集调研目标所需要的信息；开放试题是否留够了足够的空间；问卷是否使用了明显的字体。

设计调查问卷的注意事项：不要设计一般性问题；最好不使用多义语；不要问含义不清的问题；不要设计引导性问题；不要问遗忘性问题；不要设计困窘性问题；不要设计假设性问题。

 情境模拟

以小组为单位，就一个项目进行调研并撰写调研报告。

关于酸奶喜好的调查问卷

1. 你喜欢喝饮品吗？
   A. 是　　　　　B. 否

2. 你选择饮品的理念是什么？
   A. 健康　　　　B. 口感　　　　　C. 包装

3. 你喜欢哪类饮品？
   A. 果汁　　　　B. 茶类　　　　　C. 酸奶及奶制品　　　　D. 碳酸饮料

4. 你喜欢的饮品一瓶多少钱最容易接受？
  A. 1～3 元   B. 3～4 元   C. 4～5 元   D. 5 元以上

5. 你喜欢的购买方式是什么？
  A. 去超市   B. 批发   C. 送货上门

6. 你喜欢何种包装的饮品？
  A. 纸/盒装   B. 袋装   C. 瓶装

7. 你喜欢喝什么品牌的饮品？
  A. 完达山   B. 蒙牛   C. 伊利   D. 其他

8. 你是长时间喝一种饮品，还是不同的？
  A. 是   B. 不是   C. 不确定

9. 你感觉饮品在你心中的地位是怎样的？
  A. 可有可无   B. 必不可缺   C. 需要的时候有就可以了

10. 你喜欢喝酸奶吗？
  A. 喜欢   B. 不喜欢   C. 还可以

11. 你喜欢在什么时间喝酸奶？
  A. 早上   B. 晚上   C. 不一定

12. 你认为(一天)喝多少酸奶合适？
  A. 1 盒   B. 2 盒   C. 3 盒以上

（作者：黑龙江旅游职业技术学院财经贸易学院 2012 财务管理专业二班　牟立欣）

 素质养成

关于酸奶喜好的调查报告

  我们于 2014 年 4 月 1 日开始对我校部分大二学生进行问卷调查。我们共发调查卷 300 份，收回 300 份，有效卷 300 份。现对调查结果汇总如下。

  一、调查情况汇总

  (1) 你喜欢喝饮品吗？有 92.6% 的学生表示喜欢喝饮品，有 7.4% 表示不喜欢。

  (2) 你选择饮品的理念是什么？有 75.5% 的人是因为健康，有 20.6% 的人是因为口感好，有 3.9% 的人是因为包装好。

  (3) 你喜欢哪类饮品？有 18.6% 的人喜欢果汁，有 5.7% 的人喜欢茶类，有 62.8% 的人喜欢酸奶及奶制品，有 12.9% 的人喜欢碳酸饮料。

  (4) 你喜欢的饮品一瓶多少钱最容易接受？有 43.6% 的人表示可以接受 1～3 元，有 30.8% 的人表示可以接受 3～4 元，有 22.1% 的人表示可以接受 4～5 元，有 3.5% 的人表示可以接受 5 元以上。

  (5) 你喜欢的购买方式是什么？有 22.6% 的人表示喜欢去超市，有 13.5% 的人表示喜欢批发，有 63.9% 的人表示喜欢送货上门。

  (6) 你喜欢何种包装的饮品？有 70% 的人喜欢纸/盒装的，有 23.9% 的人喜欢袋装的，有 6.1% 的人喜欢瓶装的。

（7）你喜欢喝什么品牌的饮品？有 32.6% 的人喜欢完达山，有 46.2% 的人喜欢蒙牛，有 19.7% 的人喜欢伊利，有 1.5% 的人喜欢其他品牌。

（8）你是长时间喝一种饮品，还是不同的？有 23.3% 的人喜欢喝相同的，有 56.6% 的人喜欢不同的，有 20.1% 的人不能确定。

（9）你感觉饮品在你心中的地位是怎样的？有 8.1% 的人认为必不可缺，有 5.3% 人认为可有可无，有 86.6% 的人认为需要的时候有就可以了。

（10）你喜欢喝酸奶吗？有 80.5% 的人喜欢，有 1.2% 的人不喜欢，有 18.3% 的人认为还可以。

（11）你喜欢在什么时间喝酸奶？有 31.6% 的人喜欢在早上喝，有 52.3% 的人喜欢在晚上喝，有 16.1% 的人不一定。

（12）你认为（一天）喝多少酸奶合适？有 62.1% 的人认为喝 1 盒合适，有 23.6% 的人认为喝 2 盒合适，有 14.3% 的人认为 3 盒以上合适。

二、调查结论及分析

通过以上的调查结果，绝大多数同学还是喜欢饮品的，尤其是酸奶，酸奶在他们心目中属于健康饮品，广受欢迎。但由于购买不便，不能天天喝上新鲜的酸奶，而且，调查中发现，大家特别希望送货上门。作为校园酸奶推销的策划人员，不能仅仅关注酸奶的受欢迎程度，而更多地要想如何保证我们的销售量及其销售渠道，在这种情况下，我们要想出不同于常规的办法，解决大家愿意喝酸奶但购买不方便的问题。

三、发现的问题

（1）我们要考虑客源：我们是校园销售，主要面向的就是在校大学生，当今大多数大学生的经济来源依旧是依靠父母的，很少有经济独立的，所以我们在选择酸奶的价格时，就应该考虑这些实际问题。

（2）我们校园销售对象是"90 后"，"90 后"都很有时间观念，即便是喜欢做的事情，也不想花费太多时间去做，所以我们要想在竞争对手众多的情况下保证销量，就不能采用"一对一"的常规的买卖方式，所以，对于售货方式我们还要采取不同的对策。

（3）我们的客源和我们年龄相仿，我们对同龄人的消费观是有一定了解的，"90 后"讲究外观美感，所以我们不仅要考虑出售的方式，还要考虑我们所售产品的外包装，这样才能让我们的产品与众不同。

（4）当今社会，不论是对于哪个行业，必须有新意，才能引起消费者的注意，哪怕是一些优惠活动，也要有我们的创意和想法。

（5）最后是最实际的问题了，我们是在校学生，通过以上调查，大多数人都喜欢早上喝酸奶，所以我们要安排好作息时间。

四、解决方案

（1）我们向厂家进什么样的或是什么价格的货，从两个方面考虑：第一，我们的经济来源几乎为零。第二，我们的客源的经济情况也和我们类似，所以我们要选择价位适中，令大家都能接受的价格。

（2）面对竞争对手，我们没有什么特别的优势，所以要在销售方式上寻找最优办法，如实行送货上门的销售方式,只要你购买的数量达到送货标准,就会在你需要产品时送货上门。

(3)我们对商品的选购不仅仅看质量,外观也是占一定因素的,所以,我们的酸奶外包装重新设计,这是我们"独家出品"。

(4)我们的优惠理念和大多数一样,都是多买多送,我们在促销活动当天除了免费品尝外,还有优惠券,持有优惠券的消费者再次订购享受九折优惠,订购满一定数量我们还会有精美礼品赠送。

(5)我们的酸奶送货上门,我们几个成员进行轮班制度,主要是早上送货。可做到"工作学习两不误"。

通过问卷调查及各个方面的因素问题的分析,做出了解决方案及其相关对策,对此,我们将在学校范围内开展酸奶促销活动。

(作者:黑龙江旅游职业技术学院财经贸易学院 2012 财务管理专业二班 牟立欣 张洪权)

第六节 营销策划书

 案例导入

【例文】

普洱茶营销策划书

一、策划目的

云南普洱茶(集团)有限公司秉着"冒险、创新、亲和、诚信"的茶马古道精神,力求实现"自发向上、务实客观,创一流普洱茶专业企业"的自我价值。在市场经济的观念指导下,云南普洱茶(集团)有限公司市场营销根据"普洱茶"的定位和消费群众状况,运用市场营销组合,采取各种策划和手段,去占据目标市场,让广大消费者及早品尝到"普洱茶"的风采,真正彻底地了解普洱茶,力争在市场的目标消费群体中知名度提高到 100%,美誉度和信任度达到 90%,年销售量翻一番。

二、普洱茶简介

普洱茶属于黑茶,因产地旧属云南普洱府(今普洱市),故得名。现在泛指普洱茶区生产的茶,是以公认普洱茶区的云南大叶种晒青毛茶为原料,经过后发酵加工成的散茶和紧压茶。外形色泽褐红,内质汤色红浓明亮,香气独特陈香,滋味醇厚回甘,叶底褐红。有生茶和熟茶之分,生茶自然发酵,熟茶人工催熟。"越陈越香"被公认为是普洱茶区别其他茶类的最大特点,"香陈九畹芳兰气,品尽千年普洱情。"普洱茶是"可入口的古董",不同于别的茶贵在新,普洱茶贵在"陈",往往会随着时间逐渐升值。

三、本公司普洱茶市场存在的劣势和威胁

(1)茶园生产力低下:一是无性良种少;二是高山优质茶产区茶园少;三是现有茶园因

肥培水平低,分散、老化、抛荒等现象严重。

(2)市场建设不足:由于产品没有市场信息指导,没有畅通无阻的渠道销售,盲目种植、盲目生产,销售困难。即便有,也是有一时,无一时;短期有,长期无。出口方面,全国没有一个拍卖市场,生产无法与国际市场相联系。

(3)产品竞争乏力:品牌多,名牌少,没有像"立顿"这样的世界级品牌。

(4)管理水平不高:由于体制等多方面的原因,整个行业对管理科学重视不够,管理人员基本上没有受过管理专业培训。

(5)行业管理无序:当前茶业好似纯粹自由市场经济,放任自流。

(6)人才严重短缺:由于茶叶全行业亏损,专业人员纷纷改行下岗。在岗的或者在政府机关,或者在效益较好的大企业,或者自立门户经商卖茶,而种植业、企业市场一线人才严重短缺。

(7)市场开拓不力:东方人把茶当艺术,而西方人只将茶当商品。中国茶文化丰富,而对茶行销不力。

(8)科技投入不足:茶为何斗不过咖啡?且看咖啡周边设备的研究增加,而茶之永远壶壶杯杯而已。

四、本公司普洱茶市场的机会点和优势

随着社会迅速的发展,人们对生活水平的要求越来越高,人们的消费观念也在一直不停地转变着,对于身体健康也越来越看重,所以人们看重茶的养生作用,普洱茶被誉为茶中的"能喝的古董",普洱茶在养生、保健、美容等方面都有十分好的功效,并且无副作用,是现代人的绝佳选择,云南普洱茶(集团)有限公司推出的"普洱茶"系列高品质茶品,产品定位主要针对茶爱好者、机关企事业单位人员、知识分子等。云南普洱茶(集团)有限公司产品的产地和技术具有历史性和传统性,加之现代技术融合,产品绝对优质,所以该公司推出的产品广受欢迎。

五、销售目标

在全国各地大中城市都设立分销点,开拓国外市场,在全国乃至全球形成广泛的销售网络,让世界各地的人都了解到本品牌,了解"普洱茶",让人们认识到有"普洱茶"这一更健康的养生之品。

六、销售方案

1. 营销思路

对公司所有人员进行营销培训。营销分为两个方面:一方面以中高档产品为主打方向,强化"普洱茶"这一品牌意识,通过品牌战略吸引消费者,从而形成品牌效应;另一方面针对大众档次(低档茶为主)以非品牌战略面向广大普通消费者。

2. 实施手段

根据"普洱茶"的产品定位和消费群体,将工作人员分成若干个业务小组,从各个不同领域去开发市场。

按消费行业及场所分类或按区域划分组建以下业务组。

(1)中高档茶楼业务组。

(2)大中型商场超市业务组。

（3）企事业单位、会议（集团公司消费）业务组。

（4）宾馆、酒店、高档娱乐场所业务组。

（5）有实力的大型干杂货店、批发零售商业务组。

（6）省市茶叶公司及批发商、大众茶铺业务组。

（7）鉴赏、展览、拍卖业务组。

通过以上七点全面拓展业务，迅速占据市场，同时加以各种促销手段和广告宣传。

3. 定价策略

普洱茶由其年份、产地、品种等因素决定其价格，一般而言，普洱茶的年份越久价格越高，此外，普洱茶的产地也是影响其价格的主要因素。古树茶数量少，其茶叶价格就高，所以各厂家的定位相差不大。高档品的普洱茶同国外的品牌茶叶旗鼓相当，相差并不大（价格比国外品牌低 20％ 左右），中低档普洱茶与一般品牌的价格相差不大，极具价格竞争力。

七、推广策划方案

1. 宣传普洱茶文化

从普洱茶最古老的传统手工制作工艺，到现代先进的科学制茶工艺；从古代"八色贡茶""金瓜茶""金瓜贡茶"到现在的"南糯白毫""女儿茶"，经过了漫长的历史岁月。是普洱茶的古今杰出代表，也显示出普洱茶的悠久历史。

2. 注重品牌包装

茶叶包装上无论是文字广告还是图画广告，都应言简意赅，重点突出，文字图画不宜过多。文字的多少和图画的排列应根据包装物外表面的面积大小和形状特征而定，同时还要十分注意文字与图画的协调性。一般来说，茶叶商品包装上的文字广告内容主要有以下几个方面。

（1）茶叶商标与名称。

（2）茶叶产地。

（3）简要介绍该茶的品质特征：茶叶的净重。有的包装表面还附有简明扼要的茶叶保健作用说明。

3. 加强品牌推广

茶叶推广在具体实施过程中要讲究实效。

八、市场推广活动

1. 召开大型新闻发布会

（1）邀请对象：国家级茶叶专家、产品经销商、新闻媒体。

（2）活动形式：新闻发布会向社会公开推出"普洱茶"品牌形象。

（3）预计活动时间：20××年××月中旬。

（4）费用预计：×万元。

2. 举办"普洱茶"产品推介会

（1）邀请对象：国家级茶叶专家、产品经销商、大中型商场负责人。

（2）活动形式：品茶会形式，介绍"普洱茶"的主要特点。

（3）预计活动时间：20××年××月中旬。

（4）费用预计：×万元。

3. 全面铺开广告

（1）邀请知名人士代言。

（2）费用预计：×万元。

云南普洱茶在进行茶叶推广宣传时，也应强化与工商、技监、质检、新闻等单位的沟通与接触，共同防假打假，出现意外问题及时处理，防止负面影响，强化横向联系，走强强联合、优势互补的路子，共创良好的茶叶市场竞争氛围。

 讨论思考

所谓"人要衣装，佛要金装"。一份条理清晰、版面活泼的营销策划书，对于提高说服力和接受度有极大的帮助。一份完整的营销策划书，哪些内容必不可少？

营销策划书没有严格固定的格式，但却有必备的项目或条件，以及构思、表现等方面的技巧。

简单地说，要包括5W1H1E。

（1）What 是指执行什么策划方案。

（2）Who 是指谁执行策划方案。

（3）Why 是指为什么执行策划方案。

（4）Where 是指在何处执行策划方案。

（5）When 是指在何时执行策划方案。

（6）How 是指如何执行策划方案。

（7）Effect 是指要有看得见的结论和效果。

 知识要点

（一）策划书的含义

策划书即对某个未来的活动或者事件进行策划，并展现给受众的文本。撰写策划书就是用现有的知识开发想象力，在可以得到的资源的现实中最可能、最快地达到目标。

策划书一般分为商业策划书、创业计划书、广告策划书、活动策划书、营销策划书、网站策划书、项目策划书、公关策划书、婚礼策划书、医疗策划书等。

（二）营销策划书的含义

在市场的营销中，把策划过程用文字写出来，这种营销策划方案就是营销策划书。通过营销策划，使企业在市场营销过程中达到获得利润的目的。企业能否成功地进行营销策划并实施，是企业经营成功或失败的关键所在。

（三）编制营销策划书的主要原则

1. 逻辑思维原则

策划的目的在于解决企业营销中的问题,按照逻辑性思维的构思来编制营销策划书。一是设定情况,交代策划背景,分析产品市场现状,再把策划中心目的全盘托出;二是进行具体策划内容详细阐述;三是明确提出解决问题的对策。

2. 简洁朴实原则

要注意突出重点,抓住企业营销中所要解决的核心问题,深入分析,提出可行性的相应对策,针对性强,具有实际操作指导意义。

3. 可操作原则

编制的营销策划书是要用于指导营销活动,其指导性涉及营销活动中的每个人的工作及各环节关系的处理。因此其可操作性非常重要。不能操作的方案创意再好也无任何价值。不易于操作也必然要耗费大量人、财、物,管理复杂、显效低。

4. 创意新颖原则

要求策划的"点子"(创意)新、内容新、表现手法也要新,给人以全新的感受。新颖的创意是营销策划书的核心内容。

（四）营销策划书的结构和内容

1. 封面

封面包含以下内容。

（1）策划书的名称。

（2）委托方要标出策划委托方,如××公司××策划书。

（3）策划机构。

（4）策划完成日期。

封面是策划书的脸,封面设计的原则是醒目、整洁,切忌花哨。

2. 目录

目录中所标的页码不能和正文的页码有出入,如果策划书篇幅较少,则可以不用写目录。

3. 前言

对营销策划书的内容作高度概括性表述,引起阅读者的注意和兴趣。前言包含的内容有:①简要交代接受营销策划委托的情况;②进行营销策划的原因——策划的重要性和必要性;③策划的概况。

4. 环境分析

环境分析主要包括市场分析、目标消费者分析、产品分析、竞争对手分析、SWOT 分析。SWOT 分析法又称为态势分析法,它是由旧金山大学的管理学教授于 20 世纪 60 年代提出来的,是一种能够较客观而准确地分析和研究一个单位现实情况的方法。SWOT 分别代表 Strengths(优势)、Weaknesses(劣势)、Opportunities(机遇)、Threats(威胁)。

5. 营销目标和营销定位

策划方案执行所希望实现的目的和定位。如销售额目标、利润目标、知名度目标等。

6. 营销策略 4Ps

营销策略 4Ps 主要包括产品(Product)策略、价格(Price)策略、渠道(Channel)策略和促销(Promotion)策略。

7. 经费预算

经费预算包括费用预算、经费分析。

8. 效果预测、评估

效果预测、评估可以列示表格,也可以设置相应的打分表。

9. 结束语

结束语起到与前言呼应的作用,使策划书有个圆满的结束,而不致使人感到太突然。结束语中要重复一下主要观点并突出要点。

10. 附录

凡是有助于阅读者对策划内容理解的可信资料都可以列入附录,如附图、附表、调查问卷、原始照片等。

 **拓展提高**

【案例】

美国芝加哥一家房地产公司在密执安湖畔建造了几幢质量上乘、设施良好的豪华公寓,命名为"港湾公寓"。

"港湾公寓"虽然景色迷人,服务优质,价格合理,但开业三年来,只售出了 35%,降价后仍不见起色。这家公司决定通过一些活动来促销。

首先,找出了影响出售的原因。经过对附近住户和居民的调查,发现在密执安湖畔居住的住户对公寓存有偏见,如住进去是否会太清静寂寞,交通不便是否会影响买东西,小孩上学怎么办,尤其是缺乏娱乐和夜生活。

针对以上问题,确定了"港湾公寓"的整体销售目标,即"创造推销公寓的良好气氛,变滞销为抢手的公寓"。为了实现这一整体目标,具体制定了实施的分目标:选定公众对象,确定优先目标公众;在编制预算经费的同时,制订具体行动方案。这些具体的活动计划为"港湾公寓"以后的销售活动奠定了良好的基础。

这家公司从调查入手,找出问题,确定目标。其计划方案是这样设计的:完善"港湾公寓"的生活服务设施,如开设商店、音乐厅、酒吧、游泳池以及学校、幼儿园等。选定感恩节开展活动,通过已有住户向其亲友发贺年片、明信片,组织马戏团演出等。资助政府建造小岛和陆地连接的公路。组织政要、企业家、体育明星等社会名流参观公寓。组织"芝加哥历史纪念品大拍卖"活动,为建筑教育基金捐款。利用美国确定国旗 200 周年之际,在公寓楼前组织升旗仪式。

潜在顾客为各类公众对象的优先目标;附近现有住户是推销公寓的主要目标;还有一般大众和政府部门、权威人物、新闻记者也是其公众对象。

　　"港湾公寓"楼盘销售不旺,经降价后仍不见起色。这家公司在对市场作出调查后找出了影响出售的原因,并针对问题,确定了"港湾公寓"的整体销售目标,具体制订了实施的分目标和具体行动方案。通过营销策划,终于变滞销为抢手。

　　这是一个成功的营销案例。

 情境模拟

1. 阅读下面这个案例,回答后边的问题。

　　某地的商场开业庆典上推出了一个策划项目:凡是手持百元人民币号码尾数为"88"的可当 200 元消费。结果顾客手持"中奖"人民币蜂拥而至,柜台被挤坏,还有人员受伤,主办商家只好提前宣布活动中止。这次活动招致顾客不满,还受到中国人民银行的警告,工商部门也上门来干预。

　　(1)以上案例策划失败,错在哪些地方?

　　(2)为什么会造成如此局面?

　　(3)假如让你来策划这家商场的开业庆典,你的策划思路是什么?

2. 以小组为单位,根据调研情况,写出一份营销策划书,并模拟举办一次庆典活动。

 素质养成

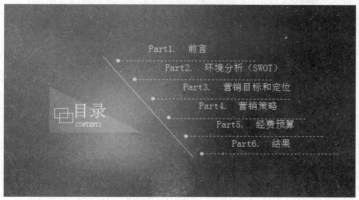

前言

　　啤酒作为软饮料，在饮料市场占有很大的份额。哈尔滨在我国最北方，有东方莫斯科之称，哈尔滨冬季漫长寒冷，人民热情豪放，喜饮酒，好音乐，每年一度的啤酒节，隆重又热闹。啤酒深受哈尔滨人喜爱，无论是普通啤酒、黄啤、黑啤、干啤、鲜啤，还是特色啤酒，消费者都很青睐，相信我们品牌的啤酒肯定可以打入哈尔滨的市场，并走向全国。

优势	劣势
以"绿色、环保、健康"为概念，有一定的市场吸引力。	不断有品牌进入哈尔滨市啤酒市场，会带动整个市场利润下滑。

环境分析（SWQT）

机会	威胁
学校鼓励大学生创业。提供许多政策支持。	我们营销规模小，存在着"大鱼吃小鱼"的危险。

营销目标和定位

1. 目标市场：哈尔滨市。
2. 市场占有率：20%。
3. 焦点覆盖率：大卖场100%；连锁超市80%以上；连锁便利店80%以上；百货商场60%以上；各大酒店50%以上。
4. 广告宣传目标：产品尝试率30%；品牌知名度：40%。
5. 短期销售目标：至2017年11月产品销售100万箱。

营销策略

1. 目标市场：针对有文化的白领及大学生，收入在2 000元及以上的消费群体。产品定位：中高端。

2. 价格策略：建议零售价：4元/瓶、3.5元/听。

3. 分销策略

　(1) 建立以龙旅职院为核心的销售队伍；

　(2) 发展周边院校学生自主创业；

　(3) 采取返点的方式建立销售群。

经费预算

	项目	时间	金额（万元）
广告	电视广告	2017.5.1-2017.6.31	10
	电台广告	2017.7.1-2017.8.31	5
	报纸广告	2017.9.1-2017.10.31	4
	杂志广告	2017.11.1-2017.12.31	3
	街头广告	2018.1.1-2018.2.31	1
营业推广	礼品	5月初	5
	邮寄	6月初	3
	其他	7月初	1
人员推销	推销人员工资	月底	5
	推销人员培训	月底	2
	推销人员奖励	月底	2

这是最近的营销预算的明细表。
控制现金流量与费用，不能让费用超标，超标了要有预警机制。

结果　啤酒大卖

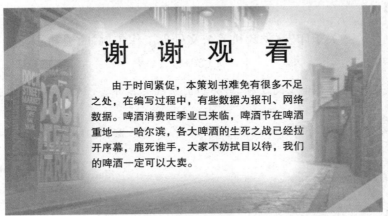

谢 谢 观 看

　　由于时间紧促，本策划书难免有很多不足之处，在编写过程中，有些数据为报刊、网络数据。啤酒消费旺季业已来临，啤酒节在啤酒重地——哈尔滨，各大啤酒的生死之战已经拉开序幕，鹿死谁手，大家不妨拭目以待，我们的啤酒一定可以大卖。

（作者：黑龙江旅游职业技术学院财经贸易学院 2015 财务管理专业一班　张铁强）

行 政 公 文

任务一：李阳在学院党委宣传部实习，接到学院主管部门的一份通知，宣传部长让他转发这份公文。

任务二：张澄在学院教务处实习，教务处处长让他代拟一份《到上海考察》的请示。

任务三：郑佳明在学院办公室实习，办公室主任让他列席了学院领导班子会议，并整理纪要。

第一节　行政公文概述

 案例导入

【例文一】

关于印发《党政机关公文处理工作条例》的通知

中办发〔2012〕14 号

各省、自治区、直辖市党委和人民政府，中央和国家机关各部委，解放军各总部、各大单位，各人民团体：

《党政机关公文处理工作条例》已经党中央、国务院同意，现印发给你们，请遵照执行。

中共中央办公厅　国务院办公厅

2012 年 4 月 16 日

【例文二】

国务院关于同意在海南省暂时调整实施有关行政法规规定的批复

国函〔2023〕23 号

海南省人民政府，海关总署、发展改革委、司法部、财政部、税务总局：

你们关于优化海南离岛免税政策提货方式的请示收悉。现批复如下：

一、同意在海南省暂时调整实施《中华人民共和国海关事务担保条例》的有关规定（目

录附后),自 2023 年 4 月 1 日起对符合规定的离岛免税品可提交担保后提前放行。

二、海关总署、海南省人民政府要根据上述调整,及时对本部门、本省制定的规章和规范性文件作相应调整,建立相适应的管理制度。

三、国务院将根据有关政策在海南省的实施情况,适时对本批复的内容进行调整。

附件:国务院决定在海南省暂时调整实施的有关行政法规规定目录

国　务　院

2023 年 3 月 3 日

(资料来源:中华人民共和国中央人民政府网,www.gov.cn.)

【例文三】

中华人民共和国海关总署令

第 261 号

《海关总署关于废止部分规章的决定》已于 2023 年 3 月 6 日经海关总署署务会议审议通过,现予公布,自公布之日起生效。

署　长　俞建华

2023 年 3 月 7 日

海关总署关于废止部分规章的决定

根据工作实际,现决定废止 2005 年 3 月 21 日海关总署令第 126 号公布、根据 2018 年 5 月 29 日海关总署令第 240 号、2018 年 11 月 23 日海关总署令第 243 号修改的《中华人民共和国海关出口加工区货物出区深加工结转管理办法》,1999 年 8 月 5 日海关总署令第 77 号公布的《中华人民共和国海关对外国政府、国际组织无偿赠送及我国履行国际条约规定进口物资减免税的审批和管理办法》,2017 年 12 月 8 日原国家质量监督检验检疫总局令第 194 号公布、根据 2018 年 4 月 28 日海关总署令第 238 号、2018 年 5 月 29 日海关总署令第 240 号、2018 年 11 月 23 日海关总署令第 243 号修改的《进口可用作原料的固体废物检验检疫监督管理办法》。

本决定自公布之日起生效。

(资料来源:中华人民共和国中央人民政府网,www.gov.cn.)

讨论思考

1. 例文一是中共中央办公厅、国务院办公厅关于发布《党政机关公文处理工作条例》的通知,读后有何感受?

这是一篇由国务院发出的通知,内容庄重、语言简洁,虽然只有一句话,但传递给人们的信息是毋庸置疑的"坚决执行",极具权威性和法律效力。

2. 例文二是批复,批复有哪些特点?

批复一定要重复请示的题目及来函号,一般文字简短,但具有权威性和不容置疑性。

3. 例文三是令,其结构有什么特点?

令的语言不容置疑,极具权威性,一经决定不可更改,必须严格执行,体现行政公文的法律效力。

 知识要点

（一）行政公文的概念

行政公文是应用文中最特殊、最规范的一种,是机关团体、企事业单位等依法成立的社会组织为行使法定职权而制发的具有法定效力和规范体式的公务文书。行政公文具体是指2012年4月16日中共中央办公厅、国务院办公厅以中办发〔2012〕14号文件发布的《关于印发〈党政机关公文处理工作条例〉的通知》中列出的15种文书材料,是依法行政和进行公务活动的重要工具。《党政机关公文处理工作条例》规定,行政公文有15种:决议、决定、命令(令)、公告、公报、通告、意见、通知、通报、报告、请示、批复、议案、函、纪要。

（二）行政公文的特点

1. 内容的公务性

撰写和制发公文不是个人行为,所代表的是机关或组织。个人的感受认识,只能用文学作品或者一般科学文章来表达。但是,不管是起草者个人,还是领导者个人,都不能用公文来表情达意,公文的内容必须是反映和传达社会组织的公务信息。

2. 格式的规范性

行政公文具有法定的规范体式,这是区别于其他文字材料的显著标志,是公文本质的外在显现,是公文写作和办理的需要。《党政机关公文处理工作条例》对每一公文文种内容、文种格式及行文规则等进行了详细而明确的规定,同时规定文件的字体、字号、版式等,按照《党政机关公文格式》国家标准执行。

3. 作者的法定性

行政公文的作者是指依法成立并能以自己的名义行使职权和承担义务的组织。动笔起草公文初稿的人,如秘书等称为起草人,代表机关或组织负责撰写和制发公文,他的行为受法律、工作需要及领导人指示的制约。依法成立并能以自己的名义行使职权和承担义务的组织制发公文的权利受法律的保护。《中华人民共和国刑法》第一百六十七条规定:"伪造、变造国家机关、企业、事业、人民团体的公文,处三年以下有期徒刑、拘役、管制或者剥夺政治权利;情节严重的,处三年以上十年以下有期徒刑。"这说明行政公文法定作者的名义不容侵犯。

4. 制发的程序性

公文拟制包括公文的起草、审核、签发等程序。发文包括复核、登记、印制、核发等程序;收文包括签收、登记、初审、承办、传阅、催办、答复等程序。公文管理是指公文办理完毕,根据《中华人民共和国档案法》和其他有关规定,及时整理(立卷)、归档。公文由文秘部门或专职人员统一收发、审核、用印、归档和销毁。

5. 执行的权威性

行政公文具有法律法规给予社会组织职权所产生的权威性。尤其下行的行政公文经过严格的审批程序下发后，对于受文单位组织而言，必须严格执行，充分体现行政公文的法定效力和机关的权威性。

（三）行政公文的分类

按照不同的标准可以将公文划分为不同的种类，较常见的分类方法如下。

1. 按照行文方向划分

（1）上行文。上行文是指下级机关向所属上级机关报送的公文，如报告、请示等。

（2）下行文。下行文是指上级机关向所属下级机关发送的公文，如决议、公报、命令（令）、决定、公告、通报、通告、批复等。

（3）平行文。平行文是指向同级机关或不相隶属机关之间的来往公文，如函等。

有些公文的行文方向并不是十分固定的，而是在不同的情况下有着不同的用途和归属，如通知、议案、意见、会议纪要等。

2. 按照具体职能划分

（1）规范性公文。它是用来颁布法令、法规或对有关问题作出规定的公文，如决议、公报、命令（令）、决定、公告等。

（2）指导性公文。它是上级机关对有关事项的处理、有关工作的进行作出指示或起指导作用的公文，充分体现发文单位的决策意图，如批复、议案、意见等。

（3）知照性公文。它是向有关方面（含上下级）告知情况或有关事项的公文，如通报、通告、报告、通知等。

（4）呈请性公文。它是下级机关用来向上级机关汇报工作、请求指示或批准的公文，如请示等。

（5）商洽性公文。它是用于各部门之间联系工作的公文，如函等。

（6）实录性公文会议纪要。它主要是指真实的记录会议情况和议定事项的公文，如会议纪要等。

3. 按照公文处理时限要求划分

按照公文处理时限要求的不同，可以将公文分为平件和急件两类。平件是指无特殊时间要求可按常规处理的公文。急件是对公文发送和处理的时间要求而言的，分为一般急件和特急件两类。

4. 按照有无保密要求划分

按照有无保密要求划分将公文分为无保密要求的普通文件和有保密要求的文件两种。按照内容涉及国家秘密的程度划分将有保密要求的文件分为秘密、机密和绝密三种。

5. 按照行政公文来源划分

在一个机关内部可将公文分为收文和发文两类。

（四）行政公文的格式

根据《党政机关公文格式》规定，组成公文的各要素包括版头、主体、版记三部分。公文首页红色分隔线以上的部分称为版头;公文首页红色分隔线(不含)以下、公文末页首条分隔线(不含)以上的部分称为主体;公文末页首条分隔线以下、末条分隔线以上的部分称为版记。页码位于版心外。

1. 版头

(1) 份号。如需标注份号,一般用6位3号阿拉伯数字,顶格编排在版心左上角第一行。

(2) 密级和保密期限。如需标注密级和保密期限,一般用3号黑体字,顶格编排在版心左上角第二行;保密期限中的数字用阿拉伯数字标注。

(3) 紧急程度。如需标注紧急程度,一般用3号黑体字,顶格编排在版心左上角;如需同时标注份号、密级和保密期限、紧急程度,按照份号、密级和保密期限、紧急程度的顺序自上而下分行排列。

(4) 发文机关标志。由发文机关全称或者规范化简称加"文件"二字组成,也可以使用发文机关全称或者规范化简称。

发文机关标志居中排布,上边缘至版心上边缘为35mm,推荐使用小标宋体字,颜色为红色,以醒目、美观、庄重为原则。

联合行文时,如需同时标注联署发文机关名称,一般应当将主办机关名称排列在前;如有"文件"二字,应当置于发文机关名称右侧,以联署发文机关名称为准上下居中排布。

(5) 发文字号。编排在发文机关标志下空两行位置,居中排布。年份、发文顺序号用阿拉伯数字标注;年份应标全称,用六角括号"〔〕"括入;发文顺序号不加"第"字,不编虚位(即1不编为01),在阿拉伯数字后加"号"字。

上行文的发文字号居左空一字编排,与最后一个签发人姓名处在同一行。

(6) 签发人。由"签发人"三字加全角冒号和签发人姓名组成,居右空一字,编排在发文机关标志下空两行位置。"签发人"三字用3号仿宋体字,签发人姓名用3号楷体字。

如有多个签发人,签发人姓名按照发文机关的排列顺序从左到右、自上而下依次均匀编排,一般每行排两个姓名,回行时与上一行第一个签发人姓名对齐。

(7) 版头中的分隔线。发文字号之下4mm处居中印一条与版心等宽的红色分隔线。

2. 主体

(1) 标题。一般用2号小标宋体字,编排于红色分隔线下空两行位置,分一行或多行居中排布;回行时,要做到词意完整,排列对称,长短适宜,间距恰当,标题排列应当使用梯形或菱形。

(2) 主送机关。编排于标题下空一行位置,居左顶格,回行时仍顶格,最后一个机关名称后标全角冒号。如主送机关名称过多导致公文首页不能显示正文时,应当将主送机关名称移至版记。

(3) 正文。公文首页必须显示正文。一般用3号仿宋体字,编排于主送机关名称下一行,每个自然段左空两字,回行顶格。文中结构层次序数依次可以用"一、""(一)""1.""(1)"标注;一般第一层用黑体字、第二层用楷体字、第三层和第四层用仿宋体字标注。

(4) 附件说明。如有附件,在正文下空一行左空两字编排"附件"二字,后标全角冒号和附件名称。如有多个附件,使用阿拉伯数字标注附件顺序号(如"附件:1.××××");附件名称后不加标点符号。附件名称较长需回行时,应当与上一行附件名称的首字对齐。

（5）发文机关署名、成文日期和印章。成文日期一般右空四字编排,印章用红色,不得出现空白印章。

成文日期中的数字用阿拉伯数字将年、月、日标全,年份应标全称,月、日不编虚位(即 1 不编为 01)。

（6）附注。如有附注,居左空两字加圆括号编排在成文日期下一行。

（7）附件。附件应当另面编排,并在版记之前,与公文正文一起装订。"附件"二字及附件顺序号用 3 号黑体字顶格编排在版心左上角第一行。附件标题居中编排在版心第三行。附件顺序号和附件标题应当与附件说明的表述一致。附件格式要求同正文。

如附件与正文不能一起装订,应当在附件左上角第一行顶格编排公文的发文字号并在其后标注"附件"二字及附件顺序号。

3. 版记

（1）版记中的分隔线与版心等宽,首条分隔线和末条分隔线用粗线(推荐高度为 0.35mm),中间的分隔线用细线(推荐高度为 0.25mm)。首条分隔线位于版记中第一个要素之上,末条分隔线与公文最后一面的版心下边缘重合。

（2）抄送机关。一般用 4 号仿宋体字,在印发机关和印发日期之上一行、左右各空一字编排。"抄送"二字后加全角冒号和抄送机关名称,回行时与冒号后的首字对齐,最后一个抄送机关名称后标句号。

如需把主送机关移至版记,除将"抄送"二字改为"主送"外,编排方法同抄送机关。既有主送机关又有抄送机关时,应当将主送机关置于抄送机关之上一行,之间不加分隔线。

（3）印发机关和印发日期。印发机关和印发日期一般用 4 号仿宋体字,编排在末条分隔线之上,印发机关左空一字,印发日期右空一字,用阿拉伯数字将年、月、日标全,年份应标全称,月、日不编虚位(即 1 不编为 01),后加"印发"二字。

版记中如有其他要素,应当将其与印发机关和印发日期用一条细分隔线隔开。

（4）页码。一般用 4 号半角宋体阿拉伯数字,编排在公文版心下边缘之下,数字左右各放一条一字线;一字线上距版心下边缘 7mm。单页码居右空一字,双页码居左空一字。公文的版记页前有空白页的,空白页和版记页均不编排页码。公文的附件与正文一起装订时,页码应当连续编排。

（五）行政公文的印制排版要求

1. 公文用纸规格
国内公文用纸一般采用国际标准 A4 型纸(长 297mm×宽 210mm)。
公文用纸的页边(留空处)与版心的具体尺寸为 28mm。
公文用纸天头(上白边)为 35mm。

2. 公文排版的规格和要求
正文用 3 号仿宋体字,一般每面排 22 行,每行排 28 个字,并撑满版心。要做到版面干净无底灰,字迹清楚无断划,尺寸合乎标准,版心不斜,误差不超过 1mm。

3. 印刷要求
公文应双面印刷,页码要套正,两面误差不得超过 2mm。印品着墨实、均匀;字面不花、不白,无断划。公文中未作特殊说明的图文项目,颜色均为黑色。

4. 装订要求

公文应左侧装订,不掉页。包本公文的封面与书芯不脱落,后背平整、不空。两页页码之间误差不超过 4mm。骑马订或平订的订位为两钉钉距,外订眼距书芯上下各1/4处,允许误差±4mm。平订钉距与书脊的距离为 3~5mm。

5. 书写形式

公文中所涉及的文字符号一律采用从左至右、自上而下、的横写横排的形式,正文文字每行长度与图文区宽度相等,字距、行距以便于阅读和庄重为原则,尽量做到匀称、整齐。

正文中数字表示多层结构时,可用如下标志方法。

第一层:一、二、三、四、……(一级标题用黑体字)。

第二层:(一)(二)(三)(四)……(二级标题用楷体字)。

第三层:1. 2. 3. 4. ……

第四层:(1)(2)(3)(4)……(三、四级标题用仿宋体字)。

 拓展提高

1. 行政公文的作用

(1)领导和指导作用。行政公文是传达党和国家的方针、政策和指示的有效形式。它的领导和指导作用体现在上级单位对下级单位政策导向、决策安排、重大决定等的明确指示。下级机关在工作中按着上级机关部署安排更好地开展本单位的各项工作,做到有所遵循、有所依据。行政公文是传达、贯彻党和政府的方针、政策的重要工具。

(2)沟通和交流作用。行政公文在上下级单位、平级单位和不相隶属单位之间可以纵向和横向行文,使上下左右信息畅通,便于不同单位及时了解情况,掌握有效信息,迅速科学决策,促进各项公务活动和管理活动卓有成效地开展。在广泛的沟通交流中,保证工作的顺利开展。

(3)规范和准绳作用。行政公文对公务活动甚至个人行为具有规范的作用。通过公文发布的一些法律、法令和行政法规等,对所辖成员起着规范和准绳作用。

(4)依据和凭证作用。公文是联系工作和开展公务活动的书面凭证,是有关人员处理工作和解决问题的重要依据,也是公务活动的原始记录,不仅具有现实效用,而且具有历史价值。它是以客观真实的具体内容来反映制发单位特定活动的历史记录,时过境迁后的公文失去本身的现实效力后,作为档案保存下来,需要查对或佐证时,也能起到依据和凭证的作用。

(5)宣传和教育作用。党和国家的一些重大方针决策、一些中央领导讲话都是以公文的形式发布和传达,这对于调动人民群众的积极性、开启他们的创造性有积极的作用和意义。同时许多公务文书直接向人民群众宣传党和国家的重大方针政策,宣传单位个人的先进事迹和经验,报道重大情况,起着统一思想认识、鼓舞信心、宣传教育的作用。

2. 行政公文的写作要求

行政公文写作是指公文文本的起草、修改和定稿。行政公文的写作应当做到以下几点。

(1)遵循行文规则。行政公文的行文应当确有需要,注重实效,坚持少而精。可发可不发的公文不发,可长可短的公文要短。

（2）严格审批程序。行政公文制发讲究层层审批,要经过拟稿、核稿、呈批、签发、缮印、封发等程序,一定要履行完程序后方可下发。

（3）明确领导主旨。行政公文的写作一般是"遵旨"行文的受命性写作,撰写者要遵循机关或组织领导的主旨来行文,写作者只有做到明确掌握领导意图,行文才能真实地反映组织活动的面貌,体现发文机关的意图。

（4）选准合适文种。发文应根据本机关的职权、所处地位和发文目的,恰当地选用文种。如命令（令）、决定、通知、通报都有表彰先进的功能,但由于这些文种的性质、级别、运行方式等不同,其表彰的内容轻重、先进程度、所达到的目的也就有所不同,行文时要根据发文机关的级别、先进单位或人物事迹的轻重确定文种。误用、混用文种,会使公文的质量和效用受到严重影响。

（5）不得超越职权范围。政府各部门有明确的上下级隶属关系,可以依据部门职权相互行文和向下一级政府的相关业务部门行文,但不要超越职权范围。

3. 公文格式示意图

No.:000001

机密★1年

特　急

× × × × ×　**文件**

×××〔2023〕1号

─────────────★─────────────

关于×××××的请示

×××××××××:

　　××。

　　附件：1.××××××××
　　　　　2.×××××××××××××

印章

2023年××月××日

─────────────────────────────

抄送：××××××××××××××,××××××××××,××××××××××,×,×××××××××。

─────────────────────────────

×××××××办公厅　　　　　　　　　　2023年××月××日印发

情境模拟

1. 根据所学知识,请你作出正确选择。

(1) 国家行政机关公文成文时间的正确写法是(　　)。

　　A. 2013.10.20 　　　　　　　　　　B. 2013 年 10 月 20 日

　　C. 廿零一三年 10 月廿十日 　　　　D. 二〇一三年十月二十日

(2) 平行关系,不相隶属的机关之间主要行文是(　　)。

　　A. 上行文 　　　B. 平行文 　　　C. 下行文 　　　D. 多向行文

(3) 公文用纸一般采用(　　)。

　　A. A3 　　　　B. A4 　　　　C. B5 　　　　D. B4

(4) 吉林省财政厅 2013 年印发的第 10 号文件,它的发文字号应该是(　　)。

　　A. 吉财字(2013)10 号 　　　　　　B. 吉财字〔2013〕10 号

　　C. (2013)吉财 10 号 　　　　　　　D. 〔2013〕10 号吉财

(5) 最低等级的秘密程度是(　　)。

　　A. 秘密 　　　B. 机密 　　　C. 绝密 　　　D. 机要

(6) 国家教委 2006 年印发的第 18 号公文,它的发文字号应该是(　　)。

　　A. 国教发〔2006〕18 号 　　　　　B. 〔06〕18 号国教发

　　C. 国教发 18 号(2006) 　　　　　D. 国教发(2006)第 18 号

(7) 拟制紧急公文,应该体现紧急的原因,要根据(　　)确定紧急程度。

　　A. 主送机关要求 　　B. 公文篇幅 　　C. 现实需要 　　D. 领导授意

(8) 公文的发文时间应该写成(　　)的形式。

　　A. 2007 年 7 月 8 日 　　　　　　B. 2007 年 7.8

　　C. 二〇〇七年七月八日 　　　　　D. 〇七年七月八日

(资料来源:刘云兴,孙德廉. 应用文写作综合教程[M]. 北京:北京师范大学出版社,2007.)

2. 请你作出正确判断。

(1) 公文的附件是指用于补充说明正文内容的文件、材料,附在公文正文之后,不是正文的有机组成部分。　　　　　　　　　　　　　　　　　　　　　　(　　)

(2) 公文中的数字应一律使用汉字书写。　　　　　　　　　　　　　　(　　)

(3) 公文要求必须左侧装订。　　　　　　　　　　　　　　　　　　　(　　)

(4) 关于转发省分行粤办发〔2000〕67 号文件的通知。　　　　　　　　(　　)

(5) 发省分行粤工行办发〔2000〕67 号文件的通知。　　　　　　　　　(　　)

3. 阅读下面的文章,请指出其格式、语言上的错误。

××省农业厅文件

×农人(2023)26 号 　　　　　　　　　　　　　　　　　　　签发人　赵××

请求批准××省农业干部学校为公务员培训实施机构的报告

省人事厅:

　　××省农业干部学校系我厅直属干训机构,建校已 26 年。其师资条件、教学设备、生活设施与办学规模,均能胜任我省农业系统的初中级公务员培训。经研究,决定将该校定为我厅公务员培训施教机构。现根据中共××省委组织部、省人事厅×组〔2023〕8 号文的规定,将学校基本情况报上。

可否,请予批准。

××省农业厅

2023 年 6 月 25 日

附件:关于××省农业干部学校基本情况的报告

主题词:干部教育 公务员 报告

抄报:省委组织部、省农业干部学校

××省农业厅办公室　　　　　　　　二〇二三年四月二十六日印发

 素质养成

(1)决议。决议适用于会议讨论通过的重大决策事项。

(2)决定。决定适用于对重要事项作出决策和部署、奖惩有关单位和人员、变更或者撤销下级机关不适当的决定事项。

(3)命令(令)。命令(令)适用于公布行政法规和规章、宣布施行重大强制性措施、批准授予和晋升衔级、嘉奖有关单位和人员。

(4)公报。公报适用于公布重要决定或者重大事项。

(5)公告。公告适用于向国内外宣布重要事项或者法定事项。

(6)通告。通告适用于在一定范围内公布应当遵守或者周知的事项。

(7)意见。意见适用于对重要问题提出见解和处理办法。

(8)通知。通知适用于发布、传达要求下级机关执行和有关单位周知或者执行的事项,批转、转发公文。

(9)通报。通报适用于表彰先进、批评错误、传达重要精神和告知重要情况。

(10)报告。报告适用于向上级机关汇报工作,反映情况,回复上级机关的询问。

(11)请示。请示适用于向上级机关请求指示、批准事项。

(12)批复。批复适用于答复下级机关请示事项。

(13)议案。议案适用于各级人民政府按照法律程序向同级人民代表大会或者人民代表大会常务委员会提请审议事项。

(14)函。函适用于不相隶属机关之间商洽工作、询问和答复问题、请求批准和答复审批事项。

(15)纪要。纪要适用于记载会议主要情况和议定事项。

第二节　通知、通报

 案例导入

【例文一】

国家知识产权局办公室关于印发专利转让许可合同模板及签订指引的通知

国知办函运字〔2023〕502 号

各省、自治区、直辖市和新疆生产建设兵团知识产权局,四川省知识产权服务促进中心,各地方有关中心:

为提供更加规范、便利、高效的专利权转让合同登记和专利实施许可合同备案服务,指导当事人更好防范法律风险、维护自身合法权益,促进专利转化实施,我局组织修订了《专利(申请)权转让合同(模板)及签订指引》和《专利实施许可合同(模板)及签订指引》,现印发给你们。请指导当事人结合实际情形,自主合理选择使用。使用过程中,如有相关意见建议,请及时反馈。

特此通知。

附件:1. 专利(申请)权转让合同(模板)及签订指引
　　　2. 专利实施许可合同(模板)及签订指引

国家知识产权局办公室
2023 年 6 月 27 日

(资料来源:中华人民共和国中央人民政府网,www.gov.cn.)

【例文二】

北京市人民政府关于××、××同志职务任免的通知

京政发〔××××〕××号

各区、县人民政府,省政府各委、办、局,各省属机构:

经××××年10月17日北京市第十一届人民代表大会常务委员会第××次会议决定:

任命××为北京市规划委员会主任;

免去××的北京市规划委员会主任职务。

××××年××月××日

【例文三】

国务院办公厅关于对国务院第九次大督查
发现的典型经验做法给予表扬的通报

国办发〔2022〕33 号

各省、自治区、直辖市人民政府,国务院各部委、各直属机构:

为进一步推动中央经济工作会议部署和《政府工作报告》确定的重点任务以及稳住经济一揽子政策措施和接续政策措施落地见效,国务院部署开展了第九次大督查。从督查情况看,各有关地区在以习近平同志为核心的党中央坚强领导下,以习近平新时代中国特色社会主义思想为指导,认真贯彻落实党中央、国务院重大决策部署,统筹推进新冠肺炎疫情防控和经济社会发展,扎实做好"六稳"工作、全面落实"六保"任务,有效应对各种困难挑战,保持经济社会发展大局总体稳定。在对19个省(自治区、直辖市)和新疆生产建设兵团开展实地督查时发现,有关地方围绕稳增长、稳市场主体、稳就业保民生、保产业链供应链稳定、深化"放管服"改革优化营商环境等方面,结合实际积极探索、主动作为,创造和形成了一批好的经验做法。

为表扬先进,宣传典型,进一步调动和激发各方面干事创业、改革创新的积极性、主动性和创造性,推动形成克难攻坚、奋勇争先的良好局面,经国务院同意,对山西省强化煤炭增产保供保障能源安全等60项典型经验做法予以通报表扬。希望受到表扬的地方珍惜荣誉,再接再厉,充分发挥模范示范和引领带动作用,不断取得新的更大成绩。

各地区各部门要全面贯彻党的十九大和十九届历次全会精神,坚持稳中求进工作总基调,完整、准确、全面贯彻新发展理念,加快构建新发展格局,着力推动高质量发展,全面落实"疫情要防住、经济要稳住、发展要安全"的要求,尽责担当、扎实工作。要学习借鉴典型经验做法,加大宣传推广力度,结合实际迎难而上、砥砺奋进,为保持经济平稳运行和社会大局稳定作出积极贡献,以实际行动迎接党的二十大胜利召开。

附件:国务院第九次大督查发现的典型经验做法(共60项)

国务院办公厅

2022 年 9 月 27 日

(资料来源:中华人民共和国中央人民政府网,www.gov.cn.)

【例文四】

国家发展改革委办公厅关于2023年第1季度
政府网站和政务新媒体抽查情况的通报

根据国办政府信息与政务公开办工作要求,对标国办《政府网站与政务新媒体检查指标》规定,我们组织开展了2023年第1季度政府网站和政务新媒体抽查工作。现将有关情况通报如下:

一、总体运行稳定

3月下旬,我们对国家发展改革委门户网站、全国投资项目在线审批监管平台互联网网站、信用中国网站、全国公共资源交易平台等4个政府网站进行了全面抽查。从抽查情况看,各政府网站运行稳定,监测结果均为合格。

政务新媒体运行稳定,20个委政务新媒体账号全部合格。没有收到网民反映的关于政务新媒体运行的问题。

二、处理网民反映问题

2023年1月1日至2023年3月31日,我委共收到2 035条网民留言。其中,国家、产业、行业等相关政策961条,办事流程及进展133条,信息公开54条,投诉、建议、信息核查122条,其他留言765条。2023年第1季度满意率为100%。

三、存在主要问题

抽查发现,政府网站栏目维护还存在个别问题,主要是门户网站的"发展改革工作""专题专栏"版块、"信用中国"网站的"信用动态"栏目存在信息更新不及时的现象。

四、下一步工作重点

(一)强化网站媒体监管。加强政府网站和政务新媒体常态化监管,强化信息发布在线审核、内容把关和保密审查,确保内容准确、表述规范,提高运营管理水平,确保安全平稳有序运行。

(二)提高内容质量水平。及时维护政府网站栏目,优化整合一批长期不更新栏目,及时发布工作要闻动态、政策文件及解读等信息,创新传播方式,有声有色开展新媒体宣传,扎实做好政府网站和政务新媒体信息内容保障,不断提高内容质量水平。

(三)增强政民互动效果。持续强化政府网站"互动交流"版块征集调查的受理反馈情况公开,做到件件有落实、事事有回音。

国家发展改革委办公厅
2023年4月23日

(资料来源:中华人民共和国中央人民政府网,www.gov.cn.)

 讨论思考

1. 例文一和例文二分别属于哪类通知? 分析一下写作思路?

例文一是指令性通知,也是征求相关意见建议的通知,要求受文单位"贯彻执行",具体肯定,具有权威性,征求意见也表示了对对方的尊重。

例文二是任免通知,先写任免依据,后写任免名单,既简洁明了又有理有据。

2. 例文三和例文四分别属于哪类通报? 分析一下写作思路。

例文三是一则表彰通报,先讲通报的依据、缘由,是在对19个省(自治区、直辖市)和新疆生产建设兵团开展实地督查时发现,山西省强化煤炭增产保供保障能源安全等60项典型经验做法,决定予以通报表扬,同时希望受表扬的地方珍惜荣誉,再接再厉,充分发挥模范示范和引领带动作用,不断取得新的更大成绩。全国其他单位要学习借鉴其典型经验做法,以实际行动迎接党的二十大胜利召开。

例文四是一则情况通报,导语写的是什么单位在什么时间做了什么事情,然后按照抽查情况、主要问题和下步工作重点几部分顺次展开,层次清晰、全面、准确、逻辑性强。

 **知识要点**

（一）通知的概念

通知是国家机关、人民团体、企事业单位用来传达、告知、批转、转发和任免等事项,具有传达性和告知性的公文。通知用来传达上级机关的指示、发布规章;发布要求下级机关办理和有关单位需要周知或者共同执行的事项;也包含任免和聘用干部。适用于批转下级机关的公文,转发上级机关和不相隶属机关的公文,传达要求下级机关办理和需要有关单位周知或者执行的事项,任免人员。

（二）通知的特点

1. 适用范围广

无论是党、政、军机关,群众团体,还是企事业单位,上至中央,下至地方,单位无论大小都可以使用通知这种公文形式。既可传达事项,也可转发和批转公文,还可任免人员。通知内容可以是国家活动、政府工作和社会生活的各个方面,从公布国家的政策法令,到基层单位的事务告知,均可以使用"通知"这种形式。

2. 使用频率高

由于通知的限定性小,机动性、灵活性大,所以处理各种事项用其他公文不容易归类和使用时,常常考虑用通知来发文。各级机关的发文中通知占了绝大部分。

3. 发文特定性

通知均以机关单位团体名义发布。

4. 执行时效性

通知,经常用来布置和安排工作,对下级提出要求。多数是需要立即办理、执行或应知的事项。往往是时间性较强,要求在一定时间内通知到下级机关。

（三）通知的种类

1. 指示性通知

指示性通知用于传达上级单位的决定或指示,布置需要执行与办理的事项,指示具体的工作方法、步骤等。

2. 任免人员通知

任免人员通知用于任免和聘用干部,履行规定的任免程序。例如,《北京市人民政府关于陈刚、单霁翔同志职务任免的通知》。

3. 发布性通知

发布性通知用于发布本单位制定的各类规章及其他规定,使之产生直接的行政效力。例如,《国务院关于发布〈国家行政机关公文处理办法〉的通知》。

4. 批转、转发性通知

对下级单位来文,如呈转性报告、意见等,上级单位经常用"通知"批转下级各有关部门执行。例如,《国务院批转国家土地管理局关于部分地方政府越级批地情况报告的通知》。对上级单位、不相隶属的单位之间的来文,本单位用"通知"转发下级各有关单位执行。例如,《××省人民政府办公厅转发国务院办公厅关于在接待中不摆烟酒等问题的通知》。

5. 告知性通知

告知性通知用于向有关单位、部门传达、晓谕、告知有关事项和情况,设立或调整机构,启用或更换印章,迁移办公地点等。如《国务院关于更改新华通讯社香港分社、澳门分社名称问题的通知》。

6. 会议通知

会议通知是上级单位或有关部门为使会议有准备地如期举行而制发的公文。例如,《哈尔滨市税务局关于召开企业税收工作会议的通知》。

(四)通知的写作格式

1. 标题

通知的标题由发文单位、事由、文种三部分组成。

2. 发文字号

通知的发文字号为完全式。

3. 主送单位

通知必须有主送单位,即必须指定此通知的承办、执行和应当知晓的主要受文单位。这些单位一般为直属下级单位。也可能是不相隶属的单位。

4. 正文

颁布或转发性通知结构简单,其余通知一般由事由、主体、结尾三部分组成。

(1)通知事由。主要说明为什么要发此通知,即要说明通知事项的背景、依据、目的或意义等。常用"为了……""根据……"等起句。位于通知开头,具有导语作用,然后用"现将有关事项通知如下""现通知如下""现做如下紧急通知""为此特通知如下"等过渡句引出下文。

(2)通知主体。即通知事项的主要任务、措施、方法和步骤等。要求写明主要收文机关承办、执行和应予以知晓的事项。

(3)通知结尾。通知的结尾常用习惯用语结尾。如用"特此通知""以上通知,望认真执行""本通知自下发之日起实施"结尾。有时也是随着内容结束,全文就自然收尾,意尽言止,不单写结束语。

5. 落款

在正文右下方应写明发文机关名称和成文日期,成文日期用汉字小写,写在发文机关名称之下。如果发文机关已在标题中标明,则落款时可省略。

(五)通报的概念

通报是"适用于表彰先进,批评错误,传达重要精神或者情况"的公文。

（六）通报的写作格式

1. 标题

通报的标题与通知的标题格式相同,由发文机关、事由、文种三部分组成。

2. 发文字号

通报的发文字号为完全式。

3. 主送单位

主送单位一般为下属单位,或需要了解该内容的不相隶属的单位。

4. 正文

（1）导语。交代写通报的目的或缘由。

（2）陈述主要事实。表彰性通报和批评性通报要描述主要事件(突出先进事迹或抓住主要错误),包括时间、地点、人物、事件和结果;情况通报叙述基本事实,阐明发布通报的根据、目的、原因等。

（3）简要评析事件及精神。表彰性通报指出其典型意义,或概括其主要精神及经验;批评性通报要分析错误的性质、原因,指出危害及应吸取的主要教训等;情况通报叙述有关情况,并对情况作必要的阐述、评价,还可针对具体问题提出一些指导性的建议或看法。

（4）希望与要求。表彰性和批评性的通报一般写明组织结论与予以表彰或处理的决定,同时提出对表彰或批评对象与读者的希望、要求。情况通报在明确情况的基础上对受文单位提出一些希望和要求。

5. 落款

在正文右下方标注发文单位名称和成文日期。成文日期用汉字小写,写在发文机关名称之下。

 **拓展提高**

1. 通知与通报的区别在哪里?

通知是批转下级公文、转发上级及不相隶属机关公文、发布规章、传达事项,要求有关单位和人员周知、办理或共同执行的具有传达性和告知性的公文,分为指示性通知、任免人员通知、发布性通知、批转转发性通知、告知性通知、会议通知等,使用范围较广。

通报是指表彰先进、批评错误,传达重要精神或情况的公文。通报具有典型性、倾向性和教育性。从性质上分,通报可分为表彰性通报、批评性通报、传达性通报。

2. 通告和公告的格式与以上两个文种形似,不同之处在哪里?

通告是在一定范围内公布应当遵守或周知事项的周知性公文,用于宣布一般性事项;只在国内一定范围内公布;可由各级机关、人民团体、企事业单位发布;不写抬头,无主送单位。

公告是较高级别的国家行政机关、法定机关向国内外宣布重大事件或者法定事项的周知性公文。公告分为以下几种:向国内外宣布重大事项的公告、公布法定事项的公文、法院公告。

情境模拟

1. 选择正确答案。

(1) 下列情况中可以用通知的是(　　　)。

　　A. 新印章的启用　　　　　　　　B. 与兄弟单位协商事项

　　C. 转发不相隶属机关的公文　　　D. 任免下级机关的领导人

　　E. 表彰先进、批评错误

(2) 通知可用于处理的事项有(　　　)。

　　A. 传达指示,发布行政法规

　　B. 要求下级办理、执行或需要周知的事项

　　C. 表彰或处分有关人和事

　　D. 转发上级机关和不相隶属机关的公文

　　E. 批转下级机关的公文

2. 作出正确判断。

(1) 判断下列事项是否可以用通知行文。

① ×省人大常委会拟颁布一项地方法规。

② ×市水电局将召开水利建设工作会议,需告知各县、区水电部门事先做好准备。

③ ×县纪委拟批评×局×××干部玩忽职守、造成国家经济损失的错误。

④ ×市政府拟批转市卫生局《关于做好灾后防疫病工作的意见》。

⑤ ×县县委拟向所属各级党组织布置学习×××同志"七一"讲话的有关事宜。

(2) 判断下列事项是否可以用通报行文。

① ×县工会拟表彰奋不顾身抢救落水儿童的青年工人。

② ×厂拟向市工业局汇报该厂遭受火灾的情况。

③ ×市安全办公室拟向各有关单位知照全市安全大检查的情况。

④ ×县政府拟公布加强机关廉政建设的几条规定。

⑤ ×县纪委拟批评×局×××等干部挥霍国家钱财游山玩水的错误。

3. 改正下列标题的毛病。

(1) 国务院转发国家医药管理局关于进一步治理整顿医药市场意见的通知。

(2) 国务院办公厅批转关于国家旅游局进一步清理整顿旅行社意见的通知。

(3) ××乡人民政府关于印发××县人民政府〔1989〕10 号文件通知。

(4) ××厂关于转发××分厂《关于建立安全岗位责任制经验总结》的通知。

(5) 国家旅游局关于批转国务院《旅行社管理暂行条例》的通知。

(6) 转发省劳动局、省人事局、省财政厅、省总工会"关于转发劳动部、人事部、财政部、国家总工会《关于发给离退休人员生活补贴费的通知》"的通知。

(7) 关于批转财政局《转发"财政部关于重申不得将国家资金转入银行储蓄的通知"的通知》的通知。

4. 指出下面文章的不当之处，并写出修改稿。

【病文一】

关于庆祝首届教师节开展游园活动的通知

为了庆祝第一个教师节，更好地促进师生之间的友谊，我校定于××月××日晚×时在××(地点)举办游园活动。为确保此次活动的顺利开展，现将有关事项通知如下：

一、参加游园活动者都必须是本校教职工，其他人员不得参加。

二、必须听从工作人员的安排，服从工作人员的指挥，不得无理取闹，以免影响工作人员的正常工作。

三、必须严格遵守各项活动规则，不准随便破坏游园活动的规定，如有这种情况应受到校纪处分。

四、参加任何活动都必须排队，不准随意插队，不准在队列中故意拥挤。

五、保护好一切活动器械，严禁私自拿或破坏。

六、领奖时必须排队，不准不排队而领奖这种现象发生。

七、工作人员必须严格要求自己，不得乱发奖票。

以上规定，望大家自觉遵守，互相监督执行。对那些不遵守者，应给予校纪处分。

特此通知

×××学校教师节游园活动筹备组(章)

××××年九月九日

【病文二】

机关游泳池办证的通知

机关各直属单位：

机关游泳池定于6月1日正式开放，6月10日开始办理游泳证。请你们接此通知后，按下列规定，于元月三十日前到机关俱乐部办理游泳手续。

一、办证对象：仅限你单位干部或职工身体健康者。

二、办证方法：由你单位统一登记名单、加盖印章到俱乐部办理，交一张免冠照片。

三、每个游泳证收费伍角。

四、凭证入池游泳，主动示证，遵守纪律，听从管理人员指挥。不得将此证转让他人使用，违者没收作废。

五、家属游泳一律凭家属证，临时购买零票，在规定的开放时间内入池。

×××俱乐部

××××年××月××日

(资料来源：刘云兴，孙德廉．应用文写作综合教程［M］．北京：北京师范大学出版社，2007.)

【病文三】

×××县卫生局《会议通知》

〔2023〕×卫字第 10 号

全县各食品加工业:

　　根据上级要求,上级要对全县食品加工行业的卫生进行一次全面大检查,我们拟召开食品加工行业负责人会议,现将有关事项通知如下:

　　一、会议时间:2023 年 2 月 14 日在县第三招待所报到,会期两天。

　　二、参加会议人员:全县国有、集体食品加工业及县个体劳协各来一名负责人,各乡、镇派一名代表列席会议,不得缺席,否则一切后果自负。

　　三、食宿等一切费用完全由个人自理。

二〇二三年二月一日

 素质养成

1. 汉语数字通常是指哪些? 在哪些语言环境中必须使用汉语数字?

　　"一、二、三、四、五、六、七、八、九、十"及其大写"壹、贰、叁、肆、伍、陆、柒、捌、玖、拾"数字属于汉语数字。以下语言环境中必须使用汉语数字。

　　(1) 定型的词、词组、成语、惯用语、缩略语或具有色彩的词语中作为语素的数字,必须使用汉字。例如,二万五千里长征、三心二意、四平八稳、五星红旗、六神无主、七上八下、八国联军、九死一生、十万火急、零点方案、星期五、第三季度、不管三七二十一、十六届四中全会等。

　　(2) 中国历史纪年、夏历月日、各民族非公历纪年等,均使用汉字。例如,万历十五年、丙寅年十月十八日、八月十五中秋节、正月初五等。有时为了表达得更加明白,可以在它们的后边用阿拉伯数字括注公历。例如,藏历阳森龙年八月二十六日(1964 年 10 月 1 日)等。

　　(3) 含有月日简称表示事件、节日或其他特定意义的词组,应用汉字数字。如果涉及一月、十一月、十二月,为避免歧义,要将表示月和日的数字用间隔号"·"隔开,并加引号。例如,"一二·九"运动(12 月 9 日)等。涉及其他月份时,不用间隔号,是否使用引号,视事件的知名度而定。例如,五四运动、五一国际劳动节、十一国庆节、"九一三"事件等。

　　(4) 相邻的两个数字并列连用表示概数的,须使用汉字数字。连用的两个数字之间不能用顿号隔开,例如,三四天、五六米、七八个、十五六岁、五六万套、三四百里、四十五六岁等。

　　(5) 用"几""多""余""左右""上下""约"等表示约数时,使用汉字数字。例如,几千年、百多次、十余年、八万左右、三十上下、约五十人等。如果文中出现一组最有统计意义和比较意义的数字,用"多""约"等表示约数时,为保持局部体例上的一致,其约数也可以使用阿拉伯数字。例如,该省从机动财政中拿出近 2 000 万元,调拨钢材 3 000 多吨、水泥 30 000 多吨、柴油 1 400 多吨,用于农田水利基本建设。

　　(6) 行政机关公文和军队系统公文成文时间用汉语数字。

2. 行政公文中有关阿拉伯数字的书写是有严格规定的，大体有以下几种情况。

（1）公历世纪、年代、年、月、日、分、秒，要求使用阿拉伯数字。例如，公元前 9 世纪、公元前 221 年、20 世纪 80 年代、公元 1949 年 10 月 1 日、15 时 20 分 45 秒等。年份一般不用简写，例如，2005 年，不应写成 05 年。

（2）统计表中的数值，例如正负数、小数、百分比、分数、比例等，必须使用阿拉伯数字。例如，34 568、－23.5、1∶500、56％、1/8 等。

（3）物理量量值必须使用阿拉伯数字，并正确使用法定计量单位，如 300kg、15cm、350℃ 等。如果是多位的阿拉伯数字，不能换行。非物理量一般情况下应使用阿拉伯数字，如 235 元、11 个月、100 名。但小学和初中教科书、非专业书刊的计量单位可使用中文表示，如 200kg（千克）。

（4）部队番号、文件编号、证件号码和其他序号，须用阿拉伯数字。例如，38915 部队、总 3211 号、国办发〔2005〕8 号文件、T37/T38 次快车、HP-3000 型电子计算机、90 号汽油、维生素 B_1 等。

（5）引文标注中的版次、卷次、页码，除古籍应与所引版本一致外，一般要使用阿拉伯数字。例如，列宁《新生的中国》，见《列宁全集》中文 2 版，第 22 卷，208 页，北京：人民出版社，1990。

（6）表示数字的范围也有写法的讲究。例如，"3 万～8 万"不能写成"3～8 万"；5％～15％不能写成"5～15％"。

第三节　报告、请示、批复

 **案例导入**

【例文一】

政府工作报告
——2023 年 3 月 5 日在第十四届全国人民代表大会第一次会议上

国务院总理　李克强

各位代表：

本届政府任期即将结束。现在，我代表国务院，向大会报告工作，请予审议，并请全国政协委员提出意见。

一、过去一年和五年工作回顾

2022 年是党和国家历史上极为重要的一年。党的二十大胜利召开，描绘了全面建设社会主义现代化国家的宏伟蓝图。面对风高浪急的国际环境和艰巨繁重的国内改革发展稳定任务，以习近平同志为核心的党中央团结带领全国各族人民迎难而上，全面落实疫情要防住、经济要稳住、发展要安全的要求，加大宏观调控力度，实现了经济平稳运行、发展质量稳步提升、社会大局保持稳定，我国发展取得来之极为不易的新成就。

过去一年,我国经济发展遇到疫情等国内外多重超预期因素冲击。在党中央坚强领导下,我们高效统筹疫情防控和经济社会发展,根据病毒变化和防疫形势,优化调整疫情防控措施。面对经济新的下行压力,果断应对、及时调控,动用近年储备的政策工具,靠前实施既定政策举措,坚定不移推进供给侧结构性改革,出台实施稳经济一揽子政策和接续措施,部署稳住经济大盘工作,加强对地方落实政策的督导服务,支持各地挖掘政策潜力,支持经济大省勇挑大梁,突出稳增长稳就业稳物价,推动经济企稳回升。全年国内生产总值增长3%,城镇新增就业1 206万人,年末城镇调查失业率降到5.5%,居民消费价格上涨2%。货物进出口总额增长7.7%。财政赤字率控制在2.8%,中央财政收支符合预算、支出略有结余。国际收支保持平衡,人民币汇率在全球主要货币中表现相对稳健。粮食产量1.37万亿斤,增产74亿斤。生态环境质量持续改善。在攻坚克难中稳住了经济大盘,在复杂多变的环境中基本完成全年发展主要目标任务,我国经济展现出坚强韧性。

……

各位代表!

过去五年极不寻常、极不平凡。在以习近平同志为核心的党中央坚强领导下,我们经受了世界变局加快演变、新冠疫情冲击、国内经济下行等多重考验,如期打赢脱贫攻坚战,如期全面建成小康社会,实现第一个百年奋斗目标,开启向第二个百年奋斗目标进军新征程。各地区各部门坚持以习近平新时代中国特色社会主义思想为指导,深刻领悟"两个确立"的决定性意义,增强"四个意识"、坚定"四个自信"、做到"两个维护",全面贯彻党的十九大和十九届历次全会精神,深入贯彻党的二十大精神,坚持稳中求进工作总基调,完整、准确、全面贯彻新发展理念,构建新发展格局,推动高质量发展,统筹发展和安全,我国经济社会发展取得举世瞩目的重大成就。

——经济发展再上新台阶。国内生产总值增加到121万亿元,五年年均增长5.2%,十年增加近70万亿元、年均增长6.2%,在高基数基础上实现了中高速增长、迈向高质量发展。财政收入增加到20.4万亿元。粮食产量连年稳定在1.3万亿斤以上。工业增加值突破40万亿元。城镇新增就业年均1 270多万人。外汇储备稳定在3万亿美元以上。我国经济实力明显提升。

——脱贫攻坚任务胜利完成。经过八年持续努力,近1亿农村贫困人口实现脱贫,全国832个贫困县全部摘帽,960多万贫困人口实现易地搬迁,历史性地解决了绝对贫困问题。

——科技创新成果丰硕。构建新型举国体制,组建国家实验室,分批推进全国重点实验室重组。一些关键核心技术攻关取得新突破,载人航天、探月探火、深海深地探测、超级计算机、卫星导航、量子信息、核电技术、大飞机制造、人工智能、生物医药等领域创新成果不断涌现。全社会研发经费投入强度从2.1%提高到2.5%以上,科技进步贡献率提高到60%以上,创新支撑发展能力不断增强。

——经济结构进一步优化。高技术制造业、装备制造业增加值年均分别增长10.6%、7.9%,数字经济不断壮大,新产业新业态新模式增加值占国内生产总值的比重达到17%以上。区域协调发展战略、区域重大战略深入实施。常住人口城镇化率从60.2%提高到65.2%,乡村振兴战略全面实施。经济发展新动能加快成长。

——基础设施更加完善。一批防汛抗旱、引水调水等重大水利工程开工建设。高速铁路运营里程从 2.5 万公里增加到 4.2 万公里,高速公路里程从 13.6 万公里增加到 17.7 万公里。新建改建农村公路 125 万公里。新增机场容量 4 亿人次。发电装机容量增长 40% 以上。所有地级市实现千兆光网覆盖,所有行政村实现通宽带。

——改革开放持续深化。全面深化改革开放推动构建新发展格局,供给侧结构性改革深入实施,简政放权、放管结合、优化服务改革不断深化,营商环境明显改善。共建"一带一路"扎实推进。推动区域全面经济伙伴关系协定(RCEP)生效实施,建成全球最大自由贸易区。货物进出口总额年均增长 8.6%,突破 40 万亿元并连续多年居世界首位,吸引外资和对外投资居世界前列。

——生态环境明显改善。单位国内生产总值能耗下降 8.1%、二氧化碳排放下降 14.1%。地级及以上城市细颗粒物(PM2.5)平均浓度下降 27.5%,重污染天数下降超过五成,全国地表水优良水体比例由 67.9% 上升到 87.9%。设立首批 5 个国家公园,建立各级各类自然保护地 9 000 多处。美丽中国建设迈出重大步伐。

——人民生活水平不断提高。居民收入增长与经济增长基本同步,全国居民人均可支配收入年均增长 5.1%。居民消费价格年均上涨 2.1%。新增劳动力平均受教育年限从 13.5 年提高到 14 年。基本养老保险参保人数增加 1.4 亿、覆盖 10.5 亿人,基本医保水平稳步提高。多年累计改造棚户区住房 4 200 多万套,上亿人出棚进楼、实现安居。

经过多年精心筹办,成功举办了简约、安全、精彩的北京冬奥会、冬残奥会,为促进群众性冰雪运动、促进奥林匹克运动发展、促进世界人民团结友谊作出重要贡献。

……

各位代表!

五年来,我们深入贯彻以习近平同志为核心的党中央决策部署,主要做了以下工作。

……

各位代表!

这些年我国发展取得的成就,是以习近平同志为核心的党中央坚强领导的结果,是习近平新时代中国特色社会主义思想科学指引的结果,是全党全军全国各族人民团结奋斗的结果。我代表国务院,向全国各族人民,向各民主党派、各人民团体和各界人士,表示诚挚感谢!向香港特别行政区同胞、澳门特别行政区同胞、台湾同胞和海外侨胞,表示诚挚感谢!向关心和支持中国现代化建设的各国政府、国际组织和各国朋友,表示诚挚感谢!

在看到发展成就的同时,我们也清醒认识到,我国是一个发展中大国,仍处于社会主义初级阶段,发展不平衡不充分问题仍然突出。当前发展面临诸多困难挑战。外部环境不确定性加大,全球通胀仍处于高位,世界经济和贸易增长动能减弱,外部打压遏制不断上升。国内经济增长企稳向上基础尚需巩固,需求不足仍是突出矛盾,民间投资和民营企业预期不稳,不少中小微企业和个体工商户困难较大,稳就业任务艰巨,一些基层财政收支矛盾较大。房地产市场风险隐患较多,一些中小金融机构风险暴露。发展仍有不少体制机制障碍。科技创新能力还不强。生态环境保护任重道远。防灾减灾等城乡基础设施仍有明显薄弱环节。一些民生领域存在不少短板。形式主义、官僚主义现象仍较突出,有的地方政策执行"一刀切"、层层加码,有的干部不作为、乱作为、简单化,存在脱离实际、违背群众意愿、漠视群众合法权益等问题。一些领域、行业、地方腐败现象时有发生。人民群众对政府工作还有一些意见和建议应予重视。要直面问题挑战,尽心竭力改进政府工作,不负人民重托。

二、对今年政府工作的建议

今年是全面贯彻党的二十大精神的开局之年。做好政府工作，要在以习近平同志为核心的党中央坚强领导下，以习近平新时代中国特色社会主义思想为指导，全面贯彻落实党的二十大精神，按照中央经济工作会议部署，扎实推进中国式现代化，坚持稳中求进工作总基调，完整、准确、全面贯彻新发展理念，加快构建新发展格局，着力推动高质量发展，更好统筹国内国际两个大局，更好统筹疫情防控和经济社会发展，更好统筹发展和安全，全面深化改革开放，大力提振市场信心，把实施扩大内需战略同深化供给侧结构性改革有机结合起来，突出做好稳增长、稳就业、稳物价工作，有效防范化解重大风险，推动经济运行整体好转，实现质的有效提升和量的合理增长，持续改善民生，保持社会大局稳定，为全面建设社会主义现代化国家开好局起好步。

今年发展主要预期目标是：国内生产总值增长5％左右；城镇新增就业1 200万人左右，城镇调查失业率5.5％左右；居民消费价格涨幅3％左右；居民收入增长与经济增长基本同步；进出口促稳提质，国际收支基本平衡；粮食产量保持在1.3万亿斤以上；单位国内生产总值能耗和主要污染物排放量继续下降，重点控制化石能源消费，生态环境质量稳定改善。

要坚持稳字当头、稳中求进，面对战略机遇和风险挑战并存、不确定难预料因素增多，保持政策连续性稳定性针对性，加强各类政策协调配合，形成共促高质量发展合力。积极的财政政策要加力提效。赤字率拟按3％安排。完善税费优惠政策，对现行减税降费、退税缓税等措施，该延续的延续，该优化的优化。做好基层"三保"工作。稳健的货币政策要精准有力。保持广义货币供应量和社会融资规模增速同名义经济增速基本匹配，支持实体经济发展。保持人民币汇率在合理均衡水平上的基本稳定。产业政策要发展和安全并举。促进传统产业改造升级，培育壮大战略性新兴产业，着力补强产业链薄弱环节。科技政策要聚焦自立自强，也要坚持国际合作。完善新型举国体制，发挥好政府在关键核心技术攻关中的组织作用，支持和突出企业科技创新主体地位，加大科技人才及团队培养支持力度。社会政策要兜牢民生底线。落实落细就业优先政策，把促进青年特别是高校毕业生就业工作摆在更加突出的位置，切实保障好基本民生。

……

今年是政府换届之年，前面报告的经济社会发展多领域、各方面工作，今后还需不懈努力，下面简述几项重点。

……

各位代表！

我们要以铸牢中华民族共同体意识为主线，坚持和完善民族区域自治制度，促进各民族共同团结奋斗、共同繁荣发展。坚持党的宗教工作基本方针，坚持我国宗教中国化方向，积极引导宗教与社会主义社会相适应。加强和改进侨务工作，汇聚起海内外中华儿女同心奋斗、共创辉煌的强大力量。

我们要深入贯彻习近平强军思想，贯彻新时代军事战略方针，围绕实现建军一百年奋斗目标，边斗争、边备战、边建设，完成好党和人民赋予的各项任务。全面加强练兵备战，创新军事战略指导，大抓实战化军事训练，统筹抓好各方向各领域军事斗争。全面加强军事治理，巩固拓展国防和军队改革成果，加强重大任务战建备统筹，加快实施国防发展重大工程。巩固提高一体化国家战略体系和能力，加强国防科技工业能力建设。深化全民国防教育。

各级政府要大力支持国防和军队建设,深入开展"双拥"活动,合力谱写军政军民团结新篇章。

我们要全面准确、坚定不移贯彻"一国两制""港人治港""澳人治澳"、高度自治的方针,坚持依法治港治澳,维护宪法和基本法确定的特别行政区宪制秩序,落实"爱国者治港""爱国者治澳"原则。支持港澳发展经济、改善民生,保持香港、澳门长期繁荣稳定。

我们要坚持贯彻新时代党解决台湾问题的总体方略,坚持一个中国原则和"九二共识",坚定反"独"促统,推动两岸关系和平发展,推进祖国和平统一进程。两岸同胞血脉相连,要促进两岸经济文化交流合作,完善增进台湾同胞福祉的制度和政策,推动两岸共同弘扬中华文化,同心共创复兴伟业。

我们要坚定奉行独立自主的和平外交政策,坚定不移走和平发展道路,坚持在和平共处五项原则基础上同各国发展友好合作,坚定奉行互利共赢的开放战略,始终做世界和平的建设者、全球发展的贡献者、国际秩序的维护者。中国愿同国际社会一道落实全球发展倡议、全球安全倡议,弘扬全人类共同价值,携手推动构建人类命运共同体,维护世界和平和地区稳定。

各位代表!

奋斗铸就辉煌,实干赢得未来。我们要更加紧密地团结在以习近平同志为核心的党中央周围,高举中国特色社会主义伟大旗帜,以习近平新时代中国特色社会主义思想为指导,全面贯彻党的二十大精神,砥砺前行,推动经济社会持续健康发展,为全面建设社会主义现代化国家、全面推进中华民族伟大复兴,为把我国建设成为富强民主文明和谐美丽的社会主义现代化强国不懈奋斗!

(资料来源:中宏国研信息技术研究院官网经济形势报告网,http://www.china-cer.com.cn/.)

【例文二】

关于《会计人员职权条例》中"总会计师"是行政职务或是技术职称的请示

×财字〔××××〕××号

财政部:

国务院××××年国发〔××××〕××号通知颁发的《会计人员职权条例》(以下简称《条例》)规定,会计人员技术职称分为总会计师、会计师、助理会计师、会计员四种;其中"总会计师"既是行政职务,又作为技术职称。在执行中,工厂总会计师按《条例》规定,负责全工厂的财务会计事宜,可是每个工厂,尤其是大工厂,授予总会计师职称的人有四五人,究竟由哪一位担负全厂的财务会计事宜和执行总会计师的职责与权限呢?

我们认为宜将行政职务与技术职称分开。总会计师为行政职务,不再作为技术职称;比照最近国务院颁发的《工程技术干部技术职称暂行规定》,将《条例》第五章规定的会计人员职称中的"总会计师"改为"高级会计师"。

以上认识是否妥当,请指示。

×× 省财政厅

×××× 年 ×× 月 ×× 日

【例文三】

国务院关于《长三角生态绿色一体化发展示范区国土空间总体规划(2021—2035年)》的批复

国函〔2023〕12号

上海市、江苏省、浙江省人民政府,自然资源部:

自然资源部《关于报请批准〈长三角生态绿色一体化发展示范区国土空间总体规划(2021—2035年)〉的请示》(自然资发〔2023〕5号)收悉。现批复如下:

一、原则同意《长三角生态绿色一体化发展示范区国土空间总体规划(2021—2035年)》(以下简称《规划》),请认真组织实施。

二、《规划》是长三角生态绿色一体化发展示范区(以下简称示范区)规划、建设、治理的基本依据,要纳入国土空间规划"一张图"并严格执行,强化底线约束。到2035年,示范区耕地保有量不低于76.60万亩,其中永久基本农田不低于66.54万亩;生态保护红线不低于143.32平方公里;城镇开发边界面积控制在647.6平方公里以内;示范区规划建设用地总规模控制在803.6平方公里以内,其中先行启动区规划建设用地总规模控制在164.7平方公里以内。

三、《规划》实施要以习近平新时代中国特色社会主义思想为指导,全面贯彻落实党的二十大精神,扎实推进中国式现代化,完整、准确、全面贯彻新发展理念,着力推动高质量发展,坚持以人民为中心,统筹发展和安全,促进人与自然和谐共生;以生态优先、绿色发展为导向,立足区域资源禀赋和江南水乡特色,保护传承文化与自然价值,促进形成多中心、网络化、集约型、开放式、绿色化的区域一体空间布局;以国土空间规划"一张图"为依托,统筹各类专项规划,完善区域一体化空间治理机制;重点围绕基础设施互联互通、公共服务共建共享、生态环境共治共保,实现绿色经济、高品质生活、可持续发展有机统一,在长江三角洲区域一体化发展中更好发挥示范引领作用。

四、上海市、江苏省、浙江省人民政府要加强组织领导,明确责任分工,健全工作机制,完善政策措施,在《规划》的指导下,高水平推进示范区建设。要严守《规划》确定的"三区三线"等国土空间管控底线,聚焦生态绿色一体化,把生态保护好,不搞大开发,切实提高土地节约集约利用水平,防止扩大建设用地规模,严格控制开发强度,严禁随意撤并村庄搞大社区、违背农民意愿大拆大建,严禁违规兴建政府性楼堂馆所。

五、自然资源部要会同有关方面根据职责分工,密切协调配合,加强指导、监督和评估,加快建立《规划》实施的全生命周期管理制度,确保守住《规划》目标,坚决维护《规划》严肃性和权威性。《规划》实施中的重大事项要及时请示报告。

国 务 院
2023年2月4日

(资料来源:中华人民共和国中央人民政府网,www.gov.cn.)

讨论思考

分析例文一、例文二、例文三的写作思路。

例文一是李克强总理 2023 年 3 月 5 日在第十四届全国人民代表大会第一次会议上的《政府工作报告》。报告分过去一年即 2022 年和近五年工作回顾、对 2023 年政府工作的建议、发展主要预期目标并简述 2023 年几项重点工作。报告陈述清楚,有理有据,具有方向性和指引作用。

例文二这则请示需求得上级单位的指示,首先援引国务院的规定,接着写在执行该文件中出现的问题,谈了本单位的意见及想法,提出了具体明确的请求。最后用专门的请示语结束。全文语言流畅、表意准确、理由清楚、易于批复。

例文三这篇批复是典型的指示性意见,郑重规范,全面权威,明确具体,具有指导意义,内容政策性强。全文逻辑严谨、语言精练。

 ## 知识要点

（一）报告的概念和特点

报告是下级单位向上级单位汇报工作,反映情况,提出意见或者建议,答复上级单位询问的文件。报告有以下特点。

1. 已然性

报告是一种陈述性公文,一般产生于事后和事情发生的进程中,对于进行完事件的汇总陈述。

2. 总结性

报告的作用主要是总结一段时期工作及情况,向上级做汇报,以便上级单位及时了解下情,为正确决策提供依据。

3. 陈述性

报告的主要内容是对于取得的主要成绩、做法或经验、存在的问题和今后的打算等具体陈述汇报。

（二）报告的种类和写作格式

报告按性质可分为综合报告和专题报告;按时间可分为定期报告和不定期报告;按内容可分为工作报告、情况报告、建议报告、答复报告和递送报告等。

报告一般由标题、主送单位、正文和落款组成。

1. 标题

报告标题大多采用公文的常规写法,既可以由发文机关＋主要内容＋文种构成的完整标题,如《××学院关于招生情况的报告》;也可以由主要内容＋文种构成,如《关于粮食政策性财务挂账停息的报告》。

2. 主送单位

报告的主送单位一般为直属上级单位。

3. 正文

(1) 缘由。缘由要能概括说明全文主旨,开门见山。一般用"现将有关情况报告如下"承启下文。答复报告开头要先引述来函文号及询问的问题,然后过渡到下文,答复上级的询问。

(2) 报告事项。报告事项是正文的核心。应将工作的主要情况、措施与结果,成效与存在的问题等分层次加以表述,要以数据和材料说话,内容力求既翔实又概括。

不同类型的报告,内容上各有不同的侧重点。

工作报告主要陈述工作进程,一般以做法、成绩、经验、体会、打算、安排为主,在叙述基本情况的同时,有所分析、归纳,找出规律性认识。这类报告相对篇幅较长,一般可标出序数,分条分项陈述。

情况报告重在反映情况,包括上级的决策和部署的执行情况。一般以"情况—原因—教训及经验—措施"的结构来写。首先将情况叙述清楚,然后分析情况产生的原因,接着总结经验教训,最后提出下一步的行动措施。

答复报告一般写答复的意见或处理结果,是依据上级要求回答的问题进行写作,所以要写得周全而有针对性。这种报告内容针对性最强,上级询问什么,就答复什么,不能答非所问。

(3) 结尾。一般的报告多无特殊的结尾,汇报完毕,即告结束。有的报告也用结束语,应另起一行,空两个字来写。根据报告种类的不同一般都有不同的程式化用语,工作报告和情况报告的结束语常用"特此报告""请审阅""以上报告,请审查";答复报告多用"专此报告"。因报告是单向性公文,所以类似"以上报告当否,请批示"的结束语是不妥当的。

4. 落款

在正文右下方写明发文单位名称和成文日期。

(三) 请示的概念和特点

请示是下级单位向上级单位请求指示、批准的公文,具有强制回复的性质。其行文目的是对本单位权限范围内无法决定的重大事项,以及工作中遇到的无章可循的疑难问题,没有对策或没有把握,请求上级单位给予指示。请示具有以下特点。

1. 呈上性

请示是针对本单位权限范围内无法决定的重大事项及在工作中遇到的新问题、新情况或克服不了的困难,才向上级单位行文。值得指出的是,请示的行文不能超越法定的隶属关系,而且一般是逐级行文。

2. 请批性

请示的目的是请求上级单位给予指示、决断或答复、批准,所以请示具有强制回复性。上级单位对呈报的请示事项,无论同意与否,都必须给予明确的"批复"回文。

3. 单一性

为了方便上级单位批复,请示行文必须是一文一事。这就是说,每份请示只能请示一个事项,解决一个问题,一般只写一个主送机关,如果需要同时送其他机关,常常用抄送形式。

(四)请示的种类和写作格式

1. 请示的种类

(1)求示性请示。求示性请示是请求上级机关给予政策、认识上的指示的请示。这类请示是向上级要政策,要办法。

(2)求批性请示。求批性请示是请求上级机关给予批准、认可的请示。简言之,求批性请示就是向上级机关要人、要钱、要物。

(3)求转性请示。求转性请示是请求上级机关给予批转的请示。

2. 请示的写作格式

(1)标题。请示的标题与其他公文文种标题相同,由制发机关、事由、文种三部分组成。有时也可由事由和文种构成。

(2)发文字号。请示的发文字号为完全式。

(3)主送单位。请示的主送单位为直属上级单位。

(4)正文。正文由事由、请示事项和尾语组成。

请示事由是正文的核心内容,是上级单位批复的根据。事由讲得客观、具体、明白,道理摆得充分、合理、透彻,上级才能及时给予答复。

正文的结尾,常以简短的文字概括请示的具体要求,再次点明主题,如“妥否,请批示”“妥否,请批复”“以上请示,请予审批”或“请批准”等。

(5)落款。在正文右下方标注发文机关名称和成文日期。标题未写明发文机关名称的,在结束语的下方署发文机关全称,加盖公章,并在下行写明年、月、日。标题中写明发文机关名称的,只需加盖单位公章,不必再写机关名称。成文日期写在发文机关名称之下。

(五)批复的概念和特点

批复是上级机关答复下级机关请示事项时所使用的指挥性下行公文,是对请示的回答、回应。批复具有以下特点。

1. 答复性

批复的内容属于答复性的内容,是上级单位对于下级单位请示的具体回答,作出相应的指示或指导性意见。

2. 明确性

上级机关对请示事项无论同意与否,都必须明确地予以答复。

3. 权威性

批复是答复下级单位请求事项的回复性公文,是对所请求问题的决策意见,具有行政约束力和权威性。所以批复一经下发,下级单位必须遵照执行。

(六)批复的种类和写作格式

1. 批复的种类

(1)指示性的批复。在审批下级机关的请示时,进一步提出一系列相关的指示,要求下级照此执行。

(2)答复性的批复。对不明确的问题或政策界限作出解答性的批复。

2. 批复的写作格式

(1)标题。批复的标题有多种构成形式:第一种是由发文机关、事由和文种构成;第二种是由事由和文种构成;第三种是由发文机关、原件标题和文种构成。

(2)发文字号。批复的发文字号为完全式。

(3)主送机关。批复的主送机关即请示的发文机关。

(4)正文。正文主要包括引叙来文、批复内容和尾语等项内容。引叙来文一般只用一句话说明请示的日期、标题、发文字号及收文情况,是批复的原因和根据。

批复内容主要是针对请示事项表明态度,作出具体答复。

批复尾语常用"此批""此批复""特此批复"结尾,也可以不写尾语,自然结束。

(5)落款。批复要求标明发文机关和日期。

 拓展提高

1. 报告的写作要求

(1)明确报告的写作目的。一定要明确向上级报告的目的,根据目的确定使用哪种形式的报告,采用哪些材料说明问题较为合适。

(2)报告的内容翔实可靠。向上级报告事实、情况、成绩、问题等都不能夸大,不可缩小,要本着实事求是的态度,对上级负责、对群众负责。

(3)观点正确,中心明确。撰写报告时一定要站在公允的立场上,客观、公正地反映情况及问题,遵循事物本来面目,用辩证思维方式及方法分析问题、反映问题。

(4)反映情况,实事求是。向上级报告事实、情况、成绩、问题等都不能夸大,不可缩小,不以偏概全,也不用空语搪塞,要本着对上级负责、对群众负责的态度,坚持实事求是的原则来写作。

2. 请示的写作要求

(1)一文一事,内容单一。写请示不能一文数事,以免上级机关不好批文而贻误工作。

(2)主送明确,不搞多头请示。请示一般只送一个主管上级单位,不多处主送,不送领导个人。如是受双重领导的机关,应根据请示内容,主送一处上级机关,对另一上级机关采取抄报形式。

(3)不可越级请示。请示应根据隶属关系和职权范围逐级进行,如果必须越级得到批复时,可以抄报越过的上级单位,也可请主管的上级单位代为请示。

(4)注意请示的语气。请示的语气要尊重、诚恳,不要态度强硬。在写请示事项时,只能写"拟"怎么办,不能写"决定"怎么办。

3. 批复的写作要求

(1)针对请示,有"请"而发。批复要针对下级机关的请示表明意见,下级有请示,上级才能针对该请示进行答复,所以写请示首先要写明所答复的请示的标题和发文编号。

(2)行文及时,答复明确。下级有请求,上级必须尽快给予答复,以免贻误工作。

(3)态度严谨,慎重定夺。上级单位在批复中承担着很大的责任,一定要在科学调研和反复磋商的基础上进行。

4. 请示与报告的区别

(1)行文目的、用途不同。请示是请求性公文,重在呈请,行文目的和用途是希望得到上级单位的明确指示或批复。报告是陈述性公文,重在呈报,行文目的和用途是下情上传,使上级单位及时了解情况,掌握动态,不请求指示或批准,也不要求复文。

(2)主送单位不同。请示必须坚持主送一个单位,避免因多头请示造成意见不一致而贻误工作。受双重领导的单位可抄送另一个主管单位。而报告原则上坚持一个主送单位,但根据需要可同时报送两个或多个主送单位。

(3)行文时间不同。请示必须在事前行文,绝不允许先斩后奏。报告一般事后行文或在事情进行过程中随时报告。

(4)写作内容不同。请示必须坚持"一文一事"原则,内容单一、篇幅较短,主题明确,便于上级批复。报告可以将若干有关联的事情综合在一起陈述,即使是专题报告,也往往要涉及一个事项的几个方面,内容含量大、篇幅较长。但应该注意的是,报告中不可以包含任何属于请示的内容。

(5)文面结构形式不同。请示行文简单,按照请示理由、具体事项和问题、处理意见或建议顺序展开,最后一般用"当否,请批示""以上请示如无不妥,请批准""可否,请指示"等谦恭的固定语作结语。报告行文较为复杂,由于内容较多,所以涉及面广,篇幅长,按照总述(有关工作的背景、总评价等)——分述(将报告的内容分条列项具体说明)——结语("特此报告""以上报告如有不妥,请指正"等)顺序进行。

(6)答复形式不同。上级单位收到请示,要认真研究,尽快给予答复,一般用批复文种。收到报告,只需了解情况作为决策参考依据,不需要答复。

 情境模拟

1. 运用所学知识,作出正确判断。

(1)某地发生一突发性重大事故,向上级反映此事故有关情况,用报告行文。　　(　　)

(2)报告可以同时上报几个上级机关。　　(　　)

(3)报告不能用"以上报告当否,请指正"作结束语。　　(　　)

(4)关于申请修建教学大楼的报告。　　(　　)

(5)关于发生重大火灾事故的报告。　　(　　)

(6)关于扩建油库的请示报告。　　(　　)

(7)关于加强外事工作的报告。　　(　　)

(8) 报告标题可只用"报告"两字。　　　　　　　　　　　　　　　（　　）

(9) 凡必须得到上级机关批准和指示后才能办理的公务,都可用"请示"行文。（　　）

(10) 请示可以一文一事,也可以一文多事。　　　　　　　　　　　（　　）

(11) 报告是呈报性公文,不需要上级答复。　　　　　　　　　　　（　　）

(12) 某市文化局请求该市财政局为其职工住宅解决部分修建款的文种用请示的形式。

　　　　　　　　　　　　　　　　　　　　　　　　　　　　　（　　）

(13) 报告同请示一样,也要一文一事。　　　　　　　　　　　　　（　　）

2. 作出正确选择。

(1) 报告可用于陈述的事项有(　　　)。

　　A. 向上级汇报工作,反映情况

　　B. 向下级或有关方面介绍工作情况

　　C. 向上级提出工作意见或建议

　　D. 答复群众的查询、提问

　　E. 答复上级机关的查询、提问

(2) 工作报告的内容包括(　　　)。

　　A. 经常性的常规工作情况

　　B. 偶发性的特殊情况

　　C. 向上级汇报的工作进程,总结的工作经验

　　D. 对上级机关的查问、提问作出的答复

(3) 下列标题中书写正确的有(　　　)。

　　A. ××石油公司关于扩建油库的请示报告

　　B. ××市教育局关于召开校长工作会议的通知

　　C. ××市城建局关于严禁占道经营的通知

　　D. ××部抢救大熊猫的紧急报告

　　E. ××省教育厅2023年主要工作

3. 病文修改。

××××学院关于要求修建宿舍的报告

××××厅、教育厅:

　　由于近日我市连降暴雨,山洪暴发,造成我校多处房屋严重倒塌、损害,影响了正常的教学工作。为了尽快修复被毁坏的房舍,恢复正常工作,特请拨维修款20万元。此外,我所今年新调进教师20名,亟待解决宿舍问题,计划新盖宿舍10间,故另请拨基建资金若干万元,以解决新员工的住宿问题。

　　特此报告,请批复。

××××学院(公章)

××××年××月××日

4. 根据公文写作要求,逐条列出下列公文文稿的错误之处。

××县地税局重建税务所办公大楼的请示报告

××地区税务局、城建局、国土局:

我局所属××乡、××镇、××镇的三个税务所,因被洪水冲毁,现决定重建三个税务所办公楼三幢,建筑面积1 200平方米,用于办公室和职工宿舍。共需资金150万元,征地5亩。

妥否,请批转。

××××年××月××日(公章)

 素质养成

【学生范文】

张氏计算机网络公司文件

张氏网董发〔2012〕2号

关于干部任免的请示

省人事厅干部处:

根据总公司发展需要,经5月25日董事会议研究,拟对以下干部任免:

杨子越任公司总经理;

孙玮娜任总裁助理;

王芳芳任办公室副主任(主持办公室工作)。

免去:杨子越公司副总经理职务;

　　　高圆圆总裁助理职务;

　　　孙玮娜办公室主任职务。

以上请示当否,请批复。

张氏计算机网络公司
2012年5月31日

抄报:省人事厅干部处

抄送:董事会成员、总经理、副总经理、各部门、各子公司

张氏计算机人事部　　　　　　　　　　　　　　　　　2012年5月31日

(作者:黑龙江旅游职业技术学院2011级计算机网络专业　徐万强)

第四节　函、纪要

 **案例导入**

【例文一】

国务院办公厅关于同意建立国务院优化生育政策工作部际联席会议制度的函

国办函〔2022〕77号

国家卫生健康委：

你委《关于建立国务院优化生育政策工作部际联席会议制度的请示》（国卫人口报〔2022〕86号）收悉。经国务院同意，现函复如下：

国务院同意建立由国务院领导同志牵头负责的国务院优化生育政策工作部际联席会议制度。联席会议不刻制印章，不正式行文，请按照党中央、国务院有关文件精神认真组织开展工作。国家卫生和计划生育委员会计划生育兼职委员制度同时撤销。

附件：国务院优化生育政策工作部际联席会议制度

国务院办公厅

2022年7月28日

（资料来源：中华人民共和国中央人民政府网，www.gov.cn.）

【例文二】

国家发展改革委等部门关于同意粤港澳大湾区启动
建设全国一体化算力网络国家枢纽节点的复函

发改高技〔2022〕66号

广东省发展改革委、网信办、工业和信息化主管部门、通信管理局、能源局：

转来《关于报送〈全国一体化算力网络粤港澳大湾区国家枢纽节点建设方案〉的函》（粤府函〔2021〕352号）收悉。经研究，现函复如下：

一、同意在粤港澳大湾区启动建设全国一体化算力网络国家枢纽节点（以下简称"粤港澳大湾区枢纽"）。

二、粤港澳大湾区枢纽要充分发挥本区域在市场、技术、人才、资金等方面的优势，发展高密度、高能效、低碳数据中心集群，提升数据供给质量，优化东西部间互联网络和枢纽节点间直连网络，通过云网协同、云边协同等优化数据中心供给结构，扩展算力增长空间，实现大规模算力部署与土地、用能、水、电等资源的协调可持续。

三、粤港澳大湾区枢纽规划设立韶关数据中心集群，起步区边界为韶关高新区。围绕韶关数据中心集群，抓紧优化算力布局，积极承接广州、深圳等地实时性算力需求，引导温冷业务向西部迁移,构建辐射华南乃至全国的实时性算力中心。

四、韶关数据中心集群应符合新型数据中心发展要求,尽快启动起步区建设,逐步落地重点建设项目。项目建设主体原则上为数据中心相关行业骨干企业,支持发展大型、超大型数据中心,建设内容涵盖绿色低碳数据中心建设、网络服务质量提高、算力高效调度、安全保障能力提升等,落实项目规划、选址、资金等条件。

五、韶关数据中心集群应抓紧完成起步区建设目标:数据中心平均上架率不低于65%。数据中心电能利用效率指标控制在1.25以内,可再生能源使用率显著提升。网络实现动态监测和数网协同,服务质量明显提升,电力等配套设施建设完善,能高质量满足"东数西算"业务需要。形成一批"东数西算"典型示范场景和应用。安全技术、措施和手段同步规划、同步建设、同步使用。

六、粤港澳大湾区枢纽要统筹好区域内在建和拟建数据中心项目,设置合理过渡期,确保平稳有序发展。自2022年3月起,有关进展情况于每季度末报国家发展改革委、中央网信办、工业和信息化部、国家能源局。

国家发展改革委

中央网信办

工业和信息化部

国家能源局

2022年2月7日

(资料来源:中华人民共和国国家发展和改革委员会网站,www.ndrc.gov.cn.)

【例文三】

××省人民政府常务会议纪要

××省纪要〔20××〕18号

××省人民政府办公厅××××年××月××日—20××年××月××日上午,省人民政府举行第××次常务会议。

出席会议的有:×××、×××、×××、×××、×××、×××、×××、×××、×××、×××。

×××主持会议。

会议听取了×××关于出台进一步鼓励引导个体、私营等非公有制经济健康发展若干政策意见的汇报;听取了×××关于《××省地图编制出版管理办法(草案)》《××省水上交通事故处理办法(草案)》《××省文物保护管理条例修正案(草案)》的审核说明,并进行了讨论研究。

现纪要如下:关于出台进一步鼓励引导个体、私营等非公有制经济健康发展若干政策问题会议认为,党的××大已经明确提出,公有制为主体、多种所有制经济共同发展是我国社会主义初级阶段的一项基本经济制度;非公有制经济是我国社会主义市场经济的重要组成部分;对个体、私营等非公有制经济要继续鼓励引导,使之健康发展。这是理论上的重大突破。对非公有制经济起步较早的我省来说,将是一次新的机遇。

会议指出,我省非公有制经济经过十多年的发展,现在有了相当基础,已成为国民经济的重要组成部分。在一些地区，非公有制经济已成为区域经济的重要支柱。但是，由于种种原因，我省个体、私营等非公有制经济的发展目前还面临着不少障碍和急需解决的问题，如不采取有力措施加以解决，将会影响我省经济的发展。对此，要引起我们高度重视。今后一个时期，根据调整和完善所有制结构的需要以及我省跨世纪经济发展的要求，各地、各部门要抓住有利时机，进一步解放思想，充分认识发展非公有制经济对我省国民经济全局的重要作用，加大支持力度，强化服务意识，研究制定措施，不断完善我省的所有制结构，推动国民经济再上一个新台阶。

会议强调，当前鼓励引导非公有制经济的健康发展，关键在于对个体、私营等非公有制经济一视同仁，为它们的发展提供平等的政策环境。特别是在信贷等方面加大帮扶力度，切实解决其生产经营中的实际困难，努力为非公有制经济发展创造良好的环境。

会议原则同意省政府办公厅会同有关部门研究提出的关于进一步鼓励引导个体、私营等非公有制经济健康发展的若干政策意见，并要求办公厅根据会议提出的意见作进一步修改后，交省委办公厅，建议以省委、省政府名义发。

20××年××月××日

 讨论思考

分析例文一、例文二、例文三的写作思路。

例文一是一份请示的复函，是国务院办公厅对国家卫生健康委《关于建立国务院优化生育政策工作部际联席会议制度的请示》的回复，文字简洁，语言庄重，回答具体明确。

例文二是一份对于《关于报送〈全国一体化算力网络粤港澳大湾区国家枢纽节点建设方案〉的函》的答复函，是国家发展改革委等四个主管部门对于广东省发展改革委、网信办、工业和信息化主管部门、通信管理局、能源局函的回复，第一层表示同意的态度，第二～六层表明总体要求、目标和希望。中心明确、语言简洁、层次清楚、逻辑严谨。

例文三是一份××省人民政府常务会议纪要，记录了开会的时间、与会人员、会议的内容和主要精神等。会议听取了一个意见汇报，二个办法，一个条例修正案。正文围绕议题，抓住要领，分会议指出、会议强调、会议原则同意三个层面归纳了会议精神，指明了方向，具有指导意义，简明扼要，条理清晰。

 知识要点

（一）函的概念、特点和种类

1. 函的概念

函是"适用于不相隶属机关之间商洽工作，询问和答复问题，请示批准和答复审批事项"的公文。函为平行文。

2. 函的特点

(1) 适用范围广泛，使用灵活方便。函既可用于相互商洽工作，询问答复问题，又可用于向主管部门请求批准事项,以及主管部门审批或答复事项。

（2）行文具有多向性。函既可平行,又可以上行、下行,但多作平行文,这是函的独特之处。

（3）短小精悍。函一般较短小,内容单一,语言简洁明了,有的函只有三言两语。函有"公文轻骑兵"的称誉。

（4）讲究文学修辞。函常用的词语有拟、承蒙、蒙、鼎力相助、承蒙惠允、贵、贵单位、敝等。

3. 函的种类

函根据其作用不同可以分为以下三类。

（1）商洽函。商洽函适用于同级或没有隶属关系的机关之间商洽工作、联系有关的事宜时所使用函。

（2）问答函。针对不明确的问题或不了解的事项向有关机关询问情况、征求意见的函叫询问函;针对来函提出的问题给予明确的答复的函叫答复函。

（3）请批函。请批函是向没有隶属关系的业务主管部门或对口主管部门请求批准有关事项的函。

（二）函的写作格式

1. 标题

函的标题常见的有完全式和省略发函机关两种。有的还将受函机关名称写于标题中,并根据不同类别选用"申请""请求""商请""复"等字样,如《××关于商请××（事由）的函》《××关于××的复函》。

2. 发文字号

函的发文字号与其他公文不同,即要在机关代字中加上"函"字,如"国办函〔2006〕8号"。

3. 主送机关

函必须写受文单位全称。

4. 正文

函的正文通常由发函缘由、事项、结语三部分构成。

去函应在开头写明发函的原因和目的;复函则需先引依据,如"你局《关于申请拨科研设备购置费的函》（××局函〔2006〕8号）收悉,现函复如下"。

事项部分应当开门见山,写明商洽、询问、答复、请求的事项,内容较多时宜分条列述。

公函一般用惯用语作结。去函常用"敬请函复""盼复"等,复函往往用"特此函复""此复"等,也可自然收束,不写结语。

5. 落款

函应写明发文机全称、发函日期,加盖印章。

（三）纪要的概念、特点和种类

1. 纪要的概念

纪要是适用于记载、传达会议情况和议定事项的公文。

2. 纪要的特点

（1）纪实性。纪要反映会议的内容和议定事项。纪实性既是纪要的基本特点,也是撰写纪要的基本原则。

（2）提要性。纪要是写会议的要点。会议的主要精神、主要事项,要靠概括、归纳才能得出。

（3）约束性。纪要一经下发,便要求与会单位和有关人员遵守、执行。纪要的规范性、严肃性程度比决议低,但内容基本一致。

3. 纪要的种类

（1）按会议性质可分为两类。

一是日常例会纪要,又称日常行政工作会议纪要或办公会议纪要,这种会议是机关单位为研究工作、作出决定或解决某些实际问题而召开的常规性会议,如党委常委会、行政办公会等。反映这类会议情况的纪要就称为日常例会纪要。

二是专项会议纪要,又称专题工作会议纪要,常见的工作会、座谈会、研讨会纪要等。

（2）按会议内容与作用可分为三类。

一是建议性纪要。这种纪要以决议的事项为中心内容,日常例会纪要多属此类。

二是讨论性纪要。这种纪要除反映提出的结构性意见外,还较多反映会议讨论、交流的情况。学术会议纪要一般属此类。

三是工作性纪要。这种会议主要是为贯彻重要的方针政策、安排部署工作而召开的,所形成的纪要一方面要反映得出的统一认识;另一方面还要明确工作任务与方法措施,交代有关政策原则,往往带有指示性,因而有人称为指示性会议纪要。

（四）纪要的写作格式

1. 标题

纪要的标题通常有三种形式:第一种是由机关名称、会议名称和文种构成,有的还要在会议名称前标明会议的届次,日常例行会议多用此种标题,如《××省人民政府第×次省长会议纪要》;第二种是由会议名称和文种构成,如《××县农村工作会议纪要》;第三种是用双行式标题,正标题提示会议主要精神,副标题交代会议名称和文种,如《××精神为指导,开创××新局面——××会议纪要》。

2. 受文机关

纪要不写主送机关,而是需要抄送给参加会议的机关与需要知道会议情况的机关。

3. 正文

纪要的正文一般由开头、主体、结尾三部分组成。

（1）开头。开头介绍会议情况,主要包括会议的指导思想、目的、时间、地点。会议名称、主持单位、主持人、参加人员、领导同志参加情况、会议议题等,有的还要交代召开会议的依据(谁批准或决定开会)。段末还要用简短语句总括会议成果。纪要开头的具体表达方式有两种:一种是概述式,将内容贯通,用一个或两个自然段写出,专项会议纪要多采用此法;另一种是条目式,将时间、地点、参加人员等内容分条列项写明,日常例行会议多用此法。

（2）主体。主体应较详细、具体地写明会议的主要精神和议定事项，对有关单位的要求等，常见的写法有以下三种。

① 综述式写法。把会议内容和情况按性质分为若干部分，然后分段逐一写出。篇幅长的，可用序数标记，还可以拟小标题。各段之首常冠以"会议认为"等惯用语。大型、重要会议多用此法。

② 条目式写法。把讨论的问题和决定的事项分条款进行表述。日常例行会议纪要多用此法。

③ 摘录式写法。直接摘录会上发言要点，按内容性质归类或发言顺序编排。这种写法要先写出发言人姓名并注明单位、职务，然后记其发言要点。一个方面的问题或情况讨论完后，可以用一段文字作一小结。座谈会、学术研讨会纪要常用这种方式结尾。

（3）结尾。一般是对与会议单位和个人提出要求、希望或发出号召，有的还对会议作简要评价。

4. 落款

纪要的落款一般由会议名称和纪要形成日期组成。日常例行会议纪要可署机关名称，也可用×××（机关名）办公室整理代替。发文日期（即纪要形成日期）可置于标题之下，加圆括号，也可置于文末。纪要可不加盖印章，如需盖章，可由主办单位代章。

 **拓展提高**

1. 函的写作要求

（1）以简要的文字，将需要商洽、询问（答复）、申请、知照的事项（问题）明确、具体地交代清楚。

（2）用语谦和、讲究分寸。函应用于平行机关之间相互协商、配合与互通信息，因此，用语要讲究礼节，不使用告诫、命令性的词语，语气应委婉得体。涉外公函或不相隶属机关之间的公函，必要时还要使用尊称与致意性词语。但是公函与私人信件有严格区别，机关之间的诚恳致意是必要的，但不要形成客套；尊重对方是应当的，但不可过分，形成恭维奉迎。函的用语应当适度，掌握分寸。

（3）行文必须郑重。函必须具备正式公文的规范格式，使用印有发文机关名称的信纸，拟定标题，编制发文字号，结构要求完整。

2. 会议纪要的写作要求

（1）看记录。起草会议纪要要全面收集会议的有关文件和材料，认真阅读会议记录，一方面是为保证会议纪要反映会议情况的真实性；另一方面是为会议纪要写作确立主旨和选择材料。

（2）抓要点。纪要是记其要点。会议纪要不能照搬会议文件和会议记录，而要明确点，突出重点。切忌巨细不分，以次要内容冲淡纪要主旨。

（3）讲条理。会议纪要要对会议讨论的问题、议程、发言内容、决定等分层次、分类别、分顺序地归纳，这样不仅能使纪要笔墨经济，而且使人感到内容明确、条理清晰。

情境模拟

1. 根据所学知识作出正确选择。

(1) 下列文种中属于下行文的是(　　)。

  A. 报告　　　　　　B. 函　　　　　　　C. 议案　　　　　　D. 决定

(2) 下列文体中适宜于平行或不相隶属机关使用的是(　　)。

  A. 函　　　　　　　B. 意见　　　　　　C. 报告　　　　　　D. 批复

(3) 某单位因施工需要砍伐单位内的几株梧桐树,在给所在街道办事处绿化办公室行文时,宜用(　　)。

  A. 请示　　　　　　B. 请示报告　　　　C. 建议　　　　　　D. 函

(4) 相互商洽工作、询问和答复问题、向有关部门请求批准等,要用(　　)。

  A. 通知　　　　　　B. 请示　　　　　　C. 函　　　　　　　D. 报告

2. 下面这份公文为什么用函而不用请示?

××市经济委员会关于增加编制的函

××市编制委员会:

  为了做好能源工作,经市政府研究,拟成立节约能源办公室,设在市经济委员会内。办公室拟设主任1名,工作人员5名。需增加编制8名。

  当否?请批准。

××市经济委员会

××××年××月××日

3. 简要回答下列问题。

(1) 某中学要求区教委拨款增建新校区,根据这一需要,应选择什么文种写作? 为什么?

(2) 南京市农业局请求市农业银行增加贷款,该用什么文种写作? 为什么?

(3) 南京市档案馆写了篇请示给南京市职工大学,请求该校推荐3名档案专业的毕业生来档案馆工作,这篇公文的文种使用是否正确? 请说明理由。

(4) ××学校总务处要求改建学生食堂并新购一辆三轮机动货车,写了一份报告,送校长室和校党委,却给退了回来,并说明校领导同意办理,但需总务处重新行文。请问为什么?

4. 下列是一份函的两种写法,试分析哪一种写法更为恰当。

(1) 关于请××商厦准备经保工作经验材料的函。

××市商业局:

  你局××商厦狠抓安全保卫工作,成绩突出。经市综合治理办公室同意,我局准备于12月中旬召开全市经保工作经验交流会,请××商厦在会上介绍加强内部防范工作的经验。速通知该单位,于12月中旬将此材料报送我局××处秘书科。

此致

敬礼

××市公安局

××××年11月20日

(2)关于请××商厦准备安全保卫工作经验材料的函。

××市商业局:

经市综合治理办公室同意,我局12月下旬召开全市安全保卫工作经验交流会。据悉,贵局××商厦狠抓安全保卫工作,取得了突出成绩,我局拟请该商厦在会上介绍加强内部防范工作的宝贵经验。如蒙同意,恳请通知该单位,于12月中旬将经验材料报送我局××处秘书科为盼。

××市公安局

××××年11月20日

【学生范文】

张氏计算机网络有限公司董事长工作纪要

第7次纪要

时间:2012年5月25日10时

地点:图书馆313房间

参加:张桐桐 于洋 王芳芳 高杨洋 刘鑫 杨子越 李祥鹏 孙玮娜

缺席:许万强 张文龙

主持:张桐桐

记录:孙玮娜

内容:

(1)招聘员工。

(2)干部任免。

(3)增加员工工资。

今天下午召开了董事长工作会议,会议就我公司招聘员工、干部任免和增加员工工资事宜进行了讨论、研究。

会议认为:我公司近期效益大幅增长,员工工作热情高,且面临着扩大经营、增加营销网点等良好局面,为适应市场需求决定提高员工的待遇,引进新的技术力量。

会议决定:

(1)总公司招聘软件开发工程师4名,软件测试员2名,后勤秘书1名。由人事部许万强经理率招聘小组赴哈尔滨工业大学、哈尔滨理工大学、大连理工大学、北京理工大学等院校招聘。其中,软件测试员试用期月薪 3 000 元,试用期满后月薪 4 200 元;软件开发工程师试用期月薪 6 600 元,试用期满后月薪 7 800 元,后勤秘书试用期月薪 4 000 元,试用期满后月薪 5 200 元。

(2) 招聘子公司员工 20 名,其中,含程序员 7 名、软件工程师 3 名,美术动画 Flash、音效配音、3D 游戏等专业人员 10 名。由人事部许万强经理提出招聘方案,报总公司审定。招聘原则采取面试与笔试相结合、能力考核与专业技能考核相结合,按成绩高低择优录取。

(3) 经研究一致同意下列干部任免:

杨子越任公司总经理;

孙玮娜任总裁助理;

王芳芳任办公室副主任(主持办公室工作)。

免去:杨子越公司副总经理职务;

　　　高圆圆总裁助理职务;

　　　孙玮娜办公室主任职务。

(4) 增加员工工资总额:由于总经理年薪增加 8 万元,部门经理年增加工资 10 万元,新进人员增加工资 42 万元,所以 2012 年下半年拟新增工资总额 60 万元。此项工作由劳资部张文龙经理会同财务部向上级劳动部门请批。

已发:董事会成员、总经理、副总经理、各部门、各子公司

总公司办公室　　　　　　　　　　　　　　　　　　　　　　2012 年 5 月 31 日

(作者:黑龙江旅游职业技术学院 2011 级计算机网络专业　王芳芳)

 素质养成

【案例】宏远公司项目会议记录

时间:20××年 3 月 12 日 9 时。

地点:公司第一会议室。

出席人:各分公司与直属部门的经理。

缺席人:第三分公司总经理×××(出差深圳)。

主持人:高飞(集团公司副总裁)。

记录人:周游(总经理秘书)。

1. 主持人讲话

今天主要讨论"美廉娱乐城"的兴建立项及如何开展前期工作的问题。(略)

2. 发言

第一分公司李总:该项目的选址应定位在亚运村以北,清河以南。(略)

第二分公司张总:该项目应以体育健身为龙头带动其他餐饮娱乐。(略)

市场部刘总:汇报该项目市场调查与预测的结果。(略)

财务部莫总:汇报公司的资金状况。(略)

技术部王总：汇报建筑项目投、招标情况。（略）

策划部梁总：讲述三种关于该项目的前期策划设想，前期的宣传投入应该加大。（略）

财务部莫总：前期宣传投入要慎重，理由有三。（略）

市场部刘总：前期宣传投入要慎重，理由有三。（略）

策划部梁总：前期投入一定要加大，有几条原因。（略）

3. 决议

（1）一致通过该项目的选址定在××地段（举手表决）。

（2）一致通过该项目第一期投入人民币×××万元（举手表决）。

（3）（略）。

4. 散会（12时）

主持人：高飞（签名）。

记录人：周游（签名）。

第六章

事务文书

任务一：写一份本学期学习计划。

任务二：写一份本学期学习总结。

第一节　事务文书概述

案例导入

【例文】

国务院 2023 年度立法工作计划

2023 年是全面贯彻落实党的二十大精神的开局之年，是全面建设社会主义现代化国家开局起步的重要一年。国务院 2023 年度立法工作的总体要求是：在以习近平同志为核心的党中央坚强领导下，坚持以习近平新时代中国特色社会主义思想为指导，深入学习贯彻习近平法治思想，全面贯彻落实党的二十大和二十届一中、二中全会精神，深刻领悟"两个确立"的决定性意义，坚持党的领导、人民当家作主、依法治国有机统一，加强重点领域、新兴领域、涉外领域立法，完善以宪法为核心的中国特色社会主义法律体系，以良法促进发展、保障善治，为全面建设社会主义现代化国家、全面推进中华民族伟大复兴提供坚实法治保障。

一、认真学习宣传贯彻党的二十大精神，坚持以习近平法治思想指导新时代新征程立法工作

党的二十大是在全党全国各族人民迈上全面建设社会主义现代化国家新征程、向第二个百年奋斗目标进军的关键时刻召开的一次十分重要的大会。党的二十大报告深刻阐释了新时代坚持和发展中国特色社会主义的一系列重大理论和实践问题，描绘了全面建设社会主义现代化国家、全面推进中华民族伟大复兴的宏伟蓝图，为新时代新征程党和国家事业发展、实现第二个百年奋斗目标指明了前进方向、确立了行动指南。要坚持把党的二十大精神贯彻落实到立法工作全过程和各方面，不断推动新时代新征程立法工作展现新气象、实现新作为、取得新成效。

习近平法治思想是马克思主义法治理论同中国法治建设具体实际相结合、同中华优秀

传统法律文化相结合的重大理论创新成果,是新时代新征程全面依法治国的根本遵循。党的二十大报告专章就"坚持全面依法治国,推进法治中国建设"作出重大部署,提出一系列新理念新思想新战略,进一步丰富发展了习近平法治思想。要坚持以习近平法治思想指导新时代新征程立法工作,不断提高立法工作质量和效率,更好发挥法治固根本、稳预期、利长远的保障作用,为全面推进国家各方面工作法治化奠定坚实基础。

二、突出立法重点,以高质量立法服务保障党和国家工作大局

紧紧围绕党的二十大作出的重大决策部署、提出的目标任务,深入分析推进中国式现代化的立法需求,坚持突出重点、急用先行,科学合理安排立法项目,更好服务保障党和国家重大决策部署。

在加快构建新发展格局、着力推动高质量发展方面,提请全国人大常委会审议关税法草案、原子能法草案、反洗钱法修订草案、仲裁法修订草案。制定非银行支付机构条例、国有企业管理人员处分条例、地方金融监督管理条例,修订国务院关于经营者集中申报标准的规定、商用密码管理条例。预备提请全国人大常委会审议国家发展规划法草案、消费税法草案、铁路法修订草案、渔业法修订草案、电信法草案、反不正当竞争法修订草案、计量法修订草案、对外贸易法修订草案、会计法修正草案、注册会计师法修订草案、税收征收管理法修订草案、商业银行法修订草案、银行业监督管理法修订草案、中国人民银行法修订草案、保险法修订草案。预备制定城市公共交通条例、国务院关于反走私综合治理的若干规定、上市公司监督管理条例,预备修订道路运输条例。

在扎实推进依法行政、加快法治政府建设方面,提请全国人大常委会审议治安管理处罚法修订草案。修订档案法实施办法。预备提请全国人大常委会审议道路交通安全法修订草案、人民警察法修订草案、海关法修订草案、统计法修正草案、机关运行保障法草案、监狱法修订草案、律师法修订草案。预备制定政务数据共享条例,预备修订行政法规制定程序条例、规章制定程序条例、法规规章备案条例。完善民族工作法律制度。推进反腐败国家立法。

在实施科教兴国战略、推进文化自信自强方面,提请全国人大常委会审议文物保护法修订草案、科学技术普及法修订草案、学位法草案、学前教育法草案。制定未成年人网络保护条例,修订专利法实施细则。预备提请全国人大常委会审议教师法修订草案、广播电视法草案、人工智能法草案。预备制定生物技术研究开发安全管理条例,预备修订国家自然科学基金条例。加强知识产权法治保障。

在增进民生福祉、提高人民生活品质方面,提请全国人大常委会审议传染病防治法修订草案、国境卫生检疫法修订草案、突发公共卫生事件应对法草案、社会救助法草案。制定社会保险经办条例,修订军人抚恤优待条例、人体器官移植条例。预备提请全国人大常委会审议药师法草案、医疗保障法草案、城市居民委员会组织法修订草案。预备制定消费者权益保护法实施条例、生物医学新技术临床研究和转化应用管理条例,预备修订城市供水条例、全民健身条例、反兴奋剂条例。

在推动绿色发展、促进人与自然和谐共生方面,提请全国人大常委会审议矿产资源法修订草案、能源法草案。制定生态保护补偿条例、节约用水条例。预备提请全国人大常委会审议进出境动植物检疫法修正草案、国家公园法草案。预备制定碳排放权交易管理暂行条例,预备修订消耗臭氧层物质管理条例。

在完善国家安全法治体系、维护国家安全和社会稳定方面,提请全国人大常委会审议粮食安全保障法草案、保守国家秘密法修订草案。制定网络数据安全管理条例、煤矿安全生产条例、领事保护与协助条例、无人驾驶航空器飞行管理暂行条例。预备提请全国人大常委会审议耕地保护法草案、危险化学品安全法草案、国家综合性消防救援队伍和人员法草案、民用航空法修订草案。预备制定两用物项出口管制条例,预备修订对外使用国徽图案的办法。完善网络犯罪防治法律制度。

抓紧做好党和国家机构改革、政府职能转变等涉及的立法工作。

加快国防和军队现代化建设需要提请全国人大及其常委会审议的法律草案,以及需要制定、修订的行政法规,适时提请国务院、中央军委审议。

为促进世界和平与发展,积极参与全球治理体系改革和建设,推动构建人类命运共同体,开展有关国际条约审核工作。

对于党中央、国务院交办的其他立法项目,抓紧办理,尽快完成起草和审查任务。

对于其他正在研究但未列入立法工作计划的立法项目,由有关部门继续研究论证。

三、健全完善立法体制机制,不断提高立法工作质量和效率

坚持和加强党对立法工作的全面领导。坚定不移把坚持党中央集中统一领导作为立法工作的最高政治原则,健全总揽全局、协调各方的党的领导制度体系,完善党中央重大决策部署落实机制,确保在政治立场、政治方向、政治原则、政治道路上同以习近平同志为核心的党中央保持高度一致。始终围绕党中央重大决策部署开展立法工作,把党的领导落实到立法工作各方面各环节,确保党的主张通过法定程序成为国家意志。认真贯彻落实习近平总书记关于立法工作的重要讲话和重要指示批示精神,把党中央确定的重大立法事项、交办的重大立法项目作为立法工作的重中之重,确保高质高效完成。立法工作中的重大决策、重大事项、重要情况要及时按程序向党中央请示报告,立法工作计划、重大立法项目按要求提请中央全面依法治国委员会审议。在重要法律法规中明确规定党领导相关工作的法律地位,审议重要法律法规草案应当对落实党的领导要求作出说明。

加强政府立法与人大立法的协同衔接。积极做好与全国人大常委会立法规划、年度立法计划和专项立法计划的衔接,认真做好法律案审议准备工作。有关部门起草法律草案时,要主动加强同全国人大有关专门委员会、常委会工作机构的联系沟通。法律明确要求作出配套规定的,有关部门应当按要求作出规定,保障法律有效实施。发挥人大代表在立法工作中的重要作用,注重听取相关领域或具有相关专业背景的人大代表意见,把办理人大代表建议与立法工作更好结合起来。

深入推进科学立法、民主立法、依法立法。坚持在法治下推进改革和在改革中完善法治相统一,引导、推动、规范、保障国家重大改革。坚持科学立法,深入分析新情况新问题,尊重经济社会发展客观规律,增强法律制度的针对性和适用性。坚持民主立法,加强立法调查研究工作,扩大社会公众参与立法的覆盖面和代表性,更好发挥基层立法联系点接地气、察民情、听民意、聚民智的"直通车"作用。坚持依法立法,把宪法的规定、原则和精神体现到各项法律法规中,认真贯彻落实新修改的立法法,确保立法符合宪法精神和上位法规定。统筹立改废释纂,加快清理不适应经济社会发展要求、不符合上位法规定的法规规章,注重法律法规之间的衔接协调,更好发挥不同层级法律规范的重要作用。完善和加强备案审查工作,坚持"有件必备、有备必审、有错必纠",加强备案审查能力建设,加大审查力度,提升审查质效,

更好维护国家法治统一。

持续提升地方立法工作水平。有立法权的地方人民政府要结合本地经济社会发展需要和人民群众需求，推进立法精细化建设，发挥地方立法实施性、补充性、探索性作用。要进一步完善立法工作制度，灵活运用"小切口"、"小快灵"式立法，不断提高地方立法工作质量和效率。要严格遵守地方立法权限和程序，避免越权立法、重复立法、盲目立法。要建立健全区域协同立法工作机制，认真总结区域协同立法创新实践经验，提升区域协同立法水平。

大力加强立法工作队伍建设。突出政治标准，教育引导立法工作队伍始终坚持用习近平新时代中国特色社会主义思想统一思想、统一意志、统一行动，深入学习贯彻习近平法治思想，持续推进革命化、正规化、专业化、职业化建设。按照党中央关于法治人才培养的决策部署，有计划组织开展专题培训，丰富实践锻炼平台，做好高素质立法人才培养和储备工作。大力加强设区的市、自治州立法工作队伍建设，配齐配强必要的工作力量，不断提升立法工作人员的政治素质、法治素养和实践能力。

四、强化责任担当，切实抓好立法工作计划的执行

国务院各部门要高度重视立法工作，严格执行立法工作计划，加强组织领导、完善工作机制、推进任务落实，充分发挥立法在全面推进国家各方面工作法治化中的基础性、保障性作用。

起草部门要认真履行起草工作职责，扎实做好调研论证、意见征集、风险评估等工作，按照立法工作计划要求，高标准高质量完成起草任务。要深入调查研究，坚持问题导向，准确把握工作中存在的突出问题，研究提出有针对性的解决方案。要注重听取各方面意见，涉及其他部门职责的要充分协商，涉及部门职责分工、行政许可、财政支持、税收优惠政策的应当征得机构编制、审改、财政、税务等有关部门同意。要加强与有关部门的沟通协调，难以解决的重大意见分歧应当及时按程序请示报告。要加强与司法部的沟通，及时通报征求各方面意见、存在的重大意见分歧及其协调处理等情况。

司法部要认真履行立法审查职责，加强对立法项目的审核把关，加大统筹组织协调力度，全面推进立法工作计划落实。对于亟需出台的重大立法项目，统筹力量、提前介入、加快推动，必要时共同起草、联合上报。要严把审查质量，确保法律法规草案符合宪法的规定、原则和精神，遵循立法和行政法规制定程序条例有关要求。要统筹推进立法项目，加强会商研判和督促指导，确保按期提请审议。要加强立法协调工作，善于在矛盾焦点问题上"切一刀"，避免因个别意见不一致导致立法项目久拖不决。经过充分协调不能达成一致意见的，司法部、起草部门应当及时按程序上报并提出工作建议。

附件：《国务院2023年度立法工作计划》明确的立法项目及负责起草的单位

国务院办公厅

2023 年 5 月 31 日

（资料来源：中华人民共和国中央人民政府网，www.gov.cn.）

 讨论思考

分析例文的写作思路。

这则计划是国务院办公厅专门以红头文件印发了的通知,表明依法治国的继续和深化。文章在引言中直接提出国务院 2023 年度立法工作的总体要求,然后分四方面说明如何推进立法工作全面推进和进行,字字铿锵,掷地有声。

知识要点

(一) 事务文书的含义

事务文书是指法定公文和专用文书之外的公务文书,专指各级各类机关、团体、企事业单位处理事务、进行管理而制作的文书。从广义上说,事务文书也是一种公务文书,目的是处理公务和传递信息,使用"事务文书"这一名称,是相对于正式公文而言的。

(二) 事务文书的种类

1. 计划类文书

计划类文书是单位或个人对一定时限内的工作、生产或学习有目的、有步骤地安排或部署所撰写的文书。这类文书包括规划、设想、计划、方案、安排等。

2. 报告类文书

报告类文书是反映工作状况和经验,对工作中存在的问题或具有普遍意义的重要情况进行分析研究的文书。这类文书包括总结、述职报告、调查报告、调研报告等。

3. 规章类文书

规章类文书是政府机构或社会各级组织针对某方面的行政管理或纪律约束,在职权范围内发布的需要人们遵守的规范性文书。这类文书包括章程、条例、办法、规则、规程、制度、守则、公约等。

4. 简报类文书

简报类文书是记录性文书。这类文书包括简报、大事记等。

5. 会议类文书

会议类文书是用于记录或收录会议情况和资料的文书。这类文书包括会议计划、会议安排、会议记录、发言稿等。人们习惯于将这类文书称为会议材料。

(三) 事务文书的特点

1. 对象的明确性

事务文书的写作有明确的对象、特定的读者。如给所属上级单位的计划、总结、简报、调查报告等,所属上级单位或领导必须看它。再如条例、办法、规定、章程等,凡涉及的人都一定得看。

2. 内容的实效性

事务文书是直接用来处理事务工作、解决问题而撰写的,要注意实用。要求事务文书从主旨的确立到材料的使用都必须切合实际,具体扎实,如此利于文书的处理和文书内容的落实。

3. 一定的程式性

事务文书在长期的应用中,其实用性和真实性决定了它逐渐形成了较为稳定的结构层次、习惯用语、处理程序等组成要素。虽然格式上有一定的灵活性,但总体上是相对稳定的,有约定俗成的惯用格式。

4. 较强的时限性

同法定公文一样,事务文书也是非常讲求实效性的。为完成工作或解决问题而撰写的事务文书,只有在限定的时间内及时完成,才能发挥应有的作用。比如,工作计划必须在工作开展之前写出,否则它就会失去意义;工作总结则必须在工作结束之后马上写出,否则它的价值就会大大降低。

5. 语言的灵活性

事务文书的语言相对于公文来说较通俗活泼。通俗易懂的群众口语的运用,多种修辞格的使用,以及叙述、说明、议论的结合运用,使事务文书的语言具有优美、活泼的美感特征。

 拓展提高

事务文书的作用如下。

1. 贯彻政策,指导工作

在管理者与被管理者之间,上下级之间,存在指导与被指导的关系。各级单位常常要通过各种形式将其精神贯彻到实际工作中,其中一些事务文书,就是体现党和国家的方针政策,指导人们做好工作的重要工具,如计划、规章制度等。

2. 沟通情况,联系工作

事务文书是沟通机关、企事业单位的桥梁和纽带。各部门之间经常有横向的联系,有许多问题需要人们协同解决,这就要通过事务文书沟通情况,联系工作,达到互相理解、支持和配合,发挥整体效应的目的。

3. 积累资料,提供佐证

有些事务文书是各级各类领导机关职能活动的真实记录,是统一思想、处理问题的基本依据。如计划、总结、调查报告、简报等文种,可以集中、详尽地反映情况,说明问题,起到为人们提供所需资料的作用。

4. 宣传教育,提高认识

有些事务文书通过宣传形势,阐明政策,或者表彰正面积极向上的社会现象及揭露弊端,可以起到宣传教育群众、统一认识、提高政策水平和工作积极性的作用。

 情境模拟

现在有许多人把述职报告写成总结,二者有什么区别?

(1)回答的问题不同。总结是对一项工作或一段时间里的工作给予的归纳,它要回答的是做了哪些工作,有哪些成绩,取得了哪些经验,存在哪些不足,要吸取什么教训,今后有何打算等问题。而述职报告要回答的是有什么职责,履行职责如何,是如何履行职责的,称职与否等问题。既要表述履行职责的结果,展示履行职责的过程,又要介绍履行职责的出发点和思路,还要申述处理问题的依据和理由。

(2)写作重点不同。总结一般以归纳工作事实、汇总工作成果为主,重点在于阐述主要工作,取得的成绩。而述职报告则必须以报告履行职责情况、报告德才能绩为主,重点在于展示履行职责的思路、过程和能力,重点和范围有确定性,仅限于职责的范围之内,围绕职责这个基点精选材料,职责范围外的概不涉及。

(3)结束语不同。述职报告结束时一般在指出存在的问题后,阐述自己的态度,欢迎大家对自己的述职报告进行评议,常用"以上报告请批评指正""述职至此,谢谢大家""专此报告,请审阅"等字样。而总结结束时即在指出存在问题后,还要写上下一步的工作打算、努力方向及解决问题的措施。

(4)表达方式不同。总结一般采用叙述的方式,运用叙述语言,语句概括,不要求展示工作过程,只需归纳工作结果。述职报告则采用夹叙夹议的方式,运用叙述和议论,还辅以适当的说明。回顾工作情况,主要用叙述;分析问题,评价成绩时,用议论;需要交代某些情况时,用说明。

 素质养成

怎样提高文字综合水平?

政府办公室的文字综合工作,主要是把政府方方面面的工作情况、存在问题、政策措施加以汇总、提炼和加工后,形成全面、翔实、系统、可操作性强的综合文字材料,供领导参阅和部门、单位遵照执行,是政府文字工作的司令部和总枢纽。政府办公室的文字综合水平是该级政府思想水平、理论水平、政策水平和工作水平的综合体现,对于一级政府执行政策、制定决策、落实工作具有举足轻重的作用。相应地,这对从事文字综合工作秘书的综合素质,提出了非常高的要求。最基本的要求是要做到能预见、善归纳;能分析、善综合;能比较、善鉴别;能抽象、善概括,因此,文字综合秘书应努力在提高综合能力上下功夫。

1. 应注意经常"换力"

综合是与分析相统一的一种思维能力和思维方法,它是通过理性思维对事物的各个属性、部分、方面从整体上进行考察和认识。科学的综合与分析,是在认真调查研究基础上的一种理性的抽象和概括,是为领导决策提供高质量服务的一种高层次的复杂劳动。

综合能力,从本质上说是知识力,诸如记忆力、观察力、想象力、预见力、判断力、表达力、分析力、归纳力、抽象力、概括力,等等。这些知识力,对于从事文字综合工作的秘书来说,不是固有的、一成不变的,都有一个经常"换力"的任务。所谓换力,就是将低级的知识力换为高级的知识力。为什么我们有时感到工作起来"吃力",常有"力不从心""心有余而力不足"之感呢?说到底,是知识力不足了。因此,从事文字综合工作的秘书,"换力"应当是经常性的课题。情况在不断变化,要求在不断提高,如果我们不经常更新、补充知识,不随时提高自己的能力,就难以适应新形势、新任务。

2. 应在三个层面上"换力"

文字综合工作中的知识力,不是某一领域、某一方面的知识力,它至少包括三个层面,即一般知识、思想方法和技能技巧。

(1) 一般知识既包括作为一个文字秘书所应具备的文化、科学、理论和政策、经济、社会等方面的基本知识,又包括从事文字综合工作所必备的文字方面的基本知识。文字方面的基本知识主要包括语法、修辞、逻辑等。不谙熟语法知识,语句结构不合乎语法;语言不简练,词句不达意,文辞不精美;逻辑混乱,概念不清,关系颠倒,这些不仅会闹出笑话,还严重影响文章的质量和政府决策的执行。所以从事文字综合工作的秘书,应真正掌握过硬的文字方面的基本功。不然,就难以胜任工作。

(2) 思想方法是人们获得某种思想认识的方式和手段。思想方法正确,就能根据客观实际得出正确的认识;思想方法不对头,就难免使思想背离客观实际,也就无法得到正确的认识。从文字综合工作的角度看,端正思想方法有其特殊重要的意义。为什么有的文稿从字面上看也通顺,但却显得平平、一般化,读起来感到不解渴?其重要原因是思想内容上缺乏深度和力度。解决这个问题不能单纯在文字上想办法,而应在提高认识能力上下苦功夫。

(3) 技能技巧对于文字综合工作来说,是将文字功夫与综合功夫统一于字里行间的技巧功夫。单纯从写文章的角度来说,它是立意、谋篇、修改等过程的统一,要求扎实的文字基础,良好的理论素养,丰富的实践经验,娴熟的修辞能力。规范的文字表述,解决的是文稿的准确性、针对性问题;科学的思想方法,解决的是文稿的理性、深刻性问题;娴熟的技能技巧,解决的是文稿的可读性、生动性问题。通过这几个方面的和谐,在这方面自觉努力,在工作中善于进行深邃的辩证思维与严密的逻辑思维,看问题、写文章的深度就会有显著的提高。

3. 应在实践中不断提高知识力

知识力的提高要靠自己广见、博学、多积累。汉代恒宽说过要"厚其基而求其高";宋代苏轼说过要"博观而约取,厚积而薄发";清代唐甄说过"积多则神"。说的都是这个意思。文字综合工作中的知识力,首先要求具有"通才"素质。"偏工易就,尽善难求。"鉴于文字综合的工作性质所决定,虽然"难",也要"求"。从事文字综合工作,对知识的需求是无限量的。所以,要增加知识的投入和积累。投入多,基本功扎实,才有希望获得产出,收功见效。当然,在实际生活中,投入多未必产出多,这里有个方法是否科学的问题。要使投入的知识在需要的时候能转化成为文字综合工作的能力,就要特别注意围绕应用去投入。

端正思想方法,归根结底是要真正掌握唯物辩证法。这是帮助我们提高认识力的基本武器,只有真正把唯物辩证法变成自己手中的武器,才能在起草文稿中避免直观、消极、被动地反映客观现实,防止用孤立、片面、静止的观点去分析事物。所谓从实际出发,实事求是,话都这样说,但文章写出来,或者讲话发表了,深度、效果会各式各样。有的观点鲜明、分析透彻,大有入木三分之感;有的空泛、乏力,失之于浅薄。原因何在?不在于文笔、口才,而在于运用正确思想方法的能力上的差异,归根结底还是认识能力的差异。因此,只有通过研究、提高自己的思想方法,才能提高自己的认识能力。

各种知识的运用能力的提高,要靠把一般知识、思想方法、技能技巧融会贯通,变成自己的本领。只掌握一般知识,而不具备从事文字综合的思想方法和技能技巧,做其他工作可能胜任,做文字综合工作,就未必能胜任。因此,必须设法寻求一般知识、思想方法与技能技巧的有机统一,这样才能得心应手、出神入化。刘勰在《文心雕龙》中提出"积学以储宝,酌理以富才,研阅以穷照,驯致以绎辞",说的是知识量的扩展,主要靠积学;文稿深度的增强,主要靠酌理与研阅;实际运用能力上的提高,主要靠驯致。这些千古流传的警言,对于做好文字综合工作,也是必不可少的。在这方面只有做有心人,在理论与实际的结合上多动脑、多磨炼,不断总结自己的实践,把感想、体会升华为理性认识,才能有所创新,有所前进,有所作为。

第二节　计　划

 案例导入

【例文一】

全国职业院校技能大赛执行规划

(2023—2027 年)

为深入贯彻落实党中央关于职业教育工作的决策部署和习近平总书记有关重要指示批示精神,推动落实《中华人民共和国职业教育法》,提升全国职业院校技能大赛(以下简称大赛)专业化、制度化水平,明确未来5年大赛发展方向、主要任务和保障措施,保证大赛规范有序发展,依据《关于推动现代职业教育高质量发展的意见》《关于深化现代职业教育体系建设改革的意见》《全国职业院校技能大赛章程》等文件精神,制定本规划。

一、规划背景

大赛是教育部牵头发起、联合34家部委和事业组织举办的一项公益性、国际性职业院校师生综合技能竞赛活动,是我国职业教育一项重大制度设计和创新。自2008年以来已成功举办15届,规模不断扩大,水平逐年提升,国内外影响力逐步增强,在引领职业教育"三教"改革、提高技术技能人才培养质量、促进高质量就业、服务经济社会发展、助力中外职业教育交流合作等方面发挥了重要作用,已经成为广大职教师生展示风采、追梦圆梦的重要舞台和中国职业教育的靓丽品牌。

近年来,伴随国家一系列政策法规的出台,职业教育进入快速发展的新阶段。国家战略发展和产业布局调整,也对大赛提出了新的要求。2020年,大赛试点改革,在办赛机制、申办主体、经费投入等方面做出优化调整;2022年,大赛开设国际赛道暨首届世界职业院校技能大赛。但是办赛过程中,仍存在赛项设置覆盖面不够广、头部企业参与度不够高、部分赛项引领专业建设和教学改革不力等问题。面对新形势新任务,大赛迫切需要以规划为牵引,进一步优化体制机制、标准规则、实施办法。

二、总体要求

(一)指导思想。以习近平新时代中国特色社会主义思想为指导,深入学习贯彻党的二十大精神,认真贯彻落实习近平总书记关于职业教育的重要论述和全国职业教育大会精神,

以提升职业院校师生技术技能水平、培育工匠精神为宗旨,以解决生产一线实际问题、促进职业教育专业建设和教学改革、提高教育教学质量、培养高素质技术技能人才为导向,以优化职业教育类型定位为牵引,立足国内,放眼世界,持续提升大赛的质量、成效和品牌影响力,更好地服务职业教育高质量发展。

(二)规划目标。通过科学规划、系统推进,到2027年,大赛的体制机制更加完善,赛事质量和专业化水平明显提升;纵向贯通、横向融通的职业院校竞赛体系基本形成;赛项设置更加合理,实现对2021版专业目录中专业大类全覆盖,专业类覆盖率超过90%;赛项规程和赛题编制更加科学,与教学和产业需求衔接更加紧密;大赛成果在教学和生产一线得到广泛应用;对职业教育专业建设、教学改革、人才培养、对外交流的示范引领作用更加突出;大赛的社会关注度和影响力大幅提升,彰显中国职教特色、具备国际水准的技能赛事品牌得到认可。

(三)基本原则。

1. 坚持职教特色,育人为本。贯彻党的教育方针,落实立德树人根本任务,充分考虑大赛的教育教学属性,围绕职业教育国家教学标准、真实工作过程任务要求和企业生产现实需要设计比赛,重点考查和培养选手的职业素养、理论功底、实操能力、创新精神、合作意识,促进学生全面发展、终身发展,培养具备行业特质、中国情怀、国际视野的综合型技术技能人才、能工巧匠、大国工匠。

2. 坚持以赛促融,以点带面。推动职普融通、产教融合、科教融汇,适时推出职教本科组比赛,搭建职业教育与普通教育互通互联的立交桥;不断优化企业参与机制和形式,引入良性竞争机制,吸引更多产教融合型企业、龙头企业、跨国公司参与大赛,更好发挥企业在软硬件支持、技术转化、资金捐赠等方面的作用;将新的科技成果和企业技术融入比赛,推动职业教育与产业深度互动,推动职业教育提档升级。

3. 坚持问题导向,健全机制。针对执行中发现的制约大赛高质量发展的重点难点问题,通过问卷调查、赛后抽查、第三方评估等对赛事进行全面梳理和科学总结,及时完善相关制度,持续优化体制机制建设、赛项设置和规程、赛题设计,以改革促发展,不断激发大赛创新活力。

4. 坚持统筹协调,多元参与。坚持政府主导、学校主体、行业指导、企业支持、社会参与的办赛机制,推动合作办赛、开放办赛。调动组委会成员单位积极性,提升大赛质量和影响力;扩大赛项执委会、赛项专家组等团体中的行业组织成员占比,建强专家、裁判、监督仲裁队伍;完善世校赛的国际组织形式和工作协调机制。

三、主要任务

(一)健全赛事体系。构建以校赛为基础、省赛为主体、国赛为示范、世校赛为牵引,上下衔接、内外贯通的职业院校技能大赛体系,在标准规则、体制机制、赛项设置、规程赛题、平台设备、组织实施和奖励政策等方面逐步统一标准。由职业院校定期组织校赛,规范省赛选手选拔,推动以赛促学、赛教一体。省赛每年举办一次,为国赛和世校赛选拔参赛选手。国赛每年举办一次,设高职组和中职组,逐步试点教师组技能比赛和师生同赛项目。世校赛逢双数年份在世界职业技术教育发展大会期间举办,由当年省赛获奖选手、国外院校选拔赛优胜者及在华留学生代表队等共同参加,比赛项目主要以国赛赛项库为基础,适度增补,兼顾各国普遍推荐的赛项设置。

（二）优化赛项设置。依据《职业教育专业目录（2021年）》，综合考虑专业招生人数、覆盖省份数、开设学校数，兼顾国家战略和重点行业产业实际需要，确定设赛方向和办赛频次。国赛赛项库总量控制在170个左右，每年国赛赛项数量控制在120—130个。赛项库可根据需要每年一微调，每5年一大调。大赛开幕式或闭幕式所在赛区承办的赛项数量，原则上国赛赛项不超过30个，世赛选赛项不超过20个。

（三）改进大赛合作机制。构建分层级的大赛合作单位（企业）制度，设置全球合作伙伴（企业）、战略合作伙伴（企业）、赛项合作伙伴（企业），合作单位向大赛提供资金支持、设备和物资赞助、技术服务，大赛给予相应的权益。

（四）建强专家裁判队伍。建立涵盖各类职业院校、行业企业、科研院所等单位，数量充足、素质优良、业务精湛、分布合理、知识结构互补的专家裁判队伍。建好国外专家库，重点扩充熟悉国际技能标准和世界技能赛事、具有国际大赛工作或执裁经验的专家，兼顾国外参赛校专家。多维度严格选拔专家、裁判、监督仲裁并完善考核评价，实行"先培训、后上岗"，制定完善相应的选用、退出和"黑名单"细则，确保比赛的专业性和公平性。

（五）完善大赛管理平台。落实教育数字化战略行动，坚持统筹规划、分步实施、避免重复、即时高效原则，升级改版大赛官网，在现有信息发布、专家管理、资源共享等功能基础上，增加选手报名、赛事管理、线上评判与监督、选手风采展示、资源转化、直播互动等功能模块，构建满足各级赛事需求的一体化比赛管理平台，适时推进与国家职业教育智慧教育平台链接贯通。

（六）加大品牌宣传。创新媒体宣传渠道和策略，探索建立大赛融媒体宣传平台，加大对精彩赛事、获奖选手先进事迹宣传报道，做好优秀选手成长成才、大赛成果转化等典型案例总结。加强大赛标识使用与管理，塑造品牌形象。做好大赛规程标准、比赛设备等优质资源国际性推介宣传。扩大赛事开放，通过现场观摩等向社会展示比赛过程，设置面向中小学生的普适性体验赛项。改造、扩建职业院校技能大赛博物馆，做好档案资料整理、保存和展示。

（七）做好大赛研究和资源转化。依托大赛承办单位和行指委等组织，持续加强大赛理论和实践研究，探索发布大赛研究和资源建设类项目，为大赛高质量发展提供支撑。深入探索大赛资源转化路径，推动规程、赛题、资源包等有效转化为教育教学资源，推动围绕赛项开发系列活页式、工作手册式教材，建设在线精品课程、一体化数字教学资源库等。推动产教融合和校企合作落地落实。

四、保障措施

（一）加强组织领导。充分发挥各级党组织在办赛过程中的把关定向作用，确保办赛过程始终体现党的教育政策主张、体现新发展理念，始终保持正确方向。各赛区应提高站位，统一认识，把大赛作为推动本地区技术技能人才培养、职业教育高质量发展和促进就业创业的重要手段，各方积极参与，合力办好大赛。省级教育行政部门和承办院校作为赛区执委会和赛项执委会第一责任单位，应认真落实大赛章程和相关制度规定，切实履行各项义务，确保比赛顺利实施。

（二）强化经费投入和管理。各级教育行政部门应按照《全国职业院校技能大赛经费管理办法》要求，依法依规筹集、使用和管理大赛经费，提高资金使用效益，保证赛事实施。鼓励建立省级大赛经费使用管理制度，规范本地区大赛经费管理，省级管理办法不得与国赛经费管理办法相冲突。各地应持续拓展经费筹措渠道，加大办赛经费投入力度；根据教育部与中国银行签署的战略合作协议,争取当地分行对大赛的赞助尽快到位。

(三)完善选手奖励政策。探索建立和完善分层分级的大赛获奖师生奖励制度。鼓励各地协调联合主办单位,借鉴相关做法,在授予技术能手、青年岗位能手称号和职业技能等级评定等方面出台相关办法和举措;完善大赛获奖选手在升学考试、考研等方面的加分或免试政策;探索大赛获奖师生赴职业教育发展水平高的国家和地区交流、学习机制;视情对获奖选手进行现金奖励。

附件:全国职业院校技能大赛设赛指南(2023—2027年)

教育部办公厅

2023年3月30日

(资料来源:教育部网站,2023年3月30日.)

【例文二】

××公司下半年工作安排

为走出经营困境,提高经济效益,××××年××月××日,我们利用一天时间召开了中层领导参加的经济形势分析座谈会。会议分析了当前经营工作中存在的问题,研究预测了今后一个时期的经济形势;认为下半年国民经济将呈现缓慢回升的态势,国家大规模投放资金、扩大基建规模的可能性较小,整个机电产品市场不会有大的起伏,机电公司面临的经营形势仍然比较严峻。针对当前的形势,我们要求公司广大职工要正视现实,增强紧迫感、危机感,练好内功,克服困难,迎接挑战。现将公司下一步的工作安排公布如下。

一、强化信息工作,加强对市场的分析预测

定期召开经济形势、市场形势分析会,密切注意国家经济政策的调整对生产资料市场产生的影响,及时掌握基建投资、货币投放、原材料市场行情等与机电市场密切相关因素的变化情况。通过掌握信息、科学决策,提高经济效益。

二、继续加强物资销售工作

对各种物资再次进行畅销、行销、滞销排队;在抓好滞销物资压库、行销物资勤进快销的同时,突出抓好畅销物资的购销工作。在汽车销售上,增加汽车城的销售量;在不影响批发业务的前提下,适当扩大直销量。对汽车外机电产品,探索试行聘请业余推销员,通过业余推销员,促进销售。要打破地区、行业、所有制的界限,与实力较强的单位进行联合,借水行舟,扩大网点,利用"时间差""地区差"搞好销售。

三、深入开展"保双优、创双新"活动,不断强化优质服务工作

在认真抓好售前、售中服务的同时,要重点抓好售后跟踪服务,各单位要有重点、有目的地开展下矿、下厂上门服务。对于产品有销路但资金周转困难的企业,可实行易货贸易服务。通过真诚服务吸引用户,扩大销售。

四、进一步强化内部管理

要严格落实公司的各项规章制度,规范业务流程,从根本上扭转业务环节中的随意性和不规范性,向科学管理要效益。对物资流转费用的各个明细科目,各类、各种物资的收费情况进行详细分析,找出降低费用、提高物资进销差价率的突破口,采取果断措施,开源节流,

提高效益。

五、加强资金管理,提高资金使用效率

对各专业公司、仓库所占用的资金要加强统一调度,集中使用,有重点地向市场好的产品倾斜;主要财务人员参与经营决策,有效减少资金体外循环和"资金旅游",千方百计减少货币资金的占用量。对各种应收账款、拖欠债权,要详细列表登记,明确责任,制订清理计划,并与工资奖金挂钩,限期清理完毕。要制定拖欠债权清理办法,防止新拖欠债权的产生。在当前经营规模不断扩大的情况下,要尽可能地搞好资金存量管理,不再扩大货款增量。

六、抓住时机,密切与生产企业的关系

在当前市场形势不佳,多数生产企业库存增加、销售困难的形势下,要特别注意维护和发展与生产企业的关系,要通过反馈市场信息,帮助生产企业推销库存产品;在可能的条件下,还要帮助生产企业解决生产难题,调整产品结构,从而取得生产企业的信任,为市场回升时获得充足的资源奠定基础。

七、加速三资企业物资保税中心的筹建和开业准备工作

争取使三资企业物资保税中心早运行,早见效。

八、加强思想政治工作,关心职工生活

增强职工的主人翁意识责任感和使命感,充分调动广大职工的积极性、创造性,鼓励职工献计献策,依靠职工渡过难关。

××××× 公司

××××年××月××日

 讨论思考

分析例文一、例文二的写作思路。

例文一是教育部办公厅下发的文件,层次清晰,分规划背景、总体要求、主要任务、保障措施四部分,导向明晰、特征突显、要求具体,贯彻党和国家的决策部署,发挥教学比赛的引擎作用,明确全国比赛的内涵要求,强调各级赛事的规范组织,引领职业院校改革发展、促进教师教学能力提升。

例文二是一则涉及公司工作安排的文章,分八个要点详述公司工作安排的内容,内容丰富,涉及面广,具体可行。

 知识要点

(一)计划的含义

计划是一种常见的事务文书,是机关、团体、企事业单位或个人预先对一定时期内要做的工作或要完成的任务作出具体的构思和安排的文书。计划使用的频率高,适用范围广。机关、团体、企事业单位或个人为了在工作、学习或生产中达到既定目的、取得预期效果,都要事先制订计划。所以有必要掌握它的写法。

（二）计划的分类

计划是计划类文书的统称。常见的有"规划""方案""安排""设想""打算""要点"等,都是人们对今后工作或活动作出的部署与安排,因而,也都属于计划这个范畴。

规划——具有全局性的、较长时期的长远设想。

方案——从目的、要求、工作方式方法到工作步骤,对专项工作作出全面部署与安排计划。

安排——对短期内工作进行具体布置的计划。

设想——初步的草案性的计划。

打算——短期内工作的要点式计划。

要点——列出工作主要目标的计划。

从计划的具体分类来讲,比较长远、宏大的为"规划",比较切近、具体的为"安排",比较繁杂、全面的为"方案",比较简明、概括的为"要点",比较深入、细致的为"计划",比较粗略、雏形的为"设想",都属于计划文种的范畴。

计划也因划分角度不同而呈现出分类的多元状态。

按范围分:有全国计划、全省计划、全市计划、全厂计划、科室计划、工段班组计划、个人计划等。

按时间分:五年以上的叫长期计划,三年以上、五年以下的叫中期计划,三年以下的叫短期计划。短期计划又可分为年度计划、季度计划、月度计划。

按内容分:有生产计划、工作计划、学习计划、科研计划、教学计划等。

按形式分:有条文式计划、图表式计划、条文兼图表式计划。

按效力分:有指令性计划和指导性计划。

（三）计划的特点

（1）预见性。计划是活动前制订的,必须对未来工作中可能发生的问题有充分的估计,提出科学的、切实可行的方案。正因为计划具有预见性、设想性,所以,在执行计划时,也必须视实际情况,相应对计划进行调整。

（2）可行性。为了实现预期的目标,必须有切实可行的措施和方法,计划必须切合实际情况,保证目标的实现。

（3）指导性。计划一经制订,就要对完成任务的实际活动起到指导作用和约束作用。工作的开展、时间的安排等,都必须按计划严格执行。

（四）计划的写作格式

1. 表格式计划

表格式计划是以表格方式撰写计划,适用于时间短、范围窄、变化小、内容单一的具体安排,如销售计划、月计划等。

2. 文表结合式计划

文表结合式计划即表格式和条文式相结合的计划。一般是将各项目的内容填入表格后，再用简短文字作解释说明。

3. 条文式计划

条文式计划由标题、正文、落款组成。

（1）标题。标题由四个要素组成：完整的标题由计划者（或计划的范围）、时限、内容和文种组成，如《××县××××年税收工作计划》。值得注意的是，标题的要素并非都要齐全，可根据具体情况省略某些要素，如《××医学院改革方案》就省略了时限，《20××年防汛工作计划》省略了计划者。如果需经讨论才能定稿或尚待执行一段时间方可制订计划，应在标题后面或标题下方用括号注明"初稿""讨论稿""征求意见稿""草案"等字样。

（2）正文。正文是计划的主体部分，是具体内容，一般由前言、主体、结语组成。

① 前言。可概括地说明制订计划的缘由、依据、目的、意义和指导思想等；也可简要介绍前期工作的基本情况，评估成绩，分析当前总的形势，在此基础上确定今后的工作计划。前言应简明扼要，常用"为此，本年度要抓好以下几项工作"或"特定制订计划如下"等过渡句转入主体部分。

② 主体。目标与任务：它是计划要达到的预期目的和基本要求，一般分项写，要分清主次，突出重点，具体明确。方法与措施：它是完成计划任务、达到目的的有力保证，包括人力、物力的安排，采取的各项措施，如何组织领导等。措施要明确得力，方法要切实可行。步骤与时限：它是计划的进度安排和时间要求。写作计划时要表述清楚计划内容何时完成；先做什么，一般可采用条款式表达。如果前言表明的是"为什么做"、目标与任务说的就是"做什么"，方法与措施回答"怎样做"、步骤与时限则解决"何时做"的问题。

③ 结语。简略地写出检查或修订的办法、执行要求、执行日期和注意事项，也可以展望前景，发出号召。

（3）落款。在正文右下方署上制订计划的单位名称，在署名的下行写上日期。如果是属于上报或下达的文件计划，在尾部还需加上主送、抄送单位，同时加盖公章；如有附录材料，可标注在尾部的正下方。

 拓展提高

1. 计划的写作技巧

计划对于工作和学习好比航行的罗盘和灯塔，它能把美好的期待变为现实，让思想成为产品，不仅能保证工作和学习有条不紊地进行，更能保证其获得圆满的结果。

（1）要以党和国家的有关方针、政策为依据：只有掌握了党和国家的方针、政策，并以此为指导思想制订出的工作计划，才能指导今后一个时期的工作沿着正确的方向前进和发展。制订计划还要有全局观念，要处理好全局与局部、长远和目前之间的关系，处理好国家、集体、个人三者之间的利益关系。

（2）要从实际出发，正确估计客观条件：制订计划要依据单位和个人的实际情况及自身发展水平，要广泛收集信息，进行科学分析，搞好纵横协调，提高计划的可行性。在确定任务目标时，既要体现改革精神，勇于创新，挖掘出潜力，又要切合实际，量力而行，留有余地。对于计划中的数量指标，要采取科学方法进行量化分析和预测。

（3）要抓住关键，突出重点：计划的目的、任务、指标、措施、办法、步骤等，都应写得具体、明确。更为重要的是,根据一个时期任务的主次、缓急来安排工作程序,应将重要的、紧迫的工作安排在前面,一般工作安排在后面。把中心工作和重点任务突出出来,不能事无巨细,眉毛胡子一把抓。同时,还要兼顾一般,围绕中心工作合理安排其他事项。这样写既重点突出,具有针对性,避免模式化,又能使行文产生波澜。

2. 不论哪种计划,写作中都必须注意掌握以下五条原则

(1) 对上负责的原则。要坚决贯彻执行党和国家的有关方针、政策和上级的指示精神,反对本位主义。

(2) 切实可行的原则。要从实际情况出发定目标、定任务、定标准,既不要因循守旧,也不要盲目冒进。即使是做规划和设想,也应当保证可行,能基本做到,其目标要明确,其措施要可行,其要求也是可以达到的。

(3) 集思广益的原则。要深入调查研究,广泛听取群众意见、博采众长,反对主观主义。

(4) 突出重点的原则。要分清轻重缓急,突出重点,以点带面,不能眉毛胡子一把抓。

(5) 防患于未然的原则。要预先想到实行中可能发生的偏差,可能出现的故障,有必要的防范措施或补充办法。

 情境模拟

1. 修改下列计划。

本学期学习计划

充实而有意义的寒假生活已成为美丽的记忆,随之而来,我们又开始了新的学习生活。新学期开始之际,为了让自己的学习成绩有更大的提高,让自己各方面的素质有长足进步,特制订学习计划,来鞭策、约束、督导自己,圆满完成任务。

1. 加强对财务管理的理解与分析

财务管理是一门注册会计师考试课程,实践性强、难度很大,其中主要是计算和分析,还有对公式的熟练程度,我一定要努力学习财务管理,从基础做起,逐步深化,先牢记公式,根据老师的讲解,理解全书内容,课后认真复习。另外多找一些习题做,以便加强对课堂内容的理解,争取能达到对本门课程的要求。

2. 英语的学习与平日的积累

英语是一门基础学科,随着中国加入 WTO,英语是当代大学生必备的基本技能,它像我们的母语——汉语一样重要,我一定要学好、学精。鉴于上学期口语能力、听力有所提高,这学期我要多看课外英语资料,提高阅读能力。一年之计在于春,一日之计在于晨,早上是记忆最好的时间,我要在每天 6:00—7:00 学习英语,晚自习也要抽出一小时学习英语,并积极参加学校及班级组织的"英语角"活动,使英语达到四级水平。

3. 认真学习应用文,为写作打下坚实基础

我们是学习财经的,应该会写各种财经应用文,只有这样,才能在以后的工作中学以致用。学好应用文,要牢牢记住各种应用文的写法、格式及应注意的事项。学好财经应用文,主要是上课认真听讲,做好笔记与作业,课后多找些练习资料,多写些应用文以提高自己的

写作水平。

4. 计算机课上勤加练习,熟练操作

在知识经济社会,计算机这门学科对于我们以后的工作很重要,与英语一样是我们今后行动的重要支柱,所以对它要进一步学习提高。我不但要课堂上学好,而且要特别注重实际的上机操作,多上机练习。同时面对当前学习计算机人多,总体水平较高的形势,对我而言,再学习计算机软件开发不会有太大的成效,只有学习计算机的硬件维护修理才能有更大益处。根据上面的目标,我要利用周日时间参加计算机辅导班,学习计算机硬件的维护和修理,提高动手操作能力。

5. 积极参加体育锻炼,课余时间一定要安排好

在体育方面,为了迎接四五月的五项达标测试,要有意识地锻炼身体,体育课认真上,课外活动也要积极参加。只有拥有健康的身体,才能更好地学习,身体好就是学习的本钱!同时,课余时间要合理安排,在保证学好专业课的基础上,我应该博览群书,这样才能适应社会的发展。还要阅读一些国内外名著,陶冶自己的情操,再读一些对我们今后有帮助的课外书,如与专业有关的报刊,加强自己的知识储备,提高自己的综合素质。

以上是我的新学期计划,我一定要按照计划的要求把自己的学习成绩搞上去,不断地完善自己、充实自己,为自己将来能够步入社会,打下坚实的基础。

高知同

××××年××月××日

(资料来源:王粤钦,刘洪英.新编应用写作[M].大连:大连理工大学出版社,2004.)

2. 就本文所反映的内容,对本计划进行修改。

××市银行办事处培训班学习计划

近几年来,我们银行的青年职工人数越来越多,他们已经成了业务骨干力量,在经济战线上发挥着积极作用,展示了我国银行事业的希望和前景。但也不能忽视,一些青年由于理论水平低,文化素养差,科学文化知识贫乏等而感到所做的工作的要求没有意思。根据中国人民银行总行提高在职干部文化水平的要求,我们办事处开办了培训班。为了更好地完成学习任务,我们教育科计划如下。

一、学习内容

主要学习基础理论,学习政治经济学、哲学、货币概论、会计原理、高等数学、大学语文等二十门课程。

二、学习进度

第一学期,有数学、语文、政治经济学、货币概论、会计理论。第二学期,有语文、财政、转账结算、哲学、银行会计、商业会计、统计。第三学期,有应用文、党史、储蓄、企业管理、工业会计、工商信贷、政治思想教育、体育。学完一门课程,进行一次结业考试,不再进行全面考试。

三、学习方法

任课教师,请××大学、××××学院、××第三师范学校、××大学和银行的老师。学生上课时做笔记,课后参考书籍做复习题、练习题,由任课老师批改作业。各门课程每学习

完两章进行一次阶段考试,看看学生是否真正掌握。

××教育处

××××年××月××日

3. 根据自身学习和工作实际,写一份本学期的学习计划或大学三年的规划。

 **素质养成**

学习从一份好的"学习计划"开始。

有些学生学习毫无计划。"脚踩西瓜皮,滑到哪里算哪里",这是很不好的。有的学生认为,学校有教育计划,老师有教学计划,跟着老师走,按照学校要求办就行了,何必自己再订计划,这种想法不对。学校和老师的计划是针对全体学生的,每个学生还应该按照老师的要求针对自己的学习情况制订具体的个人学习计划,特别是自学部分,更要有自己的计划。

怎样制订学习计划呢?一份好的学习计划大致包括以下三方面的内容。

(1) 进行自我分析。我们每天都在学习,可能有的同学没有想过"我是怎样学习的"这个问题,因此制订计划前首先进行自我分析。

① 分析自己的学习特点,同学们可以仔细回顾一下自己的学习情况,找出学习特点。每个人的学习特点不一样:有的记忆力强,学过知识不易忘记;有的理解力好,老师说一遍就能听懂;有的学得快但经常错;有的学得慢却很仔细。

② 分析自己的学习现状,一是和全班同学比,确定在班级中的位置;二是和自己的过去情况比。

(2) 确定学习目标。学习目标是学生学习的努力方向,正确的学习目标能催人奋进,从而产生为实现这一目标去奋斗的力量。

① 适当。适当是指目标不能定得过高或过低,过高了,最终无法实现,容易丧失信心,使计划成为一纸空文;过低了,无须努力就能达到,不利于进步。要根据自己的实际情况提出经过努力能够达到的目标。

② 明确。明确是指学习目标要便于对照和检查。如"今后要努力学习,争取更大进步"这一目标就不明确。

③ 具体。具体是指目标要便于实现。

(3) 科学安排时间。确定了学习目标之后,就要通过科学安排时间来达到这些目标,要符合"全面、合理、高效"的要求。

① 全面。在安排时间时,既要考虑学习,也要考虑休息和娱乐;既要考虑课内学习,还要考虑课外学习及不同学科的时间搭配。

② 合理。要找出每天学习的最佳时间。

③ 高效。要根据事情的轻重缓急来安排时间。

同时,还应注意以下两点。

① 要突出重点,也就是说,要根据自我分析中提出的学习目标或比较薄弱的学科在时间上给予重点保证。

② 要有机动时间,计划不要排太满太紧,贪心的计划是难以做到的。

订了计划一定要实行,不按计划办事,计划是没有用的。为了使计划不落空,要定期检查计划的实行情况。可以制订一个计划检查表,把什么时间完成什么任务、达到什么进度列成表格,完成一项就打上"√"。根据检查结果及时调整修改计划,使计划越订越好,使自己制订计划的能力越来越强。

第三节　总　　结

 **案例导入**

【例文】

×××高职院校××××年工作总结(节选)

过去的一年,学院在党委的正确领导和全体同志的共同努力下,围绕创建高水平特色职业学院的奋斗目标,不断践行"文化先行、内涵强校"的发展思路,深入推进教育教学改革,努力实现校企合作体制机制创新,全面构建和谐稳定校园,取得了令人满意的工作成果,圆满地完成了各项既定工作目标。

一、充分利用现有教育资源,提升学院办学实力和影响力

(1) 成功进入省级骨干高职院校行列。经过近两年时间的精心筹备,在实施黑龙江省高校"1161"工程建设中,经过全院职工的共同努力,学院以优异成绩成为黑龙江省首批8所省级骨干高职院校建设单位,进一步提升了学院的教育地位,这是学院2008年顺利通过教育部评估之后,办学事业发展的又一重大突破,标志着学院进入省内重点高职院校行列,是学院发展建设进程具有里程碑意义的重大成就!

(2) 成立了黑龙江省商贸旅游职业教育集团。经过多方联系和不懈努力,经省教育厅批准,我院成为黑龙江省首批省级职教集团,在全省职教集团成立大会上接受了程幼东副省长的授牌,随即学院组织召开了黑龙江省商贸旅游职业教育集团成立大会,通过了章程,完善了机制,搭建了平台,有效地促进了校企合作的开展和中、高职衔接工作,进一步提升了学院办学体制机制创新能力。

(3) 申办成为黑龙江省外派劳务服务中心和黑龙江省中韩雇佣制劳务合作地方公共机构。经过积极申办,经省商务厅批准,商务部备案,我院成为全国唯一的省级外派劳务服务中心;同时,正式将中韩雇佣制劳务合作黑龙江地方公共机构从省商务厅更名到我院名下,成为商务部指定的全国4家地方公共机构之一,提升了学院的社会服务能力和对外影响力。

二、不断深化教育教学改革,提高人才培养水平

(1) 完善了人才培养体系。围绕"一条主线、两个重点、三个平台、多种模式"人才培养创新体系,从3月开始组织完善人才培养方案,深化"三个平台"架构下的课程体系改革,优化调整课程结构,完成了各专业人才培养方案编制,将"163"工程纳入整个教学体系中。

（2）加强了专业建设。围绕骨干校建设目标，重点抓好旅游管理及经贸类、食品营养与检测及食品加工类、酒店管理及饮食服务类三个专业群建设，旅游管理、酒店管理、食品营养与检测、装潢艺术设计、食品质量与安全、汽车检测与维修和中西面点七个专业被确定为省级重点建设专业。同时，旅游管理、酒店管理两个专业被推荐为国家重点专业参审。

（3）强化了师资队伍建设……

三、积极开展文化校园建设，全员育人工程成效显著

（1）加强了校园风尚建设……

（2）完善了育人管理体系……

（3）积极开展建设温暖校园活动……

四、强化了职业能力培养，校企合作形式全面创新

（1）强化了职业能力的培养……

（2）实现实训模式创新……

（3）深化订单培养，拓宽了学生就业渠道……

五、推进一主两翼，服务产业能力持续增强

（1）加强了国际交流合作……

（2）加强成人、继续教育、中职与培训等方面工作……

（3）加强招生工作力度……

在肯定成绩的同时，我们也应该认识到存在的问题与不足。例如，学院干部队伍的执行力还不够强，师资队伍层次和结构还不尽合理，职业团队与师资梯队建设尚未取得明显进展，办学资金相对短缺等，这些问题都需要在今后的工作中加以改进。

在新的一年里，学院工作任务十分繁重，责任也更加重大。让我们团结起来，振奋精神，锐意创新，齐心协力，扎实工作，为实现省级骨干校建设目标，建设省内一流、行业领先、特色鲜明的高职学院而努力奋斗！

××××年××月××日

讨论思考

请大家讨论这篇总结的写作思路。

这是一份综合性的全年工作总结。这篇总结开头概括介绍了工作的整体成绩，然后分解为五点分述一年来的各个方面的成绩，最重要的工作放在前面。同时提出存在的不足，结尾提出了今后的努力方向。全文是并列式结构，逻辑关系清晰，语言表述严谨。

知识要点

（一）总结的含义

总结是集体或个人对前一阶段的思想、工作、学习等情况的回顾和从理论高度的分析，吸取经验和教训，以便指导今后的工作、学习的事务性文书。

（二）总结的分类

总结可按内容、范围、时间、性质等标准划分,标准不一,种类不同。按性质不同,总结可分为以下三种。

(1) 综合性总结(又称全面总结)。它是对一个单位、部门系统或地区一段时间各个方面的工作进行全面总结;具有全局性、整体性的特点,表达方式多以概述为主;在写作过程中,既要把各方面的工作情况反映出来,又要突出中心,抓住重点,纵深结合,关键是要总结经验和教训。

(2) 专题性总结。它是对某项特定工作或某一专门问题进行单项的深入总结;不涉及与本问题无关的事,内容集中,针对性强。其特点是突出一个"专"字,要求内容专、主题专、事例专、经验专及写作手法专,一般按提出问题、分析问题、解决问题这一思路构思和写作。

(3) 个人总结。它是对个人工作、学习、思想的总结或体会;内容单一,范围较小;有具体的事例,有理论,既叙事又见思想;表达方式常用叙议结合。

（三）总结的特点

(1) 在内容上,是对已经做过的一个时期的工作,进行全面、系统的回顾、检查、分析、研究、归纳和提炼,把大量的感性材料集中起来,使之条理化、系统化、科学化。

(2) 在方法上,是自我解剖,自我认识,自我肯定,自我表扬,自我批评,自我提高。

(3) 在目的上,是肯定成绩,找准问题,悟出道理,明确方向。目的在于吸取经验教训,做好当前和今后的工作。如果只是把总结当成收录材料的容器,写成流水账,就达不到预期的效果。

(4) 在体裁上,是对情况与事实作概略性的综合归纳,把感性认识上升到理性认识,从中找出事物发展的基本规律。

(5) 在作用上,是向本单位职工群众报告情况,向上级汇报情况及向外单位介绍情况和经验。向群众作总结是让群众了解各方面工作的情况,树立信心,明确方向;向上级汇报工作是让上级机关全面了解下面工作的情况,以便及时获得上级机关的指导;向外单位介绍本单位的工作情况和经验教训是交流借鉴。

（四）总结的格式

总结无固定格式,写法上各有千秋。其通用格式是由标题、正文、落款三部分构成。

1. 标题

(1) 综合性总结标题较固定,一般格式为单位名称+时限+内容+文种名称,如××省××县 2008 年工作总结。

(2) 专题性总结标题比较灵活,一般无"总结"二字,常见的有突出中心式、概括内容或范围式(单、双标题)。如《我厂实行厂长责任制的一些认识和体会》《我们如何实现教育和科研关键》《实行民主管理,促进领导体制改革——××厂落实职代会审议权的经验》。

无论是综合性总结还是专题性总结,标题都要有概括内容的词语。

2. 正文

由于总结的种类较多,内容、目的要求各异,所以写法各不相同,没有固定形式。一般来说,正文大致包括以下两个方面。

(1) 开头(也称前言、导语)为概述情况部分。这部分要对工作范围、时间、情况进行概括式的说明,对工作成果作出总的评价,使读者从整体上了解工作情况。要求写得简明扼要,紧扣中心,高度概括,有吸引力,为主体部分展开做好铺垫。

(2) 主体(即分析情况)是总结的核心部分,主要包括四方面内容。

① 成绩收获部分。这是总结内容的主要部分,占篇幅较多,要写得具体详细。在全面总结中,要具体介绍工作任务完成情况,也要说明在工作中取得的精神成果和物质收获。写法上既要概括面上的情况,也要列出典型例子和具体数据。形式上,可用小标题或用序数逐条标出,清楚醒目。各段之间要做到逻辑严谨,层次清楚,不能罗列、堆砌材料。

② 经验体会部分。经验就是做法,体会是把经验上升到理性认识上,找出规律性的东西,从而用这些规律指导新的实践,把工作推向前进。这部分是总结的核心,无论是综合性总结还是专题性总结都必不可少,而且笔墨要浓、篇幅要大。

③ 问题、缺点、教训部分。本该解决而尚未解决的问题,应简要地分析原因,并从中吸取教训。要抓住主要矛盾,切中要害。

④ 今后的努力方向。这是主体的结尾部分,可针对存在的问题提出下一步改进工作的打算、设想、安排等,指明今后工作的努力方向。这部分采取概括化的写法,不宜写得太细。

3. 落款(署名和时间)

如果单位或个人的署名已经署于标题下,此处可省略。如果是用于报送上级的总结,则在落完时间后要在单位名称处加盖公章。

 拓展提高

调查报告与总结的区别有哪些?

1. 行文的目的不同

调查报告行文的目的是对事件真相的探讨,或进行工作研究,或总结先进单位的工作经验,树立典型,推动面上工作的开展,着眼于指导全局工作。有的调查报告已经成为领导部门决策的必要依据之一。总结是用于向上级领导部门汇报工作情况,目的是对自身工作的检查和评价,肯定成绩,找出不足,总结经验教训,确定努力方向,以指导自身工作的开展。

2. 反映的范围不同

调查报告所反映的范围比较广泛,可以是本单位、本系统的,也可以是外单位、跨行业的,既可以调查现实材料,也可以调查历史材料;既可以调查正面事件,也可以揭露反面事件。而总结主要写本单位、本系统的工作经验或教训,一般不涉及外单位的情况。总结的写作对象与调查报告相比要狭窄一些。

3. 使用的人称不同

调查报告的作者不是以当事人的身份出现,常用第三人称写作,文中多用"他(他们)""她(她们)"。通常是上级领导机关派出专人或者由几个上级机关组成的联合调查组,或者由报社电台的记者直接到被调查单位采访写作。总结由于是当事人对自身工作的回顾、分析,所以常用第一人称写作,文中多用"我(我们)"。

4. 写作的重点不同

调查报告以陈述事实为主,具体地叙述典型事例和事物发展的过程,然后再根据事实作适当的评议。总结则着重论述有哪些成绩和经验、教训,对取得成绩或经验的过程,常用概述的方式表达。

5. 写作的手法不同

调查报告以叙述为主,通过具体事例揭示典型经验的做法、意义和作用,反映事物的发生、发展的过程。为了更好地说明自己的观点,调查报告多引用背景材料和统计数字。总结主要说明已经获得的成绩和应吸取的教训,多以议论为主,对事实的介绍比较概括。

 情境模拟

1. 修改下面的总结。

暑假生活回顾

一个热爱生活的人,每天都会尽量充实自己的生活。一个多月的暑假生活被时间老人带走了,而我却觉得意义无穷,回顾起来记忆犹新,下面作简要的叙述。

(1) 到兴安镇区串亲调查。目前改革政府机构、精减行政人员是热点问题,在学校时,我就听说我的老家兴安镇政府是机构改革的典型,还上了报纸、电视。为了看爷爷、奶奶,再完成团委布置的搞调查的任务,我于放假第三天便乘车赶到兴安镇。我在那里住了十天,通过走亲访友,再去镇政府向我二表叔(任镇长)了解情况,收集了大量的材料,知道兴安镇政府已精减了近1/3的人员。精减的都是那些工作懒散、群众反映恶劣及一些靠走后门、拉关系捧上"铁饭碗"的干部。通过调查,我还了解到精减后的留用人员都是各部门的骨干,虽然比原来人少了,但机关工作效率却大大提高了。

(2) 到市民政局为灾区人民捐款。暑假正赶上长江、嫩江发生了百年不遇的特大水灾,电视、报纸天天报道全国军民万众一心投入抗洪抢险斗争的消息,那些天我都坐不住了,真想亲自去抗洪第一线与解放军并肩作战。尤其是从电视上看到朱镕基总理在大堤上与抗洪官兵紧紧握手,与一位将军紧紧拥抱并流下了眼泪,这充分表达了国家领导人对子弟兵的热爱、信任和感激之情,那种情景场面会令全国人民感动。社会各界都向灾区人民伸出援助之手,我是个大学生,作为中华大家庭的一员,我怎能袖手旁观呢?! 于是在8月10日,我带着父母的嘱托,到市民政局郑重地向灾区人民捐赠了一床被子和100元。

(3) 到培训班参加计算机培训。在当今高速发展的信息社会里,计算机的作用非常大,不学好计算机在社会上将寸步难行,所以我从兴安镇回来后就参加了计算机培训班。这个班离我家很近,很方便,在半个月的培训中,我学会了计算机的基本操作——DOS命令,打字水平也有了较大程度的提高,为今后我在校学习计算机打下了一定的基础。

(4)去北京旅游。这个假期最开心的事是我与父母去北京旅游,在北京游览了一个星期,日程安排得很紧。到北京第二天我们便到了天安门广场,这是我平生第一次来到祖国的心脏,面对雄伟、庄严的天安门城楼,我的心都快要跳出来了。接着我们参观了人民大会堂,那宽敞明亮的宴会厅,柱子上、天花板上都刻着金花彩画,看得我眼花缭乱。然后,在人民英雄纪念碑、历史博物馆前照了相。以后的时间我们又参观了红楼梦大观园、长城、故宫、颐和园,那万寿山上金碧辉煌的佛香阁、长长的画廊、碧玉般的昆明湖、雕刻着姿态不一的小狮子的十七孔桥,等等,美丽景色真是数不尽。遗憾的是,返乡途中未在北戴河下车,如果能到海边踏踏浪花、游游泳那该多么惬意啊!

除上述活动外,在这个假期我还约了高中时的几个老同学去闾山玩了一天,到母校走了走,看望了班主任;还到二姨家串了个门儿。还抓紧时间读了一些中外名著,如《红楼梦》《漂亮朋友》《简·爱》等,这些书使我受益匪浅,丰富了头脑,陶冶了情操。

回顾这个假期,我过得很充实,做了很多事,当然是很有意义的,从中学到了不少知识,身体更健康。对暑假生活的回顾实际就是总结过去、开拓未来,从现在开始我会不断地鞭策自己,更加努力学习,从而使自己做得更好。

高职××级×班　刘小梅
××××年××月××日

(资料来源:王粤钦,刘洪英.新编应用写作[M].大连:大连理工大学出版社,2018.)

2. 针对这段时间的学习情况写一篇总结,要求格式完整、正确,语言流畅。

 素质养成

写好总结要把握好以下四点。

(1)要有精巧的构思。开好头、结好尾、突出中间,这是写好经验总结的基本要求。古人作乐府诗,讲究"凤头、猪肚、豹尾",即开头要像凤凰头一样漂亮美丽,中间要像猪肚一样充实饱满,结尾要像豹尾一样威风有力。这个原则同样适用于我们写工作总结。要竭尽全力把情况部分写得很漂亮,把经验部分写得很充实(饱满),把措施部分写得很有力。

(2)要广泛占有资料。写好一个单位、部门或组织的经验总结,必须充分占有资料。应时时处处当有心人,为写总结积累材料。写好一个总结须掌握四个方面的内容:一是在该阶段内做了哪些主要工作,每项工作的起止时间、发展过程,哪些工作做得较好,哪些工作做得一般,哪些工作做得较差;二是在该阶段工作中,面临的背景情况,利弊条件,遇到的矛盾,解决这些矛盾和问题采取了什么办法和措施,有什么成效,有什么经验教训;三是有哪些能说明工作成效、经验教训的典型事例,精确数据,群众语言和意见及建议,各级的评价等;四是当前的工作存在什么问题和原因,哪些是带倾向性的问题,哪些是一般性的问题,哪些是老问题,哪些是新问题。总结是对较长时间内工作的回顾,在整个工作过程中,某个典型,某些细节,有关的时间、地点、人物、事件、原因、结果等,无不在收集之列。当然,也不排除通过写作时开座谈会、个别调查等方法收集材料。没有丰富的实际材料作为判断的基础和论证的实例,就难以把总结的内容准确而全面地表达出来。尤其是掌握原始材料,是写作总结的基础,是得出结论、寻找规律的依据。

(3)要做好"结合"。能否利用占有的资料说明经验,关键在于"结合"得怎么样。无论是围绕观点选择事例,还是围绕事例得出观点,都应做到事例和观点的有机结合,从理论和实践的结合上说明经验。这是写好经验总结的基本功。半年和年终工作总结,内容全面,材料充分。在写作过程中往往这也不想丢,那也不想砍,很容易写成观点加事例,形成材料堆砌,"经验写不深,靠事例取胜"的结果,这是我们在写总结中常犯的毛病。凡是质量高的经验总结,都是观点和材料结合得比较好,这是写经验总结的普遍规律。"结合"的方法各有所好,各有所长,各有高招。有的喜欢先提出观点,然后用材料说明观点;有的喜欢先讲事例,而后从对事例的分析中引出道理;有的喜欢边叙述材料,边提出观点;有的喜欢在一份总结中,多种"结合"方法交替运用。不管采用哪一种"结合"方法,都要防止和避免把总结写成观点加事例。所谓两结合,不是讲两并列,也不是两相加,而是要求选用的事例和提出的观点,都有着直接的内在联系。衡量两者是否结合好了,不仅要看是否把观点和材料粘贴到了一起,更要看是否在分析论证的过程中,把两者内在的联系正确地揭示出来,得出规律性的结论和认识,反映出事物的本质。

(4)要综合分析。占有资料之后,我们不能也不应该把所了解到的资料全部用到总结中去,这就需要搞好综合分析。所谓综合分析,就是总结要突出特点,抓好重点。"年年岁岁花相似,岁岁年年人不同",写总结就要写出这些"不同"之处,否则,今年的总结与去年的总结雷同,写总结就变成了例行公事。这就要求撰写人要不断学习新精神,研究新情况,寻找新经验,把收集到的资料,来一个集中透视,过过筛子。把能够体现总结的主题思想和经验,能够反映事物本质和规律的东西留下来,经过加工提炼,写进总结。讲到"分析",有的人会说:"工作上的成绩、做法和问题都是明摆着的,还用得着分析?"其实不然,"明摆着",不见得每个人都看得清楚,认识明白。这就需要认真加以分析。通过分析,帮助我们消除视觉上的盲区,力求把情况和问题看得全面一点,深刻一点,辩证一点。

综合分析要遵循以下三个原则。

一是从上面向下面看,看对不对。就是用近期党中央、国务院和省市主要文件精神和党的路线、方针、政策及上级的有关规定,衡量本单位、本部门、本级组织在工作中所采取的措施、制定的决策、取得的成效、总结的经验是否"走神"。用上级的精神一衡量,就知道哪些可取,哪些该否。

二是从外面向里面看,看新不新。用最近报刊上发表的重要评论文章和省内外、市内外先进经验,对照本单位、本部门、本级组织的做法,看是否有所创新,有所开拓,比较新颖。

三是从全局向局部看,看有没有指导性。就是站在大局看自己。看所要总结的经验教训,提出和采取的措施,哪些有指导意义,哪些没有指导意义;哪些事例和观点有用,哪些事例和观点没有用,认真取舍,留下精华,去掉糟粕。

只有确实按照这些原则进行综合分析,写出来的总结才能过硬,质量才会高。

第四节 简　　报

 案例导入

【例文】

消防安全宣传简报

第××期(总第×××期)

××××办公室　　　　　　　　　　20××年××月××日

学院进行消防安全培训

为切实贯彻"预防为主,安全第一""消防安全,重于泰山"的指导思想,提高教师学生的消防意识,杜绝火灾隐患,××××学院于12月7日9:00组织消防安全培训,由消防教育中心的李教官授课,讲解有关消防安全知识。通过消防安全培训,使大家认识到培养良好消防安全意识的重要性,增强防火意识,提高防火应急操作能力,确保校园安全。

一、发生火灾的主要原因

(1)明火引燃,如点蜡烛,在教室或操场焚烧纸屑,使用煤气、液化气不当,使用煤油炉、汽油、酒精等易燃易爆物不当等。

(2)乱拉乱接电线和保险丝,如因电线短路或因接触不良发热而引起火灾,有的甚至用铜丝或铁丝代替保险丝,使电路过载发生故障时不能及时熔断而造成电线起火。

(3)使用电器不当,如电灯泡靠近可燃物长时间烘烤起火;使用电热器无人监管而烤燃起火;长时间使用电器不检修,电线绝缘老化,漏电短路而起火等。

(4)在室内使用大功率电器。教室或卧室内的线路是按日常照明、使用小收录机等情况而设计的,如使用电炉、电饭煲、电热杯、热得快等电器常使电线过载发热而起火。

二、火灾的预防

(1)防止发生火灾的关键是做好火灾的预防。《中华人民共和国消防法》和各级政府、各级公安消防部门制定的消防条例和规定,以及学校的各项安全管理制度,是教师们必须遵守的准则。这些法律法规和安全管理制度,都是火灾事故教训的总结,要预防火灾,就必须认真掌握、严格执行、自觉遵守。

(2)在教室、办公室学习和工作时,要严格遵照各项安全规定、操作规程和有关制度。使用仪器设备前,应认真检查电源、管线、火源、辅助仪器设备等情况,如放置是否妥当,对操作过程是否清楚等,做好准备工作以后再进行操作。使用完毕认真进行清理,关闭电源、火源、水源等,还应清除杂物和垃圾。涉及使用易燃易爆危险品时,一定要注意防火安全规定,

按照规定,一丝不苟地进行操作。

(3) 在学校应自觉遵守安全管理规定,不乱拉乱接电线;不使用电炉、热得快、电热杯、电饭煲等电器;不在学校使用明火;不将易燃易爆物品带进教室;不在室内焚烧物品;发现安全隐患及时向上级部门报告;爱护消防设施和灭火器材,不随意移动或挪作他用;室内无人时关掉电器和电源开关等。

三、火灾的扑救

一旦失火,应立即报"119"火警,报警越早,损失越小。报警时应沉着镇定,清楚扼要地说明起火地点(单位、门牌号)、什么东西着火、火势大小,以及着火的范围等。同时还要注意听清对方提出的问题,以便正确回答。随后,把自己的电话号码和姓名告诉对方,以便随时联系。报警完毕,应派人在校门口等候,以利于引导消防车迅速赶到火灾现场。与此同时,还应迅速组织人员疏通消防通道,清除障碍物,使消防车到达火场后能立即进入最佳位置灭火救援。如果着火地区发生了新的变化,要及时报告消防队,使他们能及时调整灭火战术,取得最佳效果。除了及时报"119"外,还应向学校保卫部门报告。扑救火灾时,应注意先切断火场的电源和气源,同时要注意先转移火场及其附近的易燃易爆危险品,实在无法转移的应当设法降温冷却。

四、灭火器的使用方法

在使用干粉灭火器或泡沫灭火器等灭火时,均应注意在确保自身安全的前提下尽可能靠近燃烧点,对准火焰的根部扫射推进,这样才能取得好的灭火效果。在灭火时,要尽量使自己处在上风位置。

在扑救火灾中还应注意有些物品失火不能用水扑救。

(1) 高压电器设备失火。因为水是导电的,高压电流会沿水柱传到消防器械上,使消防人员触电,或造成电器设备短路烧毁。

(2) 电石着火。电石即碳化钙,遇水会生成可燃烧气体乙炔,与空气中的氧混合后,遇到明火很容易爆炸。

(3) 比重轻于水的易燃液体着火。因着火的易燃液体会漂浮在水面上,随处流动,造成火势蔓延。

(4) 硫酸、硝酸、盐酸起火。因为这3种强酸遇到水后会发生强烈反应,引起强酸飞溅,甚至会引发爆炸。

(5) 金属钾、钠、锂和易燃金属铝粉、镁粉等燃烧引发的火灾。因为它们与水发生化学反应时会生成大量可燃烧气体氢气,不但是火上加"油",而且极易引发爆炸。

五、发生火灾时的自救方法

火灾发生后,如果被大火围困,最重要的是要保持头脑清醒,千万不能慌乱,应根据火势情况采取最佳的自救方案,尽快逃离危险区域,以减少损失,避免伤亡。

(1) 争取时间,尽快逃离现场。火灾发生后,不要因穿衣、找钱财等琐碎小事而延误宝贵的逃生时间,要选择与火源相反的通道迅速逃离险境。现场有浓烟时,应尽量放低身体或是爬行,千万不要直立行走,以免窒息。衣服被烧时不要惊慌,可立即在地上翻滚以使明火熄灭。

(2) 选择通道,果断逃离。如果楼梯已起火,但火势并不很猛烈时,可披上用水浸湿的衣被或被单由楼上快速冲下。如果楼梯火势猛烈,不能强行通行时,可以利用绳子或把床单撕成布条连接成绳子,将一端拴在牢固的门窗或其他重物上,再顺着绳子从窗口滑下。如果火灾威胁严重、有生命危险时,若楼层只有二、三层高,可以考虑从窗户跳下,跳前先向下抛一些软质物品,然后用手挟住窗子往下滑以尽量缩短高度,要保证脚先落地,以保证生命安全。逃离时千万不要乘电梯,以防电路断掉后被困在电梯中。

(3)争取时间,等待救援。当各种逃生之路均被切断时,应退回居室内,采取防烟、堵火措施,关闭门窗,并向门窗上浇水,以延缓火势蔓延的时间。要用多层湿毛巾捂住口鼻做好个人防护。同时可向室外扔些小东西,夜晚可向外打手电,发出求救的信号。有手机的或室内有电话的,用手机或电话同外界加紧联络,争取时间使外界尽快来救援。

（××××办公室）

抄报:××××办公厅,院领导

抄送:院属各单位,部分新闻单位

印数:30份

讨论思考

分析这篇简报的写作内容,学习简报的特殊格式。

这是××××学院进行消防安全培训的一则简报,内容集中,主题突出,起到了启示学习、预防交流的作用。通过消防安全培训,使大家认识到培养良好消防安全意识的重要性,增强防火意识,提高防火应急操作能力,确保校园安全。

知识要点

(一)简报的概念

简报是国家机关、社会团体及企事业单位内部用来通报情况、交流信息的一种简短的文字材料。常见的"工作动态""情况反映""简讯""内部参考""快报"等都属简报。

(二)简报的特点

1. 简要

简要就是内容集中,篇幅短小,文字简要。内容集中是指每份简报的内容要做到单一、集中,一事一报,不要在一份简报中写许多项内容。如果为了集中反映某种情况、某个问题,也可以把几个内容相关或有共同性的短文编在一期内。篇幅短小是指一份简报最好不超过一千字。有些综合性的简报,内容较多,但字数也应控制在两千字以内为宜。文字简要是指写作简报时,文字要精练利索,无空话、套话。

2. 真实

简报的内容必须绝对真实。简报的一个重要目的是向上级机关反映情况,而上级机关有时可能根据简报所反映的情况作出决策。正是基于这个特点,决定了简报所写的事例,包括时间、地点、人物(或单位)、事情的前因后果、来龙去脉,引用的数据、人物语言等,都必须准确无误。对上级既报喜也报忧,既不以偏概全也不以面概点,力求准确全面,真实地反映实际情况。

3. 快捷

快捷是对简报时间上的要求。简报的时限性很强,它必须及时地把工作中出现的新情况、新问题、新典型、新动向,报告给有关上级机关和业务部门。如果简报编写不迅速及时,作用就会大幅缩小,有时甚至会变成"马后炮",失去其意义,毫无作用。

4. 准确

简报应根据国家的法律、法令及各级政府的指示或上级机关的有关规定,围绕本单位工作的重点,抓住工作中的关键问题,准确地加以反映,为领导运筹决策提供依据。

(三)简报的种类

从内容和作用上划分,简报大体上有以下三类。

1. 会议简报

会议简报主要用于报道会议情况和主要精神,反映与会人员的意见、建议。会议简报一般用于较大型会议。内容简单的会议一般不需要简报。

2. 专题性简报

专题性简报是就人们关心的、重要的某一议题专门出一期简报。专题性简报的内容集中、单一,一般是写一个问题或一件事。其特点是语言简洁,篇幅短小,时效性很强。

3. 综合性简报

综合性简报是指在内容方面对某些情况或问题作全面、综合性的反映。这种简报的主要特点是涉及面广,情况复杂,材料丰富,带有综合性,能给人以全面、概括性的认识。

(四)简报的格式

简报的格式是固定的,由报头、正文、报尾三部分构成。

1. 报头

报头用 16 开白纸印,报头部分占 1/3 篇幅。报头一般包括以下内容。

(1)简报名称。常见的名称有"简报""工作简报""工作动态""内部参考"等。名称确定后,一般不要经常更换。为了醒目,简报名称字体应大些。字可用印刷体,也可用书写体。名称一般套红,也可不套红。名称的位置应固定在第一页上方正中。

(2)期数。简报期数一般放在简报名称下方,横隔线之上。

(3)编发单位。编发单位一般在名称下面的左侧。

(4)印发日期。印发日期标在名称下面的右侧。

(5)密级。密级程度一般标在报头的左上角。根据简报内容所涉及机密的程度,可注明"绝密""机密""秘密"或"内部参考"等字样。如果有传阅范围限制,可以在密级程度下面注上"供××级以上领导参阅"等字样。

(6)编号。根据印发份数依次编号,每份一号,以便登记、保存和查核利用。编号一般放在报头的右上角,与密级形成对称。

(7)横隔线。在报头的下方,也就是在第一页上方 1/3 处用一条醒目横线将报头与报文隔开。

2. 正文

正文是简报的核心部分,一般由标题和正文两个部分组成(将专门论述)。

3. 报尾

报尾位于简报最后一页下方。一般在最后一页的下端用两条间距适度的平行横线画出,在两条平行横线之内写清简报的发送单位,包括报(指上级单位)、送(指平行或不相隶属的单位)、发(指下级单位),并在平行横线内的右端注明总共印刷份数。

 拓展提高

(一)简报正文的写法

简报的正文部分主要包括标题、正文、供稿单位三个部分,如有按语,应先写按语后写标题。

1. 标题

简报的标题和新闻的标题相似,有单行标题、双行标题、多行标题。简报无论采用哪种标题形式,都应该尽可能地概括出正文的主旨,让人见题知意。

(1)单行标题。用一句话概括正文的主要内容。

(2)双行标题。正标题揭示正文的内容或意义,副标题起补充说明作用,强化正标题的含义。

(3)多行标题。引题交代背景或揭示意义,正标题概括正文的内容,副标题补充或说明正标题。

2. 正文

简报正文的内容最关键的是要抓准主要问题,一份简报的效果如何、起的作用大小,主要在于反映的问题抓得准不准。写简报,要认真地研究本单位、本系统在贯彻执行国家的有关法令、方针、政策及上级的指示,开展各项工作中出现的新情况、新经验、新问题。抓住这些重要、关键性的问题并及时反映出来,有利于我们做好工作。

简报的正文一般分为三个部分。

(1)前言部分。前言部分一般用简洁、明确的一段话(有的仅一句话),总括全文的主要事实,先给人一个总的印象,接着交代时间、地点、事件、原因、经过、结果。简报的开头写法类似新闻开头中导语的写法。

(2)主体部分。主体部分是简报的主要部分,是对开头部分概括内容的进一步具体化。这部分要选择富有说服力的典型材料,加以合理地安排,中心内容要突出、具体,条理要清楚,语言要简洁。一个自然段最好写一层意思,不要把各个方面的内容都汇集在一个自然段里。段与段之间应按照事物的内在逻辑联系层层深入,环环紧扣,使之无懈可击。

(3)结尾部分。结尾部分是用一句话或一段话概括正文的主要内容,或指明事件发展的趋势,或发出号召,或提出今后的打算。事情单一,篇幅短小的,可不写结尾部分。

3. 供稿单位

简报一般不署名,必要时在正文的右下方写明"×××供稿"。

4. 按语

内容重要的简报,有时要在正文之前加写一段文字,以表示发文单位的意见,这段文字就是简报的按语。按语往往根据领导的意见起草,对简报的内容加以提示、说明和评注,用以表明简报编者的意向,转达有关领导的看法和意图,以引起读者注意。

(二)简报的写作要求

1. 材料真实,有新意

材料的真实性是简报写作的"生命"。简报是向领导和有关部门传递信息、报告情况的,上级部门将依据这些信息、情况作出相应的决策。因此,材料的真实、可靠应该特别注意。

简报不但要注意材料的真实,还要注意所用的材料一定要有新意。那些缺乏新意、尽人皆知的事情或过时的信息,只会使读者失望。简报所反映的问题、经验、观点、信息,都必须具有新意。只有具有新意的东西,才能给人以启发、借鉴。

2. 以叙述为主,议论为辅

简报写作的特点在于让事实说话。简报有观点、倾向,但不像总结和调查报告那样由作者直接说出来,而是通过事实的叙述显示出来。因此,简报在表达方法上应以叙述为主,为读者提供反映客观情况的真实材料,把事情的来龙去脉交代清楚,不过多议论。读者自会对事实、情况加以理解分析,作出判断。

 情境模拟

【学生范文】

张氏计算机网络有限公司董事长会议
简　报
(第 38 期)

董事长办公室　　　　　　　　　　　　　　2012 年 6 月 7 日

按:张氏计算机网络公司在 5 月 25 日上午召开了董事长工作会议,会议就我公司招聘员工、干部任免和增加员工工资事宜进行了讨论、研究,通过这次会议极大地调动了全体干部及员工的工作积极性。

我公司近期效益大幅增长,为适应市场需求,总公司决定提高员工的待遇,引进新的技术力量。根据这个精神总公司招聘软件开发工程师 4 名、软件测试员 2 名、后勤秘书1名。招聘子公司员工 20 名,其中含程序员 7 名、软件工程师 3 名,美术动画 Flash、音效配音、3D 游戏等专业人员 10 名。同时增加员工工资总额 60 万元。

根据工作需要,并报省人事厅审批,我公司任命了杨子越任公司总经理、孙玮娜任总裁助理、王芳芳任办公室副主任。

公司现在经营形势一片大好,员工热情高涨,大家同心同德,努力拼搏,为公司效益贡献自己的力量。

抄报:省人事厅 董事长 总经理 领导班子成员

抄送:总公司各部办 各子公司

(共印 30 份)

(作者:黑龙江旅游职业技术学院 2011 级计算机网络专业 李祥鹏)

 素质养成

明确以下几个概念。

1. 条例

条例是国家权力机关或行政机关依照政策和法令而制定并发布的,针对政治、经济、文化等各个领域内的某些具体事项而作出的,比较全面系统、具有长期执行效力的法规性文书。条例一般由全国人民代表大会、国务院或其他政府职能部门制定、颁布。其作用主要在于阐述某项工作的任务、要求以及方法,以保证工作顺利开展;规定某一组织的宗旨、任务及其成员的职责权限;规定某些专门工作人员的任务和权限等。如《医疗废物管理条例》。

2. 规定

规定是国家机关、社会团体、企事业单位制定的,对某一方面的工作或行动作出具体规范要求,用以统一人们行动的法规性文书。规定的主要用途在于就某些政策性问题,提出具体的约束性意见或措施,以利于某项工作的顺利进行和完成。如《湖北省关于外商、华侨、台、港、澳同胞投资企业的规定》。

3. 办法

办法是主管部门根据上级政策或有关条例,就一项工作或活动所制定的做法和要求。办法和条例、规定都是法规性文种,但它们的使用范围不同,条例、规定多使用于某些重大问题,而办法一般使用于具体事务和单一事项,甚至比较细小的事情,它具有具体性和规定性。如《湖北省公路客运交通安全管理办法》。

4. 细则

细则是对某项法令、条例、规定或其中的部分条文进行解释或说明的文书。它是一种派生性文件,是对有关法令、条例的辅助性规定和补充说明,使之具体化,更便于执行。如《国家行政机关工作人员贪污贿赂行政处分暂行规定实施细则》。

5. 章程

章程是党派或团体等组织,用于规定自身的性质、宗旨、组织机构、活动形式和行动准则等内部事务的文书。如《中华全国总工会章程》。

6. 制度

制度是国家机关、社会团体、各企业单位为了建立正常的工作、学习、生产秩序,而制定的一种要求所属人员共同遵守的准则。如《职工休假制度》。

7. 规则

规则是国家机关、社会团体、企事业单位对某一事务或活动的行为准则作出具体规定的规范性文书。如《交通规则》。

8. 规程

规程是国家机关、团体、企事业单位或科研机构,为了保证质量,使工作、试验、生产按程序进行而制定的一些具体规定。规则和规程的使用范围,没有条例、规定、办法广泛,它们多用于一些具体的事务性的工作,侧重于统一的要求和规格,是管理某项事务的章法和程序。如《××型机床操作规程》。

9. 守则

守则是国家机关、社会团体、企事业单位为维护公共利益和工作秩序,向所属成员发布的行为准则和道德规范。守则通行于某一系统或某一单位内部,其成员必须共同遵守。如《高等学校学生守则》。

10. 公约

公约是某一社会组织或行业的所有成员,在自觉自愿的基础上,经过充分的讨论,达成一致的意见而制定的行为准则和道德规范。如《文明公约》《爱国卫生公约》。

新 闻 报 道

任务一：小强是学院院报记者，学院召开学生运动会，站长让他写一份新闻报道。

任务二：学院新生纪念"一二·九"文艺汇演结束，系主任让小强写一则消息登在院报上。

第一节　新闻报道概述

【例文】

李强会见河野洋平率领的日本国际贸易促进协会访华团

新华社北京 7 月 5 日电　国务院总理李强 7 月 5 日下午在人民大会堂会见日本国际贸易促进协会会长河野洋平率领的访华团。

李强表示，中日两国是一衣带水的近邻。去年两国庆祝了邦交正常化 50 周年，今年又迎来中日和平友好条约缔结 45 周年，中日关系正处于承前启后的重要节点。双方要始终恪守中日四个政治文件确立的各项原则，维护好中日关系发展根基，客观理性看待对方发展，将"互为合作伙伴、互不构成威胁"的政治共识落到实处。要多做顺应两国民心、顺应时代潮流的事，友好相处、相互支持、合作共赢，为共同构建契合新时代要求的中日关系注入更多稳定性和正能量。

李强指出，中日务实合作基础牢、互补强、潜力大，两国拥有广泛共同利益。中国全面推进高质量发展，坚定推进高水平对外开放，积极打造市场化、法治化、国际化一流营商环境。我们将一如既往地支持日本企业扩大对华投资合作。

李强表示，中日关系的民间基础深厚。希望日本国际贸易促进协会进一步发挥对两国互利合作和民间友好交往的带动作用。欢迎日本地方同中国地方加强经济、人文、体育、青少年等领域交流合作。

河野洋平表示，日本国际贸易促进协会致力于推动日中经贸往来、增进日中友好，支持中国发展,愿同中方秉持互尊互信精神,推动日中友好合作不断向前发展。

吴政隆等参加会见。

(资料来源:新华网,2023 年 7 月 5 日.)

 讨论思考

分析这篇新闻的构成要素。

这个新闻发生时间:7 月 5 日(2023 年)。

什么地点:在北京。

什么人:国务院总理李强。

什么事:会见日本国际贸易促进协会会长河野洋平率领的访华团。

为什么:中日关系正处于承前启后的重要节点。双方要始终恪守中日四个政治文件确立的各项原则,维护好中日关系发展根基,客观理性看待对方发展,将"互为合作伙伴、互不构成威胁"的政治共识落到实处。

我们听(看)这个新闻,就知道新闻说了什么。这几个要素缺一个,我们都会感觉不舒服,听(看)不明白。这五个要素就是新闻的五要素,俗称"5W",即何时、何地、何人、何事、何故。我们在写新闻时候要牢记这五要素,在文章中看是否交代清楚,如果自己看不懂,说明缺项,就该检查,及时补上。

 知识要点

(一) 新闻报道的性质和特点

所谓新闻,是对最近发生的真实而重要事实的报道。在我国有一个普遍认同的定义,就是陆定一在《我们对于新闻学的基本观点》一文中所说的,"新闻就是新近发生的事实的报道"。除此以外,还有几种在国内最具权威的说法是:复旦大学宁树藩教授说,"新闻是经报道(或传播)的新近事实的信息"。——这种说法强调"信息";黄天鹏认为,新闻就是最多数人所注意而感兴趣的最新事实。——这种说法强调事实;1978 年《辞海》中的定义是:"新闻是新近变动的事实和传播。"——该说法强调"传播"。国外也有不少经典的新闻定义,例如,狗咬人不是新闻,人咬狗才是新闻([美]博加特);能让女人喊一声"啊呀,我的天呀"的东西,就是新闻([美]爱德华);新闻是已经或正在发生的事情的报道([美]约斯特);新闻是变迁的记录(英国《泰晤士报》)。

新闻有广义和狭义之分。广义新闻包括消息、通讯、新闻评论、新闻特写、报告文学、深度报道、专访等;狭义的新闻专指消息。消息是传播新闻的主要形式,它应用最广、数量最多、使用频率最高。

新闻的主要特征可以用真、短、快、活、强、软来概括。

真——新闻的生命,最本质的特征。

短——篇幅短小。

快——迅速及时,讲求时效。

活——生动活泼,引人入胜,有可读性。

强——倾向性强。

软——文风活泼,可读(听、视)性强。

(二)新闻报道的种类

(1)按照新闻事实发生的地域和范围来分,有国际新闻和国内新闻。

(2)按照新闻的性质来分,有政治新闻、经济新闻、科教新闻、军事新闻、社会新闻、文艺新闻、体育新闻和会议新闻等。

(3)按照新闻的特点来分,有事件性新闻与非事件性新闻、单一性新闻与复杂性新闻、动态性新闻与静态性新闻、本体新闻与反应新闻。

(4)按照新闻的题材来分,有典型报道、综合报道、述评性报道、批评性报道。

(5)按照新闻传播的手段来分,有口头新闻、文字新闻、广播新闻和电视新闻。

(三)新闻报道的写作要求

1. 坚持新闻报道的真实性

所谓真实性,通常也叫准确性,即指新闻报道必须反映事物的原貌。新闻真实性要求:构成新闻的基本要素(5W:When、Where、Who、What、Why)必须真实;新闻所反映的事实的环境和条件、过程和细节、人们的语言和动作等,都必须真实;新闻引用的各种资料都必须确切、无误,如数字、史料、背景材料等;新闻中涉及的人物的思想认识和心理活动等,都必须是当事人所述。

2. 坚持新闻报道的思想性

所谓思想性,是指新闻报道的思想观点或政治倾向。传播信息是思想性得以实现的客观条件,抓准问题是思想性强的关键,增强可读性是加强思想性的业务手段。

3. 坚持新闻报道的时间性

所谓时间性,是指迅速及时的报道新闻。时间性是新闻存活及构成新闻价值的重要条件和首要因素。

4. 坚持新闻报道用事实说话

新闻的本源是事实,事实胜于雄辩。要善于选用事实,把思想观点藏在精心选择的某个事实中,通过事实自然地得以流露,用事实说话,让受众通过这一事实自己悟出某种道理。

 拓展提高

1. 如何做好采访工作

做好采访要做到"七分采访,三分写作",具体包括以下几个方面。

(1)做好采访前准备。

(2)研究采访心理。

(3)随机应变地提问。

(4)做好事实的记录。

(5) 必要时进行回访。

2. 新闻写作与广告写作有何差异

可从三个方面思考:①全面的真实与部分的真实;②庞大的受众与特定的受众;③追求"第一时间"与追求"黄金时间"。

3. 分析下列新闻标题在语言运用方面的特点

(1)《微小尘粒,空中杀手》:这里"杀手"的用法已超出其本意"刺杀人的人",是指空气中的有害细菌或微生物。

(2)《主旋律打造新主流戏剧 话剧舞台狂飙突进》:"打造"是"培养、制造、建造"等的同义词语,有的说"打造理想的房屋",有的说"打造精神家园"等,近年很流行。

(3)《贝时璋:诠释生命的本质》:"解读"是个新生词,尽管它不过是"解释""认识""说明"的同义词,但因增加了新鲜的时尚色彩而备受青睐。当然,有的作者仍不满足,又联想到早已有之的同义词"诠释",以增强表现力。"诠释"即"阐发、阐释"。

(4)《科技与经济"联姻"不能"单相思"》:用拟人的手法,生动、形象。

(5)《杨澜再出手 节目传统又另类》:"另类"也是个新词语,其词义是"特别的、与众不同的人、事物或行为"。

(6)《不是"克隆"〈鲁迅全集〉》:"克隆"有"仿造、盗版"等义,"克隆"作为20世纪末和21世纪生物科学(生命科学)的一大热点和主题,受到世界各国的关注,这就使它获得了强大的生命力。

(7)《河北劣钢偷摸进京》:用拟人的手法,生动、形象。

(8)《说凤阳,道凤阳,凤阳是个好地方 自从三中全会后,电视机源源到家乡》:运用反复手法,且押韵,朗朗上口。

(9)《政府部门"搭台" 经贸部门"唱戏"》:"搭台""唱戏"都是比喻,前者突出两部门的合作关系。

(10)《中国人为什么歧视中国人》:运用反问,引人注目。

(11)《工程师三代破屋两间 副局长一家新屋四套》。

(12)《吃大锅饭山穷水尽 走改革路柳暗花明》。

(13)《两袖清风 一身正气》。

注:(11)~(13)运用对比手法,形成鲜明对照。此外,(12)暗引古诗,(13)巧用成语。

(14)《惠来供电局是只硕鼠(正题)

——150人的编制养着3 000余人,平均电价高达两元(副题)》

"硕鼠"是比喻,强调供电局腐化。

(15)《台上惨烈台下心惊(正题)

——第13局谢军拼得半分(副题)》

运用对比手法,形成鲜明对照。

 情境模拟

1. 指出下列新闻句子存在的问题并改正。

(1)亚洲游泳与世界的距离首先表现在项目发展水平极不平衡。

（2）中国游泳和体操健儿今天以丰收的喜悦为釜山之行画上圆满句号。

（3）陶璐娜说，她不赞成一些人把陈颖的成功归功于她的说法。

（4）（四位韩国籍教练员）在常人眼里，他们似乎陷入了两难境地：他们要在自己的国家，带领中国队打败自己的国家。

（5）自 1975 年以来，每年约有 80～90 头大象死于非法狩猎。

（6）临近毕业，又有一批莘莘学子将告别大学校园，走上工作岗位。

2. 指出下列新闻存在的问题并改正。

这篇短新闻发表在《××日报》20××年××月××日 A4 版上。

德运钞车被劫案令人捧腹（引题）

劫匪只认马克弃欧元（正题）

新华社柏林 9 月 7 日电（记者××）　德国日前发生了一起一辆运送欧元和马克现钞的运钞车被抢的案件。据德国新闻电视台报道，案件发生在德国巴伐利亚州吉森县利希和费恩瓦尔德之间的公路上，时间为当地时间 6 日 11 点 5 分。现年 35 岁的运钞车司机哈利勒·尤尔特塞韦尔及其同伙是这起抢劫案的主谋。

警方在案发现场发现留下了大量欧元现钞和部分已经被打开的装有欧元的口袋。由于欧元将于明年 1 月 1 日正式开始流通，警方认为，被抢走的欧元现钞可能会被用来作为制造欧元伪钞的样品。

警方估计，被抢的数额为 500 万～600 万马克。

 素质养成

如何才能写好新闻报道？

写一篇好的新闻报道如蜜蜂酿蜜一样，要经历"采""酿""排"三个过程。

（1）采，就是深入采访，大量掌握第一手资料。写新闻报道时，要到现场去、到群众中去、深入基层一线，多采访人，从不同侧面、不同渠道占有素材；不但要"身入"，还要"心入"，见微知著，顺藤摸瓜，用灵敏"新闻鼻"，更深层次去了解新闻背后的新闻，去挖掘更多有价值的"新闻眼"。采访如同挖井，挖得深，清甜井水自然流出。切忌浅尝辄止，半途而废。

（2）酿，就是运笔过程，指文章构思。写新闻报道时要谋篇布局，做到结构严谨，条理清晰，层次分明。由于新闻是"缘事而发，淡中有味"。它讲求有一定的文采，又要从群众语言中汲取营养。这就要求我们做到：叙事突出动感、描绘富有美感、修辞强调实感。"今天的新闻是金子，昨天的新闻是银子，前天的新闻是垃圾。"新闻讲求快、讲求时效。在"采"和"酿"过程中要做到自然衔接、做到"倚马可待"。要在采访技巧上下一番功夫，练就一种边收集材料、边整理材料、边思考写作主题、边列出写作提纲的本领。

（3）排，就是排除水分和化繁为简。真实是新闻的第一生命。用事实说话，是什么就是什么，不可夸张或随意捏造；简练是新闻语言一个特征。法国《红与黑》的作者司汤达说："我认为写作只有一个规则：思路清晰，文字简练。字用得越少越好，能用一个字表达，不用两个字；能删除的字，一定要删除；在写作时要说短话，写短句。"不用过剩的抒情句，不用过多的形容词,不用不恰当的比喻和警句;在结构上,要强调简洁直叙,少曲折迂回,尤其忌讳语言杂质,不要让复杂的结构和修辞手段、表情语言淹没事实。

普利策说过一句名言:"懒人是当不了记者的。"我们在写新闻报道时要腿勤、脑勤、手勤、嘴勤。只要肯似蜜蜂勤,干土硬石也生金。

第二节　消　息

 **案例导入**

【例文】

发射成功! 2023 中国航天开门红!

发稿时间:2023-01-09 10:10:00 来源:央视网

1月9日6时00分,CZ-7A运载火箭在中国文昌航天发射场点火升空,成功进入预定轨道,卫星主要用于开展科学试验、技术验证等领域。此次发射是长征系列运载火箭的第459次发射,2023年中国航天发射任务首战告捷,据了解,航天科技集团今年计划安排超50次航天发射任务。

CZ-7A火箭是我国新一代中型运载火箭,在长征七号运载火箭和长征三号甲系列运载火箭三子级基础上,通过组合化设计形成的高轨三级液体捆绑式运载火箭,地球同步转移轨道运载能力可达7吨,填补了我国运载火箭高轨道5.5吨至7吨运载能力的空白,目前可适配直径4.2米和3.7米两种整流罩,具备一箭一星和一箭双主星发射能力。本次执行任务的CZ-7A火箭采用直径4.2米整流罩的基本构型,全箭高度60.1米。

CZ-7A火箭主任设计师魏远明介绍,本次任务是长七A火箭第五次执行发射任务,型号队伍在确保任务成功的前提下,进一步对发射场工作进行了优化。

魏远明介绍,随着高轨卫星的发展,卫星包络将不断增加,目前新一代中型火箭4.2米整流罩已无法满足后续任务发展需求,CZ-7A火箭将通过替换三子级形成能够适配5.2米直径整流罩的改进型火箭,通过更强劲的动力、更合理的结构,支撑火箭综合性能的提升。

此外,随着高轨卫星发射需求的持续增长,CZ-7A火箭也将持续提升产能,目前每年可生产4~6发,预计2025年可达到每年8~10发。

(总台央视记者　崔霞　陶嘉树　航天科技集团一院　王伟童　高诗淇　吴桐小雨　张婉莹)

 讨论思考

试对例文的消息进行评论分析。

这则消息的标题是间接性标题。电头表明了消息的来源,也体现了消息的可靠性和权威性。导语写清了新闻的主旨,事件发生的时间、地点、发射方式和结果。主体部分具体交代了背景、CZ-7A 火箭简要介绍及系统运行状况 ,以及 CZ-7A 火箭今后的发展前景。

 知识要点

(一)消息的概念与特点

消息是以简洁的文字迅速传播新近变动的事实,包括新近发生的事实、某些将要变动的事实。它是目前最广泛、最经常应用的一种报道形式。新闻以消息为主体,它占据了广播新闻、电视新闻、网络新闻的主要时间、空间和画面及报纸的大部分版面。

消息的特点可以用实、快、新、短四个字概括:实是指它的内容是事实,真实实在;快是指报道时间同事实的发生、发现时间二者之间的时差最小,距离最短;新是指消息报道的事实都是新鲜的,是最近发生或发现的;短是指消息的字数一般都比较少,篇幅很短。

(二)消息的种类

1. 动态消息

动态消息是迅速而准确地报道新近发生的国际、国内重大事件、重要的活动和各项建设中的最新动态,报道新人、新事、新情况、新问题。重大新闻的简讯都属于动态消息。它时效性强,应用最广泛,目前是报纸上使用最多的一类。

2. 典型消息

典型消息也叫经验消息,它报道的是某单位、某地区在工作中具有规律性的经验和做法。它为人们变革现实提供借鉴。这种消息是在介绍经验、做法之后,总结经验,揭示规律,以达到以点带面,推动工作的目的。

3. 综合消息

综合消息是以全面概括地反映不同地区、不同单位在一个时期内发生的某个事件、某项工作、某个问题为内容,围绕并突出一个主题的报道。它的特点是在综合、概括事实的基础上,进行分析,提出见解,揭示规律。它既要有“点”上的情况,又要有“面”上的情况,“点”“面”结合来反映全局。

4. 述评消息

述评消息又称“记者述评”“新闻述评”,是反映国际、国内重大事件或具有普遍意义的社会问题的消息,是一种兼有消息与评论作用的新闻。它的特点是边叙边评,要求以国家的方针政策为依据,针对事实进行评说,要求观点正确,评论得当。

(三)消息的写作格式

消息写作的基本格式一般包括标题、消息头、导语、主体、背景和结尾六个部分。

1. 标题

标题是消息的眼睛,拟写得好,可以吸引读者;拟写得差,一篇好消息也会被埋没。新闻界有"1/3时间写标题、1/3时间写导语、1/3时间写主题"这一说法。消息的标题必须简明、准确地概括消息内容,帮助读者理解报道的事实。消息标题有主题(正题)、引题(眉题)、副题(次题)三种。主题用来概括与说明主要事实和思想内容;引题用来揭示消息的思想意义或交代背景,说明原因,烘托气氛;副题用来提示报道的事实结果,或作内容提要。标题在使用时是灵活多样的。

(1) 单行标题,突出新闻内容和主题。例如:

今日当铺,"当"之无亏(正题)

营养午餐,花好还须月圆(正题)

(2) 多行标题,由引题、正题、副题组成,多行标题组合时可灵活运用。

① "引题+正题+副题"式。例如:

重庆加强环境监察监测和信息化能力建设(引题)

寓热情服务于严格执法中(正题)

人性化执法受到企业欢迎,环保信息网络促进综合决策(副题)(引自:中国环境报,2007-07-12)

② "引题+正题"式。例如:

建设部解读新规定(引题)

"两限房"进入房保体系(正题)(引自:生活报,2007-08-16)

③ "正题+副题"式。例如:

六部委赴各地检查"菜篮子"(正题)

主抓食品价格过快上涨(副题)(引自:生活报,2007-08-16)

2. 消息头

消息头也称电头,它位于消息的开头,是消息的标志。电头的形式有"电""讯"两大类标志。"电"主要是指电报、电话、电传等形式向报社传递的新闻报道;"讯"主要是指通过邮寄或书面递交的形式向报社传递的新闻。一篇消息常冠以"本报讯"或"××通讯社×地××月××日电",它是版权所有的标志,表示该媒体对此消息的独家版权,其他媒体转载时必须标明。从而,也是判断消息真实性和权威性的重要途径。

3. 导语

导语是指一篇消息的开头,常是第一自然段或第一、二句话。它是用简明生动的文字,写出消息中最主要、最新鲜的事实,鲜明地提示消息的主题思想。促使读者或听众产生强烈的"了解下文"的欲望。所以,要写好一篇消息就必须在导语上下狠功夫。

导语的要求,一是要抓住事情的核心;二是要能吸引读者看下去。要做到第一条,必须具备训练有素的分析能力;要做到第二条,则要有写作技巧。导语有哪些类型呢?

一类是直接性导语,直接写出事实的核心的导语。多是陈述性的像速记一样地反映事实。例如:本报讯 温家宝总理4日专程到吉林省人民医院,了解新型农村合作医疗情况,看望医护人员。他提出医疗卫生体制改革的五项原则,并倡导建立良好的医护关系。(引自:新晚报,2007-02-04)。

另一类是间接性导语,即所报道的不是正在发展中的、变化中的或突发性的事件。它通常用来设置一种现场或创造某种气氛。多是解释性、说明性的。例如：据新华社电　春节将至，细心的群众会发现，去年是过了腊月二十九就直通夏历（农历）狗年的大年初一，而今年则要过了年三十才进入夏历新年。为何会出现这一历法现象呢？（引自：新晚报，2007-02-17）。

4. 主体

主体在导语后面，是消息的主要叙事部分。对导语作具体全面的阐述，具体展开事实或进一步突出中心，从而写出导语所概括的内容，表现全篇消息的主题思想。应按"时间顺序"或"逻辑顺序"写作，但仍然要先写主要的，再写次要的。克尔提斯·麦克道格尔在阐释主体的任务时曾经说过："第一，对导语里提出的各个事实加以阐述，使它们更加清晰起来。第二，补充导语未提及的次要材料。随着新闻的展开，五个 W 和一个 H 变得更加明确，交代更加清楚，新闻根据更加明确。"消息从结构形式上大体可以分为时序结构、主次结构、逻辑结构、文学结构等。

（1）时序结构：按照事情的发生、发展、结果的时间顺序，从头到尾一路写来。

（2）主次结构：类似于时序结构，只是把主体部分中最主要的内容放在前面，然后再展开叙述。

（3）逻辑结构：按照某一事物的几个方面的关系或某些事物的相互联系，组织和安排消息的层次和段落。

（4）文学结构：运用某些文学手法，使消息写得更加生动活泼。

5. 背景

消息背景是指与新闻人物、新闻事件有关系的历史背景、周围环境和其他方面的联系等材料。写消息要交代背景，目的在于帮助读者深刻理解新闻的内容和价值，起到衬托、深化主题的作用，也就是回答五个 W 中的 Why（为什么）。使用消息的背景材料要为主题服务；要与新闻事实相互交融地穿插其中；要简洁精当，不可喧宾夺主。

6. 结尾

结尾是消息报道的结束语。它应该是随着新闻事件叙述的自然收束，不应该为结尾而结尾。正像美国作家马克·吐温说的："故事一讲完，文章即结束。"但是对有些消息来说写一个或者发人深省，或者催人振作，或者给人希望的结尾，也是很有意义的。

 拓展提高

1. 消息的结构形式

消息的结构不仅是一种形式，而且蕴含着能量。在有限的报道篇幅内，按照什么样的顺序和规则去放置各种新闻要素，去展示新闻的发展进程，去剖析新闻的深层意义，都有赖于找到一种合理的文体结构。消息的结构形式除了要具备标题、导语、主体、结尾、背景这些基本内容外，组织主体结构的方式往往因为时间、形势、消息的类别、报道的对象、表达的主题不同而灵活多变。

（1）倒金字塔结构。"倒金字塔"是传统的新闻构成方法。一开头即写到要害处。先把结果写在前面,再按重要的程度依次写来。

(2)金字塔结构。金字塔结构即按新闻事实的发展顺序来安排结构,适合故事性较强的新闻题材。

(3)自由式结构。自由式结构能够体现新闻报道者的个性,由创作人按照一定的逻辑顺序自由构思与组织文章,从而吸引受众,增加报道情趣。

2. 消息的写作要求

(1)内容要新鲜。写消息,力求具有一定的思想,以便能给人以启迪。所以要在选择题材中下功夫,从比较中发现什么才是新的见解、新的问题。作者要有敏锐的眼光,要了解全局性的情况,要占有资料,要做有心人。

(2)要善于用事实说话。注重典型事实和形象性的事实。新闻的本源是事实,事实是基础,事实最有说服力。报道不可有虚构的成分,也不能编造或歪曲事实。真实性是新闻的生命之所在。但是,新闻绝对不是事实的罗列,所以它要求新闻报道者要充分把握事实材料,善于用事实说话,要在选择事实和表现事实上下功夫。

(3)要具备五要素。写作消息应遵循新闻五要素的原则,即在消息中要写明时间(When)、地点(Where)、人物(Who)、事件(What)及其原因(Why)等,使其完整、准确,满足读者或听众对消息的要求。这几个方面英文的第一个字母都是W,所以称为"5W"。一般来说,这五个要素在消息写作中必不可少。

(4)快采快写,讲求时效。力求在最短的时间里采访到新闻信息,同时要力求在最短的时间内写出新闻稿件,发布出来,否则,就会失去传播消息的先机。因此,时效性就显得尤为重要。采访要快,写作要快。无数事实表明,在当今世界,同一重要事件,不要说迟发一天半天,就是迟发几小时、几分钟,我们的消息便会在竞争中失利,在舆论上遭受不应有的损失。反之,我们讲究消息的时效性,就能在竞争中赢得主动权。

(5)反复锤炼语言,多一字不如少一字。消息篇幅要短,容量要大,消息写作提倡"短些,短些,再短些",力求短而有丰满内容,短而实。所以,消息以语言简洁为上乘,要珍惜每个字,推敲每句话,力求字字句句载着尽可能多的信息。

 情境模拟

给下列消息拟标题。

(1)未来成都会有多大?会变成什么模样?昨日召开的成都市城市总体规划修编工作动员会传出信息:2020年,成都市的城区面积将达3 681平方千米,比现在的中心城(即外环路以内区域)面积598平方千米大6倍多。经建设部同意,《成都市城市总体规划》修编(2002—2020年)工作昨日正式启动。10—11月,《成都市城市总体规划》修编的初步方案将完成,12月将完成大纲审查工作,年底上报建设部。

(2)从2004级研究生开始,北京大学将在实行学分制的基础上继续完善弹性学制,适当掌握学习年限。北大常务副教务长、研究生院常务副院长张国有教授昨天接受记者采访时称,此举的目的是进一步保证和提高研究生,尤其是博士研究生的教育质量。

据了解,从2004年起,北大硕士研究生在校学习期限为2～3年,基本学习年限掌握在

2 年左右,指导教师以 2 年为准制订培养方案和计划。依据学分、学业和学位论文情况,研究生可适时申请毕业,于毕业时间前 3 个月提出申请,在校学习时间一般不超过 3 年;普通博士研究生学习年限为 3~6 年,基本学习年限掌握在 4 年左右;本直博研究生在校学习期限为 5~6 年,基本学习年限掌握在 5 年左右,硕连博研究生从获得硕士研究生资格起,在校学习期限为 5~6 年,基本学习年限掌握在 5 年左右,在校学习时间一般不超过 6 年;北大医学部研究生的学习年限依据医学部的学科特征及具体情况另行拟定。

张国有教授解释,现在北大的学习年限除本直博和硕连博外,硕士研究生和博士研究生都是 3 年。几年前就有一些院系不断反映,硕士研究生的学习年限长了一些,基本上两年就完成了学业,有的甚至一年半就学完,余下的一年就用来找工作了。而博士研究生的学习年限又短了一些,大约有 40% 的博士生主动申请延期答辩。与其这样,不如明文规定博士研究生学习年限延长。

(资料来源:根据《北京青年报》有关报道改编.)

 素质养成

以"学校军训"报道为例,怎样写好导语

在学校里面,军训年年搞,活动常常有,你每次一下笔就是"为了提高新生的身体素质,增强他们的国防意识,我校于某月某日开展了新生军训活动"或者"某月某日某某单位举办了某某比赛,场面竞争激烈,精彩纷呈",这样写也行,下面还有一些写法,可以根据需要进行选择。

以军训为例:

(1)叙述式导语是用凝练的语言,扼要而直接地将消息中主要的事实叙述出来,这是很常见的写法。例如:

本报讯 9 月 24 日,我校大学城校区举行军训阅兵仪式,一千多名新生展现了他们军训两个星期的成果,为大学城校区的首次军训画上了句号。

(2)提问式导语即将有关问题通过一个尖锐而鲜明的问题提出来,以引起受众的关注。有时是设问,即要求自问自答。例如:

本报讯 军训结束了,我们到底学到了什么?

(3)描写式导语以展示事物的形象和事件的场景为主要特征,抓取某一生动形象、鲜明的色彩或有特色的细节加以描绘。不是写几句"精彩纷呈""场面激烈"这样空泛没内容的形容词,而是要写出具体的场景,让人一看这第一句话,脑海中就能反映出一个比较清晰的画面。例如:

本报讯 几百名身穿军装的学生站在大学城初秋的阳光下,目送一辆辆巴士开上离开小谷围岛的公路。坐在车里的是与他们相处仅仅两个星期的军训教官,但直到这些车都消失在视线里,同学们才陆续走回宿舍。

本报讯 缓慢而优雅的节奏,轻柔而刚劲的动作,一步一拳,铿锵有力,踢、甩、伸、摆、转,尽显慑人之势。9 月 20 日,在三个校区的操场,7 000 多名新生以太极拳和南拳向大家汇报了 17 天来的军训成果。

第三节 新闻特写

 **案例导入**

【例文】

新闻特写 | 历史时刻

2023 年 03 月 11 日 17:48　　来源:环球网

央视网消息(新闻联播)　人民领袖赢得亿万人民衷心拥戴。今天(3月10日),长城内外,大江南北,全国各族人民共同见证习近平主席全票当选这一历史时刻。大家表示,有习近平主席掌舵领航,全国各族人民一起团结奋斗、勇毅前行,就一定能够实现中华民族的伟大复兴。

伟大祖国的掌舵者,亿万人民的领路人,今天,习近平同志当选国家主席、中央军委主席的消息传遍祖国各地,神州大地,处处欢腾。

今天,在首都机场 T3 航站楼,大会的直播吸引了许多人观看,习近平主席当选的消息让现场响起热烈掌声。

激动人心的消息也传到山村、边寨。在陕西梁家河、河北骆驼湾,阔步走在小康路上的乡亲们听到了习主席当选的消息,倍受鼓舞;今天,湖南湘西十八洞村春意盎然,苗寨里爆发出持久热烈的掌声;四川大凉山腹地的昭觉县三河村里,彝族群众们聚到村委会广场,共同见证历史时刻。

今天,从西部边陲到东部沿海,从祖国北方到南端海岛,人们怀着热切的心情聚在一起,回首过去硕果累累,展望未来信心满怀。

在这个历史性的时刻,新时代的青年人更加信心百倍。从开放前沿到创业热土,从大学校园到基层一线,无数年轻人怀揣梦想又脚踏实地,在推进中国式现代化建设的进程中建功立业。

 讨论思考

分析这则新闻特写的结构思路。

这篇特写的标题就很吸引人眼球,历史时刻是全国各族人民共同见证习近平主席全票当选,时间、背景、事件交代详细。这篇特写描写了习近平同志当选国家主席、中央军委主席的当天,消息传遍祖国各地,神州大地,处处欢腾。

这篇特写选取几处典型场景,北京首都机场 T3 航站楼人们,陕西梁家河、河北骆驼湾的乡亲们,湖南湘西十八洞村苗寨人,四川大凉山腹地的昭觉县三河村里彝族群众们聚到村委会广场,共同见证历史时刻。

除了庆祝的人群,又写到从开放前沿到创业热土,从大学校园到基层一线,无数年轻人在行动。这是点睛之笔,引人无限遐想。

 **知识要点**

1. 新闻特写的概念

新闻特写是用类似电影"特写镜头"的手法来反映事实,截取新闻事实的横断面,抓住富有典型意义的某个空间和时间,通过一个片段、一个场面、一个镜头对事件(人物或景物)运用多种表现手法做具有强烈视觉及情感效果的着力刻画,更集中、更突出地再现新闻事实,并揭示主题的一种新闻体裁。新闻特写又称新闻素描、新闻速写。

2. 新闻特写的特点

(1) 集中再现新闻事实,着力细节描写。

(2) 现场感强,注重场面的渲染与烘托。

(3) 有较强的文学色彩,形象化地刻画人物或事物。

3. 新闻特写的种类

根据新闻特写的内容和性质可以分为以下几类。

(1) 事件特写:摄取与再现重大事件的关键性场面。

(2) 场面特写:新闻事件中精彩场面的再现。

(3) 人物特写:再现人物某种行为,绘声、绘色,有强烈动感。

(4) 景物特写:对于有特殊意义或有价值的罕见景物的描写。

(5) 工作特写:对于某一工作场面的生动再现。

 拓展提高

新闻特写的写作要求有哪些?

(1) 抓住生活中的一个典型"镜头",选准一个片段或一个情节加以渲染、夸大。

(2) 着力刻画人物和事物的突出特点,力求生动形象、栩栩如生。

(3) 捕捉人物、事件的动态、动势画面,追求栩栩如生的艺术效果。

(4) 准确融入丰富的感情并恰如其分地表达出来,做到情、事、景三者融合为一。

(5) 更好地描写新闻事件高潮的部分,逼真地写好景物描写部分。

 情境模拟

1. 对下列说法请作出正确判断。

(1) 新闻特写即选准一个片段、一个情节来报道新闻。　　　　　　　　(　　)

(2) 新闻特写因为内容太少所以不能起到新闻报道的舆论宣传作用。　　(　　)

2. 就下列说法,请谈一下你的观点。

(1) 你认为新闻特写是否可以运用虚构的情节?为什么?

(2) 下文的场面描写有什么作用?找出几处描写感情的句子,谈谈如何理解新闻特写要恰到好处地表达感情。

距地面80km时，处于无动力飞行状态的飞船返回舱，进入了着陆场观测范围，以每秒约8 000m的速度飞行，表面与大气剧烈摩擦，就像一个闪光的火球。这时，返回舱产生的等离子层形成电磁屏，致使地面与其通信暂时中断，着陆场变得异常寂静。

"回收一号发现目标！"着陆区最先捕捉到目标的一号测量站激动的报告声，打破了短暂的沉寂。"回收二号发现目标！"当飞船距地面30多千米时，二号测量站的雷达稳稳地锁定了目标。在两个固定测量站紧张忙碌的同时，地面搜索分队和空中搜索分队早已冒着严寒向飞船预定着陆点集结。这是一个极为壮观的场面：直升机轰鸣着在夜空中盘旋，搜索车辆在雪原上奔驰，指挥员的调度口令声此起彼伏。一张立体搜索网在无垠的天地间张开。"抛大底了。"现场的工作人员中，不知是谁大喊了一声。这就是说，飞船返回舱已完成拉出天线，抛掉底盖，打开主降落伞等一系列技术动作。飞船着陆的主伞是我国独一无二的巨大降落伞，平面展开的面积足有1 200m²。尽管这时夜色已暗，大家还是不约而同地把目光投向空中，急切地搜索着。

"一号直升机发现目标！"空中搜索分队传来了令人激动的消息。

这时，搜索指挥车内的"着陆场搜救态势系统"准确地显示出空中分队、地面分队的行进情况以及落区地形、地貌等各种信息。电子地图上，表明直升机航迹的一条条曲线开始向落点汇聚。突然，指挥人员听到了空中搜索队员激动的话音："看见了，我们看见飞船了！""'神舟'回来了！"

伴随着轰鸣声，车灯闪烁的地面搜索车队像一条雪亮的巨龙，风驰电掣般向飞船返回舱奔去。

 素质养成

1. 幽默新奇的标题

· 韦海英一脚将巴西女足踢出决赛（引自：中国青年报，1996-07-30）
· "东方神鹿"跃上冠军台（引自：新民晚报，1996-07-22）
· 怪事：连年亏损，奖状满屋

2. 俗语入题

· 记者盯上了中国入世
· 留学生归国创业，中关村提供"全活"
· 夏利长个了
· 考前天太热，考生别"晕菜"
· 进口动画片迷住中学生，中国动画急了

3. 巧用修辞

· 放则活　活则多　多则廉（引自：人民日报发表署名文章《蔬菜三议》）
· 人养猪　猪养地　地养人——大冲大队养猪上圈肥多粮丰
· 能人教众人　众人变能人——大黄庄大队多种经营技术队伍不断扩大

4. 比拟

· 彗木一吻留下黑斑巨洞

- 木星第十次"挨揍"　"紫台"已记录在案
- 不堪连连撞击　木星遍体鳞伤
- 目中无人　胸怀大志 ——盲人柔道队巡礼
- 人无我有　人有我优　人优我廉——荣成县塑料厂产品销路大开　生产效益提高
- 《睡美人》在中国舞台醒来
- 一伙骗子轻易拿走了 42 万 ——"当铺"是怎样上当的?

第四节　通　讯

 **案例导入**

【例文】

"老鲍啊,是棵实心竹"

人民日报记者　王慧敏

一搭手就知道,这是一个敢作敢为、生命里镌满风霜的硬角色(开头很巧妙,一句话就把人物的个性特征生动地展示出来)。瞧,粗硬的手指铁铸一般(很有画面感,通过"手指"这个细节,再次升华人物的个性特征)。

可不,鲍新民的前半生,一直与硬撅撅的石头打交道(一句话交代清楚了人物从事的职业,且语言很口语化)。1992 年他当选村委会主任时,村里的"石头经济"正火:村边山坡上一天到晚炮声"隆隆",漫天的粉尘让街巷、房舍像披上了一袭轻纱(采用文学性的描写手法,给人以强烈的画面感)……

尽管"卖石头"给村民带来了可观的收入——每年村里有 300 多万元纯利润,名列安吉县各村之首。可是,鲍新民的心却在滴血:青山不见了,绿水不见了,就连村头那棵屹立了近千年的银杏树也不结果了。更糟的是,先后有 5 名矿工遇难……

(通过可观的收入与生态环境的破坏之间的矛盾对立,使情节有冲突、起波澜,产生了一波三折、引人入胜的效果。)

再也不能这么活!(使用口语,很劲道)2003 年夏,村领导班子果断做出一项决定:关停矿山,让山川大地喘口气(使用口语,生动传神)。

这一下可捅了马蜂窝(使用口语):村集体收入一下子骤降至 20 万元。许多村民依靠矿山生活,没了饭碗能不急头白脸(使用口语)?"走,找鲍新民去!"

山里人,脾气犟(引用乡土话的语言),鲍新民没有退缩。

2005 年 8 月 15 日,时任浙江省委书记习近平同志到余村调研,听了村党支部书记鲍新民的汇报后,高兴地说,下决心停掉一些矿山,这是高明之举。熊掌和鱼不可兼得的时候,要知道放弃,一定不要再去迷恋过去那种发展模式,其实绿水青山就是金山银山(巧妙地引出习近平总书记的重要论述)。

牢记习近平同志的嘱托，鲍新民带领余村人开始了探索，奏出了悦耳的"绿色变奏曲"（采用比喻的手法）：对全村生态进行了大修复，办起了农家乐、推出漂流项目、发展观光农业……

时隔 13 年，记者走进余村，但见翠竹绿林连绵起伏，穿村而过的小溪碧水汤汤（诗意的描述，使文章更有灵气）。村中心道路上，时不时穿梭着杭州、上海、苏州等地牌照的旅游大巴（用事例来印证）。如今的余村，村强、民富、景美、人和，成为践行"两山"理念的生动典型。

鲍新民告诉记者："去年，全村人均收入超过了 4 万元，大部分人家买了小轿车。"（用事例来印证）

2011 年，连续担任两届村支部书记的鲍新民从岗位上退了下来。但是，他哪能闲着呀——当起了村务监督员。对他，这个职务可不是个摆设：村里的发展思路有不合理地方他会犯颜直谏，游客乱扔垃圾、哪家农家乐偷排污水，他会上前理论……

安吉多竹，说起竹子，当地人爱这样形容："山间竹笋，嘴尖皮厚腹中空。"（引用大家熟知的俗语）可提起鲍新民，村民们说："老鲍啊，是棵实心竹。无论做人还是做事，实诚！"

（结尾很巧妙，结合当地盛产竹子的地域特点，通过"山间竹笋"与"实心竹"的对比，形成了强烈的反差效果，再次升华了人物的个性特征，体现出作者的匠心）

（资料来源：人民日报，2019 年 5 月 20 日.解析为老笔头原创）

 ## 讨论思考

人民日报的这篇通讯为啥好？下面我们从写作角度进行重点解析。

"山之妙在峰回路转，水之妙在风起波生。"写作讲究波澜起伏、叠峰层出，切忌水静如镜、山平如砥。短篇文稿犹如江南园林，篇制不大，字数有限，想要波澜起伏，实非易事，需要作者有尺水兴波、平文起澜的文字功力。

例文堪称"尺水风动波澜起，一波三折妙趣生"的范本。这篇发表于《人民日报》（2019 年 1 月 23 日 07 版）的人物通讯，虽然只有短短的 845 个字，但构思非常巧妙，行文不落俗套，有起伏，有曲折，有变化，一波三折，引人入胜，尤其是使用大量的生活化语言，使人物的形象跃然纸上，让人读起来亲切自然、如临其境。

 ## 知识要点

（一）通讯的概念

通讯是运用叙述、描写、抒情、议论等多种手法，对新闻事件、典型人物和各种见闻的比较具体、生动、形象的报道。不仅交代什么事，而且交代事情的来龙去脉，以及情节、细节和有关环境气氛，是比消息更详尽的新闻。

（二）通讯的特点

（1）严格的真实性。严格的真实性是指我们所写必须是真实存在的，不能虚构，报道的事实要详细、完整、富有情节。

（2）报道的客观性。要求我们不能掺杂主观情绪,要公正地报道。

（3）较强的时效性。报道的必须是新近发生的事件。

（4）描写的形象性。语言要形象生动。讲究结构变化,表现手法多样,结合叙述,兼以描写、说明、抒情或议论,富有感情色彩或理论色彩。

（三）通讯的种类

1. 按内容分

（1）人物通讯。报道新闻人物的事迹和成长经历。有写先进个人的,有写先进集体的。

（2）事件通讯。反映有典型意义的事件报道。它常常在消息发出后就迅速地对消息报道的事件进行更加详细的介绍。

（3）工作通讯。抓住实际工作中的经验教训来写,真正写出新问题、新经验,并揭示其现实意义或历史意义,指导推动工作。

（4）概貌通讯。抓住某地的风土人情、建设、面貌变化报道。

2. 按形式分

（1）一般记事通讯。有故事情节,过程一般比较完整。

（2）访问记。以记者的采访活动过程为主要线索,来构建和组织材料。

（3）专访。就特定的问题或对象进行的专门访问。

（4）特写。注重再现某个特定的场面,用放大的手法集中突出描绘人物或事件的某些片段与部分。

（5）大特写。抓住社会中热点的事件或人物、现象,对新闻事实作全方位、多侧面的报道,是深度报道的一种。

（6）小故事。通常表现一人一事,线索简单,情节吸引人。

（7）集纳。几个独立的小故事,在一个明确的主题思想之下,分段编组起来,"集纳"而成的通讯。

（8）巡礼。记者边走边看,自由地把所见所闻以议论和抒情写出来,告诉读者。

（9）速写。快速捕捉,简笔勾勒,粗线条地把一件事的经过或片段写出来,没有曲折的情节和细致的环境描写,不需要议论和抒情。

（10）侧记。抓住事物的一个侧面,反映一个有意义的主题。

（11）采访札记。在调查研究的基础上,提出一个具体明确而又亟待解决的问题,一事一议,针砭时弊,启发思考。

 **拓展提高**

1. 人物通讯写作要求

（1）着力描写人物的典型事迹,反映人物的精神面貌、思想感情和内心世界,体现时代精神,弘扬主旋律。

（2）要善于通过人物自己的行动和语言来表现人物性格的多面性、心理世界的复杂性,表现人物的个性。

（3）正确处理人物通讯写作中的几个关系：人物与周围人的关系，人物与家庭的关系，人物与社会的关系，人物与组织的关系。

2. 事件通讯写作要求

（1）以人记事，以事带人。

（2）故事完整，主线突出。

（3）寓情于事，寓理于事。

（4）大中取小，以小见大。

3. 工作通讯写作要求

（1）提出的问题要有现实性，按照提出问题、分析问题、解决问题的思路进行。

（2）摆事实，讲道理，夹叙夹议，阐述具体，分析透彻。

4. 概貌通讯写作要求

（1）善于多角度观察，突出个性特点。

（2）抓住特征对比，反映发展变化。

（3）寓情于景，融入作者的感受。

 情境模拟

1. 选择题

（1）通讯的容量要比报告文学的（　　）。

    A. 大　　　　　　B. 小　　　　　　C. 相等　　　　　　D. 全面

（2）通讯的时效性要比报告文学的（　　）。

    A. 快　　　　　　B. 慢　　　　　　C. 相等　　　　　　D. 不一定

2. 判断题

（1）通讯发表的时间落后于消息。当然，有时报纸也单独发表通讯，还有时某一家报纸发表消息而另一家报纸却发表通讯。　　　　　　　　　　　　　　　（　　）

（2）通讯不必抓住人物典型材料，更不必抓住细节反复强调以突出主题。　（　　）

（3）通讯的主题是靠对材料的"拔高""提炼"出来的，有强烈的主观性。　（　　）

 素质养成

记者稿件写作和编辑基本规范有哪些？

1. 真实

（1）要保证新闻的真实性，切忌道听途说，力戒主观想象，不能人云亦云。

（2）不允许从其他媒体上直接转抄或从网上直接下载新闻（除非记者与对口单位有约定或协议，指定其可从网上直接下载信息发布新闻）。

（3）不允许直接编辑线人稿件后署记者名字。经过补充采访后写作的稿件记者可作为第二作者，但要将线人稿件附后。

2. 准确

（1）稿件中要交代清楚新闻要素；内容要有主题；语言表述要简洁、准确。

（2）稿件中尽量使用直接观察到的现象，使用精确、准确的语言描述，使用可靠的物证（如病例、文件、实物等），切忌凭个人想象推断写稿。

（3）使用权威的消息提供者提供的信息。

3. 交代来源

（1）在报道中原则上不出现"记者"二字，除非记者是唯一的目击者或本人构成新闻要素。

（2）不能轻易用"据业内人士说""据有关数据"等言辞。要将"业内人士"的身份、职务等在稿件中标明，如果不用或不便在见报稿中披露，由编辑处理；要注明"有关数据"的来源，谁做的，什么时间，多大范围等。

（3）几种可不考虑注明消息来源的情况：公报、众所周知、已被多种来源证实、记者是事件的目击者、不具争议性。

4. 公正

（1）只要遇到冲突、矛盾，不同看法、观点，一定要倾听双方的意见，让双方平等地表达观点。

（2）不要让自己的情绪和偏见进入报道。

（3）给弱势群体和个人以信息知晓权和意见申诉权。如我们报道的内容往往是涉及医患双方或公众与行政部门，在这些关系中，患者和公众往往是处于弱势方，记者不能因为习惯于从院方和行政部门获得信息的便利而报道单方面信息，产生"权威话语权"的误导或不公正。当然，也要防止弱势方的误导或偏见。

5. 客观

（1）使用直接引语提供新闻事实当事人和知情者的原话。

（2）记者不发表个人议论和见解。

（3）尽量找出事实背后的原因，并全面阐释新闻。

（4）电话采访的稿件一定要与本人核实。

（5）谨慎地使用形容词（修饰名词），如"美丽的医院""普遍的赞扬"。

（6）谨慎地使用副词（修饰动词），如"积极开展""高度重视""感情充沛地说"等。

（7）谨慎地描写被采访者的心理活动，如用，可引用当事人自己的描述，如"他说，他当时心里……"等。

6. 时效

稿件应当交代新闻发生的具体时间，原则上不能用"近日""最近""不久前"等表示时间的模糊用语。如果稿件没有及时见报，见报时的时间用语可由编辑处理。

白班及夜班编辑要按照上述要求编辑稿件，要看原始稿件、修改记录、流程等；白班编辑原则上将当天稿件处理完成。

参 考 文 献

[1] 张建．应用写作[M]．4版．北京：高等教育出版社，2019．

[2] 潘桂云．应用写作与口才[M]．3版．北京：高等教育出版社，2020．

[3] 张莉．财经应用文写作[M]．北京：电子工业出版社，2020．

[4] 王粤钦，陈娟．新编应用写作[M]．7版．大连：大连理工大学出版社，2018．

[5] 马琳．应用文写作实训教程[M]．济南：山东人民出版社，2023．

[6] 李薇．财经应用文写作[M]．3版．北京：高等教育出版社，2020．

[7] 杨文丰．高职应用文写作[M]．5版．北京：高等教育出版社，2022．